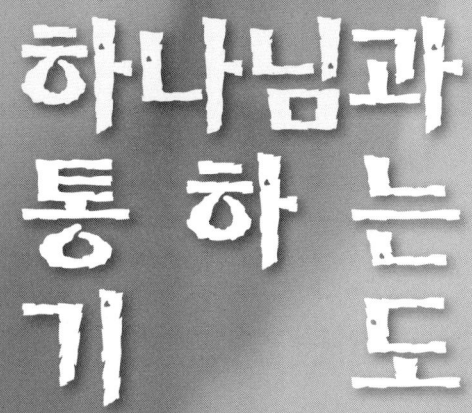

하나님과 통하는 기도

| 윤병이 목사 저 |

**26년간 40일 금식기도를 10회 기록한
목회자의 기도 간증 에세이**

하나님과 통하는 기도

인쇄일 2018년 10월 22일
발행일 2018년 10월 31일

글쓴이 윤병이
펴낸이 김진규
펴낸곳 효일문화사
등 록 제301-2009-038호
주 소 서울시 중구 수표로10길 9 신원빌딩 3층
전 화 02-2273-4856   **팩 스** 02-2269-3354
이메일 hyoil@chol.com   **홈페이지** http://hyoil.com

* 낙장·파본은 교환해 드립니다.

ISBN 979-11-86432-20-4 03230
정 가 19,000원

하나님과 통하는 기도

윤병이 목사

 책 머리에

기도에 대한 신앙 간증이자 고백

한국교회의 부흥은 기도운동을 통하여 이루어진 산물이라고 해도 과언이 아닐 것이다. 지금 우리가 살고 있는 현대사회는 IT와 지식 정보시대로 명명될 만큼 빠르게 변하고 있어 영성은 점점 고갈되어 인간성을 잃어 가고 있은지 오래다. 그럼에도 불구하고 교회가 복잡하고 타락한 현대사회에 거룩한 영향력을 끼치는 것도 기도 때문이라고 생각한다.

그러나 언제부터인지 산기슭마다 울려 퍼지던 기도의 메아리가 멈추게 되면서 목회현장은 은혜보다 지식이 영감보다는 정보가 그 자리를 차지하게 되었다. 기도의 함성이 적어진 교회는 문제를 해결할 능력을 잃어가고 기도모임에 참석하는 인원도 점점 줄어들어 가고 있다.

기도는 영혼의 호흡이며 하나님과 교통하는 수단이며 하나님과의 거룩한 관계를 지속시켜 주는 능력인 동시에, 기도는 성도의 생명이며 삶이요 영적인 재산이다. 그러므로 한국교회가 새로운 부흥을 바란다면 더 늦기 전에 하나님 앞에 무릎을 꿇어야할 것이다. 그것만이 한국교회를 새로운 부흥으로 이끌 수 있는 원동력이라고 생각한다.

기도는 주의 명령이다(빌4:6, 살전5:17). 그러므로 믿는 자가 기도를 등한시하는 것은 주님을 무시하는 처사요, 구하면 주신다 하셨는데(요14:12~14) 기도하지 않는 것은 주님의 도움 없이도 살 수 있다는 교만 중에 교만한 자라 생각된다. 또한 기도를 쉬는 것은 죄라 하셨다(삼상12:33). 그리고 기도를 하지 않으면 영력이 부족하여 사명을 감당할 수 없다(막9:29). 그러므로 기도로 영력을 회복해야한다.

지난날 한국교회는 밤마다 바위에 앉아 기도하던 사람들로 인해 닳은 바위가 달빛으로 반사되었던 아름다운 시절이 있었다. 하지만 이제는 이끼가 끼어 그냥 앉을 수 없는 현실이 되었다. 이것이 오늘 한국교회의 현실을 말해 주는 것이다.

이 책 <하나님과 통하는 기도>는 기도에 대한 저의 간증이며 기도하다 깨달은 것들을 기술한 것이다. 저 같이 죄 많고 부족한 것을 주님의 종(목사)으로 불러 사용해 주신 하나님의 은혜가 너무 크고 감사해서 하나님의 뜻대로 살려고 몸부림치면서 30여년을 강단에서 밤을 지새며 기도하다가 주님의 음성을 듣고 깨달은 것들을 기록한 것이기에 신학적인 글이 아니라 저의 신앙 간증이자 고백이다.

이 글은 긴 세월 동안 기독교 교단지(신문)에 연재하면서 설교하고 다시 정리한 원고이기에 지필에 긴 시간이 걸렸다.

이 책은 10년(2007년)전에 출판 되었는데 많은 사람들의 재판을 요청 받고 망설이다가 이 책을 대하는 성도들의 죽었던 기도가 살아나고, 맛없던 기도에 대한 맛을 느끼고, 잃어버렸던 기도 자리를 다시 찾게 되어 신앙생활에 조금이나마 보탬이 될까 해서 재판을 하게 되었다.

오늘도 하나님의 돕는 은혜를 사모하면서
하나님의 작은 종 윤병이

 추천의 글

기도의 능력을 보여주는 흥미로운 고백이다

　미국의 신학자 R.A토레이 박사는 '바쁘다고 기도를 못하면, 기도를 안 한 만큼 손해를 본다"고 했으며, "내가 아는 한 가장 풍성히 기도할 수 있었던 시절의 대부분은 완전한 어둠과 절망의 느낌 가운데서 시작되었다. 그러나 무력감과 냉랭함 가운데 하나님께 내 자신을 드렸고 성령을 보내어 기도할 수 있도록 가르쳐 달라고 간구했을 때 주님은 그것을 이루어 주셨다"고 했다.
　기독교회의 신앙생활을 설명하는데 있어 기도를 빼놓으면 다른 모든 필설은 한낱 말장난에 불과하다. 어떤 철학이나 신학적 사변도 하나님과 인간 사이의 교감을 설명하는데 있어 그 교통의 수단이 되는 기도를 대신할 수 없기 때문이다.
　한국교회는 선교 초기 회개 기도를 통한 부흥의 불길을 일으켰음에도 불구하고 성장기를 지나 안정적 기반에 접어들면서 기도에 대한 열정이 식음과 함께 점차 힘을 잃고 있는 형국이다. 이것은 "기도 없이는 하나님의 능력을 체험할 수 없고, 기도 없이는 부흥을 꿈꿀 수 없다"는 진리를 자명하게 드러낸 결과라 할 수 있다.
　한국교회가 100년 전 일어났던 평양대부흥운동 같은 새로운 부흥을 꿈꾼다면 책상에서 내려와 골방으로 들어가야 한다. 뻣뻣한 다리를 꺾어 무릎으로 하나님과 사람들을 바라볼 수 있어야 한다.

R.A. 토레이 박사의 진언처럼 기도 없는 인생이나, 기도 없는 목회는 어떤 아름다운 결과도 얻어낼 수 없다. 설령 사람들이 보기에 아름다운 것을 얻었다하더라도 그것은 끝내 허전하고 아쉬운 것뿐임을 알아야 한다.

윤병이 목사의 책 <하나님과 통하는 기도>는 그런 면에서 형식화된 기도생활에 젖어있는 많은 크리스천들에게 기도하는 삶의 즐거움과, 기도의 능력을 제시하는 흥미로운 고백이라는 점에서 기쁘게 추천한다. 특별히 이 책은 저자가 서문에서 말한대로 신학서적이 아니라 저자 개인의 기도체험에다 간증을 곁들인 에세이라는 점에서 지극히 개인적 기록이라고 할 수 있지만, 30여 년간 건전한 교회를 담임해온 목회자의 기록이라는 점에서 의미가 크다. 때문에 학문적으로 옳고 그르냐고 평가하거나, 너무 어려운 방식을 고집한다고 판단하기에 앞서 필자처럼 먼저 무릎으로 하나님께 나아가 은혜를 구하는 것이 옳은 자세일 것이다.

이 책을 읽는 독자들이 자신이 행하고 있는 기도의 삶을 되돌아 보고, 하나님을 만나는 삶의 중요성을 재인식하며, 기도하는 자리를 마련할 수 있었으면 좋겠다. 그리하여 기도의 자리에서 하나님과 만나며 하나님께서 귀히 쓰시는 도구들이 되시기를 바란다.

총신대학교 총장 김인환 목사

 추천의 글

기도 없이 하나님의 능력을 체험할 수 없다

처음 기도의 사람 윤병이 목사에 대한 소식을 접하며 상당히 흥분했다. 40일 금식기도를 무려 열 번이나 했다는 것이 도무지 믿겨지지 않았기 때문이다. 저 역시 목회에서 기도가 능력의 원천이라고 생각하며 기도를 통한 영성운동에서는 그 누구에게도 뒤지고 싶지 않은 터라 그분의 모습과 글이 궁금했다. 그러나 윤병이 목사의 글을 접하면서 상당부분 의문점이 풀렸다. 월남전에 참전하여 부상을 당해 하나님의 부르심을 받기까지 거칠게 저항하며 살았을 그의 삶에서 하나님은 기도를 통해 하나님의 능력을 체험하게 하고, 그에게 구원을 베풀어주셨다고 생각하기 때문이다.

윤병이 목사는 그의 글 <하나님과 통하는 기도> 본문에서 "하나님은 때로 시련을 주시는데, 미워서가 아니라 기도하게 하시려고 가정의 우환도 주시고 원치 않는 질병도 허락하신다"고 했다. 윤 목사님은 자신의 삶을 통해 경험한 숱한 어려움을 하나님이 허락하신 기도의 기회로 이해했으며, 기도로 승리했다. 또한 그는 그의 삶을 원망하는 것이 아니라, 하나님과 만나는 기회로 삼았다.

헨리 나우웬도 이렇게 말했다. "기도는 하나님 없이는 아무 것도 할 수 없음을 선포하면서 하나님 앞에 빈손으로, 무력하게 서 있는 것을 전제한다. 내가 아무 것도 할 수 없고 하나님께서 나를 통해 모든 것을 하신다는 사실을 깨닫는 것이다. 즉 하나님 안에서 힘을 얻고 희망을 찾는 것이다."

윤병이 목사도 기도를 통하여 자유를 얻었고, 기도를 통하여 세상에서 희망을 얻었다. 하나님은 기도를 통하여 윤목사님을 가르치시고, 부르시며 사용하신 것이다. 이 때문에 모든 목회자들이나 그리스도인들이 윤 목사님처럼 40일 금식기도를 몇 번씩이나 드려야 하는 것은 아니다. 그러나 그 누구라도 하나님을 찾는 사람이라면 자신의 방식대로 기도하는 시간과 장소를 만들지 않으면 안 된다. 기도하지 않으면서 영성을 유지할 수 없고, 기도하지 않으면서 하나님의 말씀을 순전하게 믿을 수 없기 때문이다.

　로이드 존스 목사는 '만일 기도를 통해서 하나님에 대해서 더 많은 것을 배우지 못한다면, 여러분의 영적 생활에 무엇인가 잘못이 있는 것"이라고 말했는데, 기도하지 않고는 성경의 지식이나, 신학적 지식도 아무런 능력을 발휘하지 못한다. 기도할 때 하나님은 하나님의 사람들에게 자신을 드러내시며 신령한 것들로 채우신다. 아무리 훌륭한 학자라도 기도하지 않으면 믿음을 갖지 못하고, 믿음을 갖지 않으면 능력의 하나님을 만날 수 없다. 바라기는 윤병이 목사님의 <하나님과 통하는 기도>가 기도하는 시간을 놓쳐버린 한국교회와 성도들에게 기도의 자리로 돌아가게 하는 책이 되기를 바라며 기쁘게 추천한다.

왕성교회 담임 목사　길자연

 추천의 글

자신도 모르게 기도의 자리로 이끌어가는 책

 몇 년 전 40일 금식기도를 열 번 마치고 회복 중이라는 소식을 듣고 찾아갔을 때 무려 26년간 40일 금식기도를 10회째 마친 윤병이 목사님의 모습은 덤덤했다.
 "힘들지 않으세요?"라고 묻는 나에게, 애써 눈길을 외면하면서 "힘들제."라고 짧게 대답한 목사님은 잠시 후, "다 은혜로 했다."며 허공을 향해 미소를 짓는다. 이내 장난기가 발동한 나는 "기왕에 시작한 거 두 번 더해서 열두 번 하면 어떻겠습니까? 열둘이면 열두지파, 열두제자, 열방의 숫자가 아닙니까?" 이에 목사님은 침상에서 손을 절레절레 흔들며 "이제 더는 못한다. 나 이제 그만 할란다."고 말하고 나서 차근차근 속내를 드러낸다.
 "금식은 내 힘으로 하는 거 아니오. 처음에는 뭘 모르고 내 한 열 번은 금식하겠다고 서원하고 그걸 지켰지만 그때마다 하나님의 은혜가 컸어요. 2~3년에 한 번씩 금식을 작정하고 시작하면 언제 시간이 지났는지 모르겠는데, 그 중간 중간에 1주일이나 10일, 20일 금식을 작정하고 기도를 시작하면 며칠만 지나도 힘이 들고, 방해꺼리가 생겨 늘 제대로 마치지를 못했어요. 하나님께서 내게 기도를 시킨 거야. 내 성질머리대로 목회하지 말고, 하나님의 음성을 듣고 겸손하게 목회하라는 가르침이겠지."
 그때 목사님은 평안해 보였다. 하나님과의 약속을 지켰다는 안도감과 죽음의 고비를 넘어 살아남았다는 감사였으리라. 목사님은 다시 금식을 하지 않을 것이라고 했다. 또 금식을 많이 한 것이 무슨 면류관이나 된 것처럼 자랑하지 말라고도 했다.

이후 목사님의 기도에 대한 원고를 <개혁신문>에 연재하면서 많은 호응이 있었다. 책을 구하는 분들도 있었고, 집회 부탁도 있었다. 그때 연재한 원고를 시작으로 보완하여 완성한 글들이 <하나님과 통하는 기도>라는 책으로 엮여 세상에 나온다.

목사님의 글을 읽으면 하나님에 대한 사랑과 열정, 기도에 대한 확고한 신앙을 발견할 수 있다. 어찌 보면 우리 범인의 신앙으로 도저히 받아들이기 힘든 신비적인 것들이 있지만, 그것은 내 신앙의 깊이가 그분의 신앙을 담지 못하고 있는 거라고 자위하고 싶다. 기도만 강조하는 기도만능주의자의 주장이라고 말해버리고 싶다가도, 가만히 그의 글에 주의하다 보면 실제로 기도하지 못한 내 모습을 채찍질한다. 목사님의 초고를 보면서 늦은 밤시간 침대머리에 무릎을 꿇고 눈시울을 붉힌 적이 있었다. 그것은 체계화된 신학적 지식 때문에 하나님의 신비와 권세와 능력을 믿음으로 수용하지 못하는 나에 대한 반성이었다. 이를 토대로 이 책은 나에게 맑은 눈으로 하나님을 바라보며 믿음으로 그분에게 기대하는 순전한 마음을 회복하는 계기를 마련해 주었다는 점에서 자신 있게 추천한다.

이 책을 읽는 독자들에게 말한다. "당신이 하나님을 믿는 사람이라면, 그리고 기도해야 한다고 믿는다면, 머리에 담고 있는 모든 지식을 내려두고 마음으로 이 책을 읽다보면 어느새 기도에 대한 믿음이 회복될 것이며, 기도하고 있는 자신의 모습을 발견하게 될 것이다."

개혁신문 전 편집국장 　신평식 목사

차례

책 머리에   04
추천의 글   06

제1부
기도의 정의

1 기도는 무엇인가 ················· 19
1. 기도는 영의 호흡이다.   21
2. 기도는 하나님과의 교통(대화) 수단이다.   24
3. 기도는 우리의 본업이요, 우리만의 특권이다.   34

2 기도의 능력 ···················· 41
1. 기도는 적을 물리치는 능력이다.   42
2. 기도는 변화시키는 능력이다.   43
3. 기도는 인간의 운명도 바꿀 수 있다.   49
4. 기도는 환경을 바꿀 수도 있다.   55
5. 기도는 세계의 역사도 바꿀 수 있는 능력이다.   55

3 하나님의 뜻을 성취하는 기도 ············ 58
1. 기도는 세상에서 제일 좋은 기술이다.   60
2. 기도는 재물을 얻는 기술이다.   62
3. 기도는 살리는 기술이요, 고치는 기술이다.   64

4. 기도는 문제해결의 열쇠요 지름길이다.　71
　　5. 기도는 세상에서 제일 강한 무기이다.　78
　　6. 기도는 주의 능력을 확신하게 한다.　83

4 왜 기도해야 하는가 ······ 90
　　1. 기도는 하나님의 명령이다.　91
　　2. 오늘도 기적이 일어나야 하기 때문에 기도해야 한다.　97

5 무엇을 구할 것인가 ······ 101
　　1. 능력 받기 위해서도 기도하라.　103
　　2. 죄 용서 받기 위하여 기도하라.　104
　　3. 시험을 이기기 위하여 기도하라.　109
　　4. 신앙(영적) 성장을 위해 기도하라.　118
　　5. 문제해결을 위해서 기도하라.　125
　　6. 믿음의 큰 담력(용기)을 얻기 위해서 기도하라.　128
　　7. 지혜를 얻기 위하여서도 기도하라.　131
　　8. 주님이 맡겨주신 사명을 감당하려면 기도하라.　135
　　9. 필요한 모든 것을 얻기 위해 기도하라.　141

6 기도의 종류 ······ 143
　　1. 일상적인 기도　144
　　2. 서원하는 기도　150
　　3. 금식기도, 단식기도　158
　　4. 다른 사람을 위한 기도　168
　　5. 합심기도　173

제2부
응답 받는 기도

1 응답 받지 못하는 이유 ······ 181
  1. 기도하지 않기 때문이다.   182
  2. 하나님의 뜻을 거역한 죄가 있을 때 응답이 없다.   185
  3. 불순종했을 때 우리의 기도는 응답되지 않는다.   186
  4. 고난 당하는 것이 우리 삶에 유익이 될 때 응답하지 않으신다.   190
  5. 하나님께서는 더 나은 응답을 위해 현재의 응답을 미루기도 하신다.   192
  6. 육신의 정욕을 위해 잘못 구하기 때문이다.   194
  7. 믿음 없이 구하면 응답은 없다.   197

2 응답의 종류 ······ 199
  1. 즉시 하는 응답   199
  2. 조금 기다리라는 응답   201
  3. 거절하는 응답   202

3 응답 받는 기도 ······ 207
  1. 기도의 자세를 바로 하라.   208
  2. 통회자복하면서 기도하자.   224
  3. 뚜렷한 목적을 놓고 기도하라.   244
  4. 원리와 윤리에 맞게 기도하라.   252

5. 진실하게 기도하라.   259
6. 겸손한 자세로 쉬운 말로 기도하라.   262
7. 사력을 다하여 간절하게 기도하라.   266

4 믿음의 기도   274

1. 믿음이 기도의 열쇠다.   275
2. 믿음이란 무엇인가?   280
3. 무엇을 믿는가?   311

5 장애물을 제거하라   319

1. 마음의 죄악을 버리고 기도하라.   320
2. 불신앙을 버리고 기도하라.   320
3. 잡념과 졸음을 몰아내고 기도하라.   321
4. 자기 생각과 욕심을 버리고 기도하라.   322
5. 성령의 도우심을 받아 기도하라.   324
6. 하나님의 뜻대로 구하며 기도하라.   326
7. 하나님의 명령에 순종하며 기도하라.   333
8. 오래 참고 기다리며 기도하라.   341

제1부

기도의 정의

1. 기도는 무엇인가
2. 기도의 능력
3. 하나님의 뜻을 성취하는 기도
4. 왜 기도해야 하는가
5. 무엇을 구할 것인가
6. 기도의 종류

1 기도는 무엇인가

　신앙생활이란 인생 전부를 거는 모험이다. 그러므로 인생에는 성공한 인생도 있고, 실패한 인생도 있다. 예수 안에 있는 사람은 일단 성공의 키를 잡은 사람들이다. 그러나 예수를 믿는다고 모두가 다 이 땅에서 성공적인 삶을 산다고 말하기 어렵다. 믿는다 하지만 마치 불 가운데서 얻은 구원처럼 아슬아슬한 인생이 있다. 그들은 예수를 믿었지만 성공적인 삶을 살지 못했기 때문이다. 그리스도인들이 예수 안에 있는 믿음에서 성공하려면 예수님을 만나야 하고, 예수님을 만나려면 기도해야 한다.

　주님은 우리 사정을 다 잘 알고 계신다. 예수님께서는 "또 기도할 때에 이방인과 같이 중언부언(重言復言) 하지 말라 저희는 말을 많이 하여야 들으실 줄 생각하느니라. 그러므로 저희를 본받지 말라. 구하기 전에 너희에게 있어야할 것을 하나님 너희 아버지께서 아시느니라"(마6:7~9)고 말씀하셨다.

　이 말씀 때문에 어떤 이는 하나님께서 다 알고 계시니 기도할 필요가 없다고 말한다. 그러나 주님은 우리가 주님께 구하기를 원하신다. "너희 사면에 남은 이방 사람이 나 여호와가 무너진 곳을 건축하며 황무한 자리에 심은 줄 알리라 나 여호와가 말하였으니 이루리라 나 주 여호와가 말하노라 그래도 이스라엘 족속이 이와 같이 자기들에게 이루어 주기를 내게 구하여야 할지라"(겔36:36~37). 기도하면 주님은 우리를 만나주신다. "그러나 네가 거기서 네 하나님 여호와를 구하게 되리니 만일 마음을 다하고 성품을 다하여 그를 구하면 만나리라"(신4:29, 대상28:9, 렘 29:11~13, 요14:12~14, 약5:12~18).

하나님은 약속을 어기시지 아니하신다. "하나님은 인생이 아니시니 식언치 않으시고 인자가 아니시니 후회가 없으시도다. 어찌 그 말씀하신 바를 행치 않으시며 하신 말씀을 실행치 않으시랴"(민23:19)고 말씀하셨다. 그분은 약속을 지키기 위해 아들을 이 땅에 보내시어 살을 찢고 피를 흘리셨다. 우리가 아직 죄인 되었을 때에 그리스도께서 우리를 위하여 죽으심으로 하나님께서 우리에게 대한 자기의 사랑을 확증하셨다(롬5:8). 그런데 무엇이 아들보다 아까운 것이 있어 우리의 기도에 응답해 주시지 않겠는가?(롬8:32)

기도하라! 반드시 기적이 일어나서 성공하게 될 것이다. "너희 중에 아비 된 자가 아들이 생선을 달라하면 생선 대신에 뱀을 주며 알을 달라하면 전갈을 주겠느냐 너희가 악할지라도 좋은 것을 자식에게 줄줄 알거든 하물며 너희 천부께서 구하는 자에게 성령을 선물로 주시지 아니 하시겠느냐"(눅11:11~13)고 말씀했다. 또 누가복음 18:7~8을 살펴보면 "주께서 또 가라사대 불의한 재판관의 말한 것을 들으라 하물며 하나님께서 그 밤낮 부르짖는 택하신 자들의 원한을 풀어 주지 아니하시겠느냐 저희에게 오래 참으시겠느냐 내가 너희에게 이르노니 속히 그 원한을 풀어 주시리라. 그러나 인자가 올 때에 세상에서 믿음을 보겠느냐 하시니라"고 하셨다. 신앙생활의 성공을 위해 기도보다 더 좋은 것은 없다.

기도는 모든 문제 해결의 지름길이다.

　인생에서 우리가 겪게 되는 많은 아픔이 있는데, 그 이유는 첫째 필요로 한 것이 없어서요, 둘째로는 인간관계 때문이라고 할 수 있다. 누구나 다 겪게 되는 이 모든 문제의 해결책은 기도다. 그러므로 기도하라. "기도 외에 다른 것으로는 이런 유가 나갈 수 없느니라"(막9:29)고 하셨다. 그러면 기도란 무엇인가?

　초대교회 교부 크리소스톰은 기도는 ① 파산 당한 배의 항구요 ② 물에 빠져 죽어 가는 자의 생명 줄이요 ③ 병든 자의 지팡이요 ④ 가난한 자의 보석 창고요 ⑤ 환난의 구름을 헤치는 햇살이요 ⑥ 인간의 화를 정복하고 행복을 든든히 하는 기초석이요 ⑦ 불행의 길을 제거하고 행복의 길을 인도하는 안내자라고 했다.
　또 밀라노의 주교 암브로시우스는 ① 기도는 영혼이 하늘을 나는 날개요 ② 멀리 계신 하나님을 이 땅으로 내려오시게 하는 유일한 방법이요 ③ 우리의 연약한 힘이 무한하신 하나님의 능력을 연결하는 위대한 방법이며 ④ 세상에서 천국 문을 여는 열쇠라고 했다. 그러므로 왕좌에 앉아 있어도 기도할 줄 모르는 자는 불행한 자요, 극도의 궁핍에 처해 있어도 기도하는 자는 누구보다도 행복한 자라고 했다.

1. 기도는 영의 호흡이다.

　1980년 여름이었다. 전라도 내장산 기슭에 있는 '남경산기도원' 원장님이신 김목사님이 신령하다는 말씀을 듣고 아내와 함께 광주에서 차를 타고 백양사 부근에 내려 그곳까지 장대같이 쏟아지는 비를 맞으면서 물어물어 찾아 갔었다. 덕분에 아내와 나는 그 목사님 내외분을 만나 많은 위로와 은혜를 받았다. 그 때 그분을 만나 들었던 간증이 새롭다.

김목사님은 자유당 시절 40대의 나이로 전북 정읍에서 주변의 권유로 국회위원에 출마해 무투표로 두 번이나 당선이 되었다고 한다. 그러나 50대가 되면 정치를 해야겠다고 생각해 두 번 다 사양하셨다. 그리고 몇 해가 흘러 50대가 되어 정치에 꿈을 꾸고 준비 중이었는데, 갑자기 몸이 아파왔고 무슨 병인지도 모르고 호흡이 제대로 되지 않아 죽을 지경에 놓였다. 이 병원 저 병원을 찾아다니며 백방으로 약을 써 봐도 효과가 없었다. 그래서 내장산에 좋은 공기를 마시면서 수양을 하려고 그곳으로 들어오게 되었다. 그때 주님 앞에 엎드려 기도하는 중에 그동안 목사이면서도 사명을 제대로 감당하지 못했던 것을 뼈저리게 회개하였다. 그렇게 하고나니 숨이 트이게 되어 집으로 내려갔으나 그 증세가 다시 나타났는데 이런 일이 몇 차례 반복되었다고 한다. 그래서 다시 내장산에 올라와서 그 자리에 기도원을 세우고 기도를 하다 보니 주께서 건강을 주셨다고 간증하셨다. 그분의 연세가 그때 80세라고 하셨는데 40대가 부럽지 않게 건강해 보이셨다.

죄를 토해내고 하나님의 은혜를 받아들여라!

신앙생활에서 기도는 호흡과 같다. 인간에게 있어 호흡이 멈춘다는 것 그 육체의 죽음을 의미한다. 기도는 호흡과 같아서 우리의 영혼이 숨을 쉬며 살아 움직이도록 한다. 육신의 호흡은 이산화탄소를 토해내고 산소를 들이마셔 육체의 생명을 유지하는 운동이다. 이와 같이 기도가 영적인 호흡이라는 뜻은 호흡할 때 이산화탄소를 내뱉듯이 기도하므로 생명을 위협하는 죄를 회개하고, 생명 연장에 없어서는 안 될 산소 같은 하나님의 은혜를 받아들여야 하는 것이다. 이처럼 영적 호흡을 해야만 건강한 영적 삶을 유지할 수 있다.

어떤 위급한 상황에서도 숨만 쉬면 살 수 있다. 호흡이 규칙적으로 잘 이루어져야 건강한 사람이다. 호흡이 불규칙적이면 병든 사람이요, 호흡이 없으면 죽은 사람이다. 생명과 호흡이 밀접하게 관계가 있듯 신앙생활과 기도는 상호 밀접하게 작용한다. 사람의 육신이 살아있다는 것을 확인하는 것 중에 가장 쉬운 것은 그가 숨을 쉬고 있느냐는 것이다. 이와 같이 영적으로 살았느냐 죽었느냐는 기도를 하느냐, 하지 않느냐로 구분할 수 있다.

기도생활은 신앙생활과 정비례된다. 건강한 사람은 호흡이 규칙적으로 잘 이뤄지지만 병든 사람은 호흡이 일정하지 않다. 기도생활이 온전치 못한 사람은 영적으로 병든 사람처럼 약해지는 것이다. 그래서 규칙적으로 기도하지 않으면 영이 병들기 쉽다. 또 자신은 기도하지 않은 채 기도를 부탁만 하는 사람은 자력으로는 숨을 쉬지 못하고 응급실에 누워 산소호흡기로 숨을 쉬는 응급환자와 같다.

그래서 주께서 "쉬지 말고 기도하라"(살전5:17)고 하신 말씀은 항상 기도해야 영적 건강을 유지할 수 있음을 우리에게 일러주신 말씀이다. 기도생활이 없으면 호흡이 끊어진 사람처럼 믿음이 약하여 결국엔 죽은 영혼과 다를 바 없게 된다. 이런 죽은 사람에게 무슨 기대가 있을 수 있는가? 죽은 자에게 자식이 있으면 무엇하고, 능력이 있으면 무슨 소용 있겠는가? 아무리 좋은 무기를 주어도 죽은 자에게는 아무런 소용이 없다. 이런 사람은 아무 것도 할 수 없다. 그러나 기도하지 않던 사람이 기도를 시작하면 병들어 죽어가던 사람이 살아나듯 믿음이 되살아난다. 기도는 우리의 영적 생명과 연결되어 있으며, 더 나아가서는 구원과 하나님의 은혜와의 관계는 보여지는 영적 온도계와 같은 것이다. 그 만큼 기도는 우리의 영적 성장에 중요한 부분이다. 그래서 주님께서도 기도 외에 다른 것으로는 이런 유가 나갈 수 없다고 하신 것이다(막9:29).

성장하는 만물에게는 모두 욕구가 있다. 식욕이 없으면 죽고, 호흡이 없으면 죽고, 활동하지 못하면 죽는 것처럼 영적 성장에서도 분명한 욕구가 있다. 기도로 호흡하고, 말씀의 양식으로 영양을 섭취하고, 전도와 봉사활동으로 운동을 하여 균형 잡힌 신앙인격을 유지해야 한다. 기도하라. 기도가 기적을 낳고 성공을 낳는다.

2. 기도는 하나님과의 교통(대화) 수단이다.

기도한다는 것은 하나님을 찾는 것이요, 하나님의 얼굴을 구하는 것이요, 하나님의 은혜와 긍휼을 바란다는 뜻이다. 많은 믿음의 선배들이 기도를 통해서 하나님과 교통하고 하나님의 도우심을 받았다. 하나님은 우리들이 어떤 환경에 있든지 회개하고 하나님의 얼굴을 구하면 들으시고 응답하여 주실 것을 약속하시고 있다(사59:1~2). 아브라함도 다윗도 히스기야도 엘리야도 하나님께 기도하여 응답받은 기도의 선배들이다.

창조주 하나님께서는 인간을 위해 만물을 지으셨고, 인간과 모든 피조물은 하나님의 영광을 드러내기 위해 지음 받았다. 그 중에 사람은 하나님의 형상대로 지으시면서 '언어'를 주시어 곧 하나님과 대화할 수 있는 인격체로 만드셨다. 인간 외에 세상의 그 어떤 피조물도 주님과 대화할 수 없다. 동식물은 다 인간을 위해 지어졌기 때문에 식물(食物)이 되고, 다양하게 이용되어도 불만을 말하지 못한다. 이것이 인간과 동식물의 차이점이다.

주님께서 인간에게만 주신 최고의 능력이 '말'이다. 우리는 언어라는 도구를 통해 주님과 교통할 수 있다. 언어를 통해 주의 복음을 전하며 하나님 나라를 가르치며, 귀신도 쫓고 병도 고친다(막16:17-).

하나님은 '말씀'으로 천지만물을 창조하셨다. 그러니 창조의 능력이 바로 언어에 있는 것이다(눅1:37). 문화도 언어를 통해 이루어지고, 사람의 인격도 언어를 통해 표현된다. 누구든지 대화를 나누어보면 그 사람의 인격과 신앙적인 됨됨이를 읽을 수 있다. 하나님께서 인간에게 언어를 주시므로 이를 통해 하나님을 찬양하고 교제하게 하신 것이다. 천사는 하나님과 깊은 대화를 나누지 못한다. 다만 명령을 수행할 뿐이다. 우리는 성경에서 천사들이 하나님의 말씀을 인간에게 전하는 장면을 많이 본다. 천사는 하나님의 말씀을 사람에게 전할 수 있다. 그러나 신기하게도 성경에서 천사가 하나님과 단순한 대화를 넘어서 교제하는 장면은 찾아 볼 수 없다. 천사는 부리는 영으로 지음 받았기 때문에(히1:14) 하나님의 명령만 순종할 뿐이다. 하나님께 절대로 질문하거나 반문 할 수 없다. 하나님께 나아가 대화한 천사는 이미 타락했거나 반드시 타락한다.

이사야 14:14에 "내가 가장 높은 구름 위에 올라 지극히 높은 자와 비기리라" 하던 영광의 천사 루시엘은 타락하여 마귀가 되었다. 하나님께 대항하여 살 수 있는 피조물은 없다. 열왕기상 22:20에는 "누가 아합을 꾀어 저로 길르앗 라못에 올라가 죽게 할꼬" 하시니 한 천사가 하나님 앞에 나아와 "내가 그를 꾀이겠나이다" 하고 대꾸했다. 그 즉시 그는 거짓말하는 영이 되어 400명의 선지자(왕상22:6)로 하여금 거짓말하게 하였다. 천사에게는 하나님께 절대 순종만 있을 뿐이다.

그러나 인간은 하나님과 대화할 수 있는 특권이 있다. 아브라함은 롯을 구하기 위해 계속 하나님과 대화했고(창18:22~34), 모세 또한 하나님과 대화하는 모습을 성경에서 찾아볼 수 있다(출19:16~25). 이처럼 하나님은 인간이 계속 언어를 통해 대화하는 것을 용납하시는 분이시다. 인간은 육신이 있기에 천사보다 약점이 많다. 육체라는 약점 때문에 시공을 초월하지 못한다. 그러나 약점이 많은 인간에게는 천사보다 큰 장점이 있으니 그것이 바로 하나님과 대화하는 특권이다.

1) 오직 "예수" 이름으로 허락 받았다.

하나님과 대화할 수 있는 그 자격은 오직 예수 이름을 통해서 가능하다. 그 이름을 소유한 자는 누구든지 하나님과 대화할 수 있다. 그래서 주님은 "너희가 내 이름으로 무엇을 구하든지 내가 시행하리라"(요 14:13)고 하셨다.

적절하지 않지만 예수님의 이름을 핸드폰에 비유해 본다. 핸드폰은 개인 이동통신 수단으로, 이런 통신혁명이 오게 될 것은 과거에는 상상도 못했다. 핸드폰이 언제나 다른 사람과 연결해 주듯이 예수님의 이름으로 언제 어디서든지 하나님께 직고할 수 있는 기도는 신자가 갖는 가장 좋은 통신수단이다.

구약시대에는 제사장이 대표로 1년에 한 번씩 제사를 드렸는데 오늘날 하나님의 자녀 된 우리는 언제 어디서나 하나님께 나아가 구할 수가 있다. 부자지간에는 아무런 격의 없이 다정하고 정직한 대화를 할 수 있다. 해수욕장에서 수영복 입었다고 기도하지 못하는 것은 아니다. 개인적으로 얼마든지 자유롭게 기도할 수 있다. 그 정도로 하나님께서는 우리를 높이셔서 대화를 나눌 수 있는 특권을 주신 것이다. 반면 불신앙은 하나님과 대화가 단절된 상태이다. 하나님과 대화가 없는 자는 바로 불신자와 다를 바 없다. 우리는 성령으로 거듭났기에 하나님을 아버지라 부르지만 불신자들은 아버지가 없는 고아와 같아서 진정한 대화의 채널이 없다. 그러나 우리는 언제든지 그 채널을 주님께 고정하고 하나님과 대화할 수 있다. 그리고 그 방법은 오직 예수 이름을 통해서 가능하다.

2) 기도는 주님의 음성을 듣는 전화기다.

"일을 행하는 여호와, 그것을 지어 성취하는 여호와, 그 이름을 여호와라 하는 자가 이같이 이르노라. 너는 내게 부르짖으라 내가 네게 응답하겠고 네가 알지 못하는 크고 비밀한 일을 네게 보이리라"(렘33:2~3)고 했다. 하나님은 우리의 기도에 응답해 주신다. 그리고 비밀한 일을 알게하신다.

언젠가 천재 과학자 아인슈타인이 한 말을 책에서 읽었다. 그는 말하기를 "빛보다 더 빠른 물체가 있는데, 그것이 무엇인지 나도 모른다"라고 했다. 나는 그 글을 읽는 순간 뇌리를 스쳐가는 영감과 동시에 '그래, 천재 과학자는 몰라도 성령으로 기도하는 사람은 알 수 있다. 분명히 빛보다 더 빠른 물체가 있는데 그것은 바로 기도다.'라는 생각을 하게 되었다.

누가 계산을 했는지 모르지만 이 땅에서 천국까지는 72억 광년(1 광년은 빛이 1년 달리는 거리)이나 걸린단다. 그렇다면 천국까지는 빛이 72억 년을 달려야 도착할 수 있는 곳이다. 그런데 우리는 72억 년을 달려가지 않아도 그 자리에 무릎 꿇고 앉아 하나님께 우리의 사정을 아뢰면 된다. 그러면 하나님은 그 즉시로 우리의 기도에 이미 응답하시지 않는가! 이렇게 보면 우리의 기도는 얼마나 빠른가? 물론 천국이 72억 광년 걸린다는 말은 과학이 증명하는 것도 아니고 객관적으로 정확한 설명이 가능한 것도 아니다. 그러나 우리가 하나님께 드리는 기도의 응답은 그리스도를 영접한 순간부터, 또 기도응답의 체험을 통해 알고 있다. 기도하는 순간 하나님은 즉시 우리의 기도에 응답하신다. 하나님은 멀리 계신 분 같아도 항상 우리의 기도에 귀를 기울이고 계신다.

나는 처음 주님 앞으로 돌아와 사명이 있음을 깨달았을 때 정말 마음이 무거웠다. 내가 목사가 된다고 생각하니 앞이 캄캄했다. 사실 나는 주님께 붙들리기 전에는 목사를 우습게 생각했다. 목사가 되기 전인 1974년 어느 날 친구인 나명주 목사(고신교단, 대구 대명교회 시무, 소천)를 만났는데 너무 반가운 마음에 "명주 오랜만이다"라고 했더니 이 친구 내게 대답하는 말은 "예, 오랜만입니다"라며 형식적인 듯한 인사를 했다. 친구의 그런 반응을 보고 썩 기분이 좋지 않아 "너 뭐하냐?"고 물으니 그의 대답이 '목사'란다. 그 말을 들으니 어쩐지 심기가 더 불편해 "그래, 이놈아 가라" 하고 그 길로 바로 헤어졌다.

그리고 처음 서울에 와서 순복음교회 전도사인 친구를 만났는데, 그 또한 능력을 받아 열정적인 신앙생활을 하고 있었다. 지난 기억을 들추며 이런저런 생각을 하니 보통 걱정이 되는 게 아니었다. 내가 어떻게 해서 이 사명을 감당하나 생각하니 잠이 오질 않았다.

다음날 회사 가는 길에 서대문 순복음교회 서점에 책을 사려고 들렀는데 내가 찾는 책이 없었다. 그래서 그냥 되돌아 나오려는데 눈이 부실 정도로 광채가 나는 것이 있어 그 책을 집어보니 최자실 목사님이 쓴 <금식기도에 대한 상식>이었다. '별 것 아닌 것이 그렇게 광채가 났나?' 생각하며 그 책을 집어 들고 잠시 읽어보니 "중노동하는 자도 금식 기도 할 수 있다"라고 씌어 있었다. 그래서 눈을 감고 "주여 부족한 이놈도 회사 다니면서 일주일간 금식기도 하겠습니다"라고 했더니 내 머리를 탁 치는 듯한 느낌과 함께 "이놈아, 40일 금식하는 사람도 있다"라는 감동이 왔다. 놀라서 엉겁결에 "아~예! 그러면 2주간 하겠습니다"라고 주님과 약속을 하고 1주간을 회사를 다니면서 금식을 했다.

그런데 한 주가 잘 끝나고 2주째 접어 들어가는데, 몸에 힘이 빠져 길을 가다가도, 차를 타다가도 간질 환자처럼 넘어졌다. 그러니 회사에 출근을 할 수가 없었다. 그래서 상사에게 전화를 하니 진단서를 끊어 제출하고 입원하여 진단을 받고 치료를 하라고 했다. 나는 걱정이 되었다. 당시 내가 다니던 회사는 <홍콩쉘 주식회사>라는 회사였는데 사원이 아프면 2년 동안 병원에 입원해 있을 수 있고 월급도 나오고 병원비도 회사에서 책임을 지게 되어 있었다.

　그러나 '나는 지금 굶어서 힘이 없는 것인데 무슨 진단서를 어떻게 끊을 수 있겠나?' 하는 생각 때문이었다. '병원에 가면 당장 탄로가 날 텐데.' 사실 입원을 하면 오히려 장기간 쉴 수 있는 기회도 있는 좋은 조건이었다. 그러나 난 오히려 정말 안타까운 심정이었다. 그래서 난 하나님 앞에 기도하기를 "내가 1주간 한다고 할 때 그냥 두었으면 잘 마쳤을 텐데 개떡같이 2주간 하라고 해서 이런 문제가 생겼으니 어찌하시겠느냐? 하나님이 책임을 지시오."라며 불평을 했다.

　그런데 내게 들려오는 음성이 '한의원을 찾아가라'고 하신다. 그래서 아내에게 "여보, 주님이 한의원(韓醫院)을 찾아가라 하신다"고 전했다. 신비한 얘기지만 나는 그때부터 주님께서 말씀하시는 대로 아내에게 앵무새처럼 복창을 했다. 그리고 회사에 전화를 걸어 한의원도 되겠느냐고 물었더니 정식 한의과 대학 졸업자면 된다는 것이었다. 그래서 한의원이 어디 있는지도 모르고 당시 봉천동에 거주하던 나는 근처 한의원을 찾아가면서 아내에게 20일만 진단서가 나오면 좋겠다고 했다.

　내가 그렇게 말한 것은 최자실 목사가 쓴 <금식기도에 대한 상식>에 "40일을 금식하면 회복기간 역시 40일을 잡아야 한다"고 되어있었기 때문이다. 그러니 이미 1주일이 지났고 남은 기도 기간이 1주일이요, 14일을 회복기로 잡은 것이다. 그런 생각으로 집에서 내려가니 봉천4동 관악초등학교 옆에 <이채환 한의원>이란 간판이 나왔다. 그 곳에 들어가서 의원에게 진맥을 받으니 놀랍게도 '심장판막증'이란다. 얼마나 무서운 병인가? 그 당시 나는 그 병이 어떤 병인지도 몰랐는데 설명을 듣고 보니 위험한 질병이었다. 나는 속으로 웃었다. 그때 내 몰골은 말이 아니었다. 생사람이 굶으니 얼굴은 시체처럼 검푸르게 타고 몸에는 힘이 없어 비실비실하며 잘 넘어졌다. 그래서 나는 단지 굶어서 그런

줄 알았다. 의사에게 "어떻게 했으면 좋겠느냐?"고 했더니 약을 두 재(40첩)를 먹으라는 처방이었다. 그리고 내가 한의원을 찾아가면서 아내에게 중얼거리면서 20일만 끊어 주었으면 좋겠다고 말한 그대로 진단서에 '20일 가료' 하고 끊어주었다.

그래서 나는 '정말 나를 주님이 인도하시는구나.' 하는 생각이 들었다. 약은 다섯첩만 짓고 나머지는 다음에 와서 지어가겠다고 말하고는 집에 와서 찬장에다 약을 던져 놓고 관악산에 들어갔다. 당시 거기 기도원이 없어서 조그만 바위 굴 속에서 12월 추운 겨울날 2주간 금식기도를 마쳤다.

그때부터 사람이 일일이 양이나 소를 우리에서 이끌어내는 것처럼 주님은 부족한 종을 인도하시면서 나의 육신의 자유를 다 거두어 가셨다. 처음에는 괴로웠지만 작은 잘못도 금방 알게 하시니 그것이 더할 수 없는 기쁨이 되었다.

이처럼 기도는 하나님과 만나는 방법이요, 하나님과 대화할 수 있는 통로가 된다는 것을 알아야 한다. 누가 보이지 않는 하나님과 대화를 나눌 수 있는가? 이것이 특권이 아닌가. 예수 믿고 성령세례 받으면 이런 특권을 누릴 수 있다. 이렇게 주님과 통하는 기도의 체험이 있기를 바란다.

강대국의 수뇌부 간에는 긴급 직통전화(Hot-line)를 설치하여 비상사태에 직통으로 상황을 주고받는다. 그와 같이 하나님께서 우리에게 예수이름이라는 Hot-line을 설치해 주셔서 언제 어디서나 대화를 나눌 수 있다. 하나님과 대화를 많이 할수록 능력이 있고 신앙이 깊어지며 하나님을 사랑하게 된다.

"멀리 있는 친척보다 이웃사촌이 났다"는 속담이 있듯, 부모님이 계셔도 대화가 없으면 고아와 같다. 예수 믿는다고 교회당에 다니지만 기도하지 못하면 하나님 아버지와 영적인 교제가 없는 것이다. 기도하지 않으니 응답이 없고, 응답이 없으니 감사가 없고, 감사가 없으니 만사가 불통이다. 얼마나 불쌍한 교인인가? 우리 하나님 아버지께서는 우리와 교통하기를 원하신다. "여호와께서 말씀하시되 오라 우리가 서로 변론하자 너희 죄가 주홍 같을지라도 눈과 같이 희어질 것이요 진홍 같이 붉을지라도 양털 같이 되리라"(사1:18)고 했다. 하나님과 영적 대화를 자주 해야 시험에 들지 않는다(막14:37~38, 눅22:31~34). 하나님께서는 이 대화의 채널을 열어놓으시고 무엇이든지 구하면 주님의 이름으로 책임진다고 하셨다.

요한복음 14:12~14에 "내가 진실로 진실로 너희에게 이르노니 나를 믿는 자는 나의 하는 일을 저도 할 것이요 또한 이보다 큰 것도 하리니 이는 내가 아버지께로 감이니라. 너희가 내 이름으로 무엇을 구하든지 내가 시행하리니 이는 아버지로 하여금 아들을 인하여 영광을 얻으시게 하려 함이라. 내 이름으로 무엇이든지 내게 구하면 내가 시행하리라"고 하셨다. 하나님과의 핫라인이 언제나 가동 될 수 있기를 바란다.

3) 하나님과 통하는 기도를 하라.

하나님은 때로는 시련을 주신다. 미워서가 아니라 기도하게 하시려고 가정의 우환도 주시고 원치 않는 질병도 허락하신다. 많은 신자들이 문제가 터지고 나면 기도한다. 문제가 있을 때 사람을 찾지 말고 하나님을 찾아 깊이 통하는 기도를 해보라. 기도가 아무리 유창하여 사람들이 감동받아 '아멘, 아멘.' 해도 하나님과 통하지 않으면 그것은 기도가 아니다. 기도는 주님과 통해야 한다. 한나도 통했고, 엘리야도 통했다(왕상

18:36~46). 주님과 통하는 기도는 기적을 일으킨다. 그리고 기도할 때 우리는 주님의 때가 될 때까지 기다려야 한다. 그러면 반드시 문제가 풀린다.

하나님의 명령이 모순이 있다고 보일 때라도 순종하라. 인간의 이성으로 판단하면 성경은 처음부터 끝까지 황당무계한 모순투성이의 책이다. 처녀가 아이를 낳았다고 말하고, 죽은 자가 살았다고 한다. 그러나 하나뿐인 아들을 불태워 죽이려하니 "네가 나를 경외하는 줄 이제야 알았다"(창22:9~12)고 말씀하시는 분이 하나님이다. 우리 인간의 이성적 판단에서는 모순이지만 하나님 편에서는 진리이다. 그러므로 불합리하고 모순되어 보일지라도 그 명령의 말씀을 진리로 믿고 순종할 때 바로 기적이 일어난다.

하나님은 우리에게 밤알을 그냥 주시지 않고 밤송이를 주시면서 가시를 헤치고 끄집어 내어 먹으라고 하신다. 하나님께서 준비하신 축복을 받으려면 기도하라. 기도하라고 하면 부담스럽게 느낄지 모르지만 우리들에게 최고의 축복받는 열쇠가 그곳에 있다.

우리에게 기도할 수 있는 권리가 주어진 것은 최고의 축복이다. 기도는 유비무환이요, 문제 해결의 열쇠요, 성공의 지름길이다.

통하려면 오래 기도하라. 술에 취한 듯이.

기도를 오래한다고 능사냐고 묻는 이들이 있지만 오래하지 않고 결코 깊은 기도에 몰입할 수 없다. 기도하는 일은 하나님과 교통하는 신비한 일이기 때문에 많은 기도 속에서 하나님과 통하는 체험이 있어야 한다.

1982년이라고 기억한다. 우리 교회에 다니던 학생 중 한 명이 있었는데 우리 교회가 개척교회라며 큰 교회로 옮기는 부모님을 따라 이사한 후 소식이 없었다. 그런데 3년이 지난 1985년 어느 날 울면서 전화가 왔다. 우리 교회를 떠난 사람이었지만 하도 반가워 어디며 무슨 일로 전화했느냐고 했더니 수술하기 위해 대동병원에 입원중이란다. 그래서 나는 "네가 내게 수술 직전에 전화한 것을 보니 기도를 원하느냐?"고 했더니 "예!" 하면서 기도를 부탁한다. 그러면 "퇴원해서 지금 우리 교회로 오겠느냐?"고 재차 물었더니 순순히 그 말에 따르겠다고 했는데, 다시 전화가 와서 병원에서 퇴원을 시켜주지 않는다는 전갈이 왔다. 그래서 나는 도망쳐서라도 오라고 했더니 정말 도망쳐 교회로 왔다. 내가 그렇게 말한 것은 내 마음에 이 사람이 기도를 통해 나음을 얻을 수 있겠다는 확신이 있었기 때문이다.

나는 성경의 약속을 믿었다. "믿는 자들에게는 이런 표적이 따르리니 곧 저희가 내 이름으로 귀신을 쫓아내며 새 방언을 말하며, 뱀을 집으며 무슨 독을 마실지라도 해를 받지 아니하며 병든 사람에게 손을 얹은즉 나으리라 하시더라"(막16:17~18)는 말씀과, 또 "너희 중에 고난당하는 자가 있느냐 저는 기도할 것이요 즐거워하는 자가 있느냐 저는 찬송할지니라. 너희 중에 병든 자가 있느냐 저는 교회의 장로들을 청할 것이요 그들은 주의 이름으로 기름을 바르며 위하여 기도할지니라. 믿음의 기도는 병든 자를 구원하리니 주께서 저를 일으키시리라 혹시 죄를 범하였을 지라도 사하심을 얻으리라. 이러므로 너희 죄를 서로 고하며 병 낫기를 위하여 서로 기도하라 의인의 간구는 역사 하는 힘이 많으니라"(약5:13~16)고 하신 이 말씀을 믿고 간절한 마음으로 손을 얹고 예수이름으로 감사기도를 드렸다. 기도를 마치고 나는 그를 병원에 다시 보냈다. 그리고 확인을 해 보니 '다 나았다'는 소식을 전해 들었다. 주님께서 깨끗하게 고쳐주신 것이었다. 할렐루야!

그런데 그 애가 한 달쯤 지난 후에 이제는 목이 아파서 말이 나오지 않는다고 호소한다. 그런데 마음에 그가 직접 기도하게 해야겠다고 생각되어 이제는 내가 기도해주지 않고 주님 앞에 한 40분만 기도해 보라고 그리하면 주님이 응답하실 것이라고 권면하였다. 그러나 40분 기도하기가 그리 쉬운 것은 아니다. 그런데 그 딸은 약 한 시간을 눈물을 흘리면서 기도했다. 기도가 끝나는 것을 보고 "주께서 뭐라 하시더냐?"고 물었더니, "고쳐달라고 기도하니 주님께서 하시는 말씀이 네가 나를 위해 아무 것도 아니하는데 내가 무엇 때문에 또 고쳐 주겠느냐?" 하시더란다. 그래서 그 딸에게 성가대를 할 것을 제안했고, 그 다음주에 성가대에 앉아 찬송을 부르는데 그 길로 목이 깨끗하게 치료되는 체험을 하게 되었다.

기도를 오래오래 통할 때까지 해보라. 물론 "주여!" 한번 부르면서도 바로 통할 수 있다. 그러나 이런 기도는 그리 쉽지 않다. 그래서 기도는 하나님과 통할 때까지 오래오래 해야 한다.

부족한 내 경험으로도 밤 11시부터 아침 5시까지 단에 엎드려 있으면 어떤 때는 주님이 내 곁에 오셔서 나를 안아 주시는 감정을 느끼면서 감격하고 감사할 때가 있다. 눈에서 뜨거운 눈물이 흘러내리며 흐느끼다가 끝내 소리 내어 울게 되는 체험을 종종했다. 기도에 취해야 한다. 기도하면서 주위를 의식하면 기도는 안된다. 주님만 바라보며 그 분께 전폭적으로 매달려야 한다. 그래서 진정으로 주님과 교통해야 한다.

3. 기도는 우리의 본업이요, 우리만의 특권이다.

기도는 누구나 하는 것이 아니다. 물론 불신자도 기도한다. 그러나 그들의 기도는 대상과 개념이 우리와 다르다. 그들은 말 못하는 우상에게 하고(시115:4~8), 우리는 살아 계신 하나님께 한다. 살아계신 하나님 아버지께 기도할 수 있는 자는 오직 예수 그리스도의 보배로운 피로 구속 받고 구원받은 하나님의 자녀들만의 특권이다.

기도는 시간적 여유가 있을 때 하는 것이 아니고, 없는 시간을 내어 필수적으로 해야 하는 의무요, 특권이며, 본업이 되어야 한다. 종교개혁자 마틴 루터는 일이 많았지만 하루에 3시간 이상 기도했다고 한다. 기도는 한가한 시간을 메우기 위한 부업 같은 것이 아니고 목숨 걸고 해야 할 의무이다. 유창하게 잘 하려고도 하지 말고 내게 필요한 것을 구하라. 마치 아이가 엄마에게 먹을 것을 구하듯이 그렇게 구하라. 여러 말이 필요 없고 응답 될 때까지 부르짖으라. 예수님도 같은 내용으로 세 번이나 밤을 새며 땀이 피로 변하기까지 기도하셨다(마26:38~45).

주님께서는 기도하면 복 주시겠다고 약속하셨다. "내가 진실로 진실로 너희에게 이르노니 나를 믿는 자는 나의 하는 일을 저도 할 것이요 또한 이보다 큰 것도 하리니 이는 내가 아버지께로 감이니라 너희가 내 이름으로 무엇을 구하든지 내가 시행하리니 이는 아버지로 하여금 아들을 인하여 영광을 얻으시게 하려 함이라 내 이름으로 무엇이든지 내게 구하면 내가 시행하리라"(요14:12~14).

1) 기도를 쉼은 죄악이라 하셨다.

성경에 "쉬지 말고 기도하라"(살전5:17)고 하심과 "기도하기를 쉬는 죄를 결단코 범치 않겠다"(삼상 12:23)고 하심은 기도하지 않는 것은 죄가 된다는 것이다. 기도하지 않는 것이 죄가 된다는 것은 기도는 주님의 명령이요(마7:7), 예수 그리스도 안에서 우리를 향하신 하나님의 뜻이라 하셨다(살전5:17~18). 그러므로 기도하지 않음은 하나님을 무시하는 것이요, 주님의 명령을 거역하는 것이다.

그리고 기도하면 응답을 주시겠다는 그분의 약속을 믿지 못하는 불신앙 행위요, 또한 우리의 의무(義務)에 태만한 영적 직무유기에 해당된다고 할 것이다. 기도하는 일을 소홀히 함은 죄가 되는 것이다. 기도가 끊어지면 영적인 맥박이 끊어진 것과 같다. 우리가 남보다 뛰어난 것은 없지만 남보다 많이 기도할 수 있는 특권이 있고 응답 받을 수 있는 특권이 있다. 주님은 "기도 없이 아무 것도 할 수 없다"(막9:29)고 하셨다.

부족하지만 내 경우에는 주님을 만나기 위해 높고 험한 산을 찾아다니면서 기도했다. 마치 엘리야가 갈멜산에 올라가고, 아브라함이 모리아산에 오르듯 미친 듯이 며칠씩 물도 밥도 굶고 산 속에 혼자 엎드려 울었던 적이 많다. 기도할 줄을 모를 때는 산에서 주기도문을 천 번을 외운 적이 있다. 물론 주님은 어느 곳에나 계시지만 내가 답답하고, 내 귀에 주의 음성이 안 들리고 주의 뜻을 알 수 없으니 높은 산을 찾아다니면서 마음껏 소리치고 몸부림치며 울부짖었다. 그래서 주의 뜻을 깨닫고 내려오곤 했었다.

하나님께 물어보지 않고 무슨 일을 어떻게 할 수 있을까? 기도해야 회개하고, 기도해야 주의 뜻을 알 수 있고, 기도해야 믿음이 생기고, 기도해야 순종할 능력도 생긴다. 그러니 믿는 자들에게는 기도가 본업이라고 생각한다. 누가 신령한가? 누가 능력자인가? 기도하는 자가 신령하고 능력 있는 자다. 주님은 훌륭한 자를 찾지 않고 신령한 자를 찾으시며, 주님은 말 잘하는 자를 찾으시는 것이 아니고 능력 있는 자를 찾으신다. 고린도전서 4:19~20에 "그러나 주께서 허락하시면 내가 너희에게 속히 나아가서 교만한 자의 말을 알아볼 것이 아니라 오직 그 능력을 알아보겠노니 하나님의 나라는 말에 있지 아니하고 오직 능력에 있음이라"고 말씀하셨다. 기도는 성도의 본업이 되어야 한다. 기도하므로 예수 안에서 기적과 성공을 체험하는 성도들이 되어야 한다.

2) 기도보다 더 중요한 것은 없다.

　세상에 중요한 것은 많다. 그러나 믿음의 사람들에게 기도보다 더 중요한 것은 없다. 기도가 신앙생활의 본업이요, 필수이기 때문이다. 그러므로 기도시간을 많이 내야 한다. 모든 인간들은 다 종교를 가지고 있다. 비록 입으로 고백하지 않는다 하더라도 어떤 형태이든 종교를 가지고 있다. 그리고 어떤 종교에서든 다 기도를 하고 기도를 강조한다. 그러고 보면 기도는 종교 활동 일반에 걸쳐 나타나는 필수(必類) 덕목이 아닌가 싶다. 그러나 타종교와는 달리 우리 기독교는 사시고 참되신 하나님을 예배하며, 그분께만 기도한다. 그래서 예수님도 습관에 따라 기도했고(눅22:39), 밤을 새며 기도하고(눅6:12), 새벽 미명에도 기도하셨다(막1:35). 그러므로 우리도 습관에 따라 기도하기를 원하신다. 그런데 좋은 습관은 하루 아침에 되는 것이 아니다. 기도의 습관이 몸에 베이도록 훈련해야 한다. 기도의 습관이 반복되면 삶에 기적이 일어난다.

　기도하는 삶이 곧 이생에서 맛보는 천국생활이다. 그리고 우리의 시민권은 천국에 있다 하셨으니(빌3:20), 분명 우리는 천국시민이다. 하나님과 교제하는 천국시민으로서 누리는 기쁨을 이 기도를 통해서 맛보게 되는 것이다. 기록된 성경은 하나님이 우리에게 하시는 말씀이요, 기도는 우리가 하나님께 올리는 말이다. 이것이 하나님과의 대화이다. 하나님과 대화가 통하니 기도의 생활이 천국생활이 되는 것이다. 그러므로 하나님과 깊은 교제가 있어 통하는 것이 기도지, 아무리 미사여구(美辭麗句)를 구사하여 기도 내용이 좋고 유창하여 사람을 감동시켜도 하나님과 통하지 않는다면 그것은 기도가 아니다. 이것이 중요하다.

3) 기도의 자리로 돌아가자.

문제 없는 교회 없고 문제 없는 개인 없다. 싸움이나 다툼이 없는 조직과 공동체도 없다. 겸손으로 위장하고 덮어둔다고 없어지는 것이 아니다. 오히려 잘못을 인정하고 해결을 위해 노력하는 것이 진실된 자세이다. 진리와 양심이 짓밟힌다면 우리는 싸워야 한다. 그래서 진리를 세우고 양심을 지켜야 한다. 진리와 양심 그것만이 싸움의 정당한 이유가 될 수 있다. 그러나 우리의 모습을 살펴보자. 자기 주장이 받아들여지지 않게 되면 반목하며 싸우게 된다. 이런 것은 기도할 문제이지 싸울 문제가 아니다.

하나님의 자녀들에게 일어나는 사건은 싸울 문제가 아니고 기도할 문제들이다. 겸손을 가장하여 남을 정죄하고 비난하는 자리에서 이제는 기도의 자리로 옮겨야 한다. 남을 판단하고 자신을 의롭게 부각시키려는 자리에서 단호히 일어나 기도의 자리로 돌아가 남을 더 낫게 여기는 마음을 가져야 한다(빌2:3~5).

기도할 수없는 상황은 없다.

바울과 실라는 주의 복음을 전하다가 매를 맞고 착고에 묶인 채 옥에 가두어졌다. 이쯤 되면 인간의 마음으로 억울하고 분통이 터져 원망의 마음이 지배하게 되는데 그러나 그들은 좌절이나 원망하지 않고 오히려 주님께 찬송하고 기도하였다. "이에 홀연히 큰 지진이 나서 옥 터가 움직이고 문이 열리며 착고가 벗겨졌다"(행16:25~26)고 성경은 기록하고 있다. 그들이 원망과 섭섭함을 기도로 다스리며 이겨냈기 때문이다. 기도할 수 없는 상황에서 기도하니 착고가 풀렸다. 이런 기도가 능력 있는 기도요, 참 기도이다. 어떤 문제든지 해결하는 방법은 서로 헐뜯고 원망하고 불평하고 싸우는 것보다 기도가 훨씬 더 빠름을 깨달아야 한다.

4) 기도는 성도의 특권이다.

　세상 사람들이 말하기를 예수 믿는 사람들은 재미없게 산다고 생각한다. 즐거움도 특권도 포기하고 재미가 없어 어떻게 사느냐고 한다. 그러나 이런 말은 정말 예수 믿는 참 맛을 모르기 때문에 하는 말이다. 세상에서 예수 믿고 하나님의 자녀가 된 우리 만큼 특권을 많이 누리고 사는 사람들도 없다.

　기도를 통한 교제의 응답과 매일 같이 하나님께서 보내주시는 사랑의 편지인 성경 말씀은, 구원의 소식이요, 행복의 비결이요, 영생하는 양식이다(요6:53~58). 또한 우리의 영혼을 소성(蘇醒)케 하고 우둔(愚鈍)한 자로 지혜롭게 하며 마음을 기쁘게 할 뿐만 아니라 어두운 눈을 밝게 하고, 영원까지 이르게 하는 금 곧 많은 정금보다 더 사모할 하나님의 말씀인 성경을 읽고 듣는 특권이 우리에게 선물로 주어졌다(시19:7~10,119:105).

　또 죄악으로 영원한 불 못을 면치 못할 우리가 죄를 용서받고 하나님의 자녀의 권세를 누리고 사는 것이 얼마나 큰 특권인가? 세상이 주는 일시적인 평안이 아닌(요14:27), 누구도 빼앗아가지 못할 평화를 누리는 것이 얼마나 큰 특권인가? 질병에서 자유를 얻고 보혜사 성령을 모시고 그분의 보호와 인도를 받는 것은 영적인 그리스도인들이 누리는 놀라운 특권이다.

　성도들은 세상에 다시 없는 하늘의 신령한 백성들과 교제하며, 구원의 소식을 전하고, 죄인 구원을 위한 복음 전파에 필요한 시간과 물질을 기쁨과 감사함으로 드릴 수 있으며, 최후 승리를 거둘 수 있는 하늘 군대에 복무한다. 그러나 그보다 더 귀중한 특권은 창조주요 절대자이신 하나님과 대화를 나누며 그분의 음성을 직접 듣는 것, 그것이 바로 '기도'의 특권이다.

기도 생활을 게을리 하면 반드시 사탄의 공격을 받는다. 사탄의 공격을 받은 자들에게는 고통과 슬픔의 날이 온다. 주님은 제자들에게 "시험에 들지 않게 깨어있어 기도하라"고 하셨다. 또한 시몬 베드로에게는 "사탄이 너희를 밀 까부르듯 하려고 하니 믿음이 떨어지지 않게 기도하라"(눅22:31~34)고 경고했다. 그러나 그 경고를 받은 베드로는 세 번이나 주님을 저주하며 부인했고(마26:69~74), 가룟 유다는 스승을 팔고 목을 매 자살했다(마27:3~5). 그리고 다른 제자들은 다 도망갔다.

우리는 부지런히 기도해야 한다. 이 기도의 특권을 등한시하는 자는 마치 하나님이 주신 백지수표를 버리는 것과 같고, 거대한 하늘의 보화 창고를 여는 열쇠를 던져버리는 어리석은 자와 같다. 기도는 우리의 본업이요, 특권이다. 이것을 잘 활용해야 한다.

2 기도의 능력

　기도가 문제 해결의 능력이요 방법이다. 문제가 있어도 낙심치 말라. 문제에는 반드시 해답이 있다. 반드시 풀 수 있고 해답이 있기에 문제라고 할 것이다. 특히 하나님의 자녀들이 당하는 문제는 반드시 답이 있다. 왜냐하면 "사람이 감당할 시험 밖에는 너희에게 당한 것이 없나니 오직 하나님은 미쁘사 너희가 감당치 못할 시험 당함을 허락지 아니하시고 시험 당할 즈음에 또한 피할 길을 내사 너희로 능히 감당하게 하시느니라"(고전10:13)고 하셨기 때문이다. 그러므로 기도하라. 하나님은 염려를 통해 일하시지 않고 우리의 믿음의 기도를 통하여 일하신다.
　모든 힘의 원천은 강력한 기도에 있다. 하나님의 자녀들 특히 주의 일꾼들은 남다른 강력한 기도가 있어야 한다. 능력은 자동적으로 생기는 것이 아니다. 항상 끊임없이 믿고 기도해야 한다. 성경에 보면 여호수아가 태양을 하늘에 매달았다(수10:12~14). 그러나 그것이 하루 아침에 그냥 된 것이 아니다. 여호수아는 늘 기도로 살았다. 그는 전쟁에서 돌아와서도 피곤한 몸도 쉬지 않고 기도했기 때문이다. 성경에 기록하기를 "사람이 그 친구와 이야기함 같이 여호와께서는 모세와 대면하여 말씀하시며 모세는 진으로 돌아오나 그 수종자 눈의 아들 청년 여호수아는 회막을 떠나지 아니하니라"(출33:11). 여호수아는 하나님의 회막에서 밤을 새며 기도했음을 알 수 있는 구절이다.

성도의 삶에서 가장 중요한 것은 말씀으로 사는 것이다. 그러나 한편 성도가 세상에서 성도답게 살려면 무엇보다도 필요한 것은 능력이요, 이 능력은 기도로부터 온다. 말씀이 우리의 일용할 양식이라면, 기도는 그 양식의 에너지가 되고 힘이 되기 위하여 필요한 요소이다. 밥만 먹고 하루하루 연명한다면 이는 성도의 삶으로 하나님께 칭찬 받기 어렵다. 밥을 먹으면 우리는 먹은 만큼 일을 해야 하는 것이다. 일을 하기 위해서는 힘과 능력이 필요하다. 이 능력은 기도에서 출발한다.

예수님을 영화롭게 하기 위하여 성도들은 공중의 권세 잡은 자와 싸워서 승리할 수 있는 힘과 능력을 보유해야 한다. 이러한 힘과 능력은 성령께서 소유하고 계신다(슥4:6). 그러나 그 능력을 우리의 것으로 만들 수 있는 비결이 바로 기도이다. 우리가 성령의 능력으로 무장되면 그 어떤 영적 전쟁에서도 승리는 우리의 것이다. 그러므로 기도하여 능력으로 무장하자.

1. 기도는 적을 물리치는 능력이다.

그 어떤 무기보다 기도가 더 능력 있음을 믿어야 한다. 무기는 멸망을 가져오지만 기도는 부흥을 가져온다. 우리는 싸워야 할 때도 있다. 진리가 유린된다든지 신앙의 양심이 짓밟힐 때 힘껏 싸워야 한다. 이것 때문에 싸우다가 죽으면 순교가 아니겠는가? 그러나 그런 것이 아니라면 싸우지 말고 하나님 아버지께 무릎 꿇고 기도하자. 모든 갈등과 상처를 성령님이 치유해 주시도록 기도하자.

기도는 마귀의 세력을 물리치게 한다. 다니엘 10:1~14에 보면 다니엘의 기도 응답이 늦어지는 장면이 나온다. 다른 때 같으면 즉각적인 응답이 있었을 텐데 21일째 되는 날에야 응답이 왔다. 응답을 가져온 천사의 말인즉 벌써 첫날 기도할 때 응답하셨는데 바사국군이 천사를 결박해서 지연되었는데 미가엘 천사장이 바사국군을 물리치고 다시 보냈다는 것이다. 기도를 방해하는 세력이 있다는 말이다. 그래도 끝까지 기도하면 하나님은 꼭 응답하신다. 하나님은 성도의 외마디 기도라도 외면하시지 않는다. 기도는 마귀의 세력이 물러가고 응답이 올 때까지 끈질기게 해야 한다. 다니엘이 21일의 기도로 마귀의 방해를 이긴 것 같이 우리들도 마귀의 세력을 물리치는 능력 있는 기도를 하나님 앞에 올릴 수 있기를 바란다.

2. 기도는 변화시키는 능력이다.

　기도는 사람의 성품을 변화시키는 능력이다. 기도하면 내가 변한다. 기도의 능력 중에 하나는 내가 변한다는 것이다. 기도하면 다른 누구도 아닌 먼저 자신의 부정함과 우매함을 알게 된다. 기도함으로 내가 얼마나 하나님께 불순종 했는지 성령께서 깨닫게 하시는 것이다. 아이들이 속상하게 해서 기도하다 보면 아이들의 모습이 바로 하나님 앞에 있는 나의 모습임을 알게 하신다. 이처럼 기도는 성령의 역사하심을 통해 내 자신을 변화의 길로 인도한다. 교회를 10년, 20년 다녀도 변화되지 않는 사람은 기도하지 않기 때문이다. 그러나 열심히 기도하는 사람은 성령의 인도를 따라 변화하게 된다. 기도는 내 주변의 환경이나 남이 문제가 아니라 바로 자신이 문제의 본질임을 깨닫게 하여 나를 먼저 변화시켜 만사가 변화 되는 역사를 체험하게 하는 것이다.

나는 목사가 될 생각을 해 본 일이 없었고 목사가 될 자격도 없었다. 그냥 해병대 생활이 적성에 맞았다. 그런데 좌측 팔과 다리를 하나님이 치셨다. 월남전 참전 중에 총알이 관통하여 본국으로 후송되어 진해 해군병원에 입원하게 되었다. 치료 중 다리는 어느 정도 회복되어 걸을 수 있게 되었지만 팔은 전혀 쓰지 못하는 상태가 되었다. 나는 살아봤자 사람구실을 제대로 할 수 없을 것 같은 생각에서 삶을 포기하고, 있는 돈은 다 쓰고 죽자며 막 가는 삶을 살았다. 그 당시 보상급수가 1급이라 보상금이 제법 많았고 봉급도 나왔다. 진해에서 마산, 충무, 부산 등지를 택시로 원정 다니면서 술을 마셨다. 1969년도인데 진해에서 부산까지 택시비는 3500원이었다. 하루는 해병대 복장에 국방색 가죽점퍼, 선글라스에 짧은 지팡이를 들고 부산역 앞에 있는 미군들이 이용하는 술집으로 들어갔다. 춤을 추던 흑인병사들이 어리둥절해 쳐다보기도 했다. 그 당시 그 곳은 한국인 출입금지구역이었고, 자칫 그들에게 '칼침' 맞는 것이 일쑤였다. 당시 나도 항상 미군 공수단이 사용하는 특수용 칼을 가지고 다니면서 일을 벌였다. 참으로 목적을 잃고 방황하던 시기였다.

당시 나는 한국인 요정이나 카바레에 가서 마음대로 마시고, 닥치는 대로 부수고, 손에 걸리면 폭행을 일삼았다. 그렇지만 경찰은 나를 제지하지 못했고, 헌병대에 잡혀가도 별 수 없이 풀어 주었다. 그것은 내 주먹이 강해서가 아니라 막 가는 인생이니 건드리고 싶지 않았을 것이다. 나는 목숨을 걸어 놓으니 눈에 보이는 것이 없었던 것이다.

그러다 친구 아내를 통해 한 여자를 소개 받았다. 그 여자는 망가진 나를 알지 못하고 과거의 모습으로 나를 소개받았다. 그 여자는 내가 진해병원에 입원해 있다고 하니 그런 내 모습은 전혀 상상치 못하고서 진해병원으로 찾아왔다. 그러나 난폭해진 내 모습, 삶을 포기한 내 모습을 보고 떠나버렸다. 여자의 입장에서는 무엇을 보고 기대하거나, 의지할 사람이 아니라고 판단했을 것이다. 그런데 내 선배 중 이해남 씨가 있는데 그분이 그 여자에게 "사람 하나 살려 달라"고 하는 내용의 간절한 소원을 담은 장문의 편지를 보냈다. 그래서인지 그 여자는 마음을 돌려 내게로 왔다. 그 여자가 바로 지금의 내 아내다. 아내 될 사람의 그런 마음을 보며 나도 정신을 차리고 새 출발을 하고 살아야겠다고 생각했다. 그때가 1969년 12월이다. 보상금과 제대하면서 받은 퇴직금을 합쳐 250만원 정도를 가지고 1970년 1월 3일 결혼했다.

부산에서 신혼살림을 차렸으나, 제대하고 결혼했다고 금방 사람이 변하는 것은 아니었다. 술버릇과 폭력은 약간 나아지는 듯 싶었으나 여전히 술을 마시다 사람을 때려서 경찰서에 잡혀갔고, 경찰서에 가면 또 난동을 부려 즉결에 넘어가고, 어떤 때는 폭행으로 고소당하는 일까지 발생했으나 참전으로 받은 〈훈장〉때문에 불구속 처리되어 벌금으로 풀려나오기도 했다.

이제 새 사람 된 사람에게 사랑 받고 살 것이라고 생각한 내 아내는 법원에서 날아오는 벌금, 술값, 치료비 물어주는데 바빴다. 그리고 또 어떤 때는 술에 만취되어 피투성이가 된 채 집에 오는 모습을 지켜봐야 했다. 그런 날이면 내 아내는 놀라면서도 대야에 물을 떠다 씻겨 재우고, 아침이 되면 해장국 끓이기 바쁜 나날이었다.

천성이 좋은 아내지만 내가 한 행동이 너무 심했기 때문에 참기 어려웠던 아내는 "절에 가서 불공이라도 드려야 살겠다"고 했다. 그런데 나는 무슨 생각에선지 "절에는 절대 안된다"고 했다. 아내는 생각하다 "교회에 가서 신앙생활을 해야겠다"는 것이었다. 그래서 내가 "좋다"고 허락하자 부산 〈남부민중앙교회〉를 다니게 되었다. 교회에 간 내 아내의 기도는 오로지 "내 남편 사람 좀 되게 해 달라"는 말만 되풀이 했다고 했다. 하나님께서 그 기도를 들으시고 내게 은혜를 주셔서 5년 만에 주님 품으로 돌아왔다.

　나는 그 당시 대한상이군경회 부산지회 지도계장을 거쳐, 과장으로 재직하고 있었다. 직장생활을 한다면 처음부터 남의 밑에 들어가서 책망도 받고 눈치도 보면서 고생을 해야 사람이 될 터인데 나는 성격도 거친데다 직무가 회원들 권익을 보호하는 일이었기 때문에 매일 하는 일이 가짜 상이군인 잡아다 훈계하는 일이었다. 그러나 그 당시 그런 일이란 훈계보다는 솔직하게 말하자면 사람을 완력으로 혼내주는 일이었다.
　내 생각에는 그렇게 못되게 생활한 것 같지 않은데 내가 신학대학에 들어가 보훈청에 등록금 면제신청을 하러 갔더니 부산 보훈청 공무원들이 이구동성으로 "윤 선생님, 그 길로 잘 가셨습니다"라고 인사했다. 나는 그때 그분들이 축하해서 하는 말이라 생각했는데 나중에 생각하고 보니 내가 신학교에 들어가 목회자가 될 것이니 자기들의 괴로움이 좀 줄어들었다는 의미였던 것 같다. 사실 그 당시 월남전 상이군인들 때문에 보훈청 공무원들이 너무나 괴로움을 당했다. 그러던 내가 주님을 만나 목회자가 되었으니 그들에게 조차 아마 다행한 일이었을 것이다.
　과거에 나를 아는 사람들은 내가 바보처럼 변했다고 한다. 지금도 고향을 가면 선배들이나 고향사람들이 나의 변한 모습을 보고 너무 좋아한다. 나는 변하기 위해 "나 먼저 사람 되게 해 주십시오"라며 주님께 눈물을 흘리며 소리쳐 기도했다. 누가, 무엇이 나 같이 몹쓸 인간을 이렇게 변화시킬 수 있었을까? 나를 택하시고 부르신 하나님께서 내 아내와 나의 기도를 들으시고 변화시켜 주셨다. 그러나 지금도 여전히 나는 더욱 주님 마음에 흡족한 사람이 되려고 노력하며 또 기도한다.

　우리 교회에 서 모 집사님이 있다. 그분은 이것저것 해봐도 잘 안 되고 실패만 거듭하다 어느 날 나를 찾아와 말했다. 어떤 기도원에 가서 기도를 받아보니 사명이 있다고 신학을 하라고 하더란다. 그런데 그 기도원 원장이 "당신은 나이가 많으니 돈이나 벌고 부인을 신학교에 보내라"고 하더란다. 한번 생각해 보라. 세상에 돈이 잘 벌리면 왜 거기 찾아갔겠나? 그래서 나는 "당신이 사명이 있으면 신학을 하라"고 하여 〈부산신학연구원 대학부〉에 등록을 시켰다. 그런데 이분의 성격이 아주 개떡 같다. 매일 기도의 내용을 들어보면 의자를 치면서 "주여! 능력을 주시옵소서. 능력을 주시옵소서"라고 기도한다. 그래서 내가 가서 귀에다 대고 "야, 서 집사야. 훈련병도 실탄 주나?"라고 물어 봤다. 그 집사가 이해를 못하고 "예?"라고 반문했다. 그래 내가 설명을 했다. "실탄을 지급할 때는 철저하게 병기를 다룰 수 있는 교육과 훈련된 병사에게만 지급한다. 그러니 네가 먼저 변해라. 그러면 하나님의 능력은 자연적으로 주어질 것이다"라고 말했다.

한번 생각해 보자. 훈련병에게도 총과 실탄을 주는가? 주지 않는다. 왜 안 주는가? 총을 잘 다룰 줄을 모르니까 주면 사고가 날 것이므로 주지 않는 것이다. 그와 같이 능력도 쓸 수 있도록 신앙의 성장이 있어야 주어진다. 왜 주님이 능력을 주시지 않겠는가?

우리가 사모하는 성령 충만에는 두 가지가 있는데 하나는 '내적인 충만'이요, 또 하나는 '외적인 충만'이다. 내적인 충만은 인격의 변화요, 외적인 충만은 은사와 능력이 나타난다. 그러나 내적 충만으로 인격이 변화되지 않은 상태에서 외적인 충만으로 능력이 나타나면 열심히 일하고나서 주님께 버림을 받게 된다.

마태복음 7:21~23에 보면 주님께서 "나더러 주여 주여 하는 자마다 천국에 다 들어갈 것이 아니요 다만 하늘에 계신 내 아버지의 뜻대로 행하는 자라야 들어가리라. 그 날에 많은 사람이 나더러 이르되 주여 주여 우리가 주의 이름으로 선지자 노릇하며 주의 이름으로 귀신을 쫓아내며 주의 이름으로 많은 권능을 행치 아니하였나이까 하리니 그 때에 내가 저희에게 밝히 말하되 내가 너희를도무지 알지 못하니 불법을 행하는 자들아 내게서 떠나가라 하리라"고 했다. 이들이 바로 인격의 변화 즉 내적 충만 없이 외적인 충만으로 능력이 나타나니 자기를 관리하지 못하여 스스로 교만하여지니 쓰임받고 나서 버림받게 되는 것이다.

그런데 문제는 많은 그리스도인들이 내적인 충만보다 외적인 충만을 원한다. 그러므로 우리는 "여러 계시를 받은 것이 지극히 크므로 너무 자고 하지 않게 하시려고 내 육체에 가시 곧 사단의 사자(使者)를 주셨으니 이는 나를 쳐서 너무 자고하지 않게 하려 하심이니라 이것이 내게서 떠나기 위하여 내가 세 번 주께 간구 하였더니"(고후 12:7~8)라고 하신 말씀처럼 스스로 자고하지 않게 기도해야 한다.

우리는 내외적으로 성령 충만하기 위해 기도해야 한다. 왜냐하면 내적으로 충만하고 외적으로 충만하지 못하면 교회에 덕은 끼쳐도 전도를 못한다. 반면 외적으로 충만하고 내적으로 충만치 못하면 표적이 나타나니 전도에는 유리하지만 교회 안에서 덕을 세우지 못하게 된다. 그러므로 우리는 내적, 외적으로 모두 성령 충만하기 위해 기도해야 한다.

오늘날 교회는 예배시간에 많은 사람들이 모여 말씀만 듣고 그냥 돌아간다. 그러나 우리는 하나님의 말씀을 잘 듣고 그에 반응하는 방법을 알아야 하는데 그것이 바로 기도이다. 여기에 다시 우리는 우리가 드린 기도의 응답을 말씀으로 받아야 한다. 그리할 때 우리는 계속 아름다운 성도의 모습을 지닐 수 있도록 끊임없이 변해가는 것이다. 기도는 고통을 이기는 힘을 주는 동시에 인간을 바꾸어 놓는 힘이 있다(요 14:12~14). 세상에 어떤 힘이 사람을 변화시킬 수 있는가? 기도는 탕자도 성자로, 주정뱅이도 거룩한 사람으로, 조폭도 양민으로, 창녀도 현숙한 여인으로 변화시킨다. 이러한 모든 변화는 다시 말하지만 자신으로부터 시작하는 것이다.

3. 기도는 인간의 운명도 바꿀 수 있다.

신년이 되어 구정이 오면 한 해의 운세 즉 운명이 궁금해서 토정비결이나 사주 혹은 점을 보는 사람들이 많다. 요즘은 '사주카페'도 있고, 컴퓨터로도 점을 본다. 이런 것이 무의미한 일인 줄 알면서도 그것을 보고 싶은 것이 사람의 마음이요, 그것을 은근히 기대해보고 싶은 것이 솔직한 사람들의 심정이다.

나 또한 주님을 만나기 전에 길거리를 지나다가 '컴퓨터 운명감정'이란 간판을 보고 무얼 어떻게 하는 것인지도 모른 채 혹시나 하고 들어간 적이 있다. 생년월일과 이것저것 물어보고 컴퓨터에 입력하더니 그 사람이 놀라면서 나를 아래위 훑어보며 무엇 하시는 분이냐고 물어보았다. 그래서 내가 씽긋 웃으면서 왜 그러느냐고 했더니 내 운이 두령(頭領) 운이란다. 그런데 나는 목사로 이렇게 작은 목회를 하고 있다.

그런데 '운명'에 대한 동양 사람들의 견해와 서양 사람들의 견해가 다르다. 동양 사람들은 인간이란 정해진 운명은 바꿀 수 없고 그 운명대로 되어진다고 믿어 정해진 운명을 받아들이고 따르는 것이 순리라고 생각한다. 그리고 그렇게 가르친다. 반면에 서양 사람들은 정해진 운명을 믿지 않고 자신의 노력에 의해 자기의 운명이 결정된다고 믿고 산다. 이렇게 운명에 대한 견해가 서로 다른 것은 종교적 영향 때문이라고 생각된다.

성경은 사람이 자기가 심은 대로 거두고 노력한 만큼 될 수 있다고 가르친다(갈6:6~7). 자연을 대하는 태도도 동서양이 다르다. 동양 종교에서는 자연을 신성시하고 인간에게 주어진 하나의 큰 운명으로 받아들이기에 자연에 대한 두려움과 자연숭배 사상이 아직도 남아 있다. 그러나 기독교 문화 속에 사는 서양 사람들은 자연을 정복하고 다스리라는 것이 하나님이 인간에게 주신 복이라 가르친다(창1:28). 동양철학에서 흔히 말하는 '운명'을 뛰어넘어 사는 길이 있다. 그것이 바로 기도하며 사는 것이다.

1) 사무엘의 어머니 한나

한나라는 여자는 엘가나라고 하는 제사장에게 시집가서 남편의 사랑을 듬뿍 받으며 살았다. 그러나 결혼하여 3년이 지나고 5년, 10년이 지나도 아이가 없었다. 남편은 사랑하는 아내가 아기를 낳을 수 있게 해보려고 온갖 방법을 다 동원해 보았지만 불행히도 아이를 가질 수 없었다. 한나는 불행했다. 왜냐하면 유태인의 풍습에 의하면 여자가 결혼하여 아이를 낳지 못하면 남편은 후처를 두어서라도 가문의 대를 이어야 한다고 생각했다. 그것이 관습이지만 어느 시대나 사랑하는 남편에게 다른 여자를 두게 한다는 것은 기분 좋은 일이 아니다. 한나의 남편 엘가나도 관례에 따라 브닌나라는 처녀를 둘째 부인으로 맞아들여 아들을 낳게 되었다. 이때부터 한나의 불행은 더 커지기 시작했다. 아들을 낳아준 둘째 부인 브닌나는 본처인 한나를 업신여기고 구박하며 학대했다. 그래서 한나는 분을 삭이기 쉽지 않았다. 한나는 그 마음을 물리치기 위해 매일매일 눈물로 세월을 보냈다.

한나는 아름다운 여자였다. 남편도 여전히 한나를 사랑했다. 브닌나 입장에서는 남편의 사랑을 받고 있는 한나에게 더욱 기세를 부리며 '아이도 못 낳은 주제에 안방 차지하고 있다'는 식으로 한나가 가진 조강지

처 자리를 내놓으라고 더욱 학대했을 것이다. 그러나 그런 브닌나의 기세는 정당하게 받아들여지기도 한다. 왜냐하면 유태인의 풍습에서 아이를 못 낳은 여자에게는 아무런 권리와 자격이 없었다. 그렇기 때문에 아들을 낳은 브닌나의 권세가 높아지는 것은 당연했다. 한나를 사랑하는 남편까지도 이러한 환경을 어찌할 수 없이 받아들여야 했다. 그러나 한나는 자기 운명을 그대로 받아들일 수 없었다. 그녀는 자신을 에워싸고 있는 운명적인 환경을 거부하며 성전에 가서 하나님께 기도하기 시작했다. 한나는 통곡하며 기도했다.

"서원하여 가로되 만군의 여호와여 만일 주의 여종의 고통을 돌아보시고 나를 생각하시고 주의 여종을 잊지 아니하사 아들을 주시면 내가 그의 평생에 그를 여호와께 드리고 삭도를 그 머리에 대지 아니하겠나이다"(삼상1:11).

한나는 하나님은 인간을 창조하신 분이시며, 생사화복을 주관하시는 분으로서 사람을 살리기도 죽이기도 하시며, 가난하게도 할 수 있고 부하게도 할 수 있는 분이 하나님이심을 알고 믿었다(삼상2:6~8). 그러기에 한나는 하나님께 구하기를 "저에게 아들을 낳게 해주세요"라고 눈물로 기도했다. 하나님은 한나의 기도를 들으시고 응답을 주셨다. 슬픔과 좌절 가운데서 자유를 얻은 것이다. 이제 한나의 아픔과 고통은 끝이 났다. 할렐루야!

한나가 낳은 그 아들이 바로 유명한 사무엘 선지자이다. 사무엘은 유대민족의 최고통치자였다. 요즈음으로 말하자면 사무엘은 종신 대통령이다. 한나는 아이도 못 낳는 불행한 여인에서 위대한 선지자의 어머니가 된 것이다. 그 비결은 바로 하나님 앞에 간절하게 드린 기도의 보상이었다. 한나는 기도로 자기의 운명을 바꾼 여자이다. 기도는 천지를 창조하신 하나님 앞에 부탁하는 것이며, 운명을 바꾸는 능력이요 기술이다.

2) 포로된 운명을 바꾼 다니엘

바벨론에 포로로 잡혀있던 다니엘과 세 친구들은 죽으면 죽으리라, 혹시 살려주시지 않을 지라도 하나님을 버릴 수 없다는 믿음으로 기도한 것이 풀무불 가운데서 살아나오게 되었으며, 사자굴 속에서도 살아나왔다(단3:16~18).

우리가 믿는 하나님은 우주를 창조하신 전능하신 분이다. 우리가 하나님께 기도하면 하나님은 우리의 불행한 운명을 바꿔주실 수 있는 분이다. 그분은 우리의 운명을 바꾸어 주시겠다고 약속하셨다.

요한복음 14:12~14에 보면 "내가 진실로 진실로 너희에게 이르노니 나를 믿는 자는 나의 하는 일을 저도 할 것이요 또한 이보다 큰 것도 하리니 이는 내가 아버지께로 감이니라. 너희가 내 이름으로 무엇을 구하든지 내가 시행하리니 이는 아버지로 하여금 아들을 인하여 영광을 얻으시게 하려 함이라. 내 이름으로 무엇이든지 내게 구하면 내가 시행하리라" 또 요한복음 15:7에 보면 "너희가 내 안에 거하고 내 말이 너희 안에 거하면 무엇이든지 원하는 대로 구하라 그리하면 이루리라"고 말씀한다.

인간은 누구나 죄인으로 태어난다. 죄인은 지옥 갈 운명을 갖고 태어난 사람이다. 그러나 하나님은 지옥 갈 우리의 불행한 운명을 천국 갈 운명으로 바꾸신다. 우리는 누구나 벌거벗고 태어난다. 하지만 하나님은 우리의 운명을 부유하게 바꿀 수 있다. 하나님은 우리의 운명을 바꿀 수 있는 능력과 권세를 소유하신 분이다. 그 하나님께 기도하는 사람은 운명을 바꿀 수 있다. 자신의 운명을 탄식하며 비관하지 말고 능치 못함이 없으신 하나님께 기도하자. 그러면 그 사람의 인생은 놀랍게 바뀔 것이다.

부족한 종의 가정이 기도로 바뀌어진 운명으로 살고 있다.

　나는 아내의 기나긴 눈물의 기도로 운명이 바뀌어졌다. 물론 하나님의 계획하심을 믿지만 기도가 우리를 살게 했다. 재미난 것은 우리 부부는 부부의 인연이 아니라고 한다. 우리 부부가 결혼을 위하여 내 아버님이 사주궁합 보시는 친구 분에게 가서 물어보았더니 우리 두 사람은 도저히 부부가 될 수 없는 운명이라 결혼을 허락할 수 없다고 했다 한다. 그래서 내가 "한 번 더 가 보세요"라고 했다. 그랬더니 아버님께서 다시 가서 물어보았으나 여전히 같은 말을 들었다고 한다. 그러나 우리는 그 말을 무시하고 결혼을 했다. 지금 보면 결국 우리 가정, 우리 부부는 주역에서 푸는 사주와 궁합이 바꿔졌다. 왜냐하면 우리는 가끔 다투기도 하지만 같은 동역자들이 부러워할 정도로 행복하게 잘 산다. 나는 이것을 보면서 기도를 받으신 하나님께서 우리 운명을 바꾸어 주셨다고 생각한다. 비록 어떤 목사님들처럼 많은 수를 모으지 못하여 큰 목회를 하지 못하지만 개척부터 지금까지 남에게 도움 받지 않고 다른 교회를 도우면서 주님만 믿고 살아왔다. 그래서 나는 미친 듯이 기도했고 기도를 생활처럼 한다. 그러므로 아무리 몹쓸 운명을 타고나도 예수 믿으면 영생 얻고, 기도하면 세상에서 말하는 사주가 바뀌어 행복하게 살 수 있다.

　혹여 여러분 중 누가 지금 불행한 일에 직면하고 있는가? 그리고 혹시 사주가 잘못되어 그런 일이 있다고 생각하는가? 그렇다면 그 문제를 가지고 하나님께 나아가라. 주님 말씀은 "수고하고 무거운 짐진 자들아 다 내게로 오라 내가 너희를 쉬게 하리라"(마11:28~30) 말씀하신다. 하나님께 나와 기도해 보라. 우리의 운명은 하나님의 손에 달려있음을 깨닫자. 여호와는 죽이기도 하시고 살리기도 하시며 음부에 내리게도 하시고 올리기도 하시는 하나님이다(삼상2:6). 그러므로 하나님은 우리 운명을 바꿀 수 있는 능력자이심을 인정하고 기도하자.

우리 성도들은 끝없는 기도로 자기 변화를 가져와야 한다. 기도만이 나를 새롭게 만들고, 기도를 하다보면 자기도 모르게 자신이 새로워짐을 발견하게 된다. 그래서 주님은 쉬지 말고 기도하라고 하셨다(살전 5:17). 자기를 잘 다스리는 사람만이 남을 잘 다스릴 수 있고, 자기를 훈련시킬 줄 아는 자가 남을 훈련시 킬 수 있다.

성경의 지도자들을 보면 그들의 삶에 엄격한 모습을 보여주고 있는데, 그런 지도자들은 남달리 기도를 붙들고 있음을 발견할 수 있다. 자기를 강하게 통제하는 사람만이 남을 통제하는 법을 아는 자이다. 기도는 연습이 필요하고 노동이 필요하다. 유명한 주의 종들 중에 종말이 좋지 않게 중풍이나 고약한 질병으로 끝나는 분들을 가끔 볼 수 있는데 나는 이러한 모습을 보면서 능력을 쓰고, 인기만 누리고, 능력을 보충할 기도를 하지 않았기 때문이라고 생각했다. 이것은 조금 조심스러운 말이기도 하다. 그러나 기도하는 입장에서 보면 그렇게 생각하지 않을 수 없다.

주님은 산으로 가서 밤이 새도록 기도했으며(눅6:12), 또 새벽 미명에 기도했다(막1:35). 또 언제나 습관에 젖어 기도하셨고(눅22:39), 제자들을 택하기 전에 기도했다. 사람을 쓰기 전에도 동업자를 찾을 때도 기도 하셨다는 말이다. 우리도 주님처럼 기도하자. 기도할 때만이 우리의 더럽고 강퍅한 심령이 부드러워진다. 그러므로 하루에 한 번쯤이라도 우리 자신의 온유와 겸손한 마음을 얻기 위하여 주께 무릎을 꿇을 줄 알아야한다.

기도는 내면적 훈련의 외적 표현이다. 기도를 많이 하면 속사람의 변화됨이 밖으로 나타나게 된다. 그러므로 외면을 고치려 하지 말고 기도를 통하여 속사람이 변화되게 해야 한다. 그러면 자연히 겉 사람이 함께 변화될 것이다.

4. 기도는 환경을 바꿀 수도 있다.

바울과 실라는 전도하다가 점치는 귀신들린 여종을 고쳐준 것이 화근이 되어 옥에 갇혀 착고에 채여 고통 중에 있었다. 그러나 그들은 실망하지 않고 살아 계신 하나님께 찬송과 기도를 드렸다. 그랬더니 밤중에 옥문이 열리는 역사가 나타났다. 그리하여 간수도 예수님을 영접하는 일이 일어났다. 기도는 문제를 해결하는 열쇠이다.

고아의 아버지라 불리는 죠지 뮬러가 브리스톨에서 퀘백까지 가기 위해 한 배에 올랐는데 마침 짙은 안개가 사방에 덮여 있던 때여서 선장은 뮬러에게 "당신 정신이 있소. 이 안개가 안 보이오?"라고 말했다. 죠지 뮬러는 "나의 눈은 안개의 농도에 있지 않소. 나는 57년 동안 한 번도 약속을 어기신 적이 없는 하나님을 바라보고 있다오. 그분이 토요일 오후까지 퀘백으로 보내주시겠다고 약속하셨으니 그대로 될 것이오"라고 말했다. 그리고 선장에게 "우리 같이 기도합시다"라며 약속을 어기지 아니하시는 신실하신 하나님 앞에 간절히 기도한 후에 선장실 창문을 열었을 때 정말 안개가 서서히 걷혀가고 있었다. 죠지 뮬러가 탄 배는 그 주 토요일 오후에 정확히 퀘백에 도착했다.
하나님은 성도의 기도를 외면하시지 않는다. 그러므로 기도는 기후도 환경도 변화시키는 능력이다.

5. 기도는 세계의 역사도 바꿀 수 있는 능력이다.

세계 2차 대전에서 히틀러가 승리했다면 지금 세계의 운명은 독재자들의 통치하에서 비참하게 됐을 것이다. 2차 대전 때 세계의 운명을 결정하는 중대한 사건이 있었다. 프랑스가 단 2주 만에 독일군에게 함락되자 프랑스를 도우러 갔던 영국군 주력부대 35만 명이 던커크 반도에서 독일군의 총공격을 받게 됐다.

독일군이 이 영국군만 섬멸하면 영국 함락이 눈앞에 있다고 생각하고, 육해공군의 총공세를 준비하고 있었다. 참으로 영국군은 큰 위기를 맞았다. 그래서 처칠 수상은 영국 전역에 비상 방송을 통해 "사랑하는 국민여러분 우리 영국의 아들들 35만 명을 잃게 되었습니다. 우리 모두 일손을 놓고 하나님께 기도합시다"라고 연설을 했다. 그 방송을 들은 모든 영국 국민들이 일손을 멈추고 하나님께 간절히 기도했다. 하나님은 그날 그 기도를 들으시고 기적을 나타내 보이셨다. 그러자 독일군 진영에 폭우와 폭풍이 몰아쳐 비행기도 뜰 수 없었고 배도 출항하지 못했다. 그때 영국군은 도버 해협을 건너 무사히 탈출해 전열을 재정비해 공세를 펴 연합군의 승리로 세계 2차 대전은 끝났다. 영국 국민의 기도는 2차 대전의 방향을 바꿈과 동시에 세계인의 운명을 바꾸었다.

1944년 6월 6일 개시한 연합군의 노르망디 상륙작전이 있었다. 2차 세계대전에서 전세가 연합군 쪽으로 기울자, 미국의 드와이트 D. 아이젠 하워 장군은 육·해·공군 합동으로 프랑스 북부해안 상륙작전을 감행하기 위해 사상최대의 진격함대를 조직하는 일을 맡았다. 그 당시 노르망디는 폭풍우가 계속되고 있었고 그 기상 조건하에서 독일군은 방심 상태에 있었다. 그러나 사령관 아이젠하워는 기상학자 어빙 그리스 박사에게 물어 6월 6일 하루가 맑게 될 것이라는 말을 듣고, 그날을 택하여 기습 공격으로 작전에 성공하게 된다. 이것을 전쟁 역사가들은 5만분의 1의 승리였다고 한다.

6.25 한국전쟁 때 맥아더 장군의 인천 상륙작전의 성공 확률도 전쟁 역사로 볼 때 5만 분의 1의 확률이라고 한다. 전쟁사에서 노르망디 상륙작전을 알고 있던 맥아더는 그 확률을 믿고 하나님께 기도하였고, 결국은 상륙작전에 성공하여 한국전쟁에 결정적인 계기를 마련하게 된다.

지금 우리나라는 어느 통치자 때문이라든가 또 유엔군이나 미군이 있어서 북한이 침략하지 못하는 것이 아니다. 교회마다 산골짜기마다 밤을 새며 나라를 위해 기도하는 교인들 때문에 이렇게라도 평화와 부를 맛볼 수 있음을 깨달아야 할 것이다. 그리고 어떤 정부의 정책이 아니라 온 백성이 우상을 버리고 하나님 앞에 무릎을 꿇고 회개하는 것이 남북통일의 지름길임을 깨달아야 한다.

3. 하나님의 뜻을 성취하는 기도

　기도의 목적은 하나님의 의지를 변화시키는데 있는 것이 아니라 내 뜻을 꺾고 하나님의 뜻을 성취하려는데 있다. 그러므로 기도는 우리 자신의 내면적인 변화를 먼저 요청하고, 하나님 앞에 열려진 문제 속에 숨어있는 하나님의 뜻이 무엇인지를 파악하고 찾아내어 성취시키는 행위이다.

　그러므로 기도는 내 뜻과 소망이 아니라 아버지 하나님의 뜻을 알고 그것을 성취하기 위해 구해야 한다(사55:7~9). 그렇다. 모든 기도는 하나님께서 응답해 주시지만 당신의 뜻에 합당한 쪽으로 일을 처리하신다. 그러므로 내 뜻대로 안된 것이 오히려 잘된 것이다. 왜냐하면 하나님의 뜻대로 된 것이기 때문이다. 지금 당장 우리의 짧은 지식으로서는 이해하기 힘들지만 오랜 시간을 두고 기도해 가면 하나님의 뜻을 알 수 있다. 그때는 하나님께서 우리가 원하는 것 이상으로 우리를 보살피시고 우리의 기도를 들어주심을 알게 될 것이다.

　기도에는 실패가 없다. 염려 말고 기도하라. 반드시 응답하신다. 세상일에 힘썼다고 해서 다 성공하는 것은 아니다. 그러나 기도에는 실패가 없다. 기도한 만큼 역사는 나타난다. 우리에게 어떤 문제가 생겨도 원망이나 불평하지 말고 주님을 믿고 주님께 맡기고 기도하자. 이것이 주님의 뜻이다.

빌립보서 4:6~7에 보면 "아무 것도 염려하지 말고 오직 모든 일에 기도와 간구로 너희 구할 것을 감사함으로 하나님께 아뢰라. 그리하면 모든 지각에 뛰어난 하나님의 평강이 그리스도 예수 안에서 너희 마음과 생각을 지키시리라"라고 하셨다. 기도가 바로 문제해결의 열쇠요, 기적을 일으키는 능력 그 자체이다.

요한일서 5:14~15에 보면 "그를 향하여 우리의 가진 바 담대한 것이 이것이니 그의 뜻대로 무엇을 구하면 들으심이라 우리가 무엇이든지 구하는 바를 들으시는 줄을 안즉 우리가 그에게 구한 그것을 얻은 줄을 또한 아느니라"라고 하신다. 이 말씀을 자세히 살펴보면, '우리가 무엇을 구하든지 구하는 바를 들으시는 줄을 안즉' 다시 말해 '들으시는 줄을 안다면' 또한, '우리가 그에게 구한 그것을 얻은 줄을 믿어야 한다'는 말씀이다. 기도에 대한 하나님의 응답은 하나님의 자녀인 우리에게는 100%다. 그런데 왜 우리는 기도 응답을 받지 못하는가? 그것은 기도에 대해 잘못 알고 있기 때문이다.

기도는 주의 약속과 능력을 확신하는 것이다(삼상1:18, 왕상18:41~46). 어떤 이들은 기도 후 5분도 되기 전에 내용도 잊어버리고 믿음이 흔들린다. 기도한 것을 믿지 못하면 응답은 없다. 한나는 기도 후 다시는 수색이 없었고, 엘리야는 지중해에서 손바닥 만한 구름이 떠올랐다는 보고만 듣고도 "먹고 마시소서, 큰비의 소리가 있나이다"라고 했다. 이들은 표적이 있어서가 아니라 믿었기 때문이다. 하나님은 염려를 통해 일하지 아니하시고 우리의 믿음을 통해 일을 하신다. 모든 힘의 원천은 성령의 도움으로 행하는 강력한 기도다.

1. 기도는 세상에서 제일 좋은 기술이다.

성도들의 신앙생활에서 승리의 삶을 살아가기 위해서는 기도보다 더 좋은 기술이 없다. 그런데 성도들은 기도하는 것을 게을리 한다. 아니 어떤 교인들은 기도하기를 싫어한다. 신앙의 연조가 오랠수록 그런 것 같다.

나는 누구보다도 우리 교회 성도들에게 기도생활을 발전시키라고 가르친다. 그래서 어떤 때는 통성기도를 시켜 세 시간씩 끌고 나가는 때도 있었다. 누구든지 우리 교회에 오면 못하던 기도도 할 수 있고, 안 하던 기도도 하게 되고, 맛을 모르던 사람도 기도의 맛을 알게 된다. 기도를 포기했던 사람도 기도할 수 있다는 믿음이 생기고, 기도할 수 있는 가능성이 나타나고 기도해야 하겠다는 마음의 소원이 불일듯 일어난다.

기도는 신앙생활에서 가장 기초적이요, 가장 강렬한 표현이라 할 수 있다. 기도는 가장 무식한 사람도 할 수 있는 말이요, 가장 유식한 지성인의 입술에서도 나올 수 있는 수준 높은 언어의 표현이다. 그런데 어떤 유식한 사람들 중에는 "뭐 기도가 필요하냐?"고 하는 이들이 있다. 심지어 기도에 대해 혐오감을 느끼는 이들도 있어 마치 기도하는 사람을 잘못된 사람, 혹은 불쌍한 사람으로 보는 경향도 있다. 그러나 기도는 주님이 가르치신 것이다. 밤을 새며 우리에게 본을 보여주시며, 쉬지 말고 기도하라고 명령하신 일이다(살전5:17). 기도하지 않는 사람보다 기도하는 사람이 주님의 명령에 순종하는 것이다. 기도하는 사람이 정상적인 성도이다.

사람들이 기도에 대해 다른 말을 하는 것은 기도의 참다운 맛과 효력과 가치를 잘 모르기 때문이다. 기도를 멀리하면 개인이나 교회에 아무런 도움이 되지 않는다. 성경은 끊임없이 기도를 요구하고 영적성장에 절대적인 영향력을 가지고 있음을 거듭 가르쳐 준다. 초대교회는 "기도에 전혀 힘썼다"(행1:14). 우리가 제일 조심해야할 것이 기도하기 싫어질 때 거기 넘어가는 것이다. 도저히 기도할 수 없다고 생각될 때 그때 더욱 매달려 기도해야 한다.

　기도가 기술이니 당연히 기도는 훈련이 필요하다. 좋은 기술을 익히기 위해선 누구나 많은 것을 투자한다. 우리나라에는 각 대학마다 의학대학이 있어 의대 출신들이 많다. 그러나 칼 들고 수술하는 의사는 그리 많지 않다. 외과 기술을 익힌 의사만이 수술할수 있다. 의학 기술을 익히기 위해 많은 시간과 많은 학비가 필요하며, 또 체력이 소모되는 등 많은 것을 투자해야 한다. 마찬가지로 신앙생활의 최고 기술인 기도 기술의 습득을 위해 많은 것을 투자해야 될 것이다.

　부족한 종은 이 세상에서 기도보다 더 좋은 기술이 없다고 생각하여 기도에 많은 투자를 한다. 그래서 체력과 시간을 투자하여 금식도 했고, 물을 전혀 마시지 않고 추운 겨울 눈 속에서 11일 동안 견뎌 보기도 했다. 그리고 하루 3시간 이상은 기도하는데 시간을 낸다. 바쁘면 바쁠수록 기도에 더 많은 시간을 투자하는 것이 필요하다.

　기도를 배우는 것은 실로 기도밖에 없다. 어떤 사람은 기도할 줄 몰라서 기도하지 못한다고 한다. 그렇다면 기도를 배우라. 아무리 훌륭한 신학교에서도 기도를 잘 가르쳐 주지 못한다. 철학도 문학도 신학도 기도를 가르쳐주지 못한다. 그래서 신앙이 펄펄 끓던 청년도 신학교에만 들어가면 기도를 포기하게 된다. 이상한 일이다.

　오래 전에 어떤 전도사를 보고 "왜 그렇게 기도를 하지 않느냐?"고 했더니 그 전도사 왈 "목사님 무엇 때문에 이 젊음을 혹사시킵니까?"라고 말한다. 그도 나중에 목회를 하면서 기도가 얼마나 중요한지 깨달았는지 기도에 힘쓰는 것을 보았다. 학교에서 배울 수 없는 기도를 배우려면 기도해야 한다. 기도가 기도하는 법을 가르치기 때문이다. 왜냐하면 기도는 하나님과 교제를 나누는 영적 체험이기 때문이다.

2. 기도는 재물을 얻는 기술이다.

하나님은 우리에게 재물 얻는 능력을 주셨다(신8:17~18). 비굴하게 구걸 하지 말고, 힘써서 일해야 하며 이를 위해 기도해야 한다. 만물의 조성자요, 소유주이시며 금도 은도 내 것이라고 하신 분이 정말로 아버지라고 믿어진다면 왜 거지처럼 구걸하는가? 아버지 앞에 구할 때 구걸하러 온 자처럼 비굴하게 주저하지 말고 당당하게 아버지의 이름을 걸고 구하라. 주님이 말씀했다. "내가 진실로 진실로 너희에게 이르노니 나를 믿는 자는 나의 하는 일을 저도 할 것이요 또한 이보다 큰 것도 하리니, 너희가 내 이름으로 무엇을 구하든지 내가 시행하리니 이는 아버지로 하여금 아들을 인하여 영광을 얻으시게 하려 함이니라 내 이름으로 무엇이든지 내게 구하면 내가 시행하리라"(요14:12~14, 마7:7). 우리는 이 약속의 말씀을 믿고 당당하게 기도하자.

기도의 중요함을 안다면 기도를 위해서 많은 시간이 투자되는 것을 아까워하지 말라. 기도는 그 자체가 생산이다. 기독교인들이 기도하는 것을 보고 어떤 사람들은 시간을 허비한다고 한다. 그래서 그들은 그 시간에 장사나 하든지, 공부나 더 하라고 한다. 그러나 우리가 기도하는 중에 하나님께서 우리 일을 대신하시고 계심을 알아야 한다(마7:7). 결국 기도 하는 것은 그것 자체가 생산적인 일이라는 말이다.

1986년도라고 기억한다. 나는 하나님 앞에 "제게 1억원을 주시면 그 중에서 1천만 원은 따로 떼어 시골에다 교회를 짓겠습니다"라고 기도를 드렸다. 사실 우리 교회는 많은 교인은 모이지 않았지만 다른 교회들보다 그런 대로 형편이 잘 돌아갔고, 또 그렇게 돈도 필요 없었던 때였다. 그런데 단에 앉아 기도를 시작하니 내 입에서 그런 기도가 나왔다. 그리고 그 기도를 드리고 나서 1주일 정도가 지나서 어떤 집사님이 1억을 가지고 왔다. 하나님께서 응답하신 것이다. 그래서 나는 약속대로 시골에 40평정도의 예배당을 지으려고 알아보니 약 4천만 원이 든다고 했다. 교회를 짓기 위해 사람을 찾고 또 그곳에서 시무할 교역자를 찾아보니 당시 시골로 내려갈 교역자가 없었다. 하는 수 없이 우리는 부산에 개척교회를 세웠는데 그 교회가 바로 살롬교회다.

나는 이것이 바로 기도하는 재미라고 생각한다. 기도는 돈 버는 기술이다. 내가 어떻게 무엇을 해서 1주일 만에 1억원을 가져오겠는가? 기도하라. 여기저기 다니면서 구걸하지 말고, 얄팍한 잔머리 굴려 무엇이 부족하니 좀 도와달라고 계좌번호 보내지 말고 기도부터 하라.

부끄럽게 무엇을 얻으러 온 것처럼 주저주저 하지 말고 떳떳하게 부자이신 우리 아버지께 당당하게 달라고 구하라. 주님은 말씀하셨다. "구하라 그러면 너희에게 주실 것이요, 찾으라 그러면 찾을 것이요, 문을 두드리라 그러면 너희에게 열릴 것이니 구하는 이마다 얻을 것이요, 찾는 이가 찾을 것이요, 두드리는 이에게 열릴 것이니 너희 중에 누가 아들이 떡을 달라 하면 돌을 주며 생선을 달라 하면 뱀을 줄 사람이 있겠느냐. 너희가 악한 자라도 좋은 것으로 자식에게 줄줄 알거든 하물며 하늘에 계신 너희 아버지께서 구하는 자에게 좋은 것으로 주시지 않겠느냐"(마7:7~11). 이 약속의 말씀을 믿고 기도하라.

정말로 기도는 돈 버는 기술이다. 기도는 마치 하나님이 싸인하신 백지수표와 같고, 거대한 하늘의 보물창고를 여는 열쇠와 같다. 기도는 기도자체가 생산이요 실적이다. 이것을 알면 기도에 시간을 투자하는 것을 절대 아까워하지 않을 것이다. 기도에 투자하라 그것이 좋은 것을 얻는 지름길이다.

3. 기도는 살리는 기술이요, 고치는 기술이다.

마가복음 16:17~18에 보면 "믿는 자들에게는 이런 표적이 따르리니 곧 저희가 내 이름으로 귀신을 쫓아내며 새 방언을 말하며 뱀을 집으며 무슨 독을 마실지라도 해를 받지 아니하며 병든 사람에게 손을 얹은즉 나으리라 하시더라"고 했다. 이 말씀대로 나는 기도가 병을 고치는 최고의 기술이라고 믿는다. 세상에 의사가 많지만 의사가 병을 고치는 것이 아니다. 의사는 치료하는 것뿐이고 병은 하나님이 고치신다. 가만 보라. 의사도 자기 병을 못고친다.

1995년도의 일이다. 우리 교회에 이을자 집사님이라는 분이 있는데 이분이 부족한 종을 위해 기도를 드리니 하나님께서 "내 종의 몸이 낡을 대로 낡아 너무 약하니 보약을 지어주라"고 하시더란다. 그 말을 들은 이 집사님이 내게 찾아와 한의원으로 가자고 했다. 그러나 나는 주님을 만난 후 20여 년 동안 아무리 아파도 약을 입에 대지 않고 기도로 해결하고 살아왔기에 어떻게 해야 할지 몰라 머뭇거렸다. 그러나 기도하는 집사에게 주님의 명령이요, 그냥 병을 고치는 약이 아니고 보약이라고 하니 한번 가보자 싶어 한의원으로 향했다.

부산 영도에 있는 '복○한의원'으로 갔는데 얼마나 유명한 한의원인지 오전 9시에 도착했는데 오후 2시30분에야 내 차례가 되어 진찰을 받았다. 그 한의원 원장이라는 분이 나를 진맥하고 나서 "지금 체내에 있는 장기가 다 낡아서 보약을 쓸 수가 없습니다"라고 했다. 그 당시 내 자신도 그 말에 수긍할만 했다. 거의 2년마다 한번씩 40일 금식기도를 하고 제대로 먹은 것이 없으니 그럴 만도 하다고 생각했다.

그때만이 아니라 과거에도 나와 안면이 있는 한의원 하시는 장로님이 내 손목을 잡아보시고는 "머리가 댕기지 않느냐, 어디가 어떻지 않느냐?"고 물었던 적이 있다. 그 장로님은 "이렇게 몸을 혹사하면 오래 못 산다"고까지 했다. 그러나 나는 어디 불편한 데가 없었으므로 아무런 조치를 취하지 않았다. 그런데 그 복○한의원 원장의 말씀이 기가 차다. "이대로 가면 3개월을 못 넘기십니다" 나는 참으로 어이가 없었다. 내가 그분 앞에서 웃어버렸더니 보약 대신 병을 고치는 약이라고 한약을 지어주었다. 나를 그렇게 진단하고 약을 지어주었던 그 한의원장은 그렇게 진단한 5개월 만에 숨을 거두었다고 들었다. 그러나 나는 지금까지 이렇게 건강하게 살아있다.

1) 기도는 죽을 자도 살린다.

기도는 죽을 사람도 살린다. 성경에 보면 죽은 과부의 아들이 살아났고(왕상17:21), 히스기야왕은 죽을 병이 들어 죽을 준비를 하라는 통보를 받고 침상을 적시며 눈물로 통회자복하며 기도하자 15년이나 더 살게 하셨다(왕하20:1~7).

1976년도의 일이다. 지금은 우리 교회 권사가 된 고양금 성도가 찾아와 고향 사람이 신부전증과 합병증으로 사형선고를 받고 3년간 죽을 날짜만 기다린다며 가서 고쳐달라고 했다. 고양금 성도의 아들이 아파 기도하여 낫게 된 일이 있었으므로 목사가 기도하면 못 고칠 병이 없는 줄로 생각한 것 같았다.

이야기인즉 이 사람은 고깃배 선장으로 돈을 많이 벌어 이제는 행복하게 살만해졌는데, 갑자기 신부전증과 합병증으로 사형선고를 받고 3년 동안 죽을 날만 기다리게 되었다고 한다. 찾아가 만났더니 눕지도 못하고 바로 앉지도 못하여 이불 두 채를 앞에 놓고 앉아 앞으로 기대어 생활하고 있었다. 키도 큰데 몸이 부어올라 기름통처럼 되어 있었다. 그 당시 이 사람이 살고 있는 집은 13평짜리 아파트 전세였다. 내 생각에 모두 합쳐 팔아 봐도 그 당시 시세로 60만원도 될까 말까 해 보였다. 그런데 내 입에서 나가는 말이 "하나님께서 당신 병을 고쳐서 살려주시면 당신 재산을 다 팔아 하나님께 바치겠느냐?"고 말하고 있었다. 그런데 그 사람은 화급한 심정에 "그렇게 하겠다"고 대답했다. 나는 기름통처럼 부어올라 움직이지도 못하는 그 사람에게 무릎을 꿇으라고 했다. 그러자 그 사람은 희미하게 바래진 눈빛으로 나를 흘겨보았다. 아마 당신 같으면 이 형편에 무릎을 꿇겠느냐는 뜻인 것 같았다. 그래도 나는 무릎을 꿇으라고 했다. 꿇어 앉혀 놓고 나는 "나사렛 예수의 이름으로 명하노니 깨끗이 고침 받을지어다"라고 3번을 물리치고 예수님의 이름으로 기도를 끝냈다. 그때의 기도로 그 사람은 고침을 받았다. 그리고 우리 교회에서 안수집사로 봉사하시다가 1999년도에 소천했다. 우리는 기도할 때 죽을 자도 살리는 능력을 갖고 있음을 믿고 기도해야 한다. 그 기도가 죽을 사람을 살린다.

2) 기도는 병을 고치는 능력이다.

성경에 보면 성전 미문에서 구걸하던 앉은뱅이에 대한 기록이 나온다. 그는 숱한 세월동안 아픔과 고통과 멸시와 천대 속에서 구걸하며 살아왔다. 그렇지만 베드로와 요한이 예수 이름으로 명하니 일어나 걸었다(행3:6). 루스드라에 앉은뱅이도 제자들이 기도하여 고침 받았다(행

14:8~10). 의원을 찾아간 '아사' 임금도 죽었고(대하16:11~14), 점쟁이를 찾아간 '아하시야' 임금도 죽었다(왕하2:1). 그러나 하나님께 기도한 자는 다 고침을 받아 살았다. 그 대표적인 예가 바로 '히스기야' 임금이다(왕하20:1~11).

부족한 종도 기록된 말씀을 믿고 많은 병자를 고쳤다. 그 중에서 몇 명의 예를 들어 보겠다.

김수겸 집사에게는 선영이라는 딸이 있다. 그 아이는 어릴 적에 높은 곳에서 떨어져 고막이 터져 늘 고름이 흘러나와 부모들도 맡기 싫을 정도로 냄새가 고약했다. 그래서 금요 철야기도회에 데리고 오라 하여 예수님의 이름으로 안수하였는데 즉시 흘러내리던 썩은 고름이 말랐고, 고약한 냄새도 떠났다.

또 어느 날 교회 옆에 사는 분이 나를 찾아와 자기 언니가 루마티스 관절염으로 25년을 고생하며 이 병원 저 병원 찾아다녔으나 고치지 못했단다. 또 유명한 기도원도 많이 다녔지만 고치지 못했다고 하면서 고쳐 달라고 했다. 그분은 그런 부탁을 하면서 식구 5명이 모두다 교회에 나오기 시작했다. 그래서 나는 틀림없이 고칠 수 있다고 했다. 그 당시에는 부족한 종이 입을 열어 말하는 대로 주님이 응답해 주셨던 때였기에 확신이 있었다.

환자는 그 당시 50세 정도였다. 그래 내가 기도를 시키면서 "주여!"라고 크게 소리쳐 보라고 했더니 "주여! 주여!" 하는데 소리가 입 밖으로 나오지 않았다. 나는 계속하라고 채근하며 4~5일이 지났는데도 "주여!" 소리가 나오지 않았다. 그때까지 나는 주님께 기도를 드리지 않았다. 왜냐하면 "저 믿음대로 된다"(마8:13,9:22,15:28)고 했는데, 주님을 소리 내어 부르지도 못한다면 어찌 고침 받을 믿음이 있다고 보겠는가 하는 생각에서였다. 나는 지금도 "주여!"라고 소리를 내지 못하는 자에게는 병고침을 바라는 기도를 드리지 않는다. 그래 겨우 나오는 소리가 "주여!" 하는데 내 귀에는 옛날 어릴 적 시골에서 벼 밭에 새를 쫓을 때 "후여, 후여!"라고 했는데 그 소리 같이 들렸다. 그래서 나는 "에이, 등신 같이 새 쫓느냐?"고 핀잔을 주었다. 그렇게 해서 25일이 지난 후에 그에게서 눈물이 쏟아지면서 "주여!"라고 소리치는 간절함이 보였다.

그때 나는 "믿는 자들에게는 이런 표적이 따르리니 곧 저희가 내 이름으로 귀신을 쫓아내 며 새 방언을 말하며, 뱀을 집으며 무슨 독을 마실지라도 해를 받지 아니하며 병든 사람에게 손을 얹은즉 나으리라 하시더라"(막16:17~18)는 말씀과 함께 "너희 중에 고난당하는 자가 있느냐 저는 기도할 것이요 즐거워하는 자가 있느냐 저는 찬송 할지니라 너희 중에 병든 자가 있느냐 저는 교회의 장로들을 청할 것이요 그들은 주의 이름으로 기름을 바르며 위하여 기도 할지니라 믿음의 기도는 병든 자를 구원하리니 주께서 저를 일으키시리라 혹시 죄를 범하였을지라도 사하심을 얻으리라 이러므로 너희 죄를 서로 고하며 병 낫기를 위하여 서로 기도하라 의인의 간구는 역사 하는 힘이 많으니라 엘리야는 우리와 성정이 같은 사람이로되 저가 비오지 않기를 간절히 기도한즉 삼 년 육 개월 동안 땅에 비가 아니 오고, 다시 기도한즉 하늘이 비를 주고 땅이 열매를 내었느니라"(약5:13~18)고 약속하신 말씀을 주며 믿고 간절한 마음으로 기도했다.

나는 내 경외하는 아버지 하나님께 나를 구속하신 예수님의 이름의 권세를 가지고 "더러운 질병은 물러가라!"고 꾸짖고 책망하며 명령했다. 그 즉시 25년을쓰지 못하던 다리에 힘이 생겨 힘있게 걸었다. 할렐루야!

나는 그 사람의 이름을 기억하지 못한다. 왜냐하면 병고침을 받고는 말도 없이 사라졌기 때문이다. 그리고 동생 식구들도 이 만큼 나와 주었으면 되지 않았느냐는 식으로 교회를 나오지 않았기 때문이다.
　나는 부족하기 때문에 주님의 능력을 바라고, 또 미련하고 우둔하다 할 정도로 기록된 말씀을 그대로 될 줄로 믿는다. 믿고 기도해 보라. 기적이 일어날 것이다.

3) 기도는 임신도 가능하게 한다.

　1983년도의 일이다. 하루는 젊은 여성도가 예쁜 여자아이를 데리고 와서 상담을 하면서 아기가 없다고 했다. 데려온 아이는 누구냐고 물었더니 데려다 키우고 있다고 했다. 이 성도의 얘기를 들어본즉 아이를 갖지 못하는 이유가 나팔관이 돌려 있기 때문이라고 했다. 나팔관 기형이라는 말이다. 그분은 이미 200만원을 들여 수술을 했지만 임신을 할 수 없었다. 나는 그 말을 듣는 순간 떠오르는 영감이 있었는데 바로 사무엘의 어머니 '한나'였다. 나는 틀림없이 아이를 낳을 수 있다고 담대하게 말하고 예수이름으로 기도를 해주었다. 그러고는 잊어버렸다.
　두어 달이나 지난 후에 그 성도가 콧소리로 찬송을 부르며 지하실 계단을 내려오다 나와 맞닥뜨렸다. 나는 뭐 좋은 일이 있는가보다 했는데 내게 하는 말이 '임신'이라는 것이다. 나는 그 말이 믿기지 않았는지 순간 감사의 기도보다는 "어디서 진찰을 해보았느냐?"고 물었다. 그분은 "동네 조그만 의원에서 했다"는 것이다. 나는 다시 부산에서 크고 믿을 수 있는 병원인 "침례병원에 가서 다시 진찰을 받아보라"고 했다. 결국 그 병원에서도 확실히 임신이라는 진단이 나왔다. 그 분은 후에 아들을 낳아 '태훈'이라고 이름을 지었다.

　1982년도의 일이다. 우리 교회를 개척하고 처음 부흥집회를 하는데 다른 교회에 다니는 이선순 집사라는 분이 말씀 듣는 시간 내내 괴로워하고 있었다. 집회가 끝난 후에 내가 기도해 드릴테니 함께 기도하자고 했다. 나는 그가 왜 어떻게 아픈지 모르고 내 손이 배에 가서 붙었고 나는 "나사렛 예수이름으로 명하노니 모든 질병은 물러가라"고 명령했다. 그랬더니 그분은 그 자리에 푹 쓰러지더니 잠깐 잠이 들었다. 조금 후 그분은 그냥 일어나 집으로 갔다. 집회를 마친 다음 권사님 댁에 심방을 갔더니, 그 이선순 집사의 집이 그 옆이었던지 먼저 나와 나를 맞으며 너무 좋아한다. "무슨 좋은 일이 있느냐?"고 물었더니 그 분이 하시는 말씀이 "하나님께서 자기의 수치를 면케 해 주셨다"고 한다. 나는 영문을 몰라 "무슨 말이냐?"고 물었더니 50세가 넘은 나이에 임신을 했는데, 그 기도 후에 교회당 계단을 내려오면서 쏟아 버렸다는 것이다.

　오래 전의 일이다. 우리 교회가 개척하고 얼마 지나지 않아 이수연이란 젊은 자매가 등록을 했다. 마침 여름성경학교를 시작하려는 시기라 교사를 맡아 달라 했더니 그의 말이 임신을 해서 못하겠다고 대답했다. 그래서 임신을 했으면 하나님께 감사하며 일을 해야지 무슨 대답이냐고 했더니, 임신을 했다가 세 번이나 유산이 되어 움직이면 안 된다고 의사가 지시했다고 했다. 그래서 나는 믿음을 갖고 기도하는 마음으로 "내가 책임질 터이니 율동하며 뛰어라"고 권했다. 그런데 그가 내 말을 믿고 정말로 율동을 가르치며 그 여름 성경학교에 봉사했다. 그리고 그분은 건강한 아들을 낳았고 남편 직장을 따라 김해로 갔다. 여러분이여!, 믿고 구하라. 그러면 응답은 반드시 있다.
　어떤 이들은 기도하는 것이 무모하고 위험하다고 생각하실지 모르겠다. 그러나 나는 말한다. 주님은 그분이 살아계심과 그의 약속의 말씀을 지키실 줄을 믿고 담대히 말하고 행동하면 자기가 불러 세운 종의 말에 대해 책임져 주시는 분이다. 나는 지금도 그렇게 믿고 산다. 우리는 믿음을 가지고 살아야 한다. 일백 만원짜리 기도를 했으면 그만큼 믿어야 한다. 무슨 일에도 좌절하지 말고, 포기하지 말고 기도하자. 그리고 큰 믿음을 갖자.

4. 기도는 문제해결의 열쇠요 지름길이다.

우리가 살아가는 길에는 언제나 문제를 만나게 되어있다. 문제를 만났을 때 기도보다 더 좋은 해결 방법이 없다. 기도하면 하나님께서 마음에 평안을 주신다. 그리고 모든 일에 확신을 가질 수 있다. 믿음이 자라면 도우시는 주님의 손길이 현저하게 보인다. 기도는 만사해결의 열쇠요 지름길이다. 그러므로 무슨 문제든지 기도로 하나님과 교통해 보라. 문제해결에 있어서 기도보다 더 빠른 길은 없다.

창세기 32:24~30을 보면 야곱의 기도하는 장면이 나온다. 야곱은 팥죽 한 그릇에 형의 장자권을 빼앗고, 거짓으로 눈먼 아비를 속여 형의 축복을 가로챘다. 형 에서가 그를 죽이려 하므로 어머니의 주선으로 외가가 있는 밧단아람으로 도망쳤다. 20여 년이 지나 하나님의 복주심으로 많은 재물을 가지고 고향으로 돌아오는데, 형 에서가 400인을 거느리고 마중 나온다는 소문을 들었다. 그는 20여 년 전 자기가 저지른 악행을 생각하고 겁에 질려 어찌할 바를 몰랐다. 그는 인간의 수단방법으로 형의 분노를 풀어보려고 많은 가축으로 뇌물작전을 폈다. 그러나 이것으로 마음의 안정을 얻을 수는 없었다. 그는 결국 주님 앞에 무릎을 꿇고 환도 뼈가 부러지도록 밤새 기도했다. 그 기도가 야곱에게 약속과 함께 담대함을 얻게 했다.

오래 전 〈중국선교협의회〉 구성을 위하여 조찬기도회가 있다고 초청장이 왔다. 장소가 부산 코모드 호텔이다. 나는 바보라 '왜 기도회를 호텔에서 모이는가' 생각하며 그 모임에 참석했다. 그곳에 가서 인사를 하고 앉으니 조그마한 그릇에 죽이 나왔다. 그것을 위해 감사기도를 드리고 죽을 마셨다. 그러자 이제는 회의를 한다고 회장을 비롯해 누구누구 부르더니 임명장을 주고 나서 다 끝났으니 일어나서 가자고 했다. 그래서 나는 옆에 있는 분에게 바보 같은 질문을 했다. "왜 기도는 안 하느냐?" 그랬더니 "아까 죽 먹을 때 한 것이 기도입니다"라고 한다. 글자 그대로 '조찬기도'란 말을 그 때 이해 했었다. 그러고 난 후에는 다시 〈조찬기도회〉라는 장소에는 가지 않는다. 왜 주의 종들이 교회도 기도원도 있는데 하필 그 많은 돈을 들여 호텔에서 기도회를 하는가? 나는 지금도 이해가 되지 않는다. 또 주님이 그런 기도를 받으실지 의문이다.

야곱은 씨름했다고 한다. 기도는 한가하게 여유를 즐기는 것이 아니고 씨름하듯이 급박하고도 절실한 간절함이 있어야 한다. 야곱은 환도뼈가 위골이 났다고 했다. 기도는 형식이 아니다. 실제적인 중노동이다. 눈만 감았다고 기도는 아니다. 요즘 교회들이 철야기도, 특별기도회라고 이름만 붙이고 커피 마시고 잡담하고 시간 다 보내고 기도했다고 한다. 이런 기도로 하나님의 보좌를 움직일 수 없다. 오직 진실한 마음으로 뜨겁고 간절한 기도를 드려야 한다. 야곱은 기도하고 용기를 얻어 형 에서를 만나니 에서는 숙곳을 야곱에게 넘겨주고 세일로 돌아갔다. 이것이 기도의 힘이다.

여러분에게 문제가 있는가? 기도하라. 기도가 문제해결의 열쇠요 지름길이다. 돈이 필요한가? 기도하라. 기도가 돈 해결하는 지름길이다. 땅을 파는 굴삭기가 하루에 사람 3천 명 분의 일을 한다고 한다. 하나님께선 굴삭기 3천만 대 분량보다 더 많이 하실 수도 있음을 믿으라. 만약에 천지를 창조하시면서 하나님께서 굴삭기나 덤프트럭을 동원하셨다면 몇 천만 대나 동원 되었을까? 그러나 하나님은 말씀 한마디로 천지를 조성하셨다. 기도하자. 내가 앉아 기도하면 주님은 내 일을 해 주신다.

우리 교회가 성전을 건축하려고 기도하고 작정헌금을 할 때 모 장로가 80명이 모이는 교인들 가운데 무려 15명 정도를 몰고 나갔다. 그때 그들 중에 나와 친하다고 하는 교인 임 모씨가 "우리 없이도 건축을 하겠느냐?"고 했다. 그때 내 대답이 "성전 건축을 사람이 하느냐?"고 대꾸했다. 그들이 떠난 후 우리는 1991년도에 260평 대지에 연건평 200평 되는 성전을 매입했다.

땅 값만 계산하여 4억5천만 원이었다. 우리 남은 교인들이 힘껏 건축헌금을 하고 부동산(APT)과 재정을 합쳐보니 3억 원이었다. 건물 대금 4억5천만 원 중 1억5천만 원이 모자랐다. 나는 1억8천만 원이 예치된 통장을 가지고 장로님인 건축업자를 만났다. 그리고 "지금 우리가 준비한 돈은 3억이고 이것은 계약금입니다"라고 하니 그 장로님께서는 "계약금으로는 너무 많습니다. 그런데 나머지는 어떻게 하실 것입니까?"라고 했다. 나는 "내 아버지에게 가서 받아오겠습니다. 산에 가서 받아오든 들에 가서 받아오든 받아 오겠습니다. 만약 내가 법정 기일 내에 1억5천만 원을 못 맞추면 이 1억8천만 원은 장로님이 가지세요"라고 했다. 그랬더니 이 장로님은 농담인줄 아는지 눈이 동그래졌다. 그래서 내가 "왜요? 하나님 돈인데 장로가 가지나 목사가 가지나 마찬가지 아니요. 교회가 다르다고 그러세요? 다 같은 하나님의 교회가 아닙니까?"라고 말했다. 그때 내 마음은 진심이었다. 우리 교회가 가진 3억 원은 성전건축을 위해 준비한 것이고 나머지 1억5천만 원을 마련하지 못하면 성전

구입은 못하는 것이니 계약금 1억8천 만 원은 있으나마나한 돈이 되기 때문이라고 생각했다. 진심이었다. 내가 나머지 돈을 마련하지 못했으면 그 돈을 포기했을 것이다. 지금도 그런 심정으로 산다.

"내가 진실로 진실로 너희에게 이르노니 나를 믿는 자는 나의 하는 일을 저도 할 것이요 또한 이보다 큰 것도 하리니 이는 내가 아버지께로 감이니라 너희가 내 이름으로 무엇을 구하든지 내가 시행하리니 이는 아버지로 하여금 아들을 인하여 영광을 얻으시게 하려 함이라 내 이름으로 무엇이든지 내게 구하면 내가 시행하리라"(요14:12~14), 또 "너희가 내 안에 거하고 내 말이 너희 안에 거하면 무엇이든지 원하는 대로 구하라 그리하면 이루리라"(요15:7)고 약속하신 말씀을 믿었다. 나는 계약서에 서명하고 교회로 돌아와 그 길로 40일 금식에 들어갔고, 하나님의 은혜로 40일 금식을 잘 마쳤다. 그리고 나의 금식 기도를 기쁘게 받으신 하나님께서 윤병원 집사님을 통하여 1억5천만 원짜리 통장을 보내 주셨다.

이것이 바로 기도하는 재미가 아니겠는가? 돈이 필요하면 기도하라. 주저주저하지 말고 떳떳하게 부자이신 우리 아버지께 달라고 구하자. 마태복음 7:7~11을 보라. "구하라 그러면 너희에게 주실 것이요 찾으라 그러면 찾을 것이요 문을 두드리라 그러면 너희에게 열릴 것이니 구하는 이마다 얻을 것이요 찾는 이가 찾을 것이요 두드리는 이에게 열릴 것이니라 너희 중에 누가 아들이 떡을 달라 하면 돌을 주며 생선을 달라 하면 뱀을 줄 사람이 있겠느냐 너희가 악한 자라도 좋은 것으로 자식에게 줄줄 알거든 하물며 하늘에 계신 너희 아버지께서 구하는 자에게 좋은 것으로 주시지 않겠느냐?"

우리 교회 24세인 어떤 여자 청년이 등록했는데 온 몸에 암내가 풍겨 식구들조차도 맡지 못할 정도였다. 여름철에도 두꺼운 옷을 겹겹이 겹

처입고 다니던 처녀를 위해 하나님 앞에 간절히 기도하고 예수 이름으로 명령하였더니 그 순간 냄새가 제거되었다. 본인의 이름은 기억되지 않지만 그 친구의 이름이 김경란이었다.

또 우리 교회 장로님 부인인 하복자 집사가 둘째 아이를 낳으려고 병원에 갔더니 아기가 거꾸로 들어섰다고 했다. 병원에서는 위험하다고 수술하라 하여 걱정이 태산이었다. 그래서 염려하지 말고 내게로 오라 하여 "의인의 기도는 역사 하는 힘이 많다"는 말씀을 믿고 손을 얹어 주님께 간절히 기도드렸다. 그리고 "이제 가라, 순산할 것이다"라고 말했는데 그분은 가서 순산했다.

로마서 8:32에 보면 "자기 아들을 아끼지 아니하시고 우리 모든 사람을 위하여 내어 주신 이가 어찌 그 아들과 함께 모든 것을 우리에게 은사로 주지 아니하시겠느뇨?"라고 하셨다. 이 약속을 믿고 기도하라. 정말로 기도는 문제 해결의 열쇠인줄 알고 기도에 시간을 투자하는 것에 대해 절대로 아까워하지 말라.

우리 교회 김수겸 집사는 나를 만나기 전에 시내버스를 운전했단다. 그런데 술은 '지고는 못 가도 마시고는 간다'고 할 만큼 술고래였다. 또 그 당시 청자 담배를 하루 세 갑씩 피웠단다.

1985년의 일이다. 그 당시 김수겸 씨는 허리 디스크 때문에 버스회사를 그만두게 되었다. 어느 날 그는 단골로 다니던 사찰에 고사를 지내러 갔다. 그의 형이 우리 교회에 나왔는데 그 형이 나에게 동생이 절에 고사를 지내러 가는데 같이 갔다 와도 괜찮겠느냐고 했다. 그래서 나는 "미쳤나, 고사지내러 가게 두지 말고 동생도 교회 나와서 예수나 믿으라고 하라"고 했다. 그리고 "부산에도 유명한 사찰이 많은데 왜 하필이면 경상남도 밀양까지 가느냐?"고 했더니, "단골로 고사 지내러 다니는 절의 스님이 버스를 사면 좋은 회사에 집어 넣어서 사람들 출퇴근 시키는 일을 하게 해 주겠다"고 했단다. 그래서 35인승 중형버스를 사서 고사를 지내러 간다는 것이다. 결국 그들이 가서 닭목을 비틀어 차 밑에 넣고 바퀴로 닭을 깔아 뭉개 고사를 다 지내고 나니 스님의 말씀이 "차를 집어 넣을 회사가 없다"고 했단다. 그래서 그분은 그냥 돌아오는 길로 형을 따라 교회에 나오게 되었다.

나는 마귀의 종인 중보다는 주의 종인 목사는 좀 다르다는 것을 보여 주어야 되겠다고 생각하여 열심히 기도했다. 마침 여름이라 주위 여러 교회에 연락하여 수련회에 가는 학생들 수송을 하게 하였다. 그리고 하나님께서 부족한 종의 기도를 들으시고 이후에는 학원과 중소기업에 출퇴근을 해줄 수 있는 자리가 생겼다. 그런데 좋아질만 하자 시험꺼리가 생겼다. 당시 관광 붐이 일면서 토요일에 출발하여 월요일에 돌아오는 코스가 많아진 것이다. 그때 한 번 갔다 오면 40만 원을 받고, 4주면 160만 원을 벌 수 있는 기회였다. 그래서 그분은 그 일을 하겠다고 했고, 나는 "주일을 범하는 일은 안 된다"고 했더니 이제는 다른 교회로 옮기겠다고 했다. 마침 우리 교회에서 교육전도사로 있다 간 분이 유혹하기로 "자기가 있는 교회로 오면 할 수 있다"고 했다는 것이다. 그래서 나는 "가는 사람 붙잡지 않을테니 가고 싶으면 가라. 그러나 네가 그 교회 가도 돈은 못 벌 것이다"라고 했다.

그런데 가서 두 달 만에 우리 교회로 다시 돌아왔다. 사연인즉 차를 길에다 정차 시켰는데, 이 차가 슬슬 굴러 내려가서 전주를 들이 받아 전주를 넘어뜨리는 사고가 난 것이다. 마침 변압기를 설치해 놓은 전주여서 그 배상금이 700만 원이나 되었다. 1985년 당시 35인승 중고버스는 350만 원인데 배상해야 될 금액이 700만 원이나 되었으니 버스를 팔아도 갚기 어려운 큰 돈이었다. 그분은 완전히 망해서 두 달만에 다시 우리 교회로 돌아왔다. 나는 참 괘씸하다는 생각이 들었다. 그렇게 망한 것이 속상했기 때문이다. 그래도 잘 왔다고 하고 그를 위해 열심히 기도했다.

그 후 그분은 할일이 없으니 날마다 교회에 와 청소도 하고 기도도 했다. 그러던 어느 날 부족한 종이 그를 위해 하나님께 간절히 기도하니 개소주 장사를 시켜야겠다는 생각이 들었다. 나는 우리 교회 집사님 가운데 돈에 여유가 있는 분을 만나 "내가 보증을 설 테니까 김수겸 씨에게 700만원만 빌려주라"고 했다. 그렇게 자금을 마련해 그에게 주면서 "돈 벌어서 이 빚 먼저 갚고, 그 후에 주님이 돈 주시면 교회 스텐 버스를 사라"고 했다. 그때 처음 스텐 버스가 생산 되었는데 가격은 2천만 원 정도 되었다. 사실 당시 우리 교회에 버스가 필요하지 않았지만 그렇게 하는 것이 이 사람에게 좋다고 생각했기 때문이다. 그러자 그분은 "예"라고 대답했다. 그렇게 장사를 시작했는데 하나님께서 얼마나 복을 주셨는지 1년 만에 빚을 다 갚고 권리금 2천만 원을 받았다.

문제가 있으면 기도하라. 하나님을 믿고 기도하라. 기도보다 더 좋은 문제 해결의 열쇠는 없다. "말씀 한마디로 천지를 조성하셨다"는 이 황당무계한 말씀을 믿는다고 하면서 왜 별 볼일 없는 작은 일은 못 믿는가? 문제가 생기면 세상 방법 동원하지 말고 살아 계신 하나님, 능력의 하나님께 기도하라. 하나님께서 알아서 해결해 주실 것이다.

사도행전 12:1~19에 보면 헤롯이 기독교인을 미워하는 유대인들의 환심을 사려고 야고보 사도를 죽이고 베드로 사도를 옥에 가두었다. 베드로는 감방에 갇혀 양손이 쇠사슬에 묶여있고, 철문 밖에는 간수가 철통 같이 지키고 있었다. 이때 다른 제자들이나 성도들은 기습 공작을 의논하거나 뇌물 공세를 펴지도 아니하고 오직 베드로 사도의 문제를 놓고 살아 계신 주님께 간절히 기도했다. 그때 주께서 이 모든 불가능한 상황을 초월하여 쇠사슬을 풀고 옥문을 열고 베드로를 옥에서 내 보내 주셨다. 이게 바로 기도의 위력이다.

사람의 쥐꼬리만도 못한 상식이나 지식의 한계 속에 무한하시고 전능하신 하나님의 능력을 가두어놓지 말고 그분의 능력을 믿어야 한다. 내가 못한다고 주님도 못하실까? 주님은 능치 못함이 없고(창18:14), 주님의 모든 말씀도 능치 못함이 없다(눅1:37). 내게 능력 주시는 주 안에선 능치 못함이 없다(빌4:13). 하나님은 인생이 아니시니 식언치 않으시고 인자가 아니시니 후회가 없으신 분이시니 어찌 그 말씀하신 바를 행치 않으시며 하신 말씀을 실행치 않으시랴(민23:19).

성경에는 기도하면 응답하시겠다는 수없이 많은 약속이 있다. 그러나 성경은 그 약속과 하나님의 말씀의 신실하심을 믿는 자를 보기 힘들 것이라고 걱정하셨다(눅18:8). 주님의 약속을 믿고 기도하라. 주님의 능력과 신실하심을 믿고 기도하라. 그러면 주께서 응답하신다. 아멘.

5. 기도는 세상에서 제일 강한 무기이다.

인간은 매일 전쟁을 치르며 사는 존재다. 육적으로는 생존경쟁에 시달리고, 영적으로는 자신과 세상 그리고 사탄과의 싸움을 싸워나간다. 전쟁에서 이기려면 무기가 좋아야 한다. 기도는 영적 전쟁의 무기다. 기도를 통하여 하나님의 능력으로 무장해야 한다. 기도는 하나님의 능력의 신무기를 터트리는 뇌관이요, 총알을 발사하는 방아쇠와 같다.

마가복음 11:23~24에 보면 "내가 진실로 너희에게 이르노니 누구든지 이 산더러 들리어 바다에 던지우라 하며 그 말하는 것이 이룰 줄 알고 마음에 의심치 아니하면 그대로 되리라 그러므로 내가 너희에게 이르노니 무엇이든지 기도하고 구한 것은 받은 줄로 믿으라 그리하면 너희에게 그대로 되리라'고 하셨다. 기도는 강한 힘이요, 무기이다.

　일꾼을 뽑을 때 쓸 데 없이 말이 많은 자도 하나님의 뜻을 이루는데 도움이 되지 않고, 또 당연히 해야 할 말을 하지 않는 자도 역시 쓰임 받지 못한다. 그러나 주의 일꾼은 말보다는 능력이 있어야 한다. 바울은 이렇게 말했다. "그러나 주께서 허락하시면 내가 너희에게 속히 나아가서 교만한 자의 말을 알아볼 것이 아니라 오직 그 능력을 알아 보겠으니 하나님의 나라는 말에 있지 아니하고 오직 능력에 있음이라"(고전4:19~20).

　누구든지 무슨 일을 할 때 그 일에 능력이 나타나야 한다. 우리가 재능을 묻어두고 있다면 능력이 없다는 것이다. 그러나 내 재능을 주님을 위해 사용한다면 세상에 복이 임하도록 공헌할 수 있을 것이다.

　그러나 기도 없이 이런 능력은 없다. "예수께서 그 손을 잡아 일으키시니 이에 일어서니라 집에 들어가시매 제자들이 조용히 묻자오되 우리는 어찌하여 능히 그 귀신을 쫓아 내지 못하였나이까 이르시되 기도 외에는 이런 유가 나갈 수 없느니라 하시니라"(막9:27~29)고 하셨다. 기도는 하나님의 능력을 나르는 통로다.

1) 기도 자체가 하나님의 능력이다.

　이사야 40:31에 보면 "오직 여호와를 앙망하는 자는 새 힘을 얻으리니 독수리의 날개치며 올라감 같을 것이요 달음박질하여도 곤비치 아니하겠고 걸어가도 피곤치 아니하리로다"라고 했다. 기도는 우리에게 하나님께로부터 놀라운 능력을 가지고 온다. 기도는 우리 힘으로 할 수 없는 문제를 하나님께서 주시는 능력으로 해결할 수 있다. 그러므로 기도 자체가 하나님의 능력이다. 엘리야는 기도로 하늘을 막아 비를 멈추게도 하였고(왕상17:1), 바알과 아세라신의 선지자 850명과의 대결에서도 승리하였고(왕상18:36~40), 42개월 동안 멈추었던 비를 내리게도 하였다(왕상18:41~46). 그러기에 기도는 미사일보다 더 강하고 어떤 요새보다 더 든든한 무기다. 미사일은 죽이고 파괴할 뿐 살리는 힘은 없다. 그러나 기도는 인간의 마음과 성품을 개조할 수 있고 살리는 힘도 있다.

요한복음 14:12~14에 보면 "내가 진실로 진실로 너희에게 이르노니 나를 믿는 자는 나의 하는 일을 저도 할 것이요 또한 그보다 큰 일도 하리니 이는 내가 아버지께로 감이라. 너희가 내 이름으로 무엇을 구하든지 내가 시행하리니 이는 아버지로 하여금 아들로 말미암아 영광을 얻으시게 하려 함이라. 내 이름으로 무엇이든지 내게 구하면 내가 행하리라"고 했다. 또 요한복음 15:7에서는 "너희가 내 안에 거하고 내 말이 너희 안에 거하면 무엇이든지 원하는 대로 구하라 그리하면 이루리라"고 했다.

2) 기도는 미사일보다 더 강하다.

거대한 댐에서 일어나는 물의 힘으로 만들어낸 전기의 힘은 큰 도시를 밝혀주고 거대한 공장도 움직인다. 그것이 바로 수력발전이다. 1945년 4월 6일 히로시마를 불태워 버린 것도 원자력의 힘이다. 오늘날 인간의 간담을 서늘하게 만드는 것이 무엇인가? 핵무기이다. 현재 미국이 보유하고 있는 핵 시설은 수천 마일 떨어진 소련 땅 중심부를 명중시켜 불바다로 만들 수 있다. 그것이 만약 우리 땅에 떨어진다면 남북은 말할 것도 없고 일본도 중국도 쑥대밭이 될 것이다. 그것을 가능하게 하는 무기가 바로 그 무시무시한 힘을 자랑하는 미사일이다. 그러나 이것들보다 기도의 힘은 더 강하다. 기도보다 더 강한 공격 무기가 없으며, 기도보다 더 강한 방어 무기도 없다.

기도라는 무기는 공격에도 방어에도 최상의 무기다. 기도는 ① 풀무

불도 식혀놓고(단3:8~30), ② 사자의 이빨도 무디게 하고(단6:10~23), ③ 질병도 물리치고(약5:14~18), ④ 귀신도 추방한다(막16: 16~17, 행 9:11~12). 어떤 무기가 귀신을 쫓아낼 수 있는가? 기도는 귀신을 쫓고 질병을 물리치는 힘이 있다(막9:14~29).

어느 날 새벽기도회를 마쳤는데 부목인 전석수 목사가 나에게 "목사님 김광열 집사가 중풍이 들어 몸을 못 쓰게 되었습니다"라고 말했다. 기도해 달라는 부탁이었다. 그래서 나는 데리고 나오라고 했더니 나오는데 보니까 워낙 몸집이 커 두 사람이 붙들어도 힘들어 했다. 그런데 이분을 보니 입에서 침을 흘리고 있었다. 단 앞으로 모시고 나와 앉혀놓고 부인을 불렀다. 그리고 두 사람에게 "네 하나님께서 병 고쳐 일으켜 주면 네 집을 팔아 바치겠느냐?"라고 물었더니 이들이 얼마나 다급했던지 "아멘"이라고 화답했다. 그때 그들은 전세로 2000만 원에 살고 있었다. 그래서 나는 "믿는 자들에게는 이런 표적이 따르리니 곧 저희가 내 이름으로 귀신을 쫓아내며 새 방언을 말하며 뱀을 집으며 무슨 독을 마실지라도 해를 받지 아니하며 병든 사람에게 손을 얹은즉 나으리라 하시더라"(막16:17~18)고 하신 주님의 약속을 믿고 머리에 안수하고 "나사렛 예수 그리스도의 이름으로 명하노니 더러운 귀신아 물러가라"고 세 번을 명하고 주님께 감사기도를 드렸다. 나는 그를 일으켜 세워 붙잡고 예배실 안을 세 번 돌린 후에 "혼자 걸어라"하고 붙잡은 손을 놓으니 확실하게 걸었다. 할렐루야!

그런데 그 분은 그 돈이 아까웠던지 다른 교회로 옮겨 갔다. 그러나 다른 교회를 간다고 약속을 안 지켜도 될 일인가? 하나님의 말씀은 "네 하나님 여호와께 서원하거든 갚기를 더디 하지 말라 네 하나님 여호와께서 반드시 그것을 네게 요구하시리니 더디면 네게 죄가 될 것이라 네가 서원하지 아니하였으면 무죄리라 그러나 네 입으로 말한 것은 그대로 실행하도록 유의하라 무릇 자원한 예물은 네 하나님 여호와께 네가 서원하여 입으로 언약한 대로 행할지니라"(신23:21~23)고 했다. 약속한 것은 지키는 것이 필요하다.

3) 기도 자체가 국방이다.

구약시대 이야기다. 아람 군대가 사마리아를 포위하였을 때 엘리사 선지자의 종 게하시가 놀라 엘리사에게 물었다. "내 주여 어찌하였으면 좋사오리까?" 엘리사 선지자가 게하시에게 대답하기를 "두려워 말라 우리와 함께한 자가 더 많으니라"고 하시고 기도하니 게하시의 눈이 열려 보니 아람 군대보다 더 많은 하늘의 불말과 군대들이 아람 군대를 포위하고 있었다(왕하6:14~19).

기도가 바로 국방이다(왕하6:23). ① 모세는 기도로 아말렉과의 전쟁에서 승리했고(출17:8~16), ② 엘리야나 엘리사도 기도로 나라를 지켰다(왕하6:11~23). ③ 에스더도 풍전등화 같은 나라와 백성을 기도로 구했다(에4:6).

엘리사는 아람 왕의 침실에서 하는 비밀 이야기도 다 알아 아람왕이 작전을 세워도 엘리사가 먼저 알고 미리 방어하게 되니 아람왕이 번뇌하며 "누가 우리 중에 이스라엘의 정탐이 있지 않으냐"고 했다는 기록이 있다(왕하6:11). 그래서 엘리야가 떠날 때 엘리사는 "소리 지르되 내 아버지여 내 아버지여 이스라엘의 병거와 그 마병이여 하더니 다시 보이지 아니하는지라 이에 엘리사가 자기의 옷을 잡아 둘로 찢고"라고 했다(왕하2:12). 또 "엘리사의 죽음 앞에서 요아스 임금도 그 얼굴에 눈물을 흘리며 가로되 내 아버지여 내 아버지여 이스라엘의 병거와 마병이여"라고 했다(왕하 13:14).

　이들이 이스라엘의 선지자로 활약할 때는 군사가 아닌 하나님의 힘으로 적군을 막아내고 물리쳤다. 이들의 능력은 기도의 힘이니 기도가 바로 국토를 지키는 병사들이며 무기란 말이 아닌가! 누가 애국자인가? 성전에서나 산속에서 나라를 위하여 기도하는 자들이 바로 애국자요, 병거와 마병이며 국방이 아닌가?

　오늘은 힘을 요구하는 시대요, 힘을 자랑하는 시대다. 그러므로 기도하여 능력 있는 성도가 되어야 한다. 모든 문제의 해답이 기도이기 때문이다. 그러므로 기도하지 않는 것은 하나님이 주신 백지수표를 버리는 것과 같고, 거대한 하늘의 보물창고 열쇠를 강물에 던져버리는 것과 같다. 얼마나 바보 같은 짓인가?

　기도는 세상에서 제일 강한 무기다. 그 어떠한 신무기가 발명된다 해도 기도보다 더 강한 무기는 없을 것이다. 어떤 무기가 귀신을 추방하고 죽음을 쫓아 낼 수 있겠는가? 기도의 무기는 귀신을 추방하고 목숨도 붙인다.

　나는 이런 체험이 너무 많다. 이 능력, 이 권세는 전매특허로 어느 특정인에게만 주신 것이 아니다. 성경은 믿는 모두에게 주셨다(막16:17~18). 그러므로 기도하라. 특별히 나라를 위해 '구국기도'를 드리자. 나라를 위하여 기도하는 사람은 장군보다 낫고, 백만 군사보다 낫다.

6. 기도는 주의 능력을 확신하게 한다.

　기도는 주님의 능력이 나와 함께 하시는지를 알아볼 수 있는 저울과 같다. 주님이 나와 함께 하신다면 약속하신 기도의 응답이 없을 수 없다.

그러므로 기도는 주님의 능력을 확인할 수 있는 좋은 도구이다. 우리는 기도의 능력을 믿고 구해야 한다. 결코 두려워 말고 "믿고 구한 것을 받은 줄로 믿으라 그리하면 그대로 되리라"(막11:20~24)고 하신 말씀을 믿고 인내하며 구해야 한다. 그러면 기도의 응답은 하나님의 능력으로 임하신다. 기도한 것을 믿지 못하면 응답도 없다.

기도의 응답을 받으려면 염려와 근심, 걱정과 두려움을 시간마다 정복해야 한다. 믿음을 가지면 두려움과 타협하지 않을 수 있다. 그러나 기도 없이는 믿음이 생기지 않는다. 주님이 제자들에게 "두려워 말라"고 말씀하셨다. 오늘도 주님은 우리에게 "무슨 일을 당해도 두려워 말라" 하신다. 두려움과 타협하지 않는 것이 큰 믿음이다. 믿음만 있으면 어떤 두려움도 물러갈 것이다. 기도할 때 뿐 아니라 언제 어디서든 두려움이 큰 적이다. 그러니 평강을 가지고 기도하라. 주님은 우리가 평강하기를 원하신다. "평안을 너희에게 끼치노니 곧 나의 평안을 너희에게 주노라 내가 너희에게 주는 것은 세상이 주는 것 같지 아니하니라 너희는 마음에 근심도 말고 두려워하지도 말라"(요14:27). 이것이 주님의 마음이다.

우리 교회가 지하실에서 예배를 드릴 때인데 겨울이 되면 온갖 잡다한 사람들이 다 들어왔다. 어느 날 밤에 혼자 단에서 기도를 하고 있는데, 누군가가 들어오는 인기척이 나서 '누가 오나보다' 생각하고 계속 기도를 드렸다. 그런데 그가 강단까지 올라왔다. 내가 눈을 뜨고 그 사람을 보니 건장한 젊은이였다. 그는 손에 생선회를 뜨는데 사용하는 시퍼런 회칼을 들고 내 옆에 섰다. 그래서 아래위를 훑어보며 생각해 보니 '언제 죽어도 한번은 죽을 목숨이니 주께서 지금 부르면 기도하다 칼에 찔려 죽은 것이니 순교가 아닌가?' 하는 생각이 정리되었다. 나는 자리에서 일어나 내 배를 내밀며 "아나 찔러라" 했더니 그가 슬슬 피했다. 그래서 한번 더 "자 찔러라. 찌르려고 왔지 않느냐?"라고 했더니 그 친구 말하기를 "내가 찌를 수 있으면 이렇게 있겠어요"라고 말했다. 그래서 "그래 찌를 수 없으면 이리 내려 와"라며 끌고 단 밑으로 내려가니 그냥 도망쳐 버렸다. 주의 성령께서 그에게 겁을 주신 것이라 생각한다.

믿음이 무엇인가? 배짱과 용기가 아닐까? 다윗이 골리앗을 공격할 때도 그 믿음이 용기와 배짱이 없었다면 그것은 죽은 믿음이었을 것이다. 요한복음 20:19에 보면 예수께서 부활하신 후에 "이 날 곧 안식 후 첫날 저녁 때에 제자들이 유대인들을 두려워하여 모인 곳에 문들을 닫았더니 예수께서 오사 가운데 서서 가라사대 너희에게 평강이 있을지어다"라고 하셨으며, 이사야 41:10에서는 "두려워 말라 내가 너와 함께 함이니라 놀라지 말라 나는 네 하나님이 됨이니라 내가 너를 굳세게 하리라 참으로 너를 도와주리라 참으로 나의 의로운 오른손으로 너를 붙들리라"고 하셨다. 이 말씀을 확신하며 영혼에 힘을 얻고 자신감과 용기를 갖고 주님의 말씀을 붙들고 세상을 향해 힘차게 살아가야 한다.

1) 확신의 사람으로 변하기 위해 기도하자.

창세기 32장 26절 이하에 보면 20년 만에 집으로 돌아오던 야곱은 형 에서가 400명의 종을 이끌고 마주 온다는 말을 듣게 된다. 20년 전 형 에서를 속이고 장자권과 아버지의 축복을 가로챈 과오를 생각하며 두려움에 떨게 된다. 야곱은 두려운 마음을 이기기 위해 가족을 두고 혼자 얍복 강가에서 기도하다가 천사를 만나 축복해 달라고 밤새도록 붙들고 늘어진다. 천사가 날이 새려하므로 떠나고자 할 때 축복하지 아니하면 놓지 않겠노라고 목숨을 걸고 졸라댔다. 그 때 야곱은 '이스라엘'

이라는 이름을 얻게 된다.

성경을 많이 읽고 성경을 잘 아는 사람처럼 야곱은 하나님의 뜻을 훤히 알고 있었다. 그리고 벧엘에서 몇 번이나 하나님의 약속을 받았고, 체험도 했다. 그러나 새로운 상황 가운데서 아직도 마음에 불안과 두려움이 사라질 정도의 확신이 없었다. 확신의 단계에 들어서지 못하면 알면서도 약해진다. 믿으면서도 두려워한다.

예수님의 경우 겟세마네 동산의 기도가 왜 필요했겠는가? 당신이 이루어야 될 하나님의 뜻을 몰라서가 아니다. 삼일 만에 다시 살아나실 것을 믿지 못해서가 아니다. 그 고통의 과정을 통과하는 동안의 두려움과 고통을 이길 만큼의 확신이 필요했던 것이다 그 일을 위해서는 기도 밖에 없었다.

우리는 성경지식이 많다고 자만하지 말아야 한다. 신앙경력이 많다고 자랑하지도 말아야 한다. 확신이 없으면 아무 것도 할 수 없다. 야곱처럼 기도하여 마음속에서 의심과 불안과 두려움을 완전히 몰아내고 어떠한 경우에도 확신과 평안을 유지할 수 있어야 한다. 기도만이 확신을 준다. 다니엘도 기도하였기 때문에 두려움 없이 사자굴 속에 들어갔고, 다니엘의 친구들도 풀무불 속에 들어갔다. 기도만이 만사에 확신 있는 삶을 준다.

2) 자신을 믿지 말고 주의 능력을 믿으라.

기도는 자기를 부정하고 하나님을 믿는 행위 자체이다. 내 능력, 내 지식, 내 지혜, 내 경험 등 내게 관한 모든 것을 부정하는 행위가 바로 기도이다. 내 것을 조금이라도 인정하고 신뢰하면 하나님을 향한 신실한 기도는 드릴 수 없다. 나는 할 수 없지만, 하나님은 할 수 있다고 믿고(빌4:13) "전능하신 하나님께서 내 모든 문제를 해결해 주옵소서"

라고 의탁하는 행위가 기도이다. 그러므로 기도하는 순간은 자기를 부정하고 반면 하나님을 전적으로 의뢰해야 한다. 하나님의 능력이 기적을 일으킨다. 그리고 하나님의 능력을 이끌고 올 수 있는 비결이 바로 기도다.

나는 내 힘으로 할 수 없어 성령의 인도와 도움을 구하기 위해 강단에서 밤을 지새울 때가 많다. 그러므로 육체를 이기는 기도를 하라. 하나님이 우리에게 주신 최대의 복이 기도라 할 수 있다. 우리가 기도하지 못한다면 불신자와 다를 바 없다. 기도할 수 있는 은혜를 주심은 연약한 인간에게 힘을 주시고 돕겠다는 약속이다.

3) 믿음이 있으면 용기도 생긴다.

사자 굴에 들어간 다니엘의 믿음은 바로 용기였다(단6:10~28). 스데반 집사가 돌에 맞아 죽어가면서도 웃으며 죽음을 맞는 것은 바로 그 믿음의 용기가 아닌가? 베드로의 경우에도 두려움과 떨림으로 주님을 부인했던 처음과 담대한 복음 증거자가 된 나중이 달랐던 것은 바로 용기의 유무 때문이 아닌가?

초대 서머나교회 목회자였던 폴리갑에게 순교 직전 체포해 가는 경찰이 말했다.

"목사님, 한 번만 예수를 부인하고 풀려 나오셔서 다시 예수를 믿으면 되지 않습니까? 한 번만 부인하십시오"

그랬더니 폴리갑은

"여보게, 나의 주님은 내 80평생에 한 번도 나를 부인하지 않았는데 내가 이 구차한 목숨을 부지하기 위하여 내 주님을 부인하겠나? 그렇게는 못하네"

그리고 폴리갑을 화형시키기 위해 장작더미에 기름을 뿌리고 그 위에 올려놓고 경찰이 손발을 묶으려 하자 다시 입을 열었다.

"그냥 두게. 주님께서 내가 몸부림치지 않게 도와주실 것이네."

결국 폴리갑은 묶이지 않고 훨훨 타는 장작더미 위에서 장렬하게 순교하셨다. 바로 이 믿음도 용기가 아니겠는가? 그러므로 용기와 배짱이 수반되어야 진실한 믿음이다.

부족한 종은 처음 교회 개척을 3층에서 했다. 건물 1, 2층은 점포요, 4층은 연립 주택인데 네 가정이 살고 있었다. 그때는 철야기도회를 저녁 11시부터 시작하여 새벽 4시까지 했다. 우리 교인은 몇 명 안 되고 다른 교회 교인들이 와서 약 40명 정도가 모여 찬송을 부르고 통성기도를 하니 은혜가 충만했다.

그런데 어느 금요일 밤 철야기도회 때 한참 기도회가 불이 붙었는데 누가 문을 두드리고 발로 차고 난리가 났다. 하도 시끄러워 문을 열고 나가보니 사람들이 5, 6명이 서 있었다. "왜 그러느냐?"고 물었더니, "시끄러워 잠을 잘 수 없으니 조용히 하라"고 했다. 윤리나 상식으로 보면 '마땅히 잘못했다'고 용서를 구해야 되는데, 그래서 미안합니다. 하려는데 내 안에 계신 분이 좋아, 다음 금요일은 철야기도 안할거냐 하신다.

그래서 아-예하고 생각해 보니 우리교회가 대로변이라 밤마다 술 먹은 사람들이 소리를 지르며 다닌다. 그래서 나는 그들에게 "그래 술 먹고 떠드는 술주정뱅이 소리에는 잘 자고, 우리 기도 소리만 잠을 못 자냐? "시끄러우면 이사 가면 될 게 아니냐? 한번만 더 이런 짓 하면 그냥 안 두겠다"라고 큰 소리를 쳤더니 아무 말 없이 돌아갔다. 그리고 그 뒤엔 아무리 큰소리를 치며 기도해도 한마디 시비도 없었다.

나는 주님이 함께 계시며 책임을 져 주셨다고 생각한다. 이게 믿음 아닌가? 믿음이 무엇인가? 교만하게 들릴지 모르지만 이런 것이 영권이 아닐까? 우리에게 믿음이 있으면 용기도, 배짱도 있게 마련이다. 왜냐하면 믿음이 바로 용기와 배짱이기 때문이다.

　여러분! 특별히 주의 종들이여! 주님은 한 순간도 어김없이 지켜보시는데 우리는 슬슬 사람의 눈치를 살피며, 교인들의 비위나 맞추면서 늙어 죽도록 자리나 지키며, 밥이나 얻어 먹으려고 세월만 보내고 있지 않는지 물어봐야 되지 않을까?

　스데반 집사가 죽기 전에 예수만 부인했으면 돌에 맞아 죽지 않고 살아났을 것이고, 주기철 목사님도 주님을 부인하고 신사에 참배했다면 살아서 오랫동안 목회하면서 총회장도 하고, 또 무슨 총재도 하셨을 것이다. 그랬으면 과연 주님이 기뻐하셨을까? 주님은 죽는 그 날까지 지혜와 꾀로 일하는 척하지 말고, 주의 일을 주님이 하시는 것처럼 하다가 죽으라고 하셨다(계2:10). 그래서 주님은 "무릇 자기 목숨을 보존하고자 하는 자는 잃을 것이요 잃는 자는 살리라"(눅17:33)고 말씀 하셨다. 우리에게는 내일이 보장되어 있지 않는다. 살아있는 오늘에 용기와 배짱을 가지고 주님을 부인하지 말고 증거하며 살아가야 한다.

4 왜 기도해야 하는가

　신앙생활에 있어 기도는 너무 중요하다. 그러기에 주님은 설교를 가르치지 않고 기도를 가르쳤다(마6:9~15). 그리고 주님은 직접 기도하심으로 우리에게 본을 보이셨다.
　우리 주님의 일생을 보면 사람들이 부러워 할만한 점은 하나도 없다. 목수의 아들이요, 배우지 못하였고, '나사렛에서 선한 것이 나겠느냐'고 한 나다나엘의 말처럼 명예도 없었다. 그렇지만 수만 명이 따라 다닌 것을 보면 그분의 인생에 불가사의한 매력이 있었던 것 같다. 그것은 그 분에게 확신과 평안과 능력이 있었기 때문일 것이다. 그 비결이 무엇이었는가? 그것이 바로 기도였다고 생각된다.
　주님은 언제나 기도하셨다. 날이 밝기 전에도 기도하셨고(막1:35), 일하시기 전에도 기도하셨고, 일을 마친 후에도 기도하셨다(마4:2). 그리고 제자들이 쉬는 시간에도 혼자 한적한 곳을 찾아 밤새도록 기도하셨으며(눅6:12~13), 십자가에 달리시기 전날 밤에도 주님은 "아버지여 만일 아버지의 뜻이어든 이 잔을 내게서 옮기시옵소서 그러나 내 원대로 마옵시고 아버지의 원대로 되기를 원하나이다"라고 피가 땀방울이 되어 떨어지고 밤이 새도록 힘쓰고 애써 더욱 간절히 기도하셨다(눅22: 42~44, 마26:38~45).

하나님의 독생자이신 그 분이 그렇게 기도하심은 그만큼 기도가 중요하다는 것이 아니겠는가? 그러므로 그 분의 힘은 바로 기도에서 왔다고 생각한다. 그분은 "하늘에 계신 아버지여!"라고 부르실 때마다 하늘이 열리고 아버지와 친히 말씀을 주고 받으셨다.

우리도 만약 원망, 불평, 불만으로 가득 찬 마음을 시원하게 하나님께 털어놓고 대화할 수만 있다면 얼마나 좋을까? 그 누구의 인정을 받지 못하고 위로와 도움을 받지 못한다 하더라도 우리는 행복할 것이다. 그러므로 참으로 아버지 하나님과 기도로 교통하는 것이야말로 이 복잡하고 머리 아픈 세상에서 참된 기쁨이요, 승리가 될 것이라 생각한다.

역대상 16:10~11에 보면 "그 성호를 자랑하라 무릇 여호와를 구하는 자는 마음이 즐거울지라. 여호와 그 능력을 구할지어다. 그 얼굴을 항상 구할지어다"라고 하셨다. 기도하자. 기도보다 더 위대한 것이 없다. 그러면 왜 기도해야 하는가?

1. 기도는 하나님의 명령이다.

마태복음 마7:7에 "구하라 그러면 너희에게 주실 것이요 찾으라 그러면 찾을 것이요 문을 두드리라 그러면 너희에게 열릴 것이니"라고 했다. 그리고 데살로니가전서 5:17에는 "쉬지 말고 기도하라"고 했으며, 골로새서 4:2에는 "기도를 항상 힘쓰고 기도에 감사함으로 깨어 있으라"고 하셨다.

그러므로 기도에는 개인적인 열망보다 더 강한 동기가 있다. 그것은 바로 주님께서 우리가 기도하기를 원하신다는 것이다. 나의 모든 것을 너무나도 잘 알고 계시고 나를 지극히 사랑하시는 주님께서 거대한 세상의 전투장을 굽어보시고 기도 외에는 해결방법이 없음을 아시고(막 9:29) 기도하기를 명령하신 것이다.

군인의 세계는 상관과 부하 사이에 철저하게 상명하복(上命下服)이 있을 뿐이다. 이런 관계가 철저하게 준행될 때 막강한 전투력을 나타낼 수 있다. 이런 군대여야 정예 군대가 되는 것이요, 어떠한 적도 능히 물리칠 수 있을 것이다. 우리는 영적 전투병으로 예수님의 군사다. 그리고 예수님은 우리의 대장이시다. 우리의 대장 되신 예수님께서는 출전 준비의 군장 검열을 하시면서 우리에게 강력한 공격과 방어무기인 기도로 철저하게 준비하라 명령하셨다. 명령은 실행해도 되고 안 해도 되는 것이 아니다. 명령은 반드시 복종해야한다.

원수 마귀는 하나님의 복이 우리에게 오는 것을 방해하기 위해서 지금도 성도의 마음과 삶을 통하여 순간순간 공격하며 탈취를 시도한다. 그러므로 우리는 철저하게 주님 말씀에 복종하며 기도해야 한다.

우리가 만군의 하나님을 과연 하나님으로 모시는가? 하나님께서 "나는 인애를 원하고 제사를 원치 아니하며, 제사보다 하나님을 아는 것을 원하노라"(호6:6)고 하셨다. 이 말씀은 우리에게 당신의 신분과 능력과 뜻을 바로 알고 그렇게 대해 달라는 말씀이 아닌가? 그런데 우리는 정말 하나님을 무소부재하시며 능치 못하심이 없는 전능하신 하나님이시요(창18:14), 창조주시며(요1:1~3), 만물의 주인으로(학2:8, 대상29:14, 시24:1) 바로 알고 섬기는가? 과연 우리가 하나님을 파출소 경찰관 만큼은 인정하는가? 경찰관이 와서 "함께 갑시다"라고 명령하면 아무 죄도 없으면서 무슨 죽을 죄인인양 쩔쩔매면서 도살장으로 끌려가는 소처럼 따라가는데, 하나님의 말씀에는 꼼짝도 하지 않는 강심장으로 살아가는 우리가 아닌가? 그러면서 복 받을 것이라 생각하고 필요한 것이 있으면 몇 분 앉아 중얼거려 놓고 응답이 없다고 원망하고 불평하는 것이 현대

교인들의 기도생활이 아닌가?

하나님은 절대자요 우주만물의 소유주요, 죽이기도 하시고 살리기도 하시며 음부에 내리게도 하시고 올리기도 하시며, 가난하게도 하시고 부하게도 하시며, 낮추기도 하시고 높이기도 하시며, 가난한 자를 진토에서 일으키시기도 하시는 분이다. 또 빈핍 한 자를 거름더미에서 드사 귀족들과 함께 앉게 하시며 영광의 위를 차지하게도 하시는 생사화복의 주관자이시다(삼상2:6~8). 이것을 믿는다면 그분의 명령에 순종하여 기도하자.

1) 기도가 주의 명령이기에 기도하지 않는 것은 죄이다.

이사야 43:21~22에 보면 "이 백성은 내가 나를 위하여 지었나니 나의 찬송을 부르게 하려 함이니라 그러나 야곱아 너는 나를 부르지 아니하였고 대저 너는 나를 괴로워하였으며"라고 하셨다. 또 사무엘 선지자는 기도하지 않는 것이 죄라 하셨다(삼상12:23~24).

왜 기도하지 않는 것이 죄가 되는가? 왜냐하면 기도는 하나님의 명령이요, 명령에 불순종하는 것은 절대자이신 하나님을 무시하는 것이니 이것이 불경죄가 아닌가? 그런데 요즘 기도하지 않는 자가 더 큰소리 친다. "기도만 하면 다냐?"고. 또 어떤 사람들은 "하나님께서 우리 사정 다 아시는데 기도할 필요가 있는가?"라고 말한다. 그러나 성경은 그렇게 말하지 않는다. 하나님이 다 알고 주시려고 계획도 세워 놓았지만 구하여야 주신다고 하셨다.

에스겔 36:37에 보면 "나 주 여호와가 말하노라 그래도 이스라엘 족속이 이와 같이 자기들에게 이루어 주기를 내게 구하여야 내가 그들의 인수로 양떼 같이 많아지게 하리라"고 하셨다. 주님은 우리에게 한없는 사랑을 베푸셨고 또 복을 주시려고 준비하고 계시지만 기도하지 않으면 받아 누릴 수 없다는 말이다.

하나님의 아들인 예수님도 쉬지 않고 기도하심으로 모든 사명을 감당하셨는데 하물며 우리가 기도하지 않고 무슨 일을 할 수 있겠는가? 기도해야 한다. 그럼 일반적으로 사람들은 왜 기도하지 않는가?

첫째는 게으르기 때문이다.

기도하지 않는 이유는 게으르기 때문이다. 게으른 자에게는 궁핍이 강도처럼 쳐들어 온다고 했다. "게으른 자여 네가 어느 때까지 눕겠느냐 네가 어느 때에 잠이 깨어 일어나겠느냐 좀더 자자, 좀더 졸자, 손을 모으고 좀더 눕자 하면 네 빈궁이 강도같이 오며 네 곤핍이 군사같이 이르리라"(잠6:9~11) 하셨다. 그러므로 기도에 게으르면 영적인 궁핍이 강도처럼 들이닥쳐 신앙이 메말라 사명을 감당할 수 없게 된다.

세상 지식과 문화로 인하여 믿음이 점점 약해진다면 우리는 절망이다. 신앙은 체험이다. 늘 기도로 그분을 경험하고 교제해야 한다. 기도는 하나님과의 대화요 사귐이다. 그러므로 게으르지 말고 부지런하여 열심으로 기도하자.

둘째는 말씀을 믿지 못하기 때문이다.

게으르지도 않으면서 기도하지 않는 것은 하나님의 전능하심과 신실하신 약속을 믿지 못하기 때문이다. 그러나 "하나님은 인생이 아니시니 식언치 않으시고 인자가 아니시니 후회가 없으시도다 어찌 그 말씀하신 바를 행치 않으시며 하신 말씀을 실행치 않으시랴?"(민23:19)고 했으며, "예수 그리스도는 어제나 오늘이나 영원토록 동일하시니라"(히13:8)고 했다. 또 "나 여호와는 변역지 아니하나니"(말3:6, 단6:26)라고 하신 하나님의 말씀들이 있는데 그분의 신실하심을 믿는다면 왜 기도하지 않을까? 이들은 기도해 봐야 별 볼일 없다고 생각하니 기도하지 않는 것이다.

은행은 믿어도 하나님을 믿지 못하고, 의사는 믿어도 하나님은 믿지 못하며, 직장은 믿어도 하나님은 못 믿는 것이다. 의사보다 위대한 의술을 가지신 분이 하나님이시요, 은행보다 믿을 수 있는 분이 하나님이신 줄을 믿고 기도하자.

셋째는 교만한 자이기 때문이다.

기도하지 않으니 그분의 명령을 무시하는 것이요, 하나님의 도움 없이도 살 수 있다는 교만 때문이다. 그러므로 기도하지 않는 자보다 하나님 앞에서 교만한 인간이 또 어디 있겠나? 왜냐하면 하나님의 도움 없이도 자기가 다 할 수 있다고 생각하니 하나님의 도움을 청하지 않는 것이 아닌가? 마치 "예수 믿고 구원받아 복 받고 살자"고 전도하면 "나는 나를 믿는다"고 건방을 떠는 인간들처럼 말이다.

그러나 자신에게 속지 말라. 하나님의 말씀은 "사람이 마음으로 자기의 길을 계획할지라도 그 걸음을 인도하는 자는 여호와시며"(잠16:9), 또 "사람의 마음에는 많은 계획이 있어도 오직 하나님의 뜻만 완전히 서리라"(잠19:21)고 하셨다. 아무리 좋은 계획을 세워도 하나님의 동의를 얻지 못하면 성취될 수 없다. 그것은 "하나님의 생각과 우리 생각이 다르며 하나님의 길과 우리의 길이 다르기 때문이다"(사55:8~9).

하나님은 그냥 복을 주시지 않고 기도하면 주시겠다고 하셨다(겔 36:37). 그러니 기도 없이는 복을 받을 수 없다. 하나님을 무시하지 말라. "스스로 속이지 말라 하나님은 만홀히 여김을 받지 아니 하시나니 사람이 무엇으로 심든지 그대로 거두리라"(갈6:7) 하셨다. 또 "그러므로 이스라엘의 하나님 나 여호와가 말하노라 내가 전에 네 집과 네 조상의 집이 내 앞에 영영히 행하리라 하였으나 이제 나 여호와가 말하노니 결단코 그렇게 아니하리라 나를 존중히 여기는 자를 내가 존중히 여기고 나를 멸시하는 자를 내가 경멸히 여기리라"(삼상2:30). "사람이 흑암과 사망의 그늘에 앉으며 곤고와 쇠사슬에 매임은 하나님의 말씀을 거역하며 지존자의 뜻을 멸시함이라 그러므로 수고로 저희 마음을 낮추셨으니 저희가 엎드러져도 돕는 자가 없었도다. 이에 저희가 그 근심 중에 여호와께 부르짖으매 그 고통에서 구원하시되"(시107:10~13)라고 하셨다.

하나님을 무시하고 어떻게 살 수 있겠는가? 그분이 우리의 생사화복의 주관자가 아닌가? "이제는 나 곧 내가 그인 줄 알라 나와 함께 하는 신이 없도다 내가 죽이기도 하며 살리기도 하며 상하게도 하며 낫게도 하나니 내 손에서 능히 건질 자 없도다"(삼상2:6~7)고 하셨다. 복 받고 형통하려면 하나님을 경외하고 사랑하자. 누가 하나님을 사랑하고 경외하는 자인가? 하나님의 말씀을 절대적으로 순종하는 자이다. 독자를 제물로 드린 아브라함 같은 분이 아니겠는가? 누가 하나님을 사랑하는 자인가? 계명을 지키는 자가 하나님을 사랑하는 자라 하셨다. 그리고 계명을 지키는 자들과 함께 하시겠다고 약속하셨다. 그러므로 겸손한 마음으로 주님께 간절히 구하자.

"교만은 패망의 선봉이요 거만한 마음은 넘어짐의 앞잡이니라"(잠16:18)고 하신 말씀을 기억하고 교만을 버리고 겸손히 무릎 꿇고 하나님께 기도하자. 우리에게 필요한 것이 무엇인가? 기도하자. 우리 아버지 하나님께서 우리에게 필요한 모든 것을 아시고 준비하고 계신다.

"그러므로 염려하여 이르기를 무엇을 먹을까 무엇을 마실까 무엇을 입을까 하지 말라 이는 다 이방인들이 구하는 것이라 너희 천부께서 이 모든 것이 너희에게 있어야 할줄을 아시느니라 너희는 먼저 그의 나라와 그의 의를 구하라 그리하면 이 모든 것을 너희에게 더 하시리라 그러므로 내일

일을 위하여 염려하지 말라 내일 일은 내일 염려할 것이요 한 날 괴로움은 그 날에 족하니라"(마6:31~34). 그러나 하나님은 구하여야 주신다.

2. 오늘도 기적이 일어나야 하기 때문에 기도해야 한다.

기적이 무엇인가? 사람의 상식으로 생각할 수 없고 이해되지 않는 사건이 일어날 때 우리는 그것을 기적이라 한다. 기적은 인간의 평범한 눈에 감추어져 있던 진리가 밖으로 드러나는 것이요, 인간의 한계에 하나님의 능력이 합쳐질 때 일어나는 사건이다.

그러나 성경에는 기적이란 말이 없고, 이적, 표적, 기사로 표현되어 있다. 왜냐하면 성경에는 우연이란 없고 모두가 필연이요, 주님은 능치 못함이 없으시며, 믿고 구하면 반드시 이루어지기 때문에 기도하는 자들에겐 기적이 일어난다.

1) 오늘도 기적이 일어나야 한다.

지금도 주님이 살아 계시고, 인간은 지금도 불가능한 일들 앞에 놓여 있기 때문이다.

(1) 지금도 주님이 살아계신다.

기적은 주님의 일하심이다. 살아 계신 주님이 우리와 함께 하시면 기적이 나타날 수밖에 없다. "저는 진리의 영이라 세상은 능히 저를 받지 못하나니 이는 저를 받지도 못하고 알지도 못함이니라 그러나 너희는 저를 아나니 저는 너희와 함께 거하심이요 또 너희 속에 계시겠음이라 내가 너희를 고아와 같이 버려두지 아니하고 너희에게로 오리라"(요14:17~18).

(2) 인간은 지금도 불가능한 일을 앞에 두고 있다.

1800년 5월 2일 나폴레옹이 이탈리야를 정복하기 위해 알프스의 험준한 상베르나트 고지를 넘을 때 "내 사전에는 불가능이 없다"고 했다. 그러한 나폴레옹도 워터루(벨기에) 전쟁에서 패배하여 세인트헬레나 섬에 유배되었다가 1821년 5월 5일 전쟁을 비관하며 인생을 끝냈다. 그가 죽으면서 "나는 무력으로 세계를 정복하려 하였지만 실패했다. 그러나 나사렛 예수 그는 사랑으로 세계를 정복했고 지금도 수억의 사람들이 그를 추종한다"는 말을 남겼다고 한다.

인간에게는 누구에게나 한계가 있다. 그래서 인간이 제 아무리 재주가 좋아도 비행기가 없으면 하늘을 날 수 없고, 잠수함이 없으면 바다 밑을 다닐 수 없고, 아무리 과학이 발달해 우주 비행을 해도 하나님을 만날 수 없고, 아무리 수사기관이 우수해도 범죄를 막을 수 없다. 또제 아무리 교육을 많이 받고 수양을 해도 죄악의 바다를 건너 시온의 항구에 도달할 수 없다. 우리는 연약하여 죄악에서 벗어나지 못하고 죄악의 바다에 빠져 죽을 수밖에 없지만, 하나님의 말씀은 능치 못함이 없고, 무엇이든 구하면 하나님께서 주시겠다고 약속하셨다.

성경의 역사를 살펴보면 하나님께서는 기도하는 개인, 기도하는 교회, 기도하는 공동체를 통하여 하나님의 뜻을 이루어 오셨다. 모세의 기도가 전쟁의 승리를 주었고(출17:11~16), 여호수아의 기도는 아모리 사람들의 도전에 태양과 달을 멈추게 하였고(수10:12~14), 엘리야의 기도는 아합왕 시대에 바알과 아세라 신의 선지자 850명과의 대결에서 불로 응답하시는 하나님을 만나게 했고(왕상18:24), 에스더의 기도는 이스라엘 백성들을 구원했다(에 4:16).

내 막내 딸 정주는 1999년 3월 독일 유학을 갔다. 처음 보낼 때에는 생활비가 약 80만원 정도면 될 것이라 했는데 정작 가서 보니 우리 힘에 벅찬 생활비가 필요했다. 독일어를 잘 모르니 학원비가 들어가고, 또 학생이 아니니 모든 것이 많이 든다고 했다. 그래서 그해 6월 빨리 시험을 응시하라고 했더니 모두가 다 부정적인 말만 했다. 그곳에 계신 목사님도 그랬고, 먼저 간 학생들도 모두가 안 된다고만 했다. 이유인즉 오자마자 시험을 치른 전례가 없고, 아직 교수도 만나지 못한 상태라 레슨을 받아보지 못하였으며, 또 독일어를 잘 모르니 말도 안 통한다는 등 이유는 많았다. 그 당시 현지에는 1년 반을 기다린 학생도 있었으니 당연한 생각들 이었다. 그러나 우리 사정은 그럴 여유가 없었다. 그래서 나는 딸에게 시험에 응시하라고 말하고 기도하기 시작했다. 딸이 얼마나 그 시험을 두고 '시험'이 들었는지 나에게는 말을 못하고 제 언니에게 전화를 걸어 울면서 안 된다고 했다고 했다. 그 소리를 들으니 가슴이 아팠지만 나는 내가 믿는 하나님께 내 사정을 아뢰기로 했다.

    시험 날짜를 하루 앞두고 나는 저녁 8시에 단에 가서 엎드렸다. 나는 고상한 용어도 쓰지 않았고, 거창한 목적도 아닌 순수한 내 소원을 아뢰었다.

    "주여 내 사정 아시지요. 내 딸이 합격하지 못하면 돈이 많이 들어갑니다. 그게 어디 내 돈입니까? 내가 돈이 있습니까? 교회서 학비를 주니 모두가 아버지 돈 아닙니까? 그러니 정주를 합격시켜 주셔요. 독일어를 몰라도, 교수를 못 만나 레슨을 못 받아도 주님이 허락하시면 될 줄을 믿습니다. 그리고 다윗이 언제 레슨 받고 수금이나 비파를 탔습니까? 그냥 주의 영이 함께 하시니 귀신이 놀라서 도망갈 정도 아니었습니까? 그러니 꼭 합격시켜 주셔야 합니다. 시험관이 몇 명이든 그들이 평생에 처음 듣는 연주를 내 딸이 하게 해 주세요."

    나는 정말로 간절하고 순수하게 기도를 드렸다. 그 기도는 새벽 5시 기도회 때까지 약 9시간을 매달려 기도했다. 그리고 영감이 떠올라 일어나서 제 아내에게 "걱정 마시오. 정주는 합격했소"라고 했다. 그러니 아내가 안 믿어지는 것 같았다. 믿든 안 믿든 또 나는 독일에 있는 딸에게 전화를 걸어 "정주야, 걱정 말고 시험에 응하라. 네 합격했다"라고 말했다. 그리고 딸은 독일에서 시험을 치렀고, 우리는 발표날을 기다렸다. 그런데 정말 기적이 일어났다. 내가 믿는 하나님께서 응답해 주셨다.

그 때의 정황은 이렇다. 당시 그 학교의 시험관이 3명인데 발표 일을 이틀이나 남겨놓고 2명이 개인적으로 전화를 걸어 합격했으니 등록하라고 연락이 왔단다.

사람의 상식으로는 전혀 불가능한 것이지만 나는 주님은 불가능을 초월하고 인간 상식을 초월하시는 분이심을 믿었다. 여러분도 믿고 기도하라. 기도는 이렇게 시험에 합격하는 지름길이다. 다시 반복한다. 말씀 한마디로 천지를 조성하셨다(창1:1)는 이 황당무계(荒唐無稽)한 말씀을 믿는다고 하면서 왜 별 볼일 없는 작은 일인 시험합격 같은 일에 기적을 주시는 것은 못 믿는가? 쥐꼬리만도 못한 상식이나 지식의 한계 속에 전능하신 하나님의 능력을 가두어 놓지 말고 그분의 능력을 믿어라. 내가 못한다고 주님도 못할까?

문제가 있어 걱정하시는가? 하나님의 손은 염려를 통해서 움직이는 것이 아니고 믿음의 기도를 통하여 모든 문제를 해결하신다(빌4:4~8). 문명의 진보와 과학의 발달과 문화의 발전에도 불구하고 인간에게는 한계가 있다. 생명은커녕 목숨을 단 1분도 연장시키지 못한다. 그러나 하나님은 능치 못함이 없다. 실패하고 문제 앞에 좌절하지 말라. 좌절감은 잘못된 가치관을 낳고(왕상19:4), 좌절감은 판단력을 흐리게 할 뿐이다(왕상19:13~18). 그러므로 오직 주의 음성에 순종하며 믿음의 기도를 드리자. 그리고 우리 기도를 통하여 주님이 지금도 살아 계시며 우리와 함께 하심을 만방에 보여주고 하나님께 영광을 돌려야 한다.

5 무엇을 구할 것인가

　　기도는 '모든 은혜의 창고'라 할 수 있다. "그러므로 우리가 긍휼하심을 받고 때를 따라 돕는 은혜를 얻기 위하여 은혜의 보좌 앞에 담대히 나아갈 것이니라"(히4:16)고 했다. 은혜란 값없이 베푸시는 하나님의 호의이고, 긍휼이란 고난 중에 있는 자들에게 그들의 잘못에도 불구하고 나타내시는 하나님의 선하심이다. 인생은 만물의 영장이지만 하나님의 피조물이다. 더욱이 하나님 앞에 범죄한 인생이기에 하나님의 긍휼과 도우시는 은총을 받지 아니하면 살 수 없고, 복되게 살 수는 더욱 없다. 우리가 죄를 지었을 때나 질병의 고통에 시달리게 될 때는 물론 자녀들을 바르게 양육하기 위해서 하나님의 자비와 긍휼, 도우시는 하나님의 은혜를 받아야 한다.

　　그리고 성령세례를 받기 위해서도 기도해야 한다. 하나님은 구하면 주신다 하셨다. 누가복음 11:10~13에 보면, "구하는 이마다 받을 것이요 찾는 이가 찾을 것이요 두드리는 이에게 열릴 것이니라 너희 중에 아비 된 자 누가 아들이 생선을 달라 하면 생선 대신에 뱀을 주며 알을 달라 하면 전갈을 주겠느냐 너희가 악할 찌라도 좋은 것을 자식에게 줄

줄 알거든 하물며 너희 천부께서 구하는 자에게 성령을 주시지 않겠느냐"고 하셨다.

부족한 종은 성령의 능력을 체험하기 위해 하루 저녁에 주기도문을 천 번이나 외운 일이 있다. 그리고 용문산기도원 정상에 올라가 기도를 하려는데 얼마나 눈보라가 휘몰아치는지 몸이 날려갈 지경이었다. 그러나 나는 성령님의 능력을 체험하기 위해 눈이 하얗게 쌓여있는 정상의 헬리콥터장에서 무릎을 꿇고 기도하고 나중에 눈을 떠보니 내가 앉은 자리에는 눈이 모두 녹아버린 것을 보았다.

또 1976년 여름 청계산 영도기도원이라는 곳에 가서 성령의 능력을 체험하기 위해 밤에 강단 아래 무릎을 꿇고 기도를 했다. 얼마나 큰 소리로 기도를 했던지 성전에서 잠자던 사람들이 일어나 덩달아 기도를 하는데, 그때 같이 기도한 이들은 모두 중학생까지도 성령이 임하여 방언으로 기도를 하는데 나는 방언이 안 되었다. 얼마나 안타까운지 바닥을 치면서 울었더니 양손이 터져 피가 흘러내렸다. 그래도 안 되었다. 그리고 그 뒤에 어떻게 기도했는지 또 얼마나 시간이 흘렀는지 모르지만 눈을 떠보니 남자 여자 할 것 없이 마치 나를 동물원에 원숭이 보듯 하고 있지 않는가? 그래서 정신을 가다듬어 보니 나는 정말 원숭이 같았다. 위에서 눈물이 흘러내리고 밑에서 콧물이 흘러내려 둘이 부둥켜안고 형아 동생아 하고 덜렁덜렁하니 그것도 여자도 아닌 30대 중반의 남자가 정말 가관이었던가 보다. 정말 창피했지만 나는 "만군의 여호와께서 말씀하시되 이는 힘으로 되지 아니하며 능으로 되지 아니하고 오직 나의 신으로 되느니라"(숙4:6)고 하신 말씀을 붙잡고 성령의 능력을 체험하려고 미친 듯이 몸부림치며 기도했다.

1. 능력 받기 위해서도 기도하라.

　기도하면 천체도 움직이고 하늘 문도 여닫을 수 있다. 여호수아는 일월을 멈추게 했고, 엘리야는 하늘 문을 여닫고 비를 멈추게도, 다시 쏟아지게도 했다. 성경은 우리도 믿음만 있으면 얼마든지 할 수 있다고 하셨다. "서로 기도하라 의인의 간구는 역사하는 힘이 많으니라 엘리야는 우리와 성정이 같은 사람이로되 저가 비오지 않기를 간절히 기도한즉 삼 년 육 개월 동안 땅에 비가 아니 오고 다시 기도한즉 하늘이 비를 주고 땅이 열매를 내었느니라"(약5:16~18). '우리와 성정이 같은' 엘리야도 이런 엄청난 이적을 베풀었는데, 하물며 "성령 받은 너희가 못하느냐?" 이 말씀이 아니겠는가? 엘리야 당시에는 성령께서 필요할 때에만 한 번씩 능력으로 역사하셨다. 그러나 지금 우리에게는 보혜사 성령께서 직접 임하셔서 우리 몸을 성전 삼고 계시며 날마다 함께 사신다.
　요한복음 14:16~17에 보면, "내가 아버지께 구하겠으니 그가 또 다른 보혜사를 너희에게 주사 영원토록 너희와 함께 있게 하시리니 저는 진리의 영이라 세상은 능히 저를 받지 못하나니 이는 저를 보지도 못하고 알지도 못함이라 그러나 너희는 저를 아나니 저는 너희와 함께 거하심이요 또 너희 속에 계시겠음이라"고 했다. 고린도전서 3:16에는 "너희가 하나님의 성전인 것과 하나님의 성령이 너희 안에 거하시는 것을 알지 못하느뇨?"라고 했으며, 고린도전서 6:19~20에는 "너희 몸은 너희가 하나님께로부터 받은바 너희 가운데 계신 성령의 전인 줄을 알지 못하느냐 너희는 너희의 것이 아니라 값으로 산 것이 되었으니 그런즉 너희 몸으로 하나님께 영광을 돌리라"고 했다. 할렐루야!
　요한복음 14:12~14에 보면 "내가 진실로 진실로 너희에게 이르노니 나를 믿는 자는 나의 하는 일을 저도 할 것이요 또한 이보다 큰 것도 하리니 이는 내가 아버지께로 감이니라 너희가 내 이름으로 무엇을 구하든지 내가 시행하리니 이는 아버지로 하여금 아들을 인하여 영광을 얻으시게 하려 함이라 내 이름으로 무엇이든지 내게 구하면 내가 시행하리라"고 하셨으니 우리는 엘리야보다 훨씬 더 많은 능력을 행하며 복음을 증거해야 한다. 그러나 "이르시되 기도 외에 다른 것으로는 이런 유가 나갈 수 없느니라 하시니라"(막9:29)고 말씀하시므로 기도에 매진할 것을 부탁했다.

마가복음 16:17~18에는 "믿는 자들에게는 이런 표적이 따르리니 곧 저희가 내 이름으로 귀신을 쫓아내며 새 방언을 말하며 뱀을 집으며 무슨 독을 마실지라도 해를 받지 아니하며 병든 사람에게 손을 얹은즉 나으리라 하시더라"라고 했다. 부족한 종은 이 말씀을 믿고 기도하여 현장에서 표적이 따라 일어나는 많은 체험을 했다. 그러므로 우리는 열심을 다해 기도하자.

2. 죄 용서 받기 위하여 기도하라.

죄악이 기도의 응답을 가로막고 축복을 가로막는 장벽이다. 맑은 하늘에 구름 한 점 때문에 태양이 가리워지는 것처럼 우리와 하나님의 사이도 죄로 가리워져서 교통이 두절된다. 죄악의 벽을 허물고 하나님 아버지의 이름을 부르며 기도해야 한다.

다윗은 무엇이 하나님과의 사이를 막고 있는지 잘 알았기 때문에 "내가 마음에 죄를 지으면 하나님께서 듣지 아니하시리라"(시66:18)고 했고, 이사야도 죄가 기도의 응답을 막는지 알았기 때문에 "여호와의 손이 짧아 구원치 못하심도 아니요 귀가 둔하여 듣지 못하심도 아니라. 오직 너희 죄악이 너희와 너희 하나님 사이를 내었고 너희 죄가 그 얼굴을 가리워서 너희를 듣지 않으시게 함이니"(사59:1~2)라고 했다.

예수님께서는 "하나님께 예물을 바치기 전에 형제와 먼저 화해하라"고 하셨다(마5:23-24). 이는 범죄자의 예물은 받지 않으시겠다는 말씀이다. 드리는 것도 안 받으시는 분이 어찌 범죄자에게 응답하여 은혜와 복을 주시겠는가? 우리의 심령에 죄가 들어오면 우리의 기도는 허공을 칠 수밖에 없다. 그러나 우리가 회개하면 "내 이름으로 일컫는 내 백성이 그 악한 길에서 떠나 스스로 겸비하고 기도하여 내 얼굴을 구하면 내가 하늘에서 듣고 그 죄를 사하고 그 땅을 고칠지라. 이곳에서 하는 기도에 내가 눈을 들고 귀를 기울이리니"(대하7:14~15)라고 하셨다.

1) 회개하고 기도하면 과거를 묻지 않고 용서하시고 응답하신다.

이사야 1:18에 보면 "여호와께서 말씀하시되 오라 우리가 서로 변론하자 너희 죄가 주홍 같을지라도 눈과 같이 희어질 것이요 진홍같이 붉을지라도 양털같이 되리라"고 하셨다. 그뿐 아니라 회개하면 ① 주의 등 뒤에 던져 버려(사38:17), ② 동에서 서가 먼 것처럼 죄를 멀리 하시고(시103:12), ③ 구름이 사라지듯 멀리 보내(사44:22), ④ 다시 기억나지 않게 하시겠다(사43:25)고 약속하셨다.

위의 하나님의 약속의 말씀처럼, 우리가 회개하고 자백하면 주님은 우리의 과거를 묻지 않으시고 우리의 기도를 금항아리에 담아 천사의 손으로 하늘의 보좌에 올리울 것이다. 이것을 요한계시록에서는 "또 다른 천사가 와서 제단 곁에 서서 금향로를 가지고 많은 향을 받았으니 이는 모든 성도의 기도들과 합하여 보좌 앞 금단에 드리고자 함이라. 향연이 성도의 기도와 함께 천사의 손으로부터 하나님 앞으로 올라가는지라"(계8:3~4)고 했다. 할렐루야!

다윗은 하나님으로부터 마음에 합한 자요(삼상16:6~13, 행13:22), 성군이라는 칭호를 받았다. 그러나 다윗은 우리아의 아내 밧세바를 취하여 십계명 중 네 계명이나 범하는 엄청난 죄를 지었다(삼하11:2~27). 그때 다윗의 마음은 산산조각으로 찢어지고 상처투성이가 되어 구원의 기쁨을 잃어버렸다. 그때 나단 선지자의 책망을 받고(삼하12:1~12), 하나님 앞에 무릎을 꿇고 "하나님이여 주의 인자를 쫓아 내 죄과를 도말 하소서 나의 죄를 말갛게 씻기시며 나의 죄를 깨끗하게 하소서. 나는 내 죄과를 아오니 내 죄가 항상 내 앞에 있나이다. … 우슬초로 나를 정결케 하소서 내가 정하리이다. 나를 씻기소서 내가 눈보다 희리이다"(시51:1~3, 삼하 12:13)라고 회개했다. 이 얼마나 놀라운 회개의 고백인가?

2) 회개하고 용서받은 자가 복이 있다.

죄악을 품은 마음으로 아무리 기도해도 응답이 없다. "오직 너희 죄악이 너희와 너희 하나님 사이를 내었고 너희 죄가 그 얼굴을 가리워서 너희를 듣지 않으시게 함이니"(사59:2). 그러므로 우리가 어떤 문제를 놓고 기도할 때 먼저 자신을 살펴 회개해야 한다. 다윗은 이렇게 회개하고 용서받은 기쁨을 "허물의 사함을 받고 죄의 가리움을 받은 자는 복이 있도다"(시32:1) 라고 고백했다.

죄가 많아서 망하는 것이 아니고 회개하지 않아서 망한다. "너희에게 이르노니 너희도 만일 회개치 아니하면 다 이와 같이 망하리라 또 실로암에서 망대가 무너져 치어 죽은 열여덟 사람이 예루살렘에 거한 모든 사람보다 죄가 더 있는 줄 아느냐 너희에게 이르노니 아니라 너희도 만일 회개치 아니하면 다 이와 같이 망하리라"(눅13:1~5)고 주님은 말씀했다.

그러므로 신앙생활에서 가장 중요한 것이 기도요, 기도 중에 중요한 기도는 회개하고 자복하는 기도이다. ① 회개 없이 용서 없고, ② 회개 없이 구원 없고, ③ 회개 없이 성령 충만 없다. "저희가 이 말을 듣고 마음에 찔려 베드로와 다른 사도들에게 물어 가로되 형제들아 우리가 어찌 할꼬 하거늘, 베드로가 가로되 너희가 회개하여 각각 예수 그리스도의 이름으로 세례를 받고 죄 사함을 얻으라 그리하면 성령을 선물로 받으리니"(행2:37~38)라고 하심같이 회개할 때 성령은 역사하시고 예수 그리스도의 보혈이 우리를 깨끗케 하신다. 진실하게 회개하자. 다윗이 하나님의 마음에 합한 자가 된 것도(행13:21~22) 회개하고 용서받았기 때문이다.

다윗이 죄를 짓고 얼마나 괴로웠으면 "하나님이여 주의 인자를 좇아 나를 긍휼히 여기시며 주의 많은 자비를 좇아 내 죄과를 도말 하소서. 나의 죄악을 말갛게 씻기시며 나의 죄를 깨끗이 제하소서. 대저 나는 내 죄과를 아오니 내 죄가 항상 내 앞에 있나이다. 내가 주께만 범죄하여 주의 목전에 악을 행하였사오니 주께서 말씀하실 때에 의로우시다 하고 판단하실 때에 순전하시다 하리이다. 내가 죄악 중에 출생하였음이여 모친이 죄 중에 나를 잉태하였나이다. 중심에 진실함을 주께서 원하시오니 내 속에 지혜를 알게 하시리이다. 우슬초로 나를 정결케 하소서 내가 정하리이다 나를 씻기소서 내가 눈보다 희리이다"(시51:1~7)라고 고백했겠는가?

또 회개하고 용서받은 기쁨이 얼마나 큰지를 다음과 같이 고백했다. "허물의 사함을 얻고 그 죄의 가리움을 받은 자는 복이 있도다 마음에 간사가 없고 여호와께 정죄를 당치 않은 자는 복이 있도다 내가 토설치 아니할 때에 종일 신음하므로 내 뼈가 쇠하였도다. 주의 손이 주야로 나를 누르시오니 내 진액이 화하여 여름 가물에 마름같이 되었나이다. 내가 이르기를 내 허물을 여호와께 자복하리라 하고 주께 내 죄를 아뢰고 내 죄악을 숨기지 아니하였더니 곧 주께서 내 죄와 악을 사하셨나이다. 이로 인하여 말미암아 모든 경건한 자는 주를 만날 기회를 얻어서 주께 기도할지라 진실로 홍수가 범람 할지라도 저에게 미치지 못하리이다. 주는 나의 은신처이오니 환난에서 나를 보호하시고 구원의 노래로 나를 두르시리이다"(시32:1~7).

　죄는 기도의 응답을 막는다. 죄악을 마음에 품고 하는 기도는 응답이 없다. "여호와의 손이 짧아 구원치 못하심도 아니요 귀가 둔하여 듣지 못하심도 아니라. 오직 너희 죄악이 너희와 너희 하나님 사이를 내었고 너희 죄가 그 얼굴을 가리워서 너희를 듣지 않으시게 함이니"(사59:1~2)라고 했으나 회개하면 응답이 있다. "내 이름으로 일컫는 내 백성이 그 악한 길에서 떠나 스스로 겸비하고 기도하여 내 얼굴을 구하면 내가 하늘에서 듣고 그 죄를 사하고 그 땅을 고칠지라"(대하7:14)고 했다. 그러므로 우리가 어떤 문제를 놓고 기도할 때 먼저 우리 자신을 살펴서 마음의 시기, 질투, 미움과 탐욕을 버리고 영육간의 죄를 회개하는 과정을 반드시 통과해야 한다. 인간을 개조하는 것은 이 길밖에 없다.
　기도가 막히면 복이 오는 통로가 막힌다. "또 너희 마음으로 우리에게 이른 비와 늦은 비를 때를 따라 주시며 우리를 위하여 추수 기한을 정하시는 우리 하나님 여호와를 경외하자. 말하지도 아니하니 너희 허물이 이러한 일들을 물리쳤고 너희 죄가 너희에게 오는 좋은 것을 막았느니라"(렘5:24~25).
　또 죄는 사명 완수의 길을 막는다(삼상15:22~23). 그러므로 숨은 죄가 있으면 아무리 구해도 응답이 없다(사1:18·59:1~3). 그러나 회개하면 반드시 하나님의 응답은 기적처럼 임한다.

　이 세상의 의술로 속수무책인 불치병으로 인생의 마지막을 달리고 있는가? 사업에 실패하여 절망적인 먹구름이 드리워져 있는가? 회개하라. 그러면 반드시 기적이 일어날 것이다. ① 히스기야처럼 회개하고(왕하

20:4~6), ② 세리처럼 회개하고(눅18:13), ③ 바울처럼 회개하고(행 9:8~9), ④ 존 번연처럼 회개하자. 존 번연은 강한 성령의 역사가 나타났을 때 "이 세상에서 나와 짝할 자는 아무도 없다. 있다면 마귀와 고양이 뿐이다"라고 회개하고 '천로역정'을 썼다. 우리도 내 죄 때문에 견딜 수 없이 통회자복 할 때 반드시 기도의 응답이 있다.

시편 91:15에 이르기를 "저가 내게 간구하리니 내가 응답하리라 저희 환난 때에 내가 저와 함께 하여 저를 건지고 영화롭게 하리라"고 했다.

3) 회개하였으면 사죄에 대한 확신을 가지라.

사죄의 근거는 예수 그리스도의 희생이다.

로마서 8:34에 보면 "누가 정죄하리요 죽으실 뿐 아니라 다시 살아나신 이는 그리스도 예수시니 그는 하나님 우편에 계신 자요 우리를 위하여 간구하시는 자시니라"고 했다. 결국 우리는 예수그리스도의 희생의 터전 위에 우리의 용서와 축복이라는 집을 지은 것이다. 우리를 사랑하시는 하나님께서 "모든 것이 합력하여 선을 이루셨다"(롬8:28). 로마서 8:32에 "자기 아들을 아끼지 아니하시고 우리 모든 사람을 위하여 내어 주신 이가 어찌 그 아들과 함께 모든 것을 우리에게 은사로 주지 아니하시겠느뇨"라고 하신 말씀처럼, 하나님은 주 안에서 모든 것을 우리에게 주시기를 원하신다. 그러시기에 우리 기도를 들으시고, 부르짖는 자에게 응답하시고 우리가 알지 못하는 크고 비밀한 일도 보여 주시겠다고 약속 하셨다(렘33:3).

3. 시험을 이기기 위하여 기도하라.

성경에 언급된 성도에게 오는 시험은 두 가지가 있는데 그 첫째는 하나님께서 성도들에게 복을 주시려고 훈련(연단)하는 시험(σοκιμαζω =test)이 있고(눅14:19, 고전3:13, 딤전3:10), 둘째는 마귀가 사람을 범죄에 빠뜨리려는 유혹(πειρασμο=temptation)(마6:13·26:41, 눅4:13, 고전10:13, 약1:12)이 있다. 그리고 시험은 누구에게나 있다.

1) 하나님께서 직접 하시는 시험이 있다.

하나님께서 하시는 시험은 우리를 훈련시켜 정금 같은 믿음과 우리의 영성이 그리스도의 분량까지(엡4:7~13) 성장하여 겸손한 인격의 소유자로 만들어 자기 분수를 알아 스스로 교만하지 않게 하여 복을 주시려고 하시는 것이다. 이것은 신앙성장에 필수 과정이다.

신명기 8:3에 보면 "너를 낮추시며 너로 주리게 하시며 또 너도 알지 못하며 네 열조도 알지 못하던 만나를 네게 먹이신 것은 사람이 떡으로만 사는 것이 아니요 여호와의 입에서 나오는 모든 말씀으로 사는 줄을 너로 알게 하려 하심이니라"고 했으며, 전도서 3:18에는 "내가 심중에 이르기를 인생의 일에 대하여 하나님이 저희를 시험하시니 저희로 자기가 짐승보다 다름이 없는 줄을 깨닫게 하려 하심이라 하였노라"고 했다.

그리고 하나님에 대한 경외심과(창22:10~13, 출16:4, 신13:3~5) 능력의 여부를 알아보기 위함도 있다 (마14:13~21). 그러므로 누구에게나 크고 작은 시험이 있는데 이것은 하나님의 사랑에서 기인된 것이다(히12:5~13). 그러므로 이러한 시험은 우리에 대한 하나님의 사랑과 관심에 정비례된다. 그런데 이 시험을 통과할 수 있는 비결이 기도이다.

2) 마귀의 유혹과 미혹이 있다.

마귀는 인간을 나쁜 길로 유혹하여 범죄하게 하여 하나님과의 관계를 끊어 모든 것을 빼앗고 완전히 타락시켜 멸망케 하려는 의도를 갖고 있다. 마귀는 두 가지로 인간을 유혹한다. 인간이 범하기 쉬운 육신의 본능을 자극하여 ① 육적 욕구인 경제적인 문제와 ② 권력과 명예의 자랑으로 인간이 자기에게 주어진 한계를 뛰어 넘고자 하는 욕망을 불어넣어 교만하여 악을 추구하게 만든다. 이는 마땅히 하나님께 돌려야할 영광을 가로채려는 허영을 부추긴다. 인간의 존재가치와 삶의 목적은 하나님의 영광을 위함이다(고전10:31). 그러므로 사단의 유혹은 인간에게 내재된 교만성과 여러 모양의 욕심들을 자극함으로써 인간이 그것을 자제하거나 뿌리치지 못하고 끌려가 영혼과 인격이 타락하여 파멸의 길을 가게 한다.

마귀는 성도를 유혹하여 넘어지게 하고 죄를 짓게 하고 신앙을 손상시키고 하나님을 멀리 떠나게 하여 결국은 영혼을 멸망시키는데 목적이 있다. 그러므로 우리에게 닥치는 시험을 무조건 나쁜 것이거나, 아니면 모든 것을 훈련으로 이해하여 무조건 감수하는 것은 성경적인 태도가 아니다. 여러 가지 시험들을 잘 파악하여 상황에 맞게 대처하는 지혜가 필요하다. 물론 성도는 이러한 마귀의 시험에 빠지지 않도록 늘 깨어 기도하는 것이 가장 중요하다.

어느 시험이든지 그 시험을 통과할 때 기적(축복)이 일어난다. 그러나 불합격(미달)되면 버림 받는다. 성도들은 신앙생활에서 '믿음'이란 말과 함께 귀가 따갑도록 듣는 말이 '시험'이란 말이다. 누가 신앙이 좀 나태해 지든지 문제가 생기면 시험 들었다고 한다. 오직 기도만이 시험을 이기고 성공할 수 있는 길이다. 그러므로 깨어 기도하자.

시험은 누구에게나 온다. 믿음의 위대한 인물들도 다 시험을 받았다. 아브라함, 욥, 요셉, 다니엘과 다니엘의 친구들, 심지어 예수님도 시험을 받았다. 시험은 특별히 사랑하는 자들에게 믿음의 연단을 위하여 주시는 하나님의 사랑에서 기인된다. 그러므로 시험은 누구에게나 있다. 시험이 없으면 사생아라 하셨다. 히브리서 기자는 다음과 같이 가르친다.

"또 아들들에게 권하는 것같이 너희에게 권면하신 말씀을 잊었도다 일렀으되 내 아들아 주의 징계하심을 경히 여기지 말며 그에게 꾸지람을 받을 때에 낙심하지 말라. 주께서 그 사랑하시는 자를 징계하시고 그의 받으시는 아들마다 채찍질 하심이니라 하였으니, 너희가 참음은 징계를 받기 위함이라 하나님이 아들과 같이 너희를 대우하시나니 어찌 아비가 징계하지 않는 아들이 있으리요. 징계는 다 받는 것이거늘 너희에게 없으면 사생자요 참 아들이 아니니라"(히12:5~8).

부족한 종은 무슨 중요한 일이 있을 때마다 주님께서 금식기도를 먼저 시키셨다. 그래서 어려운 문제를 그때마다 잘 넘기게 하셨는데, 앞에서도 잠깐 언급했듯이 우리 교회가 지금 교회당을 매입해 이사 올 무렵 우리 교회에 시험이 왔다. 그 당시 우리 교인은 70명 정도였는데 장로가 문제를 일으켜 일꾼이라고 믿고 있던 교인들 가운데 헌금을 할 만한 성도들 14명이나 몰고 나갔다. 그들이 나가면서 말하기를 "우리 없이 이 사람들 가지고 성전을 건축하겠느냐?"고 하면서 옆에 있는 다른 교회로 갔다. 그러나 우리는 주님께 성전을 받았다. 그때 당을 지어 앞장서서 승리한 대장처럼 이끌고 나간 장로는 몇 년 후 남의 돈을 빌려 야반도주 하고, 그 교회는 쑥밭이 되고 함께 무리를 지어 나갔던 자들도 그 훌륭한 장로에게 몇 천만 원씩 빌려주어 이자 받아 먹으려다가 자선사업 하는 모양이 되고 말았다.

우리는 사람을 잘 만나야 한다. 만나는 사람에 따라 인생이 바뀐다. 그러므로 육신보다는 영을 볼 수 있는 영적인 눈이 열려야 한다. 그것을 위하여 기도하라. 기도 없이는 시험에 넘어질 수밖에 없다. 시험에 빠지고, 죄를 범하는 것도 모두 기도가 없기 때문이다. "화 있을진저 저희가 나를 떠나 그릇 갔음이라. 패망할진저 저희가 내게 범죄 하였음이라. 내가 저희를 구속하려하나 저희가 나를 거슬려 거짓을 말하고 성심으로 나를 부르지 아니하였으며 오직 침상에서 슬피 부르짖으며 곡식과 새 포도주로 인하여 모이며 나를 거역하였도다"(호7:13~14)라고 했다.

　인생에 있어 누구나 다 풍랑의 어려움이 닥친다. 여러 가지 시험들이 우리를 무척 어렵게 만든다. 그러나 시험을 만난다고 낙심하지 말고 시험 들기 전에 기도하라 주께서 헤어날 길을 준비해 놓으셨다. "우리가 사방으로 우겨 쌈을 당하여도 싸이지 아니하며 답답한 일을 당하여도 낙심하지 아니하며 핍박을 받아도 버린 바 되지 아니하며 넘어짐을 당하여도 망하지 아니하고"(고후4:8), 또 "능히 이길 수 있는 시험과 시험 당할 즈음에 피할 길을 열어 주신다"(고전10:13)고 하셨다. 그러나 가만히 있는데 이기고 피할 길을 주신다는 말씀은 아니다. 그럴 것 같으면 무엇 때문에 시험을 주시겠는가? 시험을 이기고 피할 길은 오직 기도에 있다. 예수님께서도, 모든 믿음의 선진들도 기도로 시험들을 이겼다. 시험에 빠지는 것도, 죄를 범하는 것도 모두 기도가 없기 때문이며, 우리로 하여금 기도하게 하려는 하나님의 계획 때문이다.

　우리 교회는 현재 사용하는 교회 건물을 1991년도에 사왔다. 교회를 이전할 때 많은 동역자들이 이제 벌떼처럼 모여들 것이라고 했다. 부족한 종도 그렇게 생각했다. 40일 금식기도를 주님께 드리면서 매입에 부족한 돈 1억 5천만 원도 받았으니 정말 주님께서 크게 부흥케 해주실 것이라 믿었다. 과거의 예배당에 모이던 교인들에 대해서 거리가 멀어 어려움이 있는 분들은 가까운 교회로 보내고, 이제 새로 시작하는 마음으로 열심히 전도도 하고, 기도도 하고 말씀을 전했다. 처음에는 많은 분들이 교회에 왔다. 우리는 네 주일을 연속 나와야 등록을 받는데, 네 주일을 잘 나와 등록을 하고 난 분들이 그 다음 주가 되면 나오질 않았다.
　우리가 찾아가서 "왜 안 오셨느냐?"고 물어보면 "사람들이 이단이라고 하여 못 나오겠다"고 했다. 얼마나 기가 막히는 일인가? 누가 왜 이렇게 이런 거짓말을 지어내어 하나님의 교회를 이렇게 쑥대밭을 만드는지 알 수 없었다. 그냥 추측으로는 작은 교회가 많은 돈을 주고 큰 건물을 사오니 이웃 교회 목회자들이 자기 교인들의 이동을 막기 위해 우리 교회가 〈다미선교회〉 소속이라고 거짓말을 했는가 싶었다.
　당시 1991년부터 〈다미선교회〉라는 단체가 주님이 92년 10월에 재림한다고 거짓 예언을 하여 성도들을 유혹하고 있을 때였다. 우리는 주님이 책임져 주시기를 바라는 마음으로 기도만 하고 있었다. 그런데 알고 보니 그 당시 종말론 강의를 하면서 〈다미선교회〉를 비판하는 집회를 진행하던 서울에 있는 유명 신학대학교 모 교수가 부산에 와서 주일학교 교사 세미나를 진행하면서 우리 교회를 〈다미선교회〉 소속이라 공표한 것이었다. 나는 선배 목사님이 구해준 비디오를 통해 그 사실을 확인하고 그제야 누가 우리 교회를 음해하고 유언비어를 퍼트렸는지 알게 되었다. 그래서 나는 그 교수를 만나 "왜 이렇게 되었느냐?"고 했더니, 그는 "나는 잘 모르고 친구 목사에게 듣고 그렇게 말했다"고 했다. 그래서 나는 그분에게 "목사로서 목사를 죽이고 싶지 않으니 교계신문에 자신의 주장이 잘못되었다고 해명과 사과문을 실어 달라"고 부탁했다. 그는 "그렇게 하겠다"고 했으나 한 달이 가도 신문도 안 내고 소식이 없었다.
　나는 선으로 대했는데 악으로 갚는 것을 보면서 그가 배경을 믿고 그러한가 싶은 생각이 들었다. 하는 수 없이 나는 그를 세상 법정에다 명예훼손으로 고소를 했다. 일이 그리 되자, 부산 동부지청 담당검사가 나를 불렀다.

동부지청에 가보니 젊은 검사인데 그가 하는 말이 "목사님, 이것은 사법처리가 안됩니다"라고 말하지 않는가. 나는 검사에게 물었다. "제 상식으로는 명예훼손은 즉시 구속이라고 알고 있는데 사법처리가 안 된다니 왜 그렇습니까?" 그 검사의 대답은 이랬다. "과실치사(過失致死)라 사법처리가 안 됩니다." 나는 생각하기를 '이들이 벌써 손을 썼구나.' 싶었다. 괘씸했다. 그래서 검사에게 물었다. "검사님, 저는 법적 용어를 잘 모르겠으니 과실치사란 말을 해석해 주시오." 나는 그의 해석을 듣고 나서 그 검사에게 되물었다. "예를 들어 이런 문제는 어떻게 해야 하는 겁니까? A라는 자가 B의 가족을 죽였다. B가 A를 찾아다니다가 A를 만나 죽였다. 그런데 죽이고 보니 C더라. 이것도 과실치사인가?" 그랬더니 그 검사는 "그것은 과실치사가 아닙니다"라고 대답했다.

"그러면 〈다미선교회〉를 죽이려고 찾아다니다가 〈다미선교회〉인줄 알고 죽였는데, 죽여 놓고 보니 건전한 하나님이 피로 값 주고 사신 교회였다. 이것과 다른 게 뭐냐?" 그 검사는 "다시 수사 하겠습니다"라고 말했다.

시간이 꽤 흘렀는데 진전이 없었다. 얼마나 괘씸한 일인가? 나는 하나님의 말씀에 따라 선으로 대했는데, 상대는 악으로 대하고 있음을 그냥 둘 수는 없는 일이었다. 나는 이 일에 대해 기도하고 각 기관에 진정서를 내기로 했다. 그런데 들리는 소문으로 그 교수가 미국으로 도피했다는 것이다. 그래서 나는 그 당시 그 교단 신학대학 총장 목사님께 전화를 걸어 "목사님 수하에 있는 모 교수가 하나님의 교회를 이렇게 만들어 놓고 미국으로 도망쳤다는데 미국가면 살겠습니까?"라고 말했다. 그랬더니 그분은 "목사님, 도망간 것이 아니라 합병증이 발병하여 치료받으러 갔습니다"라고 하셨다. 그래서 나는 "모든 것을 주님의 뜻대로 처리해 주십시오"라고 기도하고, 두 달 후 그가 죽었다는 소식을 들었고,

그 사건 후 그 교수의 친구 되는 목사도 아들이 죽는 슬픈 일을 당했다.
그러나 그렇게 되었다고 해서 치명적인 상처를 입은 우리 교회가 수습되는 것은 아니다. 그 후유증이 해소되기까지 무려 5년이 걸렸다. 그동안 교회 사정이 얼마나 어려웠는지 말이 아니었다. 특히 재정 면에서 한 달에 2백만 원 정도가 모자랐다. 그럴 수밖에 없다는 생각도 든다. 우리 교회는 이사를 하면서 교인들에게 가까운 교회로 가라고 했고, 몇 명만 함께 와서 새로 개척하는 마음으로 시작하려 했다. 그러나 기도하고 전도해도 소용이 없었다. 누가 이단 집단이라는 소문난 교회에 오겠는가? 정말 절망적이어서 나는 목회를 포기하고 싶은 생각도 들었다.

나는 이 과정을 경험하면서 하나님의 교회를 받드는 주의 종들에게 하고 싶은 말이 있다. "주의 종들이여, 내가 섬기는 교회가 아니더라도 이웃 교회가 잘되게 기도합시다. 그리고 이웃 교회가 잘 되면 박수쳐 줍시다. 그리고 몇몇을 더 모으기 위해 하나님의 교회를 이단이라거나 다른 말들로 비난하지 맙시다. 혹여 다른 교회를 정죄하고 그 교회 교인들이 내가 목회하는 교회로 온다 해도 하나님이 판단하실 것입니다. 그 때에 주님은 '불법을 행한 자들아 나를 떠나가라 나는 너희를 도무지 모른다.'고 하실지 모릅니다(마7:21-23)."

그 당시 나는 '하나님이 나를 더 연단시키려고 시험하시는가 보다' 하고 눈물과 금식으로 기도하면서 오직 하나님의 때를 기다렸다. 그런데 그 기간이 무려 5년이나 걸렸다. 큰 예배실에 사람 몇 명 앉아 있으니 마치 작은 달팽이가 큰 고동껍질을 둘러쓰고 있는 것 같았다. 5년여가 지나니 그 때 떠나갔던 교인들이 하나둘씩 다시 찾아왔다. 그 후에 나는 '하나님은 떡을 양 손에 잡혀 주지 않는다.'는 사실을 깨닫게 되었다. 만약 그런 일이 없이 내 생각대로 크게 부흥되었으면 나는 자고하여 지하실 교회에서 어렵게 목회하는 분들에 대해 '기도하지 않아서 그렇다'

고 무시했을지도 모른다.

주님은 내게 가시를 주어 겸손하게 만들어 주셨다. 그래서 "우리가 알거니와 하나님을 사랑하는 자 곧 그 뜻대로 부르심을 입은 자들에게는 모든 것이 합력하여 선을 이루느니라"(롬8:28) 하신 말씀이 진리임을 다시 한 번 깨닫는 체험을 했다. 지금도 교인 수는 많지 않지만 부족함 없이 모든 것이 풍성하여 넘친다. 그래서 나는 '언제나 인생의 풍랑은 하나님의 섭리의 손길이며, 우리의 잘못을 회개시키기는 도구로 사용된다.'는 것을 믿음으로 안다.

치명적인 상처를 입었는가? 해결 못할 문제가 생겼는가? 낙심하지 마라. 어느 문제 하나도 우연한 사건은 없다. 그러므로 기도하자. 성경은 이렇게 "자기의 육체를 위하여 심는 자는 육체로부터 썩어질 것을 거두고 성령을 위하여 심는 자는 성령으로부터 영생을 거두리라. 우리가 선을 행하되 낙심하지 말지니 피곤하지 아니하면 때가 이르매 거두리라"(갈6:8~9)고 말씀했다.

그러므로 풍랑 속에서도 하나님의 구원의 손길을 바라고 기도하자. 기도는 풍랑을 헤치고 축복의 항구로 인도해 주시는 하나님의 능력의 손길이다. 기도하는 사람은 시험을 이긴다. 그러나 기도하지 않는 자에게는 시험이 들어 불평불만으로 매사에 부정적이고 남의 말을 많이 하여 영과 육에 병이 깊어진다.

우리는 세상에 사는 동안 세상과 마귀로부터 끊임없이 시험을 받는다. 누군가 말했다. "세상은 우리 주위에 있는 원수요, 마귀는 우리 앞에 있는 원수요, 육신은 나와 함께 있는 원수다." 이 세 원수가 연합하여 우리를 맹렬히 공격하여 시험으로 몰아 넣는다. 그러나 우리는 열심히 기도하여 성령의 능력으로 시험을 물리쳐야 한다.

4. 신앙(영적) 성장을 위해 기도하라.

주님은 우리가 주님의 수준까지 성장하기를 원하신다. 에베소서 4:15에서 "오직 사랑 안에서 참된 것을 하여 범사에 그에게까지 자랄찌라. 그는 머리니 곧 그리스도라"고 했다.

모든 식물이 뿌리가 없으면 죽는다. 성도에게 있어 신앙의 뿌리는 기도다. 그러므로 기도가 없으면 성도의 신앙은 죽은 신앙이다. 성장하는 만물에게는 분명히 욕구가 있다. 그 욕구가 차지 않으면 데모가 일어나고, 어떤 것은 그 욕구가 없으면 죽는다. 즉 식욕이 없으면 죽고, 호흡이 없으면 죽고, 활동하지 못하면 죽는다. 그것처럼 성도의 신앙생활에도 믿음의 뿌리인 기도가 없으면 영적 생명이 죽을 수밖에 없다. 그런데 사람들은 육체나 정신적인 성장을 원하면서도 영적 성장에 대해서는 너무나 무관심하다. 우리는 육체적으로도 정신적으로도 성숙해야 하지만, 하나님의 자녀들은 육체나 정신적인 것보다는 영적 성장이 더욱 중요하다. 이 영적 성장을 위해서는 그 무엇보다 기도가 가장 중요하다.

영적 성장을 위해서는 몇 가지 중요한 요소가 있어야 한다. 첫째로는 기도를 통해 숨을 들이쉬듯 하나님의 은혜를 들이마시고, 숨을 내쉬듯 죄를 토해 내야 하며, 둘째로는 말씀을 양식으로 삼아 골고루 섭취해야 하고, 셋째로는 건강한 육체를 위해 운동하듯이 전도와 봉사활동을 통해 꾸준히 균형 있는 신앙 인격을 유지해야 한다. 그 중에 순간도 쉴 수 없는 것이 기도, 즉 호흡이다.

우리 믿음의 사람들은 주의 영으로 인도함을 받아 예수 안에서 하나님의 자녀답게 살아야 한다. 그러나 믿는 자가 예수 안에 살 수 있는 것은 전적으로 성령의 역사로만 가능하다. 그러기 위해서는 속 사람 즉, 영이 성장해야 한다. 오늘 한국 교회는 영성에 대한 관심이 대단하다.

그래서 영성신학, 영성세미나, 영성훈련 등이 유행한다. 그러나 우리는 영성이 무엇인가 바로 아는 것이 중요하다.

1) 영적 성장이 없는 자는 하나님 아버지의 마음을 아프게 한다.

이 세상의 모든 생명이 성장하듯 믿는 자들의 영적 생명도 성장해야 한다. 자녀의 성장이 부진하면 부모의 마음이 아픈 것처럼 성도의 영적 성장이 부진하면 하나님 아버지의 마음도 근심이 된다. 그러므로 성도는 영적 성장이 있어야 한다. 죽은 것 같은 싸늘한 믿음은 결코 하나님 아버지와 생명력이 넘치는 뜨거운 관계를 유지할 수 없다. 영적인 뜨거움과 신앙의 실재성을 회복할 때 주님의 십자가가 나의 것으로 깊은 감격 속에 고백된다.

내가 하나님을 믿는다고 하는 신앙은 개념이 아니다. 내가 무엇을 믿는지 내용을 알고 믿어야 한다. 신앙의 실재성은 신앙의 뜨거운 경험이다. 체험이 절대적인 것은 아니지만 그러나 기독교가 체험의 종교이기 때문에 경험을 무시하는 사람은 절대로 신령한 성도가 될 수 없고, 더욱 신앙의 지도자가 될 수 없다. 내가 뜨거워 보지 못한 사람은 남을 뜨겁게 할 수 없는 것과 같이, 영적 세계로 들어가 본 경험이 없는 자는 남을 영적 세계로 데려가려고 노력하지 않을 뿐 아니라 데려갈 수도 없다. 그러므로 중요한 영적 성장을 위해서는 영적 체험이 중요함을 깨달아야 한다.

2) 영적 저능아가 누구인가?

육체나 정신적인 저능아가 있는 것처럼 영적인 저능아도 있다. 그 저능아를 바라보는 부모의 마음이 어떠할까? 사랑으로 바라보지만 부모의 마음이 얼마나 아프고 괴로울까? 그보다 더 비참한 것은 하나님께서 죄인을 구원해 주시고 성령을 보내시어 하나님의 자녀로 삼아 주셨는데, 세월이 흘러 다른 방면으로는 성숙했지만 영적으로 부진하다면 우리를 바라보시는 하나님 아버지의 마음이 어떠할까? "믿음이 없이는 하나님을 기쁘시게 할 수 없다"(히11:6)는 말씀은 영적으로 성장하지 못하면 하나님을 기쁘게 할 수 없다는 말씀이나 같은 말이 아닌가? 그럼 당신의 영적 상태는 어떠한가?

(1) 자기 사명을 감당 못하는 자가 영적 저능아이다.

저능아가 누군가? 육체적 저능아는 나이와 성장에 따라 마땅히 해야 할 일을 못하는 자가 바로 저능아다. 그와 같이 신앙생활에서 세월이 지나 직분을 받고도 그 직분을 감당하지 못하는 자가 바로 영적 저능아이다.

국민에게 4대의무가 있는 것처럼, 천국 백성인 성도에게도 4대의무가 있다. 그게 바로 ① 납세(헌금), ② 국방(기도), ③ 교육(말씀), ④ 근로(전도, 봉사)이다. 신앙생활을 오래 하고, 그것도 직분까지 받았는데도 감사하지 못하고, 십일조도 떼어먹고, 전도도 못하고, 충성봉사도 못하는 사람이라면 그가 바로 영적 저능아가 아닌가?

감사는 믿음의 척도요, 주님을 사랑하는 척도다. 누구든지 "주님을 사랑한다" 고백하면서 희생이 따르지 않는다면 그 고백은 무가치한 형식적인 고백이다. 참 사랑에는 진실한 증표가 따라야 하는데 그것이 바로 감사의 예물이 아닐까(마6:21). 우리가 드리는 십일조는 먼저, 하나님의 절대주권을 인정하는 것이다. 십일조를 드리지 않으면 그것은 도적질이다. 아버지 주머니를 터는 자식이라면 어찌 성장했다 하겠는가? 헌신 봉사하지 못하고 주의 은혜로 몸바쳐 충성하지 못한다면 어찌 구원받은 하나님의 백성이라 하겠는가?

예레미야 선지자는 "주의 일을 등한시하는 자는 저주를 받는다"고 했다(렘48:10). 전도는 주님의 지상 명령이므로(마28:19~20) 하지 않으면 화를 당하고(고전9:16), 심판대 앞에서 피 값을 대신 물어내야 할 것이다(겔3:17~21). 이런 중차대한 영적 의무를 다하지 못하는 자, 또 남을 위로하지 못하고 위로 받기를 원하고, 사랑하지 못하고 사랑 받기만 원하는 자, 말씀에 순종하지 못하고 전혀 성도들에게 본이 되지 못하는 자가 바로 영적으로 성장하지 못한 저능아가 아닌가? 영적으로 성숙하여 말씀에 순종하면 기적이 일어난다. 하나님은 믿고 순종하는 자에게는 무모하리만큼 밀고 나갈 수 있는 힘을 주신다.

(2) 영을 분별하지 못하여 시험에 드는 자가 영적 저능아다.

영 분별력이란 영적 역사의 참과 거짓을 가리는 지혜요, 능력이다. 그러므로 주의 일을 하다 표적이 나타나고 영감이 떠오를 때 이것이 성령의 역사인지, 마귀(귀신)의 장난인지 영을 분별하여 순종의 여부를 결정해야 한다. 마귀(귀신)의 장난이면 그 어떤 좋은 것이라도 단호하게 예수의 이름으로 물리치고, 성령의 역사이면 목숨을 걸고 순종해야 한다.

오늘날 안타깝게도 영분별을 잘못하여 주의 종들이 사단의 종으로 전락하여 하나님의 영광을 가리고 교회를 어지럽히는 자들이 있다. 그러므로 주의 종들은 윤리나 도덕, 그리고 지적인 면에서 두루 갖춘 인격자가 되도록 노력해야 한다. 이에 더해 주의 종은 인품이나 외모도 좋지만 그 속에서 일어나는 하나님의 역사를 먼저 볼줄 아는 영분별의 능력이 있어야 한다. 대부분 기독교인들의 실패는 사람의 외모를 보기 때문이다.

모세나 베드로를 보라. 이들의 성격을 보면 상당히 고약하다. "하나님은 외모가 아닌 중심을 보신다"(삼상 16:7)하셨다. 그러므로 사람을 볼 때 인간이기에 그럴 수 있다고 생각해야 한다. 그 사람의 성격보다 성령의 역사를 보라. 옛날의 살인자로 보지 말고 그 속에 나타나는 하나님의 역사를 보라. 그리고 그것이 진실한 성령의 역사라고 믿어지면 생명 걸고 순종하고 힘을 합쳐서 도우라. 그러면 기적이 일어날 것이다.

영적인 지도자에게 영적 역사에 순종하고 협력하면 그 사람의 영역만큼 성장하게 되는 것이다. 왜 영이 성장하지 못하는가? 이는 기도가 부족하기 때문이다. 기도는 영적 온도계와 같다. 영적 성장을 위하여 기도하자.

3) 영적 성장을 위해 훈련이 필요하다.

영적 성장을 위해서는 훈련이 필요하다. 훈련 없이 바르게 성장하는 것이 없다. 우리는 주님의 일꾼이다. 일꾼은 주인의 뜻을 알아야 한다. 모든 일을 주께서 하시지만 인간의 분야가 있다. 주의 음성과 능력이 나타나는 현상을 자각하고 행동을 결정해야 하고, 권위를 가지고 담대하게 말하는 훈련이 필요하다. 그러므로 영성 훈련은 새로운 사람을 만들어 내는 인간개조 훈련이 아니라 경건 생활의 훈련을 통하여 능력자를 만들어 내는 것이다. 다만 임재하신 성령께서 하시고자 하는 일에 쓰임 받도록 자신을 맡기는 훈련이 필요하다. 이런 훈련을 하다보면 영감으로 들려오는 세미한 음성을 들을 수 있게 되고, 스스로 경건생활이 유지되며, 나타나는 예수의 능력으로 세상을 이기고 죄를 정복하고 귀신을 쫓고 질병을 쫓을 수 있는 능력자가 된다(막16:15~18).

(1) 훈련받은 자만이 높은 단계에 올라갈 수 있다.

육신 세계에도 챔피언이 있듯이 영계에도 챔피언이 있다. 영적인 챔피언 단계에 이르기 위해서는 훈련이 필요하다. 훈련(Discipline)과 제자(Disciple)는 같은 단어에서 나왔다. 그러므로 예수의 제자란 곧 예수님의 훈련을 받았다는 말이다. 훈련 받은 자만 제자가 될 수 있다. 훈련을 받아 예수의 제자들처럼 영적 세계를 볼 줄 알아야 한다.

하나님은 영이시다. 영적인 세계를 모르고는 어떻게 영적인 하나님을 알 수 있으며, 하나님을 알지 못하고 어찌 하나님의 일을 할 수 있을까? 그러므로 강력한 훈련을 받아 영적으로 성장해야 한다. 내가 철저한 훈련을 받아야 남을 훈련시킬 수 있다. 예수의 제자들은 고된 훈련을 받았다. 그러기에 남을 훈련시킬 수 있었다. 구역장이나 교사 등 평신도라도 주의 일꾼으로 일하려면 훈련, 특히 영적성장을 위한 영성훈련을 받아야 한다.

(2) 어떤 훈련이 필요한가?

사실 인간은 하나님의 형상을 닮은 영적인 존재로서 인격적 요소, 즉 지, 정, 의를 가지고 있다. 인체 구조를 보면 세 가지 기능이 있다. ① 머리(지성), ② 가슴(감성), ③ 사지(의지)로 나뉘어진다. 머리는 말씀을 통하여 예수를 알아야 하고, 가슴은 기도로 주님과 교제를 해야 하고, 사지는 예수의 뜻을 따라 행동(헌신, 봉사)해야 한다. 이 세 가지의 훈련을 통하여 영적 성장이 이루어지는데, 말씀과 기도는 내적 훈련이고 봉사는 외적 훈련이다.

첫째, 하나님의 말씀으로 훈련해야 한다.

하나님의 말씀을 열심히 읽고, 듣고, 암송해야 한다. 조직적으로 파고들고 체계적으로 연구해야 한다. 그리하여 '오직 성경'의 사람으로 변화되어 갈 때 놀라운 영적 사람이 될 수 있다.

① 성경을 읽을 때도 지성으로 읽지 말고 영으로 읽어야 한다. 성경을 인간의 지성으로 읽으면 이해되지 않는다. 성경은 성령에 감동된 영의 사람이 쓴 책이요, 영적인 사람이 되도록 가르치는 진리의 책이다. 성경에 나타난 사람들은 오직 예수를 계시하는 영적인 사

람들이다. 그러므로 성경에서 예수를 찾고 만나고 마음에 모실 때 영적으로 성장된다.

② 성경은 정확 무오한 하나님의 말씀임을 믿고 읽어야 한다. 예수의 생애는 확고부동한 반석 같은 한권의 책으로 이루어졌다. 그것이 성경이다. 그러므로 믿음으로 읽어야 한다. 이러한 확신이 없는 신앙은 흔들리게 된다. 성경을 읽는 성도는 성경을 깊이 숙고하고 묵상함으로써 깊은 뜻을 바로 이해해야 한다. 그리할 때 살아있는 성경 말씀이 성도들에게 실력이 되고 능력이 되는 것이다.

③ 겸손히 성령의 감동을 기다리면서 말씀을 읽어라. 성경은 성령의 감동으로 된 책이다. 그러므로 성령의 역사 없이는 깨달을 수 없다. 그러기에 영감에 민감해야 된다. 우리가 기도하면서 성경을 읽을 때 성령께서는 우리와 성경 사이에서 역사하신다. 우리가 성경을 읽으면서 마음을 열고 귀를 기울일 때 그 분은 우리를 진리 가운데로 인도하신다. 그리고 이제까지 알지 못했던 것을 깨닫게 하시고, 우리 마음을 슬프게 하시고, 근심되게 하시며, 또 눈물을 흘리며 회개하게 하시고, 감사하게도 하신다. 그러므로 하나님의 말씀이 내 마음에 감동되기를 기다려야 한다.

둘째, 기도의 훈련이 필요하다.

영성이 성장하려면 기도해야 한다. 좋은 학문을 배우려면 좋은 선생을 만나야 하듯이 기도하는 영적 선배(지도자)를 만나야 한다. 즉 주의 제자들이 주님을 만나고, 디모데가 바울을 만나듯이 좋은 영적 선배를 만나야 한다. 부끄럽고 어설픈 교인의 배후에는 영적 선배가 없다. 모든 위대한 사람들의 배후에는 위대한 스승이 있었다. 그와 같이 영적 세계에도 특별한 인도자가 필요하다. 이스라엘은 모세를 만났기에 애굽을 벗어났고, 여호수아는 모세를 만났기에 위대한 지도자가 될 수 있었고, 엘리사는 엘리야를 만났기에 영적 사역을 잘 감당할 수 있었다. 그와 같이 영적 성장은 영적 지도자로부터 전해진다.

속 사람이 성장해야 기적이 일어난다. 모든 식물이 뿌리가 없으면 말라 죽는 것처럼, 성도는 신앙생활에 믿음의 뿌리인 기도가 없으면 영적 생명이 죽을 수밖에 없다. 그런데 사람들은 육체나 정신적인 성장을 원하면서도 영적 성장에 대해선 너무나 무관심하다. 우리는 육체도 정신도 성숙해야 하지만, 하나님의 자녀들은 육체나 정신적인 것보다는 영적 성장이 더욱 중요하다. 하나님은 우리의 겉 사람보다 속 사람에 더 관심이 많으시다. 그러므로 성도는 속 사람이 성장해야 한다.

5. 문제해결을 위해서 기도하라.

여러분이 해결해야 할 문제는 무엇인가? 그것이 어떤 종류의 것이든 전능하신 아버지 하나님께 아뢰어라. 기도는 문제를 해결하는 능력이 있다. 성경에는 기도하고 응답받는 사람들의 모습을 보여주는 예들이 많이 나온다. ① 간질병 환자인 아들을 둔 아버지의 기도와(막9:14~29), ② 불의한 재판관에게 간청하는 과부의 모습이 있으며(눅18:1~8), ③ 옥중에 있는 바울과 실라의 기도하는 모습(행16:25) 등 이외에도 응답받는 기도의 사람들을 많이 만나 볼 수 있다.

기도는 문제를 해결하는 열쇠다. 문제가 생기면 두려움이 오고 근심 걱정이 생기고 원망과 불평이 따르게 된다. 이것은 불필요한 감정 낭비일 뿐 문제 해결을 위하여 어떤 도움도 되지 않는다. 그러나 기도하라.

"구하면 얻어지고 찾으면 찾게 되고 두드리면 열어 주시겠다"고 약속하셨다(마7:7).

　핀란드의 헬싱키 시내에 바위교회(Rock church)가 있단다. 산과 같은 한 개의 바윗덩어리 속을 파서 교회를 만들었다. 그 교회가 생기게 된 동기가 있다. 헬싱키 시에서는 도시 계획상 시내 중심부에는 교회를 짓지 못하도록 되어있었다. 그러나 그곳의 루터란 교회에서 도시 한 가운데 교회 세우기를 간절히 바라고 성도들이 모여서 끊임없이 기도했다. 그런데 어느 날 건축가인 성도에게 주께서 기발한 아이디어를 주셔서 그 바위를 교회 삼으라는 것이었다. 시에서도 그 바위를 어쩔 수 없어서 그냥 두고 도시 계획을 했다고 한다. 마침내 시의 허가를 얻어 바위를 파서 약 100명 정도 들어가는 천연적인 교회를 만들었는데 공명(共鳴)이 잘 되어서 마이크 시설도 필요 없고 냉난방 시설도 필요 없다고 한다. 지금은 관광명소가 되어 기도의 힘을 보여주는 교회가 된 것이다. 이처럼 기도하는 곳에 하나님의 역사가 나타난다.

　야고보서 1:5에 이렇게 말했다. "너희 중에 누구든지 지혜가 부족하거든 모든 사람에게 후히 주시고 꾸짖지 아니하시는 하나님께 구하라 그리하면 주시리라." 믿고 구하라 신실하신 하나님께서 반드시 응답하실 것이다.
　예수님께서도 세상에 계시는 동안에 40일 단식기도, 산기도, 철야기도, 새벽기도 등 많은 기도를 드렸다. 성경은 이렇게 말한다. "심한 통곡과 눈물로써 간구와 소원을 올렸다"(히5:7). 하나님의 아들이요, 창조주시며 구세주이신 주님도 그렇게 심한 통곡과 눈물로 기도하셨는데 하물며 우리 인간이 기도하지 않고 어떻게 인생의 실타래 같이 얽힌 문제를 해결할 수 있겠는가? 그래서 하나님은 "쉬지 말고 기도하라"(살전5:17)고 하신 것이다.

어떻게 쉬지 않고 기도하나? 그것은 범사에 기도하는 것이다. 기도하는 사람은 범사가 기도 제목이 된다. 비가 오면 "주여 내게도 성령의 단비를 내려 주옵소서" 할 것이고, 눈이 오면 "주여 내 죄도 눈 같이 희게하여 주옵소서"할 것이다. 또 목욕탕에 가서 비누로 때를 밀 땐 "주여 나를 위해 흘려주신 능력의 보혈로써 내 죄도 이렇게 제거하여 주옵소서." 양치질을 할 때면 "주여 남을 욕하고 죄만 짓는 이 입을 재갈을 먹이셔서, 이제는 복음을 전하고 남을 축복하는 입이 되게 하소서"라고 기도할 수 있을 것이다(약1:26).

주님께서는 "시험에 들지 않게 깨어 있어 기도하라"고 하셨다. 이 말씀은 기도를 하지 않는 사람은 시험에 든다는 것이다. 제자들도 주님께서 "시험하는 자가 너희를 시험하려고 하니 시험에 들지 않게 깨어있어 기도하라"(마26:40~41)고 일러주었는데도 그들은 기도하지 않고 졸고 있다가 어떤 제자는 주님을 팔고 어떤 제자는 저주하며 배신했다.

기도를 많이 하는 사람도 시험이 있다. 부자에게도 돈으로 인한 시험이 있고, 공부 잘하는 학생에게도 성적으로 인한 시험이 있다. 그러나 기도하면 자기 영혼에 갑옷을 입히는 것과 같아서 웬만한 화살이 날아와도 뚫지 못한다. 그러나 기도하지 않으면 맨 몸과 같다. 그러니 별 대수롭지 않는 말 한마디에도 맨 몸이니 흠집이 생긴다. 그 흠집이 나 있는 곳에 마귀가 총알을 계속 쏘기 시작한다. 그러면 상처가 커져서 넘어지고 만다. 그러나 기도를 많이 하는 사람에게는 흠집이 생기지 않는다. 누가 싫은 소리를 해도 막을 수 있는 믿음의 능력이 있기 때문이다.

기도는 만사를 변화시킨다. 불가능이 없다. 왜냐하면 기도를 받으시는 분이 전능하신 하나님이시기 때문이다. 그 전능하신 하나님이 내 기도를 들으시니 불가능이 있겠는가?

기도하는 사람은 실수가 없다. 자기가 기도하지 못하면 기도하는 주의 종의 말에 순종하라. 그런데 기도하지 않는 자는 자기 지식, 자기 상식, 자기 경험을 동원한다. 그러나 기도는 인간 지식과 경험과 상식을 초월한다는 것을 깨달아야 한다.

6. 믿음의 큰 담력(용기)을 얻기 위해서 기도하라.

기도는 삶에 용기를 준다. 삶에 의욕이 없고 포기한 사람도 기도를 많이 하면 어디서 나왔는지 자기도 모르는 강한 의욕과 용기가 나타난다. 인생길에 지식이나 경륜으로 해결할 수 없는 난관에 부딪혀 모든 것을 버리고 도망가고 싶을 때가 있다. 이때 기도하는 곳으로 도망가라. 그곳에 가면 자신이 생각지도 못한 놀라운 용기를 얻을 수 있다. 주님이 주시는 용기는 용기가 있어서 나오는 것이 아니다. 진짜 용기는 나는 그만두고 싶은데 내 속에 계신 주님 때문에 도저히 그만둘수 없는 힘이 생기는 것이다.

1) 용기, 그것이 바로 믿음이다.

믿음이란 바로 용기요 배짱이다. 용기가 없는 믿음은 죽은 믿음이다. 다윗의 용기를 보라. 그는 거장 골리앗을 향해 무기도 없이 돌멩이와 막대기를 들고 나가면서 말했다. "만군의 여호와 이름으로 너를 쳐 공중의 새와 땅의 짐승들의 밥이 되게 하고 내가 믿는 하나님의 살아계심을 증거해 보이겠다." 이러한 다윗의 행위가 바로 용기요 배짱이 아닌가? (삼상17:31~51)

다니엘의 친구들을 보라. 그들은 느부갓네살 임금이 우상을 세워놓고 절하라 강요하며, 만일 절하지 않으면 극렬히 타는 풀무불 속에 집어넣는다고 위협할 때 단호하게 대답한다. "느부갓네살이여, 우리가 이 일에 대하여 왕에게 대답할 필요가 없습니다. 만일 그럴 것이면 왕이여 우리가 섬기는 우리 하나님께서 우리를 극렬히 타는 풀무불 가운데서 능히 건져내시겠고 왕의 손에서도 건져내시리이다. 그렇게 아니하실지라도 왕이여, 우리가 왕의 신들을 섬기지도 아니하고 왕이 세우신 금 신상에게 절하지도 아니할 줄을 아옵소서."

풀무 불을 두려워하지 않고, 왕의 명령을 거역하고 목숨을 불에 던져 주님께 맡겼던 행위나(단3:13~18), 사자의 이빨을 두려워하지 않고 왕의 명령을 거역하면서 하나님께 기도를 드렸던 다니엘의 행위가 바로 믿음에서 우러나온 용기가 아닌가?

어찌 이들의 행위를 어리석고 우매한 행동이라 비웃을 수 있을까? 그들의 행위는 출세나 명예보다는 목숨을 던져 주님을 택한 것이다(단 6:10~23). 그러니 주께서 어떻게 거룩한 용기를 품은 종들을 풀무불에 태우며, 사자 밥이 되게 그냥 내버려 두겠는가? 주님은 원수 마귀가 털끝하나 건드리지 못하도록 보호해 주셔서, 참으로 하나님의 살아 계심과 하나님께서 자기를 섬기는 자들의 생명을 지켜주심을 확실히 보여주셨다. 할렐루야!

예수님의 제자들이 주님을 배신한 것은 용기가 없어 겁이 났기 때문이다. 주위가 진실치 못하고, 불의한 자가 억압할 때 단호히 안된다고 말할 수 있는 용기가 필요하다. 그런데 겁에 질려 비굴하게 행동하는 것을 사랑과 은혜라고 착각하는 자들도 많다. 사람은 그렇게 볼지 모르지만 주님은 그렇게 보시지 않는다. 사랑과 비굴함은 구별할 줄 알아야 한다.

주님은 "예루살렘 성전에 들어가서 성전 안에서 매매하는 모든 자를 내어 쫓으시며 돈 바꾸는 자들의 상과 비둘기 파는 자들의 의자를 둘러엎으시고 저희에게 이르시되 기록된바 내 집은 기도하는 집이라 일컬음을 받으리라 하였거늘 너희는 강도의 굴혈을 만드는도다"(마21:12~13), 하시며 크게 노하셨다. 주님이 사랑과 자비가 부족해서 그렇게 하셨는가? 만약에 주님이 하나님의 거룩한 성전이 그렇게 동물시장으로 변하였는데도 노하지 않으셨다면 하나님을 경외하는 마음이 없음이요, 하나님을 경외하는 마음이 있으면서도 묵인하셨다면 용기 없는 비굴한 행동이라고 말할 수밖에 없다. 그러나 주님은 채찍을 휘두르면서 제사장과 서기관, 바리새인들을 책망하셨다. 이것이 참된 용기요, 바로 기도의 힘이다.

믿음이 있으면 용기가 따라야 한다. 영적 삶에서 제일 높은 용맹 있는 자는 기도하는 자이다. 하나님은 용기 있는 사람 편에 서신다. 역사도 용기 있는 사람 편에 선다. 하나님은 스스로 포기하는 배짱 없는 자를 쓰시지 않고, 그 사람에게 용기가 생길 때까지 붙들지 않는다. 언제나 강하고 담대한 용기를 가진 사람을 들어 쓰신다. 그러므로 용기가 생겨날 때까지 기도하자.

베드로와 다른 제자들은 비굴했지만(마26:33), 기도하여 성령이 임하시니 능력이 나타나서 그들은 영광스러운 순교의 반열에 서게 되었다. 그러므로 어떤 위치에서 비굴한 우두머리가 되는 것보다는 의롭고 용기 있는 한 인간이 되는 것이 좋다. 소위 양다리를 걸치지 말자. 아무리 믿음이 태산 같아도 용기와 배짱이 없으면 그것은 믿음이 아니다. 용기를 가지자. 그러나 기도 없이 용기와 배짱을 가질 수 없다.

기도는 삶에 용기를 준다. 생의 의욕이 없고 포기한 사람은 기도를 하면 어디선지 모르게 강한 의욕과 용기가 생긴다. 인생길에 지식이나 경륜으로 해결할 수 없는 난관에 봉착하거든 기도하는 곳으로 도망가라. 그러면 자신이 생각지도 못한 놀라운 용기가 생길 것이다. 그러므로 용기가 생겨날 때까지 기도하자.

　루터는 종교 재판을 받기 위해 〈윔스회의〉에 갈 때 친구들이 "가면 죽는다"고 못 가게 막았다고 한다. 그러나 그는 "윔스의 기왓장이 다 마귀로 변하여 나와 싸운다 해도 나는 십자가를 안고 가겠다"며 죽음을 각오하고 당당히 갔다. 그래서 승리했다. 이와 같은 용기, 이것이 바로 기도의 힘이었다.

2) 용기가 있을 때 마음의 평강도 온다.

　성경은 '두려워 말라'고 하셨다. "두려워 말라 내가 너와 함께 함이니라 놀라지 말라 나는 네 하나님이 됨이니라 내가 너를 굳세게 하리라 참으로 너를 도와주리라 참으로 나의 의로운 오른손으로 너를 붙들리라"(사 41:10). 또 "야곱아 너를 창조하신 여호와께서 이제 말씀 하시느니라 이스라엘아 너를 조성하신 자가 이제 말씀 하시느니라 너는 두려워 말라 내가 너를 구속하였고 내가 너를 지명하여 불렀나니 너는 내 것이라. 네가 물 가운데로 지날 때에 내가 함께할 것이라 강을 건널 때에 물이 너를 침몰치 못할 것이며 네가 불 가운데로 행할 때에 타지도 아니할 것이요 불꽃이 너를 사르지도 못하리니"(사43:1~2), "아무 것도 염려하지 말고 오직 모든 일에 기도와 간구로 너희 구할 것을 감사함으로 하나님께 아뢰라 그리하면 모든 지각에 뛰어난 하나님의 평강이 그리스도 예수 안에서 너희 마음과 생각을 지키시리라"(빌4:6~7)고 약속하셨다.

7. 지혜를 얻기 위하여서도 기도하라.

　기도는 삶에 지혜를 준다. 그러기에 성공할 수 있다. 인생에 어려움을 만날 때 해결할 지혜가 필요하다. 이런 지혜를 얻는 비결이 바로 기도이다. 하나님은 우리에게 지혜 주시기를 원하신다.

야고보서 기자는 "너희 중에 누구든지 지혜가 부족하거든 모든 사람에게 후히 주시고 꾸짖지 아니하시는 하나님께 구하라 그리하면 주시리라" 일러 주셨다. 또 잠언 4:7에서는 "지혜가 제일이니 지혜를 구하라." 잠언 3:15에는 "지혜는 진주보다 귀하니 너희 사모하는 모든 것으로 이에 비교할 수 없도다." 전도서에서는 "지혜가 힘보다 낫고, 지혜는 병기보다 낫다고 했으며, 지혜는 성공하기에 유익하다"고 했다. 또 솔로몬은 일천번제를 드린 후에 지혜를 구했다(왕상3:4~15). 초대교회 성도들은 이와 같이 주의 말씀 가운데 '성령과 지혜가 충만한' 삶을 살았다.

1) 지혜가 무엇인가?

지혜와 지식은 다르다. 지식은 남의 것을 배워서 가지는 것으로 타인의 사상으로 가득 채워진 교만을 가져올 수 있지만, 지혜는 하나님의 은혜로 가득한 겸손을 열매로 맺는다. 지식은 자신이 많이 배우고, 많이 안다는 우월감으로 자신을 과시하여 교만으로 인도한다. 그러나 지혜는 오히려 자신은 아무 것도 모른다는 것을 깨달아 연약함과 겸손으로 인도한다.

바울은 골로새서 1:9에서 "이로써 우리도 듣던 날부터 너희를 위하여 기도하기를 그치지 아니하고 구하노니 너희로 하여금 모든 신령한 지혜와 총명에 하나님의 뜻을 아는 것으로 채우게 하시고"라고 말했다. 아무리 지식이 있어도 지혜가 없으면 그 지식을 선히 활용할 수가 없다. 그러므로 성령님을 통해 우리는 지혜를 얻고, 그로 인해 늘 기쁨 가운데 성공적인 삶을 누릴 수 있다.

(1) 지혜는 인생에 으뜸가는 덕이다.

　세상에 지식이 풍부한 사람은 많다. 그러나 덕성까지 겸비한 사람은 그리 많지 않다. 또한 현대인들은 학자가 아니라 하더라도 어느 수준의 지식을 갖추고 있다. 그러나 지혜는 너무 빈곤하다. 덕성이 무너지면 사회가 황폐해진다. 물질의 풍요 속에 오히려 정신이 붕괴되는 현대의 위기 상황이 바로 지혜의 부족이다. 오늘의 교육이 지식과 기술은 가르치면서 지혜는 가르치지 못한다. 물론 세상에는 처신에 능한 지혜로운 사람도 많다. 그러나 그것은 성령의 은사로서의 지혜는 아니다. 지혜를 구하자. 지혜가 인생에 으뜸가는 덕이다.

(2) 지혜는 지식을 최대한 이용하는 총체적인 능력이다.

　아무리 지식이 있어도 지혜가 없으면 그 지식들을 활용하여 이용할 수가 없다. 지혜는 분별력을 주고 총명을 주며, 조화와 화합을 이룬다. 그러기에 지식 있는 사람은 분열해도 지혜 있는 사람은 앞을 볼 줄 알기 때문에 절대 분열되지 않는다. 그러기에 지혜로운 사람은 늘 그 시간에 그 자리에서 지혜롭고, 미련한 사람은 언제나 모든 일이 지난 후에 지혜롭다. 그러므로 지혜는 지식 그 이상의 것이다. 어떤 의미에서 지혜는 지식의 종합이며 인간 통찰력 그 이상을 내포하고 있다. 지식은 학문을 통하여 얻을 수 있지만 지혜는 오직 하나님에게 얻을 수 있다. 그러므로 누가 하나님을 더 높고 깊게 아느냐에 따라서 지혜는 다르다.

(3) 지혜란 이치를 깨달아 밝히고, 시비와 선악을 가리는 능력이다.

　지혜를 소유한 자가 진정으로 성공한 사람이다. 그러기에 모든 사람들이 이 지혜를 가지려고 열심을 낸다. 하지만 세상이 추구하는 지혜는 헛된 것이다. 세상 지혜는 한계가 있다. 이들은 자고해져서 도리어 궤계

(詭計)에 빠지기 쉽다. 여기서 말하는 지혜는 세상의 지혜가 아닌 하늘의 신령한 지혜이다. 지혜란 올바로 깨닫는 것이다. 깨달음이란 바로 안다는 뜻이요, 똑바로 본다는 뜻이기도 하다. 그러므로 자신을 똑바로 보고 안다면 그 이상의 행복도 없을 것이다.

도덕적으로 타락한 사람이 자신의 생활을 깨닫기만 한다면 선한 사람이 될 것이다. 미련한 자가 자신이 미련한줄 알면 지혜롭고 현명한 자가 될 것이며, 범죄한 사람이 죄를 깨닫게 되면 회개하고 새 사람으로 살 수 있다. 그러므로 깨달음이란 참으로 귀중한 것이다. 지혜는 지식의 종합이며 그 이상의 것이기 때문이다. 그러므로 지혜를 구하라. 주께선 후히 주시고 꾸짖지 않으신다(약1:5).

(4) 지혜는 하나님을 아는 지식이다.

잠언 8:11~12에 보면, "대저 지혜는 진주보다 나으므로 무릇 원하는 것을 이에 비교할 수 없음이니라. 나 지혜는 명철로 주소를 삼으며 지식과 근신을 찾아 얻나니"라고 하셨다.

지식은 학문을 공부함으로 얻을 수 있지만, 지혜는 오직 하나님께로부터 얻을 수 있다. 참된 지혜는 위로부터 온다. 지혜의 참된 근원은 하나님 아버지와 예수 그리스도이시기 때문이다. 누가 하나님을 더 깊고 넓고 높게 아느냐에 따라 그 사람의 삶이 다르다.

성경에 진정한 지혜를 소유한 분들의 특징은 하나님을 경외한 자들이다. 욥기 28:28에 보면, "주를 경외함이 지혜요 악을 떠남이 명철이라"고 했고, 욥기 12:13에서는 "지혜와 권능이 하나님께 있고 모략과 명철도 하나님께 속했나니"라고 했다. 하나님께서는 당신을 겸손히 섬기며 열심히 경외하는 자들에게 지혜의 영이신 성령을 충만케 하여 지혜와 총명과 지식으로 여러 가지 일을 하게 하신다(출35:31). 또 필요에 따라 마땅히 할말을 가르치시고(눅12:11~12), 믿음으로 말미암아 구원에 이르는 지혜를 허락하신다(딤후3:15). 그러므로 참 지혜는 하나님을 경외하는 자에게 주어지며 그 참 지혜는 위로부터 오는 것이다. 그러므로 지혜를 구하자. 지혜로운 자가 성공한다.

(5) 지혜는 미래를 볼 수 있는 눈이다.

지식이 많으면 근심이 많아도 지혜가 있는 자는 기쁨이 충만하다. 성령과 지혜가 충만한 그것이 초대교회 교인들의 상태였다. "이로써 우리도 듣던 날부터 너희를 위하여 기도하기를 그치지 아니하고 구하노니 너희로 하여금 모든 신령한 지혜와 총명에 하나님의 뜻을 아는 것으로 채우게 하시고"(골1:9)라고 했다. 우리 인생이 난관에 부딪칠 때 해결할 지혜가 필요하다. 이런 지혜를 얻는 방법은 바로 기도이다.

세계적인 호텔 왕 힐튼은 원래 연극인이었다. 연극하다 실패하여 빚도 늘고 도저히 살아갈 가망이 없었다. 그는 어느 날 춥고 배고픔에 지쳐서 헤매다가 교회에 들어가서 하나님께 간절히 기도했다. "제가 무엇을 해야 합니까? 지혜를 주십시오"라고 기도하여 "호텔을 하라"는 응답을 받았다. 그래서 호텔에는 전혀 경험이 없지만 하나님께서 응답을 주신 대로 호텔을 시작했더니 날로 번창하여 세계적인 호텔 왕이 되었다. 그러므로 지혜를 얻기 위해 기도하자. 하나님께서 지혜를 주시려고 구하여 기도하라고 하셨다(약1:5). 지혜를 얻어 성공적인 삶을 살자.

8. 주님이 맡겨주신 사명을 감당하려면 기도하라.

주님을 믿으면서도 참 못난이가 있다. 첫째는 감사할 줄 모르는 자요, 둘째는 주를 위해 할 일이 없는 영적인 실업자이다. 세상에서의 실업자는 못난 사람 취급을 받는다. 누구나 일하고 열심히 살아가려고 애를 쓰는데 하루 종일 할 일 없이 놀고 있는 사람은 정말 불쌍한 사람이 아닐 수 없다. 그와 같이 영적 실업자도 마찬가지이다. 주의 날이 되면 교회에 나오지만 하나님 앞에 하나도 하는 일이 없다. 상 받을 일은 아무 것도 하지 않고 그저 선물로 오는 복만 기대하는 신자라면 얼마나 불쌍한 사람이겠는가? 그러나 그보다 못난이는 기도하지 않는 자이다.

기도는 성도에게 허락된 은혜와 복을 받는 방법이다. 기도하는 모든 성도들에게 살아계신 하나님께서 복을 주셔서 형통케 하실 것이다. 반면 기도하지 않는 자는 형통할 수 없다. 인간은 존귀하나 연약하여서 하나님의 도움을 받지 아니하면 실패할 수밖에 없기 때문이다.

우리가 가질 수 있는 최상의 무기가 바로 기도이다. 그리고 맡은 일을 잘하기 위해서도 역시 기도해야 한다. 그러나 기도는 그냥 되는 것이 아니다. 시간과 정성과 몸부림과 주님을 믿고 의지하고 경외하는 마음에서 우러나는 복종이 따라야 한다. 그렇지 않으면 그 기도는 비천한 넋두리로 전락해 버리고 말 것이다.

기도는 옥에서 탈출할 수 있는 힘이다(행16:24~25). 가난과 질병과 온갖 부조리의 옥에서 해방과 자유를 얻는 비결이 바로 기도이다. 마지막 구원열차가 숨 가쁘게 오르막길을 가고 있는 이 말세지말에 야곱처럼 기도하고, 엘리야처럼 기도하고, 한나처럼 기도하자. 그리하여 황폐한 자연의 원기를 회복하고 기근에 굶주린 땅을 에덴동산처럼 번창하게 만들고 이 세상을 이기고 사명을 감당하자.

주를 위해 할 일이 없는 자는 영적인 실업자이다. 기도하지 않으니 할일이 없고 할 일이 없으니 감사가 없고, 감사가 없으니 만사가 불통이어서 영육간에 가난뱅이 신세를 면치 못한다. 하고자 하는 일을 위해 기도하라.

하나님의 말씀은 "주의 일을 등한시하는 자는 저주를 받을 것이요"(렘 48:10)라고 하셨으며, 또 주님은 우리에게 "죽도록 충성하라"고 하셨다 (계2:10). 그러나 주의 일은 성령의 도움 없이는 하지 못한다(슥4:6). 그러므로 이 말씀을 아프게 새겨 듣고 기도로 성령의 도움을 구하자.

1) 기도 자체가 생산이다.

우리가 하나님께 기도하면 주님께서 우리 일을 대신해 주신다. 그러므로 기도처럼 중요한 것이 없다. 기도를 위해서 시간을 투자하는 것을 절대로 아까워하지 말아야 한다. 우리가 기도하는 것을 보고 어떤 사람들은 '그 시간에 장사나 하지.' '공부나 하지.'라고 생각하면서 헛된 시간을 보낸다고 한다. 그래서 그들은 "기도만 하고 있으면 다냐?"고 핀잔한다. 하지만 기도는 시간을 버리는 것이 아니라 하나님께 드리는 소중한 예물이며, 복 주시는 통로가 되니 그 자체가 바로 생산이다. 우리는 그것을 깨달아야 한다. 우리가 기도하는 중에 주님께서는 우리 일을 대신해 주신다. 그러므로 기도 자체가 생산이요, 실적임을 안다면 기도에 시간 투자함을 절대로 아까워하지 않을 것이다. 기도에 투자하라 기도가 생산이다. 1981년 5월에 교회를 개척했다. 개척 당시 많은 사람들이 이제 개척하면 벌떼처럼, 구름떼처럼 모여들어 금방 부흥될 것이라 했다. 부족한 종도 그렇게 생각했다. 왜냐하면 교회개척을 위하여 나름대로 많은 준비 기도를 했기 때문이다. 교회개척을 위해 40일 금식 기도를 두 번 하고 또 눈이 하얗게 쌓인 높은 산, 물이 없는 곳에서 텐트를 치고 물 한 방울 마시지 않고 단식기도를 하다 추위에 몸이 얼어서 감각을 잃었고 물을 안마시니 목이 타서 피가 나오고 호흡이 멈출 것 같아서 11일 만에 하산했다. 건강한 몸으로 뛰면 30~40분 정도 걸릴 산 밑까지 몸을 움직이지 못하니 새벽 3시부터 10까지 7시간 동안이나 걸려 굴러

내려왔다. 그러다가 어떤 사람의 도움으로 택시에 실려 시체처럼 집에 옮겨져 20일 동안 몸을 쓰지 못했다. 높은 곳을 찾아다니며 부르짖었으나 응답을 받지 못하고 결국 양산에 있는 호렵산 엘리야 굴에서 응답을 받고 교회를 개척했다. 그러니 많은 기도회복 후 다시 응답을 받기 위해 김해 무척산, 광주 무등산 등 를 했고 또 장소까지 주께서 지정해주셨으니까 금방 부흥될 것이라 기대하는 것이 무리가 아니라 생각했다. 그런데 1년이 다 되어가도록 등록한 교인은 두 명뿐이었다. 밤이 되면 타 교인이 은혜 받는다고 모이는데 본 교인은 없었다. 너무 실망되고 안타까워 다시 40일 금식을 작정하고 후배에게 교회를 맡겨 놓고 산으로 올라갔다. 40일을 마치고 하산하니 20명 정도가 모여 있었다. 그 당시 이운아 전도사의 능력인지 모르지만, 내가 기도 하니 주님이 내 일을 대신 해주셨다고 생각했다. 그때부터 나는 기도 자체가 노동이며 생산임을 깨달았다. 무슨 문제가 생기면 해결하려고 뛰어가지 말고 먼저 기도하라. 그것이 문제를 해결하는 길이다. 기도가 일을 해결하는 노동이요 생산 활동이다.

2) 늘 깨어 쓰임 받기 위하여 기도하자.

영육의 모든 영역에서 한 시대에 주께 쓰임을 받은 지도자들은 하나같이 기도의 사람들이었다. 기도하는 사람들은 '기도하지 않고 어떻게 일하나, 무슨 힘으로 일하나?' 생각한다. 기도로 하나님을 찾을 때 엄청난 힘이 생기고 힘든 일을 해도 피곤함이 없다. 바빠도 기도하라. 그러면 주께서 일하신다. 기도에는 결코 실패가 없다.

일을 하고 싶어도 주께서 써주셔야 된다. 주님의 일은 주님이 필요한 이들을 불러 쓰시기 때문이다. 어떤 사람은 "하나님이 전지전능하시니 구하지 않아도 다 아시는데 구해야 하나? 하나님이 귀가 없나? 왜 소리는 그렇게 크게 지르냐? 조용히 하라"고 말한다. 맞는 말이다. 주님이 그렇게 말씀하셨다(마6:6). 그러나 이 말씀을 자기들 편할 대로 해석하는 오류에 걸려들지 말아야 한다. 주님께서 그렇게 말씀하신 의도는 외식과 형식에 찌든 바리새인들을 두고 하신 말씀이다.

하나님은 다 아시지만 구하라 하셨다. "구하라 그러면 너희에게 주실 것이요 찾으라 그러면 찾을 것이요 문을 두드리라 그러면 너희에게 열릴 것이니 구하는 이마다 얻을 것이요 찾는 이가 찾을 것이요 두드리는 이에게 열릴 것이니라"(마7:7~8). 또 "나 주 여호와가 말하노라 그래도 이스라엘 족속이 이와 같이 자기들에게 이루어 주기를 내게 구하여야 할지라 내가 그들의 인수로 양떼같이 많아지게 하되"(겔36:37)라고 말씀하시므로 구해야 주시겠다고 말씀하셨다.

우리는 성경대로 살아야 한다. 성경대로 사는 것은 명령에 순종하는 것이 아닌가? 제 멋대로 살면서 말씀대로 산다고 하는가? 우리가 어떻게 주의 일을 제한할 수 있겠는가? 그것은 자기 합리화요, 일종의 교만이다. 세상에서 제일 교만한 자는 기도하지 않는 자다. 왜냐하면 기도하지 않는 것은 하나님의 도움이 필요 없다고 생각하는 것이기 때문이다.

"세상에는 목적 없이 만들어진 물건이 없듯이 사명 없이 태어난 사람도 없다"고 리빙스턴은 말했다. 사람에게 인정받으려고 하지 말고 기도하여 하나님께 인정받고 쓰임 받자. 작은 성공에 도취하지 말고 더 큰 일을 위하여 기도하자. 하나님은 언제나 더 큰 것을 준비하고 계신다. 언제나 성의 있게 기도하라. 그러면 기적이 일어날 것이다. "내게 능력 주시는 자 안에서 내가 모든 것을 할 수 있느니라"(빌3:14)고 하셨다.

할 일이 많으면 많을수록 기도하자. 주님도 일하시기 전에 기도하시고 일하시면서 또 기도하셨다. 그런데 하물며 우리 같은 허물 많고 죄 많은 연약한 인간이 어찌 기도 없이 무슨 일을 하겠단 말인가? 기도하지 않는 자는 일도 못한다. 일 할 재미도 없고 일 할 힘도 없다. 그러나 기도하는 자는 많은 일을 해도 힘이 생겨 피곤을 모른다. 기도하며 하는 일은 결코 실패가 없다.

루터는 할 일이 너무 많아서 하루 세 시간 이상씩 기도했단다. 하나님을 찾을 때 엄청난 사건이 생길 수 있다. 바빠도 기도하자. 그러면 주가 일하신다. 무슨 일에도 좌절하지 말고 포기하지 말고 기도하자. 기도하지 않는 자는 일하지 못한다. 기도하지 않는 죄를 범하지 말자(삼상 12:23~24).

지하실에서 교회를 할 때 비가 너무 많이 온 때가 있었다. 우리 교회가 있는 건물의 구조는 1층은 주택은행이요, 2층은 병원이었다. 그리고 지하가 우리 교회였다. 밖에 나가보니 물이 넘쳐 도로에 기름 드럼통이 떠다녔다. 불럭 한단 정도를 넘으면 우리 지하실 교회는 저수지가 될 판이었다. 은행 사람들과 병원 사람들이 나와서 나를 보고서 "목사님 물을 막읍시다"라고 하면서 모래주머니를 가지고 와 쌓아올렸다. 그런데 생각해보니 '모래주머니를 가지고 막을 수 있는 물이 아니다.' 싶었다. 그래서 나는 "나는 하지 않겠소"라고 말하고 들어와 버렸다. 정작 막자고 하소연을 해야 할 내가 그런 말을 하니 어이가 없는 표정들이었다.

그러나 나는 내가 할 수 있는 것이 있고 인간의 힘으로 안 되는 것이 있다고 깨달은 사람이다. 이 상황은 주께서 아시니 주께서 해결 하셔야 될 일이라고 생각하여 주님께 맡기기로 하고 나는 지하실로 내려가서 기도만 했다. 물이 넘어 들어오면 나는 주께로 간다,는 각오로 기도를 했다. 그리고 한 20분 후에 나가니 비도 그치고 물도 줄어들었다. 그때 그 사람들은 나를 미련하고 정신 나간 사람이라 생각했을 것이다. 왜냐하면 물이 지하실로 흘러들면 내가 죽는다. 그러나 나는 주님이 손

대지 않으면 막을 수 없다고 판단했기 때문에 물이 찰 수 있는 예배당으로 들어가 주님께 매달린 것이다.

　그렇다고 오해하지 말 것은 내가 해야 하고 할 수 있는 것까지 주님께 맡겨놓고 게으름 피우지는 않는다는 점이다. 나는 일의 한계도 알고 주님이 해결해 주실 것도 안다. 믿음이 무엇인가? 믿음이 바로 용기와 배짱이 아닌가? 어려운 문제일수록 주님께 맡기고 기도하자. 그러면 응답은 기적으로 나타날 것이다.

9. 필요한 모든 것을 얻기 위해 기도하라.

　요한복음 16:23~24에 보면 "너희가 무엇이든지 아버지께 구하는 것을 내 이름으로 주시리라. 지금까지는 너희가 내 이름으로 아무 것도 구하지 아니하였으나 구하라 그리하면 받으리니 너희 기쁨이 충만하리라"고 했다. 믿음이 있다면 이런 약속을 믿고 구하라.

　필요한 것을 얻기 위하여 기도하라고 하면 어떤 이들은 '이기적인 동기라 좋지 못하고 오직 하나님의 영광을 위하여 기도해야 한다.'고 하실지 모르지만, 우리는 우리의 필요한 것을 공급받기 위하여 기도해야 한다. 기도는 하나님께서 정해 주신 약속을 받을 수 있는 방법이다.

　우리 그리스도인들의 삶의 목적은 하나님께 영광 돌리는 것이다(고전 10:31). 그러나 우리가 무엇을 가지고 영광을 돌릴 수 있겠는가? 아무것도 없으니 기도하므로 하나님께 구한 것을 받아서 영광을 돌려야할 것이다(요14:12~14). 그러므로 얻지 못함은 구하지 아니함이라고 주님은 말씀하신다(약4:2, 빌4:6~7). 주안에서 무엇이든지 원하는 대로 구하면 얻을 것이며(요15:7) 그로 인하여 기쁨이 충만하리라(요16:23~24) 하셨다.

　하나님께서는 우리에게 필요한 것을 다 아시고 이루려고 계획을 다

세워놓으셨지만 우리가 이루어지기를 구하여야 한다. 에스겔 36:37에 보면 "나 주 여호와가 말하노라 그래도 이스라엘 족속이 이와 같이 자기들에게 이루어 주기를 내게 구하여야 할지라. 내가 그들의 인수로 양떼같이 많아지게 하되." 이는 우리에게 기도하는 것이 얼마나 중요한 일인가를 보여주는 것이다.

6 기도의 종류

　이제 기도의 종류와 어떻게 기도하면 응답을 받을 수 있는가에 대하여 말하려고 한다. 기도는 관념도 아니고 명상도 아니다. 그리고 꿈과 환상도 아니다. "이기기를 다투는 자마다 모든 일에 절제하나니 저희는 썩을 면류관을 얻고자 하되 우리는 썩지 아니할 것을 얻고자 하노라"(고전9:25)고 하신 말씀이 있다. 경기장에서 치르는 경기와 같이, 기도는 피와 땀과 눈물과 체력을 소모하는 중노동이다. 그리고 기도는 선택이 아니다. 이 길 밖에는 없고 이렇게 사는 길밖에 몰라서 마지막 가는 길이 바로 기도이다. 왜냐하면 기도는 영적인 전투이기 때문이다.
　그러기에 ① 야곱도 축복을 받기 위해 환도뼈가 부러질 때까지 매달려 기도했고(창32:24~32), ② 엘리야는 무릎사이에 머리를 쑤셔 넣고 사력을 다해 기도했으며(왕상18:30), ③ 예수님도 무릎을 꿇고 힘쓰고 애써 체력이 소모되어 피가 땀방울로 변하여 떨어지기까지 간절히 기도했다(눅22:41~44). 그런데 우리가 기도하지 않고 무엇을 할 수 있을 것이라고 덤벼든다는 말인가? 교만을 버리고 오직 믿음으로 기도하자. 야고보서 1:6~8에 보면 "오직 믿음으로 구하고 조금도 의심하지 말라 의심하는 자는 마치 바람에 밀려 요동하는 바다물결 같으니 이런 사람은 무엇이든지 주께 얻기를 생각지 말라 두 마음을 품어 모든 일에 정함이 없는 자로다"라고 하셨다. 그러므로 기도는 애쓰고 힘쓰는 일로써 체력을 소모하는 필사적 노력이 있어야 한다.

하늘을 향해 분출되는 뜨거운 눈물의 기도는 꼭 응답 받는다. 기도에는 여러 종류가 있겠지만 우리가 보편적으로 하나님께 드리는 다섯 종류의 기도를 생각해 보겠다.

1. 일상적인 기도

일상적인 기도로는 첫째로 자신을 위해 간구(懇求)하는 개인기도와, 둘째로 가족이나 남을 위한 도고(禱告)가 있다. 인적이 드문 깊은 산 속 은밀한 곳에서 조용히 아뢰는 아브라함의 기도가 있고(창18:22~23), 생사의 갈림길에서 목숨을 주님께 맡기고 불의 응답을 기다리는 사력을 다한 엘리야의 기도도 있다(왕상18:36~40). 셋째로는 다른 사람들을 위한 기도가 있는데 모세나 에스더처럼 민족의 죄를 한몸에 지고 애타게 몸부림 치는 애국애족의 기도도 있고(출32:30, 에4:14~17), 온 백성과 함께 금식하며 나라를 위한 사무엘의 구국기도도 있다(삼상7:5~11).

그런데 대부분의 기도가 "이렇게 해 주소서!"라고 하는 식으로 자기의 요구를 관철시키기 위한 간구이다. 그래서 결사적으로 매달려 금식하고 철야를 하면서 기도한다. 야곱도 얍복강 가에서 혼자 앉아 결사적으로 축복해 달라고 구해 응답을 받았다. 부족한 종도 이런 기도가 대부분이었지만 사실은 이 기도는 제일 수준 낮은 기도라고 생각된다.

주님은 구하면 주시겠다고 약속 하셨다(마7:7~11). 하지만 우리의 소원을 이루어 주시겠다고 구하라 하신 것이 아니고, 주님의 계획하신 바가 우리를 통하여 이루어지기를 원하시는 것이다. 우리는 모든 것을 다 받았다. "누가 너를 구별 하였느뇨 네게 있는 것 중에 받지 아니한 것이 무엇이뇨 네가 받았은즉 어찌하여 받지 아니한 것같이 자랑하느뇨?"(고전4:7)라고 하셨다. 그렇다면 우리의 기도는 "주시옵소서!" 하는 것보다 "주님 내게서 무엇을 원하십니까?"라는 기도가 은혜 받은 자의 기도요, 성숙되고 차원 높은 기도이다. 그러므로 우리는 우리의 욕심을 버리고 주의 나라와 주의 뜻이 이루어지기를 위하여 기도하자(마6:33). 우리들의 일상적인 기도 중에는 회개와 보고와 질문과 요구하는 기도가 있다.

1) 자신을 돌이켜 반성하며 회개하는 기도가 우선이다.

기도할 때 먼저 회개해야 한다. 우리가 회개하지 않고 기도하면 그 부르짖음은 허공을 울리는 메아리로 끝나고 만다. "여호와의 손이 짧아 구원치 못하심도 아니요 귀가 둔하여 듣지 못하심도 아니라 오직 너희 죄악이 너희와 너희 하나님 사이를 내었고 너희 죄가 그 얼굴을 가리워서 너희를 듣지 않으시게 함이니"라고 했다(사59:1~2).

그러므로 구하기 전에 모든 죄를 고백해야 한다. "네가 네 마음에 죄악을 품으면 주께서 듣지 아니하시리라"고 하셨다(시66:18). 그리고 하나님 앞에 죄를 숨겨놓고 기도하면 듣지 않으신다. "사람이 귀를 돌이키고 율법을 듣지 아니하면 그의 기도도 가증하니라"(잠28:9)고 했으며, 또 "자기의 죄를 숨기는 자는 형통치 못하나 죄를 자복하고 버리는 자는 불쌍히 여김을 받으리라"(잠28:13)고 하셨다. 그리고 하나님께서는 "그러므로 이제 나 만군의 여호와가 말하노니 너희는 자기의 소위를 살펴볼지니라"(학1:5)고 하셨다. 먼저 하나님 앞에 나의 죄를 고백할 때 하나님은 주께서 흘려주신 보혈로 우리의 영혼과 육을 씻어주시며, 깨끗한 마음으로 드리는 우리의 기도에 응답하신다. 그러므로 우리는 반성하며 회개하는 기도를 우선해야 한다.

　항상 자신을 살피는 은밀한 기도가 되는 회개는 우리가 하나님 앞에 무엇을 요구하기에 앞서 먼저 해결해야 할 요건이다. 마치 환자를 진찰하는 의사가 신중한 것처럼 신중하게 우리 자신을 돌아보아야 한다. 거룩하신 하나님과 교제하기에 부족함이 없도록 하나님 면전에 꿇어앉아 영적 의사 되시는 분에게 우리의 영과 육을 보여서 말씀으로 병명을 찾아 주님의 보혈로 깨끗이 치료받아야 한다. 하나님 앞에서는 숨길 수 있는 죄가 없으므로 적나라한 모습으로 자복하고 회개해야 한다.
　잘못된 것들을 오래 두면 굳어져서 해결에 어려움이 온다. 그러나 순간 순간 마다 신앙생활에 있어서, 잘못된 것을 회개하면 하나님께서는 즉시 용서해주신다.

2) 보고하는 기도도 있다.

　창세기 18:27에 보면 "아브람이 말씀하여 가로되 티끌과 같은 나라도 감히 주께 고하나이다"라고 기도한다.
　어른을 모시고 사는 사람은 밖에 나갔다 오면 다녀왔음을 보고해야 한다. 이 보고하는 인사를 받으면 어른들은 기뻐한다. 만일 인사가 없으면 늙는 것도 서러운데 자녀들로부터 소외된다고 생각하니 서러울 수밖에 없다. 그러나 보고를 통하여 뒷방 노인네가 아닌 가족 어른으로 대접을 받게 될 때 어른들은 기뻐한다.
　우리는 하나님 앞에 기도할 때 나의 딱한 사정이나 즐거웠던 일을 보고해 드리는 것은 대단히 행복한 일이다. 이 시간은 아버지를 기쁘게 하는 시간이며 나 자신을 새롭게 창조하는 시간이다. 산술적인 보고만이 아니라 감정적인 보고를 드려보라. 신앙적인 보고를 하고, 감사의 보고와 승리의 보고를 드려보라.

3) 하나님의 뜻인지를 질문하는 기도도 있다.

역대상 10:14에 보면 "여호와께 묻지 아니하였으므로 여호와께서 저를 죽이시고 그 나라를 이새의 아들 다윗에게 돌리셨더라"고 하신 말씀이 있다. 우리는 기도할 때 우리가 계획하고 결정한 다음에 하나님께 가지고 나와 꼭 그대로 이루어 달라고 구하는 경우가 많다. 하나님의 간섭을 처음부터 인정하지 않고 결정 단계에서 동의만을 구하는 행위이다. 하나님은 사람의 계획과 고집대로 시행하고 끝에 보고하는 것이나 또는 실패한 다음에 와서 보고하는 것을 기뻐하시지 않으시고, 무슨 일이나 처음부터 결제 받아 시행하는 것을 기뻐하신다.

하나님께서 사울을 버리신 이유 가운데 하나는 교만과 불순종도 있었겠지만, 사울의 마음이 다른 데 가 있음을 하나님께서 아셨기 때문이다. 사울은 하나님께서 응답하지 아니하시니 신접한 여인에게 물었다(삼상 28:6~7). 그래서 하나님은 사울을 버리신 것이다. 다윗은 사울 왕과는 정반대로 블레셋 침공을 받았을 때에 "내가 블레셋을 치러 올라가리이까, 말리이까?" 물었다. 하나님은 이를 기쁘게 여겨 크게 승리하도록 하셨다.

기도는 내 뜻과 내 계획을 이루기 위해 하나님의 뜻을 꺾으려는 것이 아니라 나의 기도를 통하여 하나님의 계획을 알아 성취시키는 것이다. 하나님께서 우리를 사랑하시지만 우리 뜻대로 응답하시지 않으신다. 생각해 보라, 우리 뜻대로 기도가 응답된다면 이 세상이 어떻게 되겠는가? 이 땅에 발 붙이고 걸어 다닐 사람이 별로 없을 것이다. 그래서 성경은 "사람의 마음에는 많은 계획이 있어도 오직 여호와의 뜻만이 완전히 서리라"(잠19:21)고 하신 것이다.

4) 자기 욕망에 따라 필요한 것을 구하는 간구의 기도이다.

간구는 우리가 원하는 것을 하나님께 구하는 것이다. 우리에게 어떤 문제가 있으면 "구하고 찾고 문을 두드리라"고 하셨다(마7:7). 그리고 "아무 일에도 염려하지 말고 구하라"(빌4:6~7)고 하셨다. 염려할 시간이 있으면 구하라는 것이다. 구하는데 무엇이든 아무리 불가능한 것일지라도 하나님은 능력자이시므로 우리는 구할 수 있다.

우리가 이 세상에 살 때 필요한 것이 많다. 이것을 영적인 아버지 되시는 하나님께 간구하는 것은 지극히 당연한 일이다. 우리가 어려운 것을 요구한다 할지라도 하나님은 꾸짖지 아니하신다(약1:5). 기도는 평범한 사람이 초자연적인 삶을 사는 방법이다. 다시 말해서 유한한 인간이 엄청난 것을 구하므로 엄청난 일을 해내는 것이 기도하는 자의 삶이다. 그래서 우리는 구한다. 언제든지 구하고 무엇이든 구한다.

한나처럼 자신의 간절한 소원을 위하여 서원하는 기도가 있는가 하면(삼상1:10), 환난 속에서 애타게 울부짖는 욥의 기도도 있고(욥42:16, 시51:1~19), 살고자하는 열정으로 목숨 연장을 위하여 통곡하는 히스기야의 회개기도도 있고(왕하20:1~11), 평탄한 길과 하나님의 축복을 받기 위해 환도뼈가 부러지도록 몸부림치는 야곱의 기도도 있다(창32:24~32).

우리는 때로 '잘못 구하지나 않나?' 해서 구하기를 꺼리는 경우가 있다. 그러나 우리 하나님은 잘못 구해도 꾸짖지 아니하신다. 무엇을 주고 안 주고는 하나님의 결정권 안에 있다. 그러므로 "아무 것도 염려하지 말고 오직 모든 일에 기도와 간구로 너희 구할 것을 감사함으로 하나님께 아뢰라 그리하면 모든 지각에 뛰어난 하나님의 평강이 그리스도 예수 안에서 너희 마음과 생각을 지키시리라"(빌4:6~7) 하신 말씀대로 자녀의 권리를 가지고 당당히 요구하자.

5) 부모, 형제, 자매, 그리고 자녀들을 위하여 기도하라.

부모가 주로 자식을 위해서 기도해야 하지만, 자식들도 부모를 위해서 기도해야 한다. 그리고 남편을 위해서 기도하고, 아내를 위해서도 기도하라.

부족한 종은 형님 세 분, 누님 두 분이 있는 6남매 중 막내다. 그리고 우리 집은 장손이어서 제사도 많았다. 그런데 나 혼자 예수를 영접하고 거기다 목사가 되었으니 핍박이 말이 아니었다. 내가 신학교에 다닐 때 아버님이 세상을 떠나셨다. 형님들을 모시고 장례 의논을 하면서 "장례식을 기독교식으로 하자" 하였더니, "안 된다"고 했다. 당연한 반응이었다. 그래서 나는 아버님 장례를 보지 않고 부산으로 와 버렸다. 그리고 그 뒤에 만날 때마다 형님들 누님들에게 '예수 믿자'고 전도했다. 나보다 내 아내가 더 열심이었다. 그러다가 많이 싸우기도 했다. 우리 부부는 그분들과 그들의 자녀들을 위해서 하루도 빼지 않고 기도했다. 결국 세 분의 형님과 형수님, 두 분의 누님과 자형들 모두 다 주님을 영접했다. 수많은 세월이 흘렀지만 그분들 자녀들 중에는 목사, 장로, 권사, 안수집사 등의 직분을 받기도 했다. 기도는 이렇게 힘이 있다.

기도는 환경이 좋고, 시간이 많아야 하는 것이 아니다. 어떤 환경에서도, 또 시간이 없어도 시간을 만들어서 기도해야 한다. 다른 사람을 위한 기도에는 구원의 역사가 있다. 기도에는 절대 실패가 없다. 남을 위하여 다른 사람을 위한 기도를 더 많이 하자.

어떤 사람들이 행복한가? 남을 위해서 사는 사람들이다. 불행한 사람은 누구인가? 자기 생각만 하는 사람들이다. 자기를 위해서 남편이 무엇을 앓해 주고, 자기를 위해서 아내가 무엇을 앓해 주고, 자기를 위해서 어머니가 뭘 앓해 주나 하면서 늘 자기 생각만 하고 자기를 위해서 사는 사람은 불행하다. 그런데 남을 생각하는 사람들, 남을 위해서 무언가 하고 있는 사람들은 불행할 시간이 없다. 남을 위해서 기도하는 사람들이 남을 위해서 산다.

그러므로 자녀들에게 "너 공부 열심히 해서 돈 많이 벌고 잘 살아라" 하고 가르치지 말자. 그렇게 자기를 위해 공부해서, 자기를 위해 돈 많이 벌어 자기만 잘 살려고 하는 사람들 중에 커서 행복한 사람들이 없다. 자녀들에게 "너는 열심히 공부해서 권력을 얻으면 다른 사람을 위해서 쓰고 열심히 공부해서 돈 많이 벌면 하나님을 위해서 쓰고 살아라"고 가르쳐야 한다. 자녀들이 이렇게 되도록 하나님께 기도하라.

"돈을 벌어도 남을 위해 쓰고, 머리가 똑똑해도 남을 위해 쓰고, 힘이 있어도 남을 위해 쓰는 자녀가 되게 해주십시오."

2. 서원하는 기도

성경에는 서원제사에 대한 기록이 많다(레22:18, 민29:39, 신12:6, 삼상1:21). 서원하는 제사를 많이 드렸다는 뜻이다. 서원에 사용되는 모든 제물은 흠이 없는 것을 썼다. 흠 있는 제물을 바칠 경우 하나님께 열납되지 못하는 것은 물론(레22:21~23), 바친 서원자는 저주를 받게 되었다(말1:14). 이와 관련하여 창기의 번 돈과 개 같은 자의 소득은 하나님께 가증한 것이므로 서원하는 일로 바칠 수 없었다(신23:18). 이러한 규례는 서원의 순결성과 거룩성을 나타내는 것들이다.

1) 서원기도가 무엇인가?

서원기도란 "하나님께서 나에게 어떻게 해주시면 제가 하나님께 어떻게 해드리겠습니다"라고 하는 약속의 기도이다.

2) 왜 서원하는가?

서원이란, 대체로 심각한 위기에 처한 인간이 위기를 모면하기 위한 목적으로 하나님의 도움을 청하는 방법으로 사용되었으며, 대략 두 가지 이유로 분류될 수 있다. 먼저는 아주 위급한 상황에서 도저히 나의 힘으로는 어찌 해볼 도리가 없을 때이며, 다음으로는 아주 곤란한 지경에 처하여 앞이 꽉 막혀서 도무지 해결이 불가능하다고 판단 될 때 서원을 드렸다.

3) 서원의 종류

서원의 종류도 두 가지 형태로 나타났다. 첫째로는 몸을 바치겠다는 약속으로 하나님의 영광을 위하여 향락적이고 부정적인 생활에서 자기 몸을 구별하여 하나님께 드려 하나님만 섬기겠다는 것이다. 이것으로는 나실인의 서원이 있다. 서원 기간 동안에는 포도주와 독주를 멀리하고, 포도즙도 마시지 말아야 하며, 생포도나 건포도도 먹지 말아야 한다(민 6:1~20).

또 자식을 주시면 젖을 떼고 바치겠다는 한나의 서원기도도 있다. 사무엘의 어머니 한나는 아들을 주시면 평생 나실인으로 주께 바치겠다고 서원하여 사무엘을 얻어 하나님께 바쳤다(삼상1:1). 이들은 이 서원기도를 하나님께 드린 후에 그의 삶에 놀랍게도 하나님의 은혜와 복이 따랐다. 그런데 어떻게 보면 하나님과 인간이 흥정하는 것 같다는 느낌도 있다. 그러나 하나님께서는 이런 기도를 잘 들어주신다.

둘째로는 재물을 바치겠다는 약속이다. 재물을 드려 성전을 지어 바치겠다는 약속이나, 십일조를 철저히 드리겠다는 등 하나님 앞에 하는 자발적 맹세이자 약속이었다.

야곱의 서원 기도를 보자. 아버지를 속이고 집을 떠난 야곱은 벧엘에서 하나님께 서원하기를 "하나님께서 자신과 함께 계셔서 나그네 길을 보호해 주시고, 의식 문제를 해결해 주시고, 고향집으로 편안히 돌아가게 해 주시면, 여호와를 나의 하나님으로 섬기겠으며, 그 곳 기둥으로 세운 이 돌로 하나님의 성전을 세우겠고, 수입의 십일조를 반드시 바치겠다"고 했다. 그런 후 20년 만에 하나님께서는 그가 서원한대로 다 이뤄 주셔서 마침내 큰 복을 받고 금의환향할 수 있었다. 그러나 그는 그의 서원을 까맣게 잊어버린 채 세겜에서 편히 살고 있었다. 그러자 어느 날 갑자기 딸 '디나' 사건으로 그의 온 가족이 몰살을 당해 죽을 위험을 맞게 된다. 이런 급박한 위기를 만나자 비로소 야곱은 그 옛날 벧엘에서 하나님께 했던 서원을 기억한다. 그래서 그는 자녀들을 불러 벧엘로 올라가서 하나님께 제단을 쌓는다. 그러자 하나님께서는 즉시 야곱을 그 큰 위협으로부터 구원해서 안전하게 지켜 주셨다(창35:1).

4) 서원은 꼭 지켜야 한다.

약속의 중요성에 대하여 알지 못하는 사람은 없다. 비록 가까운 사람이라 할지라도 약속을 자주 어기게 되면 신뢰가 떨어져 불신을 받게 된다. 인간관계에서도 약속은 이처럼 중요하다. 하물며 하나님과의 약속이 얼마나 중요할까?

그런데 교인들은 서원이 무엇인지조차 제대로 모르면서 너무 쉽게 서원한다. 어떤 면에서는 마지막 시대에 서원이 더욱 남발되고 있는 것

같다. 어떤 이들은 남에게 서원을 유도하거나 강권하기도 한다. 복을 앞당기기 위해서, 위기를 속히 모면하기 위해서, 그리고 목사나 사모를 만들기 위해서 서원을 하고 그것에 얽매여 전전긍긍한다. 지키지 못해서 괴로워하고 심지어 중압감에 못 이겨 교회를 떠나는 사람들도 본다.

어차피 인생의 생사화복의 주관자는 하나님이시니 하나님의 뜻이라면 서원을 하지 않아도 이루어 주실 것이므로(잠16:9) 인생의 모든 것, 자신 혹은 자녀들의 인생에 대한 하나님의 뜻과 계획을 발견하고 그 뜻과 계획을 좇는 것이 바람직한 신앙일 것이다. 그러므로 가급적 서원을 하지 않는 것이 좋고, 부득이한 경우에는 아주 신중하게 해야 할 것이다.

서원은 하나님을 대상으로 하는 신성한 약속이므로 자신에게 손해가 와도 반드시 지켜야 한다. 왜냐하면 안 지키면 죄가 되기 때문이다. "네 하나님 여호와께 서원하거든 갚기를 더디 하지 말라 네 하나님 여호와께서 반드시 그것을 네게 요구하시리니 더디면 네게 죄라 네가 서원치 아니하였으면 무죄하리라마는 네 입에서 낸 것은 그대로 실행하기를 주의하라 무릇 자원한 예물은 네 하나님 여호와께 네가 서원하여 입으로 언약한대로 행할지니라"고 하셨다(신23:21~23). 지키지 못하면 물론이요, 더디게 이행하는 것도 죄가 된다(전5:4~6). 이것이 바로 서원에 대한 하나님의 가르침이다. 서원이 하나님과의 약속이라는 것을 분명히 기억해야 한다(잠20:25).

(1) 서원 이행에 있어서 예외도 있다.

하나님께 서원한 것은 어떤 일이 있어도 꼭 갚아야 한다. 그렇지 못하면 해가 된다. 그러나 예외가 있다. 어떤 서원인가? 성경의 예를 보자.

첫째로는 부모의 슬하에 있는 처녀가 서원했을 때 아버지가 허락하지 않으면 그 서원은 성립되지 않으므로 이행하지 않아도 된다(민30:1~5).

이는 이스라엘의 가족제도가 어디까지나 부권 중심이기 때문에 딸은 시집가기 전에는 어디까지나 그 아비의 책임 하에 있기 때문이다.

둘째로는 아내의 서원도 남편이 허락하지 않으면 그 서원 역시 성립되지 않으므로 이행하지 않아도 된다(민30:6~8·10~16). 아내가 아무리 강하게 서원하였어도 남편이 "아니라" 하면 하나님께서는 그 서원을 받지 않으신다. 그러나 남편이 아내의 서원을 알고 묵인하였다가 얼마 후에 변심하여 그 효력을 부인하면 남편 자신이 가장으로서 그 아내의 서약을 파기한 죄를 담당하여 상당한 형벌을 받아야 한다(레5:4~6). 질서의 파괴는 하나님에 대한 도전이며 관계의 조화를 깨뜨리는 것이다.

셋째로 과부는 서원을 스스로 지켜야 한다. 과부는 사별하고 홀로 된 여자와(롬7:2), 이혼증서를 받고 이혼한 여자로서 남편과 관계가 없는 자유하는 여인이므로(신24:1) 이들은 자기 서원을 지켜야 한다.

(2) 마음으로 한 것도 지켜야 한다.

하나님께 서원한 것은 무슨 위급한 문제가 아닌, 단지 좀 더 잘 믿어 보려고 마음속에 작정한 것도 지켜야 한다. 그러므로 그 어떤 자그마한 것, 즉 남모르게 마음으로 한 것도 기억 속에서 떠올리면서 지킬 수 있어야 한다. 그래야만 지금 당하는 어려운 문제를 쉽게 풀 수 있는 실마리를 찾을 수 있기 때문이다.

살아가면서 어떤 큰 사고가 터지든지 일이 잘풀리지 않으면 혹시 서원하고 갚지 못한 것이 없는지 살펴보라. 나는 새까맣게 잊어버렸지만 하나님은 결코 잊지 않고 계시며, 하나님은 절대로 속지 않으신다. 그리고 절대로 적당히 그냥 넘기시지도 않는다. 그러므로 무슨 서원을 했는지 살펴보고 기억을 되살려 확인하고 지키려는 노력을 기우려야 한다. 혹 잊고 지났으면 지금이라도 꼭 그 서원을 다시 갚도록 하라. 비록 지금 내게 해가 된다 싶어도 일단 약속을 했으면 꼭 지켜라.

혹 작정기도를 서원했는가? 혹 몸을 바치기로 서원했는가? 혹 물질을 드릴 것을 서원했는가? 특별 건축헌금을 작정했는가? 혹 더 잘 믿어보려고 이런 저런 것들을 서원했는가? 이뿐 아니라 유아세례 받을 때 부모의 서원도 지켜야 한다. 서원은 부모가 하였지만 그 약속은 본인이 지켜야 한다. 만일 여러분이 '누가 유아세례를 받으라 했나?' 하고 거부한다면 그것은 하나님의 나라에 들어감을 포기하는 꼴이 된다. 만일 당신의 의지와 상관없이 유아 세례교인이 되었다고 생각된다면 부모님 때문에 유아세례를 받으므로 축복의 고속도로에 들어섰음을 믿음으로 받아들여라. 그것이 믿음 있는 행동이다. 자기 의지와 상관없는 유아세례는 감사할 일이지 불평할 일이 아니다. 또 결혼식에서 신랑 신부는 하나님과 여러 증인들 앞에서 서약을 한 것도 지켜야 한다. 우리는 또 교회 안에서 직분을 받을 때에 성경과 당회 방침에 따라 서원한 것도 지켜야 한다.

부족한 종도 서원기도를 했다. 1976년 1월 첫 번째 금식기도를 추운 겨울 눈 쌓인 관악산 바위굴에서 14일을 했다. 그때 하나님의 은혜로 잘 마쳤는데 소원하던 능력이나 환상이 나타나지 않고 두 가지의 심한 병마의 공격을 받았다. 하나는 가슴이 터지는 듯한 고통이었고, 또 하나는 항문과 요도 사이에 주먹만 한 것이 속으로 생겨 누워 있지도 못하고 앉지도 못할 지경으로 몹시 고통스러웠다. 그것을 병원에서는 치질의 일종인 치루증이라고 했다.

아내는 내가 고통스러워함을 보고 병원에 가서 수술을 하자고 하였지만 그럴 수가 없었다. 추위 속에서 목숨을 걸고 은혜를 받기 위해 하나님께 기도를 드렸는데 왜 병을 주시는가 생각하니 화가 났다. 그때 나는 아무 것도 모르는 형편이라 그냥 무심코 입에서 나오는 말이 "은혜 받으려고 금식기도를 했는데 이렇게 병을 주면 어떤 미친놈이 금식기도 하겠는가?" 하면서, "이제부터 아무리 아파도 나는 절대로 병원에 가지 않고 약도 입에 대지 않겠다"고 농담처럼 말을 했다. 그런 후 나는 20여 년간 심하게 아파도 가스활명수 하나도 입에 대지 않고 기도로 해결했다.

그 후 처음 40일 금식기도를 마칠 때 주님께서 "네가 이 고통스러운 기도를 또 하겠느냐?"고 질문을 한다. 그래서 생각할 겨를도 없이 "원하시면 열 번은 해야지요"라고 대답하고 그 서원대로 약 2년에 한 번씩 열 번을 했다.

(3) 서원기도는 응답이 빠르기도 하지만 위험한 기도이다.

사실상 유한한 인간으로서 그것도 다급한 일 또는 위기의 상황에서 이기적인 목적달성을 위해서 서원한다는 것은 많은 문제가 따를 수 있다. 그러나 서원기도의 응답은 확실하고 빠르지만 위험성도 있으니 조심해서 해야한다.

사람이 하나님께 서원하는 것은 자유다. 서원을 할 수도 안 할 수도 있다. 그러나 서원한 자들에게 중요한 것은 그들이 하나님 앞에서 일단 서원을 했다면 지켜야 한다. 지키도록 노력하는 정도가 아니라 비록 자기에게 해로울지라도 꼭 지켜야 한다. 그렇지 못하면 비극적인 결과가 따를 수도 있다.

그 예가 바로 '입다'이다(삿11:29~40). 사사인 입다는 암몬과의 전쟁에서 이기게 해주시면, 돌아올 때에 자기를 최초로 영접하는 자를 번제로 바치겠다고 약속했다. 그가 전쟁에서 승리하고 돌아올 때 가장 먼저 반긴 자가 다름 아닌 가장 사랑하는 무남독녀 외동딸이었다. 그는 서원대로 아버지의 승리를 기뻐하며 축하하면서 소고치고 반기는 그 외동딸을 바쳐야 했다. 참으로 기가 막힐 일이다. 입다는 서원을 취소하고 싶었을 것이다. 그러나 내게 해롭다고, 상황이 바뀌었다고, 변경하고 취소할 수 없는 것이 바로 서원이다(민30:2, 시15:4~5).

1976년경이니 아주 오래된 일이다. 오산리 금식기도원에서 박설자라는 연세 많으신 여전도사님의 간증을 들었다. 그는 하나님 앞에 바치겠다고 한나처럼 서원하여 아들을 받았다. 그 아이가 자라서 신학교에 가서 목사가 되겠다는 서원을 했는데 고등학교 2학년까지는 어머니나 아들 모두 마음이 변하지 않았다. 그런데 2학년 말 학교 담임교사가 어머니를 불러 학교에 갔더니 "이 아이는 공부를 잘하니 신학교에 보낼 것이 아니라 법대를 보내야 한다"고 했단다. 어머니는 당연히 많은 갈등이 왔다. 그러나 "선생님 안됩니다. 이 아이는 신학을 하고 목사가 되어야 합니다"라고 말했다.

그런데 그 교사가 몇 번을 찾아와 '법대를 보내서 나랏일을 해야 한다.'고 하니 어머니도 머리 좋고, 똑똑하고 영리한 아이를 그의 소질과 능력대로 키워 보고 싶은 마음이 생겼다. 그래서 그들은 하나님과의 약속과는 전혀 무관하게, 다만 출세와 부가 보장되는 법대로 보냈다. 아이는 유명한 법대에 입학하여 과연 부모의 기대를 저버리지 않고 장래 검판사의 길을 걸어가려 했다. 그러나 그 아이는 등록을 하고 강의 한 번도 받아보지 못하고 죽었다.

일이 그리되자 그 어머니는 '내가 자식을 잡아먹었다'고 후회하며 정신이상 증세로 죽으려고 돌아 다녔다. 그러다 어느 집회에서 은혜를 받고 자신이 주의 길을 따르게 되었다고 간증했다. 우리의 마음은 이렇게 간사하고 이기적이며 변덕스럽다. 정말 주의하지 않으면 우리도 다른 이들과 별반 다름없는 후회할 일을 만드는 사람이 되고 말 것이다.

사람은 누구나 위급하고 급박한 상황에 처하거나 곤경을 만나면 곧잘 하나님을 향하여 "하나님, 이번 일만 해결해 주시면 하나님 앞에 무엇을 어떻게 해드리겠습니다"라고 맹세하고 서원한다. 그러나 정작 막히고 꼬였던 문제가 잘 풀려서 일이 원만하게 해결되면 유감스럽게도 대부분의 사람들은 생각이 달라지고 마음이 변해서 처음에 한 약속을 성실히 지키지 않는다. 차일피일 자꾸만 뒤로 미루다가 까마득히 잊어버리는 경우가 있고, 또 어떤 이는 머리가 너무 좋아 하나님과 흥정을 하려 들기도 한다. "그때는 상황이 워낙 급해서 그랬지만 지금에 와서 생각해 보니, 그때는 제가 너무 경솔했습니다. 하나님은 사랑이시니 꼭 이해하시고 용서해 주옵소서!"라고 한다. 그러나 우리가 분명하게 기억해 두어야 할 것은 하나님께서는 절대로 속지 않으실 분이시며, 우리가 하나님 앞에 서원한 것에 대하여는 반드시 실행할 것을 요구하시는 분이시다.

어떤 서원이라도 서원은 똑같은 의무의 부담이 있다. 그러므로 함부로 서원하지 말아야 한다. 부득이한 경우에는 신중하게 하나님의 뜻을 살피며 기다리고, 일단 한번 서원을 했으면 반드시 이행하고 지켜야만 한다. 만일 지키지 않으면 그 몇 곱절의 화가 미칠 수도 있다는 것을 알아야 한다(전5:4). 반대로 서원을 잘 지키고 이행하면 갑절의 은혜와 큰 복을 받는다.

3. 금식기도, 단식기도

성경에 보면 금식은 오늘날 우리가 말하는 금식이 아니었고 단식이라고 생각한다. 금식은 음식만 금하고 물을 마시면서 하는 기도요, 단식은 물조차 금하는 것이다. 성경상의 모세나(출34:28, 신9:9·18). 예수님의 기도는 모든 것을 끊는 단식이었다(눅4:2). 부족한 종도 물을 마시지 않고 11일 씩 단식을 두 번 해보았고, 40일 금식은 10번을 해 보았다. 그러면 구체적으로 금식은 왜 하나?

1) 금식기도의 목적

단식이나 금식기도는 생명을 거는 기도로 최후의 보루라 할 수 있다. 금식기도는 대체로 심각한 위기에 처하여 앞뒤가 꽉 막혀서 도저히 내 힘으로 해결이 불가능하다고 판단될 때 목숨을 걸고 드리는 기도이다. 국가적으로나 개인적으로 자녀와 교회의 문제를 두고 하나님께서 개입하셔야 될 문제들이 있을 때 그것을 해결하기 위해 도움을 청하는 수단이다. 안팎으로 비상을 선포하고 금식하며 목숨을 걸고 하나님께 매달리는 것이다. 이러한 기도는 성경의 많은 예를 찾아볼 수 있다.

(1) 사명 감당을 위하여 금식했다.

모세가 율법을 받기 위하여 준비한 기도가 바로 단식기도요(출34:28), 예수님께서도 공적사역을 하시기 위하여 40주야를 단식하셨고(4:1~2, 눅4:1~2), 바울도 자주 금식하며 기도했다. 그러므로 자신의 사명을 잘 감당하기 위해서는 금식하며 기도하는 것이 꼭 필요하다.

(2) 죄를 용서받기 위해 금식했다.

요엘 2:12에 보면, "여호와의 말씀에 너희는 이제라도 금식하며 울며 애통하고 마음을 다하여 내게로 돌아오라 하셨나니"라고 했다. 아합 임금은 용서 받고 살고 싶어 겸손한 마음으로 하나님 앞에 금식했다(왕상 21:27).

(3) 나라를 위기에서 구하기 위하여 금식했다.

사무엘은 나라를 구하기 위해 온 백성을 미스바에 모으고 하나님께 금식하며 기도했으며(삼상7:5~6), 요나의 경고를 받은 니느웨는 임금과 백성들이 베옷을 입고 금식하며 기도함으로 하나님의 진노에서 나라를 구했고(욘3:5), 에스더 왕비는 온 민족의 생명이 위태로울 때 금식하여 민족을 죽음에서 구했다(에4:16). 느헤미야 선지자는 예루살렘 성전이 적의 수중에 들어가고 나라를 빼앗겼을 때 금식하며 기도했다(느1:1~4).

(4) 개인의 일과 교회를 위해 금식했다.

다윗 임금은 자식을 살리기 위해서 금식했으며(삼하12:13~23), 초대교회는 직분자들을 세우기 위하여 금식하며 기도했다. 안디옥교회는 선교사 파송을 위해 금식했고(행13:3), 장로를 세울 때 금식했다(행14:23). 교회가 기도 없이 일꾼을 세우면 당사자도 교회도 시험 들기 쉽다.

이렇듯 금식기도는 개인적으로나 가정적으로, 교회적으로나 사회 국가적으로 위기를 당해 그 위기를 벗어나려고 할 때나, 중요한 일을 결정하려고 할 때, 또 경제적 문제나 자신의 건강에 있어 내 힘으로 해결할 수 없는 어려운 문제가 발생하여 하나님의 능력과 지혜를 필요로 할 때, 그리고 맡은 사명을 감당하기 위하여 생명을 걸고 금식하며 기도했다는 것을 알 수 있다.

교회를 섬기는 우리도 맡은 사명을 감당하려면 더 큰 능력과 굳건한 믿음이 필요하다. 예수님께서는 하나님의 아들이셨지만 메시아로서의 사역을 감당하기 위해 금식하며 기도하셨다. 우리들도 주님께서 주시는 능력을 받기 위하여 금식하며 기도해야 하지 않겠는가?

부족한 종은 여러 가지 목적으로 여러 차례 단식과 금식을 했는데 그 가운데 몇 번은 사명 감당을 위한 기도였다. 부족한 종이 처음 주님의 부름을 받았을 때는 자신이 너무 부족해서 주께서 주신 사명을 내 힘으로 도저히 감당할 수 없다고 생각되었다. 또 필요할 때마다 주께서 명령을 하셨는데, 서원도 있고 해서 단식과 금식기도를 자주했다.

특히 성전건축을 위하여 금식기도를 드렸고 하나님께서는 그 부족한 금액을 다 채워 주셨다. 그리고 뇌종양으로 고통당하는 사랑하는 내 딸의 목숨을 위하여 기도를 드렸고 하나님께서는 응답해 주셨다.

그러나 단식이나 금식기도는 무엇을 얻기 위한 이기적인 목적보다는 사명을 감당하기 위함과 또 자신의 육신의 정욕을 쳐 복종시키기 위하여 필요한 기도라고 생각한다. 부족한 종은 육신의 정욕을 억제하고 좀 더 주님 뜻대로 살아보려는 생각에서 주님의 능하신 손길로 붙들어 주시기를 위해 기도했다.

바울 사도는 "너희가 이같이 어리석으냐 성령으로 시작하였다가 이제는 육체로 마치겠느냐"(갈3:3)고 물으시면서 "내가 이르노니 너희는 성령을 좇아 행하라 그리하면 육체의 욕심을 이루지 아니하리라 육체의 소욕은 성령을 거스리고 성령의 소욕은 육체를 거스리나니 이 둘이 서로 대적함으로 너희의 원하는 것을 하지 못하게 하려 함이니라"(갈5:16~17)고 했다. 나는 이 말씀처럼 나 자신이 변화되어 육신의 정욕을 제어하여 영성이 성장하고 육체의 소욕을 떠나 전적으로 성령의 인도를 받기 위하여 자주 금식기도를 드렸다. 이와 같은 자세가 중요한 것은 그리스도인들이 육체의 소욕을 제어하여 하나님의 말씀에 따라 복종하는 것이 하나님의 뜻을 이루는 성도의 삶이 될 것이기 때문이다.

2) 금식기도의 준비와 주의 사항

　금식기도는 결코 사람에게 보여 자랑하기 위해 형식적으로 해서는 안 된다. 그렇게 기도하는 것을 예수님께서는 제일 싫어하셨다(마56: 16~18). 예수님 당시에 바리새인들은 월요일과 목요일, 일주일에 두번씩 날을 정해놓고 금식했다. 그들은 그때에 민족을 위해서 기도했다. 특별히 속죄일이 될 때에는 일 년에 한 번씩 온 민족이 누구나 금식기도를 했다. 그뿐만 아니라 특별한 경우에 금식기도를 했다. 그런데 예수님께서는 그들의 금식을 비판하고 책망하셨다. 왜냐하면 이들은 자신의 신앙을 과시하기 위하여 형식적인 금식기도를 했기 때문이다.

　오늘도 사람에게 보이려고 금식하며 기도하는 사람들이 있다. 그 결과는 사단의 종이 되어 전국을 돌아다니며 거룩한 사기를 치거나, 또 금식 후에 목숨을 잃어버리는 자들도 있다.

　오래 전에 우리 노회 회원인 어떤 목사님이 금식기도를 했다. 끝나는 날 우리 몇 목사들이 기도원에 가서 만나보고 축하한다고 인사를 나누었다. 그런데 금식기도하신 분 치고는 너무 건강했다. 나는 금식할 때마다 초죽음이 되는데 그분은 너무 싱싱했다.

　그래서 제가 "목사님, 금식기도 목적이 무엇이었습니까?"라고 물었더니, 그 목사님 대답이 "내가 이렇게 굶고 앉아 있으면 교인들의 생각이 좀 달라지지 않겠어요?" 하신다. 그래 제가 "목사님, 금식기도 잘못하신 것 같네요"라고 말했다. 그리고 조금 후에 다른 목사님이 올라오셨는데 몇 마디 인사가 오고가더니 그냥 폭언을 하면서 결국 싸움이 벌어졌다. 그 후 그분은 목회를 못하고 부산을 떠났는데, 가끔 그분에 대하여 "그분이 목사냐?"고 문의가 온다. 그가 다니면서 문제가 생기고 난처

해지면 그가 우리 노회 소속이었을 때 내가 노회 서기로 있었기 때문에 내 이름을 대면서 "문의해 보라"고 했다는 것이다. 참 불쌍한 사람이라 생각한다. 우리 주위에 금식기도 잘 마치고 죽은 종들도 더러 있다.

그럼 금식기도 시에 주의할 점은 무엇일까? 금식기도를 어떻게 하면 하나님의 영광을 가리지 않고 은혜 중에 잘 끝낼 수 있을까? 여기서 말하려는 것은 절대적인 법칙이 아니고 부족한 종이 금식하면서 깨달은 상식적인 이야기이므로 참고할 정도의 내용임을 미리 밝힌다.

(1) 먼저 설사약과 회충약 그리고 물을 조금씩 마셔라.

장기간 금식기도를 하려면, 내 경험으로는 금식 전에 반드시 설사약을 먹고 배설물을 다 빼내어야 하고, 회충약을 먹고 회충을 죽여야 한다. 필자가 처음 40일 금식기도를 할 때 이 사실을 몰라서 금식 도중과 끝난 후에 심한 고통을 받았다. 그리고 모세와 예수님처럼 단식이 아니고 금식이면 반드시 물을 마셔야 한다.

회충약을 먹는 이유는 장내에 있는 회충을 없애야 하기 때문이다. 금식 4~5일이 지나면 심하게 두통이 일어날 수 있는데 이것은 위장에 식물이 들어가지 않기 때문에 장 안에 있는 회충들이 데모를 하기 때문이다. 그러니 배도 아프고 심한 두통을 앓게 된다. 그래서 어떤 이들은 이 때 하나님이 금식을 하지 말라 하신다고 생각하여 금식을 중단한다. 그러나 그것은 하나님의 지시가 아니라 회충 때문이다. 나는 누구든지 4일을 넘기면 40일을 할 수 있을 것이라 생각된다. 물론 하루도 주님이 붙들어 주시지 않으면 못하겠지만 하나님은 우리에게 인내할 수 있을 만큼의 고통을 주시면서 금식기도를 이끌어 주신다.

또 설사약은 위장 속에 있는 것들을 다 배설시켜 준다. 우리 위장에 있는 것들을 빼내지 않고 그냥 금식을 하면 끝난 후에 안에 남은 찌끼가 밤알처럼 뭉쳐져서 변을 볼 수 없게 된다. 그 때는 손가락으로 후벼 파내야 한다. 여인들의 해산하는 고통이 어떤지는 잘 모르지만 이 고통도 그에 못지않다. 그러므로 설사약을 먹고 배설물을 먼저 빼내고 금식해야 한다.

또 물을 마셔야 할 이유는, 물을 마시지 않으면 고무풍선에 바람이 빠지면 붙어서 떨어지지 않는 것처럼 위벽이 서로붙어서 위에 상처가 나기 때문이다. 물도 많이 먹으면 그것으로도 허기(虛飢)를 면할 수 있다. 그러니 물은 많이 마시지 말고 조금씩 자주 마시는 것이 좋다.

(2) 겸손한 마음으로 죄를 회개하고 남의 잘못을 용서하면서 하라.

역대하 7:14에는 "내 이름으로 일컫는 내 백성이 그 악한 길에서 떠나 스스로 겸비하고 기도하여 내 얼굴을 구하면 내가 하늘에서 듣고 그 죄를 사하고 그 땅을 고칠지라"고 했다. 요엘 2:12에는 "여호와의 말씀에 너희는 이제라도 금식하며 울며 애통하고 마음을 다하여 내게로 돌아오라 하셨나니"라고 했다. 결국 금식기도는 하나님 앞에서 겸손한 마음으로 먼저 자기 죄를 통회자복하고 또 남의 죄를 용서해주며 오락을 금하고(사58:3~6), 주님의 고난에 동참하는 마음으로 하는 기도이다(렘36:6).

(3) 사람을 만나지 말고 오직 주님과만 관계를 가져라.

금식기도는 입만 금하는 것이 아니고, 눈도 입도 손도 발도 금해야 하는 것이니 정말 외롭고 고통스러운 일이다. 그뿐 아니라 금식기도는 결국 목숨을 하나님께 맡기는 것이니 결사적인 기도다. 그러므로 금식기도는 혼자 조용히 말씀과 기도로, 오직 주님과의 교제를 나누며 주님과 깊은 관계를 갖고 주의 뜻을 알고 내 뜻을 알리는 시간을 가져야 한다.

그런데 보면 사람들이 '외롭고 힘들게 기도하는데 가서 힘이 되주어야 한다'며 교인들이 함께 찾아오기도 한다. 그러나 그 의도는 좋을지 모르지만 기도하는 사람에게서 시간을 다 빼앗아버린다. 외로워야 주님을 부르고 힘들어야 주님을 붙든다. 사람이 무슨 힘이 되어주며 사람이 무슨 위로를 한단 말인가?

하나님의 말씀은 "방백들을 의지하지 말며 도울 힘이 없는 인생도 의지하지 말지니 그 호흡이 끊어지면 흙으로 돌아가서 당일에 그 도모가 소멸하리로다"(시146:3~4)라고 하셨다. 그러므로 목숨을 주님께 맡기고 인내하며 기도하라. 그러면 생명을 돌아보지 아니하고 죽음을 각오한 어려운 기도이기에 응답이 빠를 수도 있다. 그러나 생명을 포기할 각오로 금식하며 기도한다고 모든 문제가 해결되는 것은 아니다.

왜냐하면 하나님의 계획을 인간이 막고 돌이킬 수 없기 때문이다. "사람의 마음에는 많은 계획이 있어도 오직 여호와의 뜻이 완전히 서리라"(잠19:21)고 했다. 다윗은 불륜으로 낳은 아이를 살리려고 금식했지만 하나님은 그 아이를 살려주지 않으셨다(삼하12:15~22). 필자도 담관이 막혀 죽음 직전에 수술을 하지 아니하고 40일 금식기도를 드렸다. 금식기도를 잘 마쳤지만 결국 수술을 했다. 하나님이 왜 금식기도를 통하여 고쳐주지 않으시고 수술하게 하셨는지는 지금도 잘 이해하지 못한다. 그러나 나는 "우리가 알거니와 하나님을 사랑하는 자 곧 그 뜻대로 부르심을 입은 자들에게는 모든 것이 합력하여 선을 이루느니라"(롬8:28) 하신 말씀을 믿는다.

그리고 생각해 보라. 우리가 목숨 걸고 매달린다고 다 들어주시면 이 세상에 살아 있을 사람이 있겠는가? 그런데 오늘의 교인들 중에는 금식하고 기도만 하면 모든 문제가 해결되는 것처럼 생각한다. 그러나 금식이 필요한 경우가 있다. 그리고 응답이 잘되는 것은 금식기도자의 목적과 하나님을 뜻이 일치될 때임을 명심하라.

(4) 금식기도는 목숨을 걸어야 한다.

장기간 금식하는 데는 내 목숨을 주님께 맡겨놓고 해야 한다. 내가 살아 있으면 배고픔의 괴로움도 견디기 힘들고 외로움도 참기 힘들다. 그러나 나를 쳐 십자가에 못 박아 죽이면 참아낼 수 있다. 죽음을 각오한 이상 죽으면 주 앞에 기도하다 죽으니 순교이고, 살려주시면 살아서 주의 일을 할 것이라는 생각으로 생사를 주께 맡기고 기도해야 성공할 수 있다.

3) 금식 후의 유의점

(1) 결코 자랑하지 마라.

먼저 '마귀의 시험을 조심하라'는 것이다. 금식이 끝나면 반드시 능력이 나타난다. 혹여 능력이 나타나지 않아도 자기가 큰 능력을 받은 것 같은 생각이 든다. 그때에는 꼭 마귀의 시험이 있다. 그러므로 자랑하지 말고 하나님과 사람 앞에 겸손하게 행동해야 한다(마4:1~11). 그리고 낮아져서 섬기는 삶을 살아야 한다. 금식 전후에 혈기를 부리지 말고 겸손하게 주님의 음성에 귀를 기울여야 한다.

(2) 음식조절을 잘하라.

금식 후에는 음식 조절을 잘해야 한다. 왜냐하면 40일 동안 굶주렸던 육체에 식물이 들어가면 금방 식욕이 동한다. 그때에는 뭐든지 먹고 소화시킬 것 같은 생각이 든다. 그러나 이것은 착각이다. 음식에 대해 욕심부리지 말라. 금식하면서 죽은 사람보다는 금식 후 식사 조절을 잘못해 죽은 사람이 많다.

어떤 목사가 40일 금식기도를 마친 후 하산 하는데 옛날 친구를 만났다. 그런데 그 친구가 보니 꼴이 말이 아니다. "너 왜 이리 되었느냐?"고 물으니 그 목사가 금식했다고 하니 더 불쌍해 보였는지 그 친구는 목사를 끌고 통닭집에 가서 통닭을 시켜 주었다. 처음에는 "안 먹는다"고 했는데 불신 친구가 계속 권하고 몸 안에서도 먹기를 원했다. 그래서 마음에 '주님이 지켜주시겠지.' 하는 생각에서 믿음으로 먹었지만 죽고 말았다고 한다. 몇 년 전 우리 주위에 있는 어떤 교회 목사도 금식 후 음식 절제를 제대로 못해 죽음을 맞이했다. 그러니 금식 후에는 더욱 음식에 대해 욕심부리지 말아야 한다.

내가 맨 처음 40일 금식기도를 마치고 미음을 마시고 하루가 지난 후에 입이 써서 아내에게 "사탕 하나만 달라"고 했다. 그래서 사탕 하나를 빨아먹으니 얼마나 좋은지 살 것 같았다. 그리고 "하나 더 달라"고 하니 안 준단다. 하나만 더 달라고 애걸을 해도 야속하게도 안 주고 어디론가 가버렸다. 그래서 사탕 하나를 훔쳐 먹었다. 그랬더니 구역질이 나는데 속에 들어간 것을 다 토할 것 같았다. 빈속이라 토해 낼 것이 없으니 헛구역질만 심하게 나서 창자가 온통 뒤집어지면서 입으로 빠져나오는 것 같았다. 그리고 나는 정신을 잃었다. 시간이 지나 정신을 차리고 보니 내 눈에 이상이 왔다. 물체가 두 개, 세 개로 보인 것이다. 그래서 오랫동안 고생했다. 그러니 곁에서 도와주는 이가 주는 대로 먹는 것이 제일 안전하다. 그리고 음식을 준비해 주는 사람은 독한 마음을 먹고 계획적으로 해야한다.

금식기도가 끝나면 무엇이 보이고 능력이 금방 나타날 것으로 믿다가 실망하는 자들도 많다. 나도 처음에는 그랬으니까 그 마음을 안다. 그러나 후에 깨닫게 된 것이 있는데, 무슨 표적이 나타나는 것보다 내가 40일을 견뎌냈다는 것이 바로 기적이고 능력임을 알고 감사했다.

금식하고 기도하는 세월이 길어지면서 방언도, 신유의 능력도, 축사의 권세도, 예언적인 말도 나타나는 것을 경험하게 되었다. 그러니 금식하고 따르는 표적이 없다고 원망, 불평하지 말고 감사하라. 그것이 기도하는 사람의 자세이다.

4) 금식기도의 유익

금식기도는 어려운 일이다. 그러나 금식기도를 하면 몇 가지 유익이 있다. 이를 간략하게 나열하자면 다음과 같다. ① 하나님의 보호와 도우심과 인도를 받는다(삿20:26). ② 여러 가지 시험에서 승리할 수 있다(마4:1~11). ③ 자신이 죄인임을 깨닫게 되어 겸손해 진다. ④ 주님과 더욱 가까워져서 깊은 교제를 나누므로 신비한 체험을 하게 된다. 권능을 받아 표적이 나타남으로 능력의 주님이 함께 하심을 믿게 된다(막9:29). ⑤ 타인을 위해 능력 있는 기도를 할 수 있다. ⑥ 필요한 것을 속히, 확실히 응답 받을 수 있다. ⑦ 감사 생활을 할 수 있고, ⑧ 섬기는 생활을 할 수 있다(눅2:37).

4. 다른 사람을 위한 기도

다른 사람을 위한 기도란 나와 가족을 위한 기도가 아니라, 다른 성도들과 직분자, 교역자들과 이웃, 나라와 민족 등 남을 위해 드리는 기도이다. 성도는 다른 사람을 위한 기도를 많이 드려야 한다. 왜냐하면 많은 사람들은 오늘날 우리의 도움을 절대로 필요로 하기 때문이다. '독불장군 없다'는 옛말처럼 기도의 도움을 필요로 한다.

그렇게 신령하고 능력 있는 바울 사도도 에베소교회에 다른 사람을 위한 기도를 요청했다. 바울의 요청을 보자. "모든 기도와 간구로 하되 무시로 성령 안에서 기도하고 이를 위하여 깨어 구하기를 항상 힘쓰며 여러 성도를 위하여 구하고 또 나를 위하여 구할 것은 내게 말씀을 주사 나로 입을 벌려 복음의 비밀을 담대히 알리게 하옵소서 할 것이니 이 일을 위하여 내가 쇠사슬에 매인 사신이 된 것은 나로 이 일에 당연히 할 말을 담대히 하게 하려 하심이니라"(엡6:18~20).

우리가 남을 위해 기도드리면 주님께서 그 기도를 더 잘 들어주실 것이라 믿는다. 다른 사람을 위한 기도는 하기 힘든 기도이다. 왜냐하면 자기 문제도 많은데 남을 위해 기도한다는 것이 보통 성의 가지고는 안 되기 때문이다. 그러나 이 기도는 이기심이 없는 이타적인 기도요, 심지어 자신을 내어주는 헌신의 기도이기에 믿음의 사람들에게 꼭 필요한 일이며, 또한 빨리 응답될 수 있는 기도이다.

기도하는 개인, 가정, 기업, 교회, 나라는 결코 망하지 않는다. 그러므로 우리 모두가 더 많은 기도를 드려서 자신은 물론이고 가정도 교회도 나라도 살리는 기도의 용사들이 되자.

1) 나라와 민족을 위하여 기도하라.

우리가 평화롭게 살면서 복음을 전하려면 우리나라의 정치, 경제, 사회 전반에 어려움이 없어야 한다. 성경에 보면 다윗은 "과거의 열조를 도우신 하나님께서 현재도 도와주시고 미래에도 도와 달라"고 기도드렸다(시44:1~26). 에스더도 "죽으면 죽으리라"는 결심으로 나라와 민족을 위하여 하나님께 기도하고 왕을 만나 민족을 구했다(에4:16). 그 외 많은 선지자들도 구국기도를 드렸다. 우리도 하나님께서 기도하기를 "과거에 우리 나라를 불쌍히 여겨 일제의 압박에서 풀어놓아 자유케 해주신 하나님, 그리고 6.25동란 때 붉은 사슬에서 그 신기한 능력으로 우리를 건져 주신 하나님께 감사드리며, 옛날 같이 오늘도 지켜 주시고, 미래도 지키시고 구원하여 주소서"라고 민족을 위해 간절히 기도드려야 한다.

대통령과 국무위원 그리고 국회의원, 공무원들, 그리고 온 국민이 자기 본연의 의무를 다하고 권리를 주장하는 자들이 되게 해달라고 기도하자. 대통령과 국회의원들, 그리고 국무위원들은 당을 떠나 나라를 사랑하는 좀 더 넓은 마음으로 국정을 잘 살펴 질서 있고 평화롭고 잘 사는 나라를 위해 힘쓰도록 기도하자. 공무원들은 공무집행에, 군인과 경찰은 정치에 개입하지 말고 국토방위와 치안유지에 최선을 다하며, 기업인은 근로자들의 복지향상에, 근로자들과 학생들은 이제 화염병과 붉은 띠를 벗어던지고 자기가 맡은 임무에 충실하여 질서 있고 평화로운 나라가 될 수 있도록 기도하자.

2) 목회자를 위하여 기도하라.

목회자를 위한 기도는 정말로 필요하고 중요하다. 목회자에게는 다양한 일을 하면서도 항상 최상의 모습을 유지해야 함은 물론 또한 많은 책임감이 부여되어 있다. 또 물질이나 이성문제에 쉽게 유혹될 환경에 있기 때문에 사단의 공격대상이 되어 넘어지기 쉽다. 목회자가 시험에 들거나 실족하면 모든 성도들에게 많은 영향이 미칠 수 있다. 또 공적 인물이기에 쉽게 구설수에 오를 수 있기 때문에 이것을 미연에 방지하기 위하여 '중보기도'가 절실하다. 또한 목회자도 인간이기 때문에 자신이 교인들의 기대에 미치기에는 부족하다. 그러기에 목회는 기도의 협력자가 많아야 하며, 성도들의 기도로 훌륭한 목회를 할 수가 있다.

성경 상의 예를 보자면 위대한 지도자 모세의 기도의 힘은 아론과 훌의 협력기도가 있었으며(출17:12), 바울 사도도 여러 성도들에게 자기를 도우라고 기도를 요청했다. 로마서 15:30~32에 보면 "형제들아 내가 우리 주 예수 그리스도로 말미암고 성령의 사랑으로 말미암아 너희를 권하노니 너희 기도에 나와 힘을 같이하여 나를 위하여 하나님께 빌어 나로 유대에서 순종하지 아니하는 자들로부터 건짐을 받게 하고 또 예루살렘에 대한 나의 섬기는 일을 성도들이 받을만하게 하고 나로 하나님의 뜻을 따라 기쁨으로 너희에게 나아가 너희와함께 편히 쉬게 하라"고 했고, 또 데살로니가후서 3:1~3에서는 "종말로 형제들아 너희는 우리를 위하여 기도하기를 주의 말씀이 너희 가운데서와 같이 달음질하여 영광스럽게 되고 또한 우리를 무리하고 악한 사람들에게서 건지옵소서 하라 믿음은 모든 사람의 것이 아님이라 주는 미쁘사 너희를 굳게 하시고 악한 자에게서 지키시리라"고 했다.

영국의 유명한 설교자 스펄전 목사에게도 700명의 기도협력자가 있었다고 한다. 목회자에게 기도의 협력자가 많은 것은 천국 열쇠를 가진 것과 같다. 히브리서 기자는 "너희를 인도하는 자들에게 순종하고 복종하라 저희는 너희 영혼을 위하여 경성하기를 자기가 회개할 자인 것같이 하느니라 저희로 하여금 즐거움으로 이것을 하게 하고 근심으로 하게 말라 그렇지 않으면 너희에게 유익이 없느니라 우리를 위하여 기도하라 우리가 모든 일에 선하게 행하려 하므로 우리에게 선한 양심이 있는 줄을 확신하노니"(히13:17~18)라고 하셨다.

담임 목사와 교회의 목회협력자들인 부교역자들을 위해 기도하라. 그리고 장로와 직분자들을 위하여 기도하라. 그리고 교인들 중 사업하는 자들과 병약한 자들을 위하여 기도하라.

3) 타인을 위한 기도

다른 사람을 위한 기도는 구원의 선물을 가져다준다. 우리가 주님을 영접하는 기도를 드리면 주님은 우리의 주인이 되시어 성령으로 내 안에 거하시면서 우리의 구원을 이룬다(요14:23). 그리고 타인의 구원을 위한 기도는 그 사람에게 구원의 선물을 가져다 준다.

예수 믿는 사람들은 나만 예수 믿고 나만 복 받는 것이 아니라 아직도 복음을 듣지 못하고 있는 이웃을 생각하며 기도해야 한다. 부모들이 그런 본을 보일 때 아이들도 보고 듣고 배우게 된다. 아이들에게 "너는 오늘 나라를 위하여 기도하라. 너는 대통령을 위해서, 너는 교회를 위해서 기도하라. 너는 아무개 선교사를 위해 기도하라"고 가르쳐야 한다. 복음이 들어가지 않은 사람들을 위하여 가슴을 열고 기도하면서 자녀들에게도 기도를 시켜야 한다. 중보기도를 하다보면 자연히 마음도 넓어져 큰 마음을 가진 사람으로 성장한다.

한 불구의 소녀가 오랫동안 난치병으로 누워 있었다. 이 소녀가 복음을 전해 듣고 구원을 받게 되었다. 그는 남들과 같이 교회 출석도 못하며 전도나 봉사로 주님을 기쁘시게 해드리지 못하는 것을 매우 안타깝게 여기고 있었다. 심방차 방문한 목사님께서는 그 소녀에게 "비록 병상에서나마 열심히 기도를 하면 하나님을 기쁘시게 해 드릴 수 있다"고 일러 주었다. 얼마 후 그 마을에서는 많은 사람들이 교회를 찾게 되었고 이상스럽게 교회 부흥이 일어났다. 그런데 이 소녀는 주일마다 교회에 다녀온 가족들에게 "오늘 교회에 누구누구가 나왔더냐?"고 자주 묻는 것이었다. 수개월 후에 그녀는 치료할 수 없는 그 병으로 인하여 세상을 떠났다. 그런데 이 소녀가 사망한 후에 놀라운 사실이 한 가지 발견되었다.

그것은 소녀의 베개 밑에서 56명의 이름이 나란히 기록된 기도의 명단이 나왔는데 이 56명은 이 근래에 교회를 나와 구원받은 사람들이었던 것이다. 그리고 각 사람의 이름 앞에는 빨간 십자가 표시를 해 놓았는데 그것은 자기가 기도한 사람이 구원받았다는 소식을 들을 때마다 한 개씩 그려놓은 것이었다.

다른 사람을 위한 기도는 대단히 중요하다. 내 가정을 위해서, 내 교회, 내 직장을 위해서, 사회를 위해서, 국가를 위해서, 세계를 위해서 기도하자. 내 기도가 허약하고 가냘픈 기도의 무릎과 조용한 외침이라도, 내 기도의 대상에게는 영생과 행복을 가져다 줄 것이다.

5. 합심기도

합심기도란 같은 목적을 가지고 같은 시간에 여러 사람이 마음을 같이하여 하나님께 구하는 것이다. 이 합심기도는 대단한 위력이 있다. 우리에게는 개인적으로 혼자서 해야 하는 기도가 있는가 하면 마음을 같이하여 합심하여 기도해야할 때가 있다. 옛말에 '백짓장도 맞들면 낫다'는 말이 있다. 음악을 해도 악기 하나로 연주하는 것도 아름답지만 여러 가지 악기가 어우러질 때 더 아름다운 연주가 되고, 노래도 혼자 하는 독창도 아름답지만 합창이 잘 어우러지면 더욱 아름다운 노래가 된다. 뿐만 아니라 무슨 일이든지 혼자보다는 여럿이 뜻을 합치고 힘을 합치면 더욱 큰일을 할 수 있다.

성도가 신앙생활을 할 때 나 혼자만 잘하면 되려니 생각하기 쉽다. 하지만 신앙생활은 독창이 아니고 합창이요, 함께 어우러져 조화를 이룰 때 더욱 위대한 능력이 나타난다. 무엇보다도 기도생활은 함께 기도함이 중요하다. 하나님께서는 개인의 기도도 들어주시지만 때로는 합심하여 두 사람 이상이 함께 기도하는 것을 중히 여기신다. 그리고 한 사람의 기도보다 많은 사람의 합심기도는 힘이 있고 응답도 빠르다.

왜냐하면 열 명이 합심하여 한 시간을 기도했다면 이는 한 사람이 열 시간 한 것이나 같다. 그리고 함께 하면 기도의 힘이 있으니 방해꾼이 방해도 못할 것이고, 기도의 양이 많으니 응답도 빠를 수 밖에 없다. 그래서 주님도 "진실로 너희에게 이르노니 무엇이든지 너희가땅에서 매면 하늘에서도 매일 것이요 무엇이든지 땅에서 풀면 하늘에서도 풀리리라. 진실로 다시 너희에게 이르노니 너희 중에 두 사람이 땅에서 합심(合心)하여 무엇이든지 구하면 하늘에 계신 내 아버지께서 저희를 위하여 이루게 하시리라"(마18:18~19)고 하셨다.

1) 어려운 일이 있을 때 합심하여 기도하자.

우리가 혼자의 힘으로 해결하기 어려운 문제가 있으면, 두 사람 이상이 합심하여 기도하면 해결해 주신다고 주께서 약속하셨다(마18:19). 성경에서 합심기도의 예를 보면, ① 여호수아가 아말렉과 싸우고 아론과 훌은 산꼭대기에 올라가서 모세의 손이 내려오지 않게 합력하여 기도할 때 승리하였다(출17:10~11). ② 사무엘은 미스바에서 백성들과 합심기도로 풍전등화 같은 위기에서 나라를 구했고(삼상7:5~11), ③ 에스더와 모르드개는 신실한 기도의 사람들로 아하수에로 왕의 마음을 움직여 멸망 직전의 민족을 위기에서 구했다(에4장). ④ 오순절 다락방의 제자들은 합심기도로 성령이 임하게 하였고(행2:1~4), ⑤ 베드로가 감옥에 갇혔을 때도 남은 제자들이 마리아의 집에 모여 합심 기도할 때 수갑이 풀리고 옥문이 열렸다(행12:7~12). ⑥ 바울과 실라도 합심하여 찬송과 기도로 옥문을 열었다(행16:25-).

이렇게 합심기도는 위력이 있다. 명목상으로 합한 1천 명보다 주님 안에서 믿음으로 합한 둘이 더욱 귀하고 힘이 있는 것이다. 하나님은 오합지졸로 구성된 31,700명의 군대보다도 믿음으로 하나 된 300명으로 메뚜기 떼보다 많은 엄청난 숫자의 적군들을 물리쳐 크게 승리케 하셨다(삿7장). 마음과 뜻을 합하여 한 목적을 가지고 기도할 때 기적이 일어난다. 그러므로 기도의 동역자가 중요하고 필요하다. 할 수만 있으면 기도의 동역자를 만들고 기도의 그룹을 만들어 문제 해결을 위하여 기도하라.

2) 병 낫기를 위하여 서로 기도하라.

주님은 기도하면 고쳐주신다고 약속하셨다. "너희 중에 병든 자가 있느냐 저는 교회의 장로들을 청할 것이요 그들은 주의 이름으로 기름을 바르며 위하여 기도할지니라. 믿음의 기도는 병든 자를 구원하리니 주께서 저를 일으키시리라. 혹시 죄를 범하였을지라도 사하심을 얻으리라. 이러므로 너희 죄를 서로 고하며 병 낫기를 위하여 서로 기도하라. 의인의 간구는 역사하는 힘이 많으니라"(약5:14~16).

우리 교회는 특별히 병든 자나 귀신들린 자들을 위하여 합심기도를 많이 한다. 속죄나 보혈에 대한 찬송을 많이 하고 합심하여 기도하여 귀신들린 자나 병든 자를 많이 고쳤다. 귀신을 쫓다보면 들어온 지 얼마 안 된 것은 예수 이름으로 한번 명령하면 나가는 것도 있지만 들어온 지 수 년이 된 것은 잘 안 나간다. 물론 믿음과 능력의 문제이겠지만 내 경우 어떤 자는 4일이 걸린 적도 있다.

우리 교회는 비가 오나 눈이 오나 금요철야는 휴일이 없다. 요즘에는 두 세 시간만 하지만, 과거에는 밤11시부터 시작하여 쉬지도 않고, 차 마시는 시간도 없이 찬송하고 말씀 듣고 기도하면서 5시 새벽기도 시간까지 약 6시간 연속 기도회를 가졌다.

　그러던 어느 날이었다. 비가 장대같이 쏟아지는 밤 우리는 여전히 철야기도회를 감행했다. 한 40명 정도가 모였는데 우리 교회 교인이 아닌 사람이 보였다. 바로 우리 교회가 세 들어 있는 건물 1층에 가전제품 판매업을 하는 침례교회 다니는 황 모 집사였다. 우리는 금요일 철야기도회 때마다 부족한 종이 안수기도를 한다. 그런데 그날은 안수기도를 하기가 싫은 생각이 들었다. 그래서 "뇌종양으로 고통당하는 내 딸에게만 안수를 해야지" 생각하고 내 딸에게 손을 얹으려고 하는데 성령께서 내 손을 사정없이 옆에 앉아 있는 그 황 집사 머리 위에 갖다 얹으시는 게 아닌가. 그러고 내 입에서 방언이 튀어나오면서 "예수 이름으로 명하노니 더러운 귀신은 나가라!"고 명했더니 그 귀신이 하는 말이 "이 못된 년이 여기 가지 말자고, 가면 안 된다고 그만큼 말했는데 이리 오더니 이제 나 죽는다"고 울면서 소리를 쳤다.

　그래서 나는 "더러운 귀신아 네가 왜 여기 들어왔느냐?"고 했더니, "이년을 죽이려고 들어왔다"는 것이다. 그래서 "왜 죽이려고 하느냐?"고 했더니, 그 귀신이 말하기를 "내가 이년 어미와 살았는데 이년이 와서 기도를 하고 찬송을 하고 하니 미워서 이년 먼저 죽이려고 들어왔다"는 것이다. 그래서 나는 또 물었다. "어떻게 들어 왔느냐?" 귀신의 말인즉 "이것들이 십일조 떼어서 교회 갖다 바치려할 때 '그것 교회 바치지 말고 부모님이나 갖다드리지.' 했더니 이것들이 '맞다.' 하면서 그 길로 예배는 안 드리고 주일 날 부모 찾아갔다. 그때 그 틈을 타고 왔다"고 한다. 그래서 찬송으로 하나님께 영광을 드리고 교인들에게 종을 위해 기도해줄 것을 부탁했다. 그리고 부족한 종은 주님의 약속의 말씀(막 16:17~18)을 믿고 예수 이름으로 명령하니 울면서 떠나갔다.

어려운 문제가 있는가? "아무 것도 염려하지 말고 오직 모든 일에 기도와 간구로 너희 구할 것을 감사함으로 하나님께 아뢰라. 그리하면 모든 지각에 뛰어난 하나님의 평강이 그리스도 예수 안에서 너희 마음과 생각을 지키시리라"(빌4:6~7) 하신 약속의 말씀을 믿고 마음과 뜻을 합하여 기도하라. 합심하여 드리는 기도는 반드시 응답하신다.

3) 교회 부흥을 위해 합심하여 기도해야 한다.

교회는 은밀하게 기도하는 성도들 때문에 부흥 성장한다. 기도는 보이지 않는 힘이다. 그러므로 교회의 좋은 일꾼은 직분을 갖고 앞서 있는 사람들보다 은밀하게 기도에 힘쓰는 자이다. 초대 예루살렘교회는 120명의 성도들이 합심하여 기도에 전혀 힘쓸 때 성령충만하여 교회가 시작되었고 3천 명, 5천 명 셀 수 없는 무리로 성장하고 발전되었다.

우리 교회는 교회 부흥과 성전 건축을 위해 많이 기도했다. 오래 전에 교인이 한 40명 정도 되었을 때 '24시간 릴레이 기도'를 했다. 돌아가면서 한 시간씩 하는데 교인들이 나올 수 있는 시간은 모든 비슷하다. 그래서 나는 다음 교인이 바꾸어 줄 때까지 매일 하루에 일곱 시간씩 그 자리에서 일어나지 못하고 기도할 때도 있었다. 그렇게 40일 동안을 기도했다.

사랑하는 독자들이여! 합심하여 기도할 수 있는 기도의 동역자를 구하라. 개인적인 기도의 협력자가 많은 사람은 복 있는 사람이다. 어려운 일 앞에서도 기도의 후원자가 있는 사람은 두려워하거나 낙심하지 않는다. 주님은 말씀하시기를 "두 사람이 땅에서 합심하여 무엇이든지 구하면 하늘에 계신 내 아버지께서 저희를 위하여 이루게 하시리라"고 하였으며, "두 세 사람이 주님의 이름으로 모인 곳에는 주님이 함께 하신다"

고 약속하셨기 때문이다.

　모세 곁에 기도로 도운 아론과 훌이 있어 큰일을 이룬 것처럼 우리 모두 기도의 동역자가 되어 합심하여 큰일을 이루는 놀라운 역사가 있기를 바란다.

제 2 부
응답 받는 기도

1. 응답 받지 못하는 이유
2. 응답의 종류
3. 응답 받는 기도
4. 믿음의 기도
5. 장애물을 제거하라

응답 받지 못하는 이유

성경에 보면 환경과 조건과 위치는 다르지만 각양각색으로 하나님께 기도한 수많은 기도 자들의 공통점은 그들의 기도가 반드시 응답을 받았다는 것이다. 하나님께서는 계속해서 자기 자녀들의 기도를 응답해 주시겠다고 약속하셨다.

"일을 행하는 여호와 그것을 지어 성취하는 여호와 그 이름을 여호와라 하는 자가 이같이 이르노라. 너는 내게 부르짖으라 내가 네게 응답하겠고 네가 알지 못하는 크고 비밀한 일을 네게 보이리라"(렘33:2~3)고 했고, "구하라 그러면 너희에게 주실 것이요 찾으라 그러면 찾을 것이요 문을 두드리라 그러면 너희에게 열릴 것이니 구하는 이마다 얻을 것이요 찾는 이가 찾을 것이요 두드리는 이에게 열릴 것이니라. 너희 중에 누가 아들이 떡을 달라 하면 돌을 주며 생선을 달라 하면 뱀을 줄 사람이 있겠느냐. 너희가 악한 자라도 좋은 것으로 자식에게 줄줄 알거든 하물며 하늘에 계신 너희 아버지께서 구하는 자에게 좋은 것으로 주시지 않겠느냐?"(마7:7~11)라고 했으며, 또 "너희가 내 이름으로 무엇을 구하든지 내가 시행하리니 이는 아버지로 하여금 아들을 인하여 영광을 얻으시게 하려 함이라 내 이름으로 무엇이든지 내게 구하면 내가 시행하리라"(요14:13~14) 하셨다.

그러므로 기도는 그 내용도 중요하지만 반드시 응답이 있어야 한다. 응답이 없으면 그것은 마귀의 자녀들인 승려들의 염불이지(시115:3~8), 결코 하나님 자녀들의 기도가 아닐 것이다. 살아계신 하나님은 반드시 기도를 들으시고 응답해 주신다. 그런데 우리가 드리는 기도는 왜 응답이 없을까?

기도하는 사람들이 꼭 기억해야 할 것은 "너희는 먼저 그 나라와 그의 의를 구하라 그리하면 이 모든 것을 너희에게 더하시리라"(마6:33) 하신 말씀처럼 기도에는 법칙, 즉 원리와 윤리와 질서가 있다. 이것은 우선순위가 있다는 말이다. 이 순서가 바뀌면 응답이 없다.

1. 기도하지 않기 때문이다.

요즘은 성도들이나 주의 종들까지도 기도하지 않고 신앙생활을 한다고 하는 이들이 많다. 오래 전의 일이다. 우리 교회 교육전도사가 좀처럼 기도를 하지 않아서 "왜 기도하지 않느냐?"고 물었더니 그의 대답이 "목사님, 무엇 때문에 이 젊음을 혹사시킵니까?"라고 말했다. 기도가 몸을 혹사시킨다고 생각하면 기도할 사람이 없을 것이다. 그러나 설령 기도가 몸을 혹사시키는 중노동일지라도 기도가 하나님과의 영적인 대화요, 세상에서 제일 좋은 기술이요, 문제 해결의 지름길이라는 것을 알면 왜 기도하지 않겠는가? 교인들은 그것을 잘 모르니 기도하지 않고, 기도하지 않으니 응답이 없을 수밖에 없다.

그러나 하나님의 아들인 예수 그리스도도 쉬지 않고 기도하심으로 모든 역사를 이루셨다. 그런데 우리가 기도하지 않고 무슨 일을 할 수 있겠는가? 주님은 우리에게 한없는 복과 사랑을 베푸셨지만 기도하지 않으면 받아 누릴 수 없다. 그럼 왜 기도하지 않는가?

1) 기도하지 않는 것은 응답을 믿지 못하기 때문이다.

하나님의 전능하심을 믿는다면 왜 기도하지 않는가? 하나님의 약속의 말씀이 신실하심을 믿는다면 왜 기도하지 않는가? 기도해 봐야 별 볼일 없다고 생각하니 기도하지 않는 것이 아닌가? 은행은 믿어도 하나님은 믿지 못하고, 의사의 말은 믿어도 하나님의 약속의 말씀은 믿지 못하며, 직장은 믿어도 예수는 못 믿는 것이다. 하나님의 약속의 말씀을 믿고 기도해 보라(창18:14, 빌4:13).

2) 기도하지 않는 것은 게으르기 때문이다.

기도하지 않는 또 하나의 이유는 게으르기 때문이다. 세상 지식과 문화로 인하여 믿음이 점점 약해진다면 우리에게는 희망이 없다. 신앙은 체험이다. 늘 기도로 그분을 경험하고 교제해야 한다. 기도는 하나님과의 대화요 사귐이다.

성경은 "부지런하여 게으르지 말고 열심을 품고 주를 섬기라. 소망 중에 즐거워하며 환난 중에 참으며 기도에 항상 힘쓰며"(롬12:11~12)라고 했고, "쉬지 말고 기도하라 범사에 감사하라 이는 그리스도 예수 안에서 너희를 향하신 하나님의 뜻이니라"(살전5:16~18)고 하셨다. 이 말씀은 부지런히 주의 일을 해야 하는데 일을 할 수 있는 힘은 기도에 있다는 말씀이 아닐까? 시간을 만들어서 기도하자.

3) 기도하지 않는 것은 하나님을 무시하고 교만하기 때문이다.

기도는 주님의 명령이다(마7:7,살전5:17). 그래서 사무엘은 "나는 너희를 위하여 기도하기를 쉬는 죄를 여호와 앞에 결단코 범치 아니하겠다"(삼상12:23~24)고 했다. 기도하지 않는 것은 죄다. 왜냐하면 그분의 명령을 무시하는 것이요, 하나님의 도움 없이도 살 수 있다는 교만이 있기 때문이다.

하나님은 그냥 복을 주시지 않고 기도하면 주시겠다고 하셨다. "나 주 여호와가 말하노라 그래도 이스라엘 족속이 이와 같이 자기들에게 이루어 주기를 내게 구하여야 할지라 내가 그들의 인수로 양떼 같이 많아지게 하되 제사드릴 양떼 곧 예루살렘 정한 절기의 양떼같이 황폐한 성읍에 사람의 떼로 채우리라 그리한즉 그들이 나를 여호와인줄 알리라 하셨느니라"(겔36:37~38). 그러니 기도 없이는 복을 받을 수 없다.

기도하지 않는 자는 하나님이 준비하신 응답을 받을 수도 없고 기도하지 않는 자는 시험 들어 영육이 병들기 쉽다. 기도하지 않으니 항상 불평불만뿐이며 부정적이고 남의 말을 많이 한다. 그러나 기도하는 사람은 하나님을 사랑하는 자요, 기도하는 사람이 하나님께 영광 돌리는 자이다. 그리고 기도하는 사람이 시험을 이기고, 기도하는 사람이 약속된 복을 누리게 된다.

주님은 오늘도 우리에게 "쉬지 말고 기도하라"(살전5:17)고 하시며, "구하라 그러면 너희에게 주실 것이요 찾으라 그러면 찾을 것이요 문을 두드리라 그러면 너희에게 열릴 것이니 구하는 이마다 얻을 것이요 찾는 이가 찾을 것이요 두드리는 이에게 열릴 것이니라 너희 중에 누가 아들이 떡을 달라 하면 돌을 주며 생선을 달라 하면 뱀을 줄 사람이 있겠느냐 너희가 악한 자라도 좋은 것으로 자식에게 줄줄 알거든 하물며 하늘에 계신 너희 아버지께서 구하는 자에게 좋은 것으로 주시지 않겠느냐"(마7:7~11)고 물으시며, 또 "너희가 내 안에 거하고 내 말이 너희 안에 거하면 무엇이든지 원하는 대로 구하라 그리하면 이루리라"(요15:7)고 약속하셨다.

하나님께서 우리를 사랑하신다. 우리가 아직 죄인 되었을 때에 독생자 예수 그리스도를 죽이시면서까지 우리를 사랑하셨다(롬5:8). 그리고 그 하나님께서는 우리에게 "자기 아들을 아끼지 아니하시고 우리 모든 사람을 위하여 내어 주신 이가 어찌 그 아들과 함께 모든 것을 우리에게 은사로 주지 아니하시겠느냐?"고 묻고 계신다(롬8:32).

이 말씀을 왜 못 믿는가? 주님은 모든 것을 주시기를 원하신다. 기도가 명령이니 기도하는 사람이 하나님을 경외하는 자요, 하나님을 사랑하는 자요, 겸손한 자이다.

하나님이 살아 계심을 믿는가? 그리고 그분이 우리 사정을 다 알고 계심을 믿는가? 그리고 그분은 우리의 문제를 능히 해결할 수 있는 능력이 계심을 믿는가? 그러면 무엇이 문제인가? 지금 기도하지 않는 것이 문제이다. 우리 아버지 하나님께서는 우리에게 필요한 모든 것을 가지고 계시는 분이시다. 그러므로 그분은 우리가 기도하여 구하기를 원하신다. "아무 것도 염려하지 말고 오직 모든 일에 기도와 간구로 너희 구할 것을 감사함으로 하나님께 아뢰라 그리하면 모든 지각에 뛰어난 하나님의 평강이 그리스도 예수 안에서 너희 마음과 생각을 지키시리라"(빌4:6~7).

2. 하나님의 뜻을 거역한 죄가 있을 때 응답이 없다.

이사야 59:1~2에 보면 "여호와의 손이 짧아 구원치 못하심도 아니요 귀가 둔하여 듣지 못하심도 아니라 오직 너희 죄악이 너희와 너희 하나님 사이를 내었고 너희 죄가 그 얼굴을 가리워서 너희를 듣지 않으시게 함이니라"라고 말씀하신다. 우리가 우리 마음 속에 죄악을 품으면 하나님께서 우리의 기도에 응답하시지 않으신다(사1:15). 죄는 하나님과 우리 사이를 갈라놓기 때문이다. 하나님의 마음에 합한 사람이었던 다윗도(행13:22~23) 기도 응답을 받지 못한 경우가 있었다. 다윗이 아들을 살려달라고 목숨을 걸고 7일 동안 엎드려 간절히 금식하며 기도했지만 하나님은 거절하셨다. 그것은 범죄 때문이다(삼하11장)

하나님께서는 사랑이시지만 우리가 범죄하고 하나님께 기도하면 하나님께서 응답하시지 않으신다. 죄악을 품고 하는 기도는 가증하다(잠28:9). 그러므로 하나님은 죄악을 자백하고 회개하며 부르짖을 때 우리의 기도에 응답하신다.

3. 불순종했을 때 우리의 기도는 응답되지 않는다.

모세는 하나님께 신뢰받는 하나님의 종이었다. 그러나 모세가 가나안 땅에 들어가려고 간청했는데 하나님은 그의 기도를 들어주시지 않으셨다(신3:23~29). 그것은 불순종이 원인이었다.

이스라엘 백성들이 신 광야 가데스에서 물이 없으니 모세와 아론을 다시 원망하고 불평하며 공박했다. 백성들의 불만이 심해지자 모세와 아론이 총회 앞을 떠나 회막 문에 이르러 엎드려 하나님께 기도하니 하나님의 말씀이 임했다. "지팡이를 가지고 네 형 아론과 함께 회중을 모으고 그들의 목전에서 너희는 반석에게 명하여 물을 내라 하라 네가 그 반석으로 물을 내게 하여 회중과 그들의 짐승에게 마시울지니라." 그런데 모세는 화가 나서 반석을 지팡이로 내려쳤다. 물은 터져 나와 회중과 그들의 짐승이 마셨지만, 모세와 아론은 하나님의 말씀대로 반석에게 명하지 않고 지팡이로 내려침으로 하나님께 불순종한 행위가 되었다(민 20:3~12). 하나님 앞에 불순종한 모세는 살아서 가나안 땅에 들어가지 못하고 느보산에서 죽음의 시간을 맞이했다. 모세와 같이 위대한 종이라도 하나님의 명령에 불순종했을 때는 기도의 응답을 받지 못했다.

우리가 우리의 삶 속에 분명히 하나님의 뜻을 알고 말씀을 깨달았음에도 불구하고 하나님을 정면으로 불순종한다면 아무리 하나님께 도움을 청하고 부르짖어 기도해도 기도는 응답 받지 못한다. 그러므로 우리가 언제나 하나님의 말씀에 귀를 기울이고 믿고 순종하고 나아갈 때 하나님께서 응답해 주신다.

주의 종의 말씀에 순종하는 것이 중요하다. 주의 종이 좀 부족해 보여도 절대자이신 주님께서 자기 대신 세우신 사자라고 믿고 주의 종의 말을 주님의 말씀이라고 믿고 순종하라. 반드시 응답이 있을 것이다.

사무엘상 1:9~20에 보면 사무엘의 어머니 한나는 아들이 없으므로 한이 맺혀 흐느끼며 하나님께 기도하고 있었다. 엘리 제사장은 그 여자가 술주정을 한다고 책망했다. 얼마나 영적인 눈이 어두운 제사장인가? 그러나 한나는 비웃지도, 원망이나 불평도 없이 겸손한 어조로 "주여, 나를 술 취한 여자로 보지 마소서. 나는 슬픈 여자라 자식을 얻기 위하여 하나님께 기도하였습니다"라고 대답했다. 그러자 엘리 제사장은 "아, 그랬느냐. 그렇다면 걱정 말고 집으로 돌아가라. 하나님께서 책임지실 것이다"라고 말했다. 그 말을 믿고 한나는 걱정을 떨쳐버리고 집으로 돌아갔고, 1년 후에 위대한 지도자 사무엘이 태어났다.

만약 요즘 어떤 목사가 성도가 기도하는데 엘리처럼 그렇게 했다면, 그리고 기도하는 중이라고 했을 때 "걱정 말고 평안히 가라"고 했으면 뭐라고 대꾸했을까? 아마 십중팔구는 "영안이 썩어 분별도 못하는 주제에 목사라고 그런 너에게 내가 어떻게 내 영혼을 맡기겠는가?"라고 소리치며 나가지 않겠는가? 그러나 한나는 육신으로 노망들고 영적으로 영안이 흐려 영분별도 못하는 그의 말을 하나님의 말씀으로 믿고 순종하여 아들을 얻었다.

어느 날 약간 술기가 있는 여자의 음성으로 전화가 걸려왔다. "목사님이셔요?" "예, 그렇습니다." "제일 교회예요?" "예, 그렇습니다." "그러면 태양슈퍼 옆에 있는 교회예요?" 그런데 이 등신 같은 목사가 태양슈퍼가 어디 있는지 몰랐다. 그래서 "태양슈퍼요, 잘 모르겠네요." 그랬더니, "그 옆에 슈퍼마켓 있잖아요?" "예, 슈퍼마켓이 하나 있기는 한데 태양슈퍼인지 잘 모르겠네요." 나는 사실 우리 교회 옆에 있는 슈퍼마켓 이름이 태양인지 몰랐다. 얼마나 등신이었는지. 그랬더니 그 여자의 목소리가 들린다. "목사님, 여기오신지 얼마나 되었어요?" 그래서 나는 "한 13년 되었습니다."라고 했더니, 그 여자분 하는 말이 "야, 이 ○○새끼야 네가 목사냐?" 나는 "예, 제가 이 교회 목사입니다"라고 했더니, 그 여자 왈 "야, 이 ○○새끼야 옆에 있는 슈퍼마켓도 모르는 너에게 어찌 내 영혼을 맡기겠느냐?"라고 한다.

참 어처구니 없는 일이었다. 목사가 옆에 있는 슈퍼마켓을 꼭 알아야 하는가? 또 모른다고 이런 욕을 들어야 하는가 생각하니 정말로 화가 났다. 그러면서 나는 '나도 참 한심한 인간이구나!'라고 생각해 보았다. 나도 그 슈퍼에 몇 번 가보았지만 이름에는 관심이 없었다. 내가 머리가 둔한가? 나는 그런 것은 모르지만, 우리 교회 등록한 교인들의 식구들 이름은 거의 외운다. 왜냐하면 나는 그 이름을 들고 밤새 기도하기 때문이다. 나는 세상에 별로 관심이 없다. 음식점이 어디 있는지도 잘 모르고, 음식 맛도 잘 모른다. 맵고 짜지 않으면 간이 되었는지 아니 되었는지 내 아내가 주는 대로 먹는 편이다. 그리고 음식점도 아내와 함께 가고 아내가 이끄는 대로 간다. 그러나 교인들 위해 기도하는 것은 아내가 대신해 줄 수 없기 때문에 내가 관심을 갖고 이름을 부르며 기도하니 자연히 이름들을 알게 된다.

우리 교인들은 내가 세상에 별로 관심이 없다는 것을 알고 있기 때문에 내가 무슨 말을 해도 믿는다. 그러나 내가 만일 영적인 일에 엘리 제사장처럼 되었다면 믿고 순종할수 있을까? 그러나 순종하라. 주의 종이 잘못됨에 대하여는 주님이 처리하실 것이니 주의 종이 좀 부족하여 멍청한 것 같고, 그의 말이 논리적이지 못하고 상식에 어긋나도 주의 종의 말을 주님의 말씀인줄 알고 순종하라. 순종하면 주님은 그에게 순종에 대한 응답을 주신다. 왜냐하면 그 멍청하고 등신 같은 목사도 주님이 세우셨기에 주님이 그의 말을 책임을 져 주신다.

열왕기하 5:8~14에 보면 나만 장군의 예도 그렇다. 나만 장군이 선지자 엘리사를 찾아 왔을 때 엘리사 선지자가 "요단강 물에 일곱 번 씻으라"고 했다. 나만이 요단강에 일곱 번 몸을 담그니 깨끗해졌다(왕하 5:8~14). 그러나 물에 일곱 번 씻어서 문둥병이 고쳐질 병이라면 나만의 말대로 요단 강물보다 훨씬 깨끗한 다메섹 강물에 씻어도 될 것이 아니었겠는가?(왕하5:12) 나만은 강물에 씻어서 나은 것이 아니고 엘리사 선지자의 말을 하나님의 말씀으로 듣고 순종했기 때문에 나았다. 그러므로 주의 종이 조금 부족해도 주님이 세우신 사람이므로 그의 말에 순종하면 복을 받을 것이다. "순종이 제사보다 낫고 듣는 것이 수양의 기름보다 나으니, 이는 거역하는 것은 사술의 죄와 같고 완고한 것은 사신 우상에게 절하는 죄와 같음이라 왕이 여호와의 말씀을 버렸으므로 여호와께서도 왕을 버려 왕이 되지 못하게 하셨나이다"(삼상15:22~23).

4. 고난 당하는 것이 우리 삶에 유익이 될 때 응답하지 않으신다.

하나님께서는 우리가 받는 고난이 더 큰 유익을 가져다 줄 때 그 고난을 제거하지 않으시고 짊어지고 가게 하신다. 사도 바울은 사단의 사자라고 생각하는 육신의 가시 때문에 견디다 못해 그 가시를 떠나게 해 달라고 세 번이나 주님께 간절히 기도 드렸다. 그런데 주님의 응답은 "내 은혜가 네게 족하도다. 이는 내 능력이 약한 데서 온전하여 짐이라 하신지라. 이러므로 도리어 크게 기뻐함으로 나의 여러 약한 것들에 대하여 자랑하리니 이는 그리스도의 능력으로 내게 머물게 하려 함이라"고 하셨다(고후12:9). 바울은 주의 영광과 말로 표현할 수 없는 신비한 주의 환상과 계시를 본 사람이다. 그런데도 기도의 응답을 받지 못했다. 그것은 그가 받은 계시와 묵시가 너무 커서 교만해 질까하여 그것을 미리 막기 위하여 하나님께서는 일부러 사단의 사자, 곧 육신의 가시를 그의 몸에 허락하셨던 것이다.

앞에서도 이미 언급한 바 있는 간증 가운데 고난의 유익과 관련하여 이해를 도울 수 있을 듯하여 한번 더 이야기해 볼까 한다.

1976년 12월 추운 겨울 눈 쌓인 관악산 바위굴에서 금식기도를 하고 난 다음 두 가지의 병으로 고통을 당했다. 하루에 두 번씩 가슴이 터질 것 같은 통증과 항문 주위가 속으로 단단하게 굳어지면서 고통이 오는 치루(痔漏)증이었다. 아내가 수술을 하자고 했지만 나는 동의할 수가 없었다. 그 당시 수술비 50만원도 큰돈이었지만 은혜 받으려고 기도했는데 질병이 생겼으니 나는 몹시 화가 난 것이다. 그래서 겁도 없이 입에서 튀어나오는 말이 "은혜 받으려고 기도했는데 이런 병을 주면 어떤 미친 놈이 기도하겠느냐?"고 툴툴거리면서, "나는 죽어도 수술 안 한다"고 했다.

그리고 아파서 소리치면서 울고 며칠을 기도했다. 그런데 내게 들리는 음성이 '가슴앓이는 5일, 치루증은 10일'이라 하신다. 그 음성을 듣고 나는 내 아내에게 "여보, 가슴은 5일이고 치루증은 10일 후에 고쳐주신단다"라고 확신 있게 말했다. 그런데 정말 그날부터 5일이 지난 후에 가슴 아픈 통증은 깨끗하게 사라졌다. 그리고 10일 후에 항문 옆에 구멍이 뚫리면서 살 썩은 농(膿)이 쌀 씻은 물처럼 흘러나왔다. 물론 아내가 손으로 눌러 짜내주었다. 그리고 깨끗해졌다.

그런데 수년이 지나 개척교회를 하는데 그때 그 자리에 구멍이 다시 뚫리면서 썩은 농(膿)이 흘러나오면서 악취가 코를 찔렀다. 그래서 간절히 기도했지만 응답이 없었다. 여름철에 철야기도를 하는데 밤 11시 부터 새벽 5시 기도 시간까지 철야기도회를 했다. 그것도 쉬는 시간도 없이 누가 교대해 주는 사람도 없이 나 혼자서 찬송하다, 기도하다, 말씀 전하다 안수기도를 해주고 그래도 누구 하나 조는 성도가 없었다. 다른 교회 교인들도 오고해서 항시 50명 정도가 모였다. 모두가 성령으로 충만하니 심지어 기도하는 자들이 귀신이 움직이는 것을 볼 정도였다. 나는 상처가 옷에 닿아 몹시도 아팠고, 또 안수한다고 이리저리 움직이니 움직일 때마다 얼마나 냄새가 코를 찔렀을까 싶다. 그러나 어느 누구하나 불평이 없었다. 그런데 내 자신이 숨이 막힐 정도였다. 그래서 나는 "아버지, 고쳐 주십시오." 간절히 기도했으나 응답이 없었다.

그래서 나는 바울 사도를 생각하며 '부족한 나에게도 교만하지 못하게 하려고 가시로 주셨는가.' 하여 기도를 바꾸어 "주여 고쳐주시지 않으신다면 교인들에게 방해가 되지 않게 냄새나 제거해 주소서!"라고 기도했더니, 즉시 그 냄새는 제거해 주셨다. 그러나 나는 그 상처에서 썩은 고름이 흘러내려서 수년 동안 여자들이 쓰는 생리대를 사용했다. 그리고 6~7년 후에 고름도 멈추었다.

하나님께서는 우리보다 더 지혜로우시니 무엇이 더 중요하며, 더 필요하며, 시급히 해결해야 될 문제인지를 잘 알기 때문에 우리에게 알맞은 시기에 적절하게 주신다. 그 기도의 내용이 하나님의 뜻에 배치될 때는 기도의 응답을 거절할 수밖에 없다. 만약 겟세마네 동산에서 드린 예수님의 기도를 거절하지 않았다면 우리는 영원한 지옥을 면치 못했을 것이다.

고린도전서 10:13에 보면 "사람이 감당할 시험 밖에는 너희에게 당한 것이 없나니 오직 하나님은 미쁘사 너희가 감당치 못할 시험 당함을 허락지 아니하시고 시험 당할 즈음에 또한 피할 길을 내사 너희로 능히 감당하게 하시느니라"라고 하셨다. 하나님은 이 말씀처럼 싸워서 능히 이길 수 있는 힘을 주신다. 그러므로 무슨 문제든지 기도하라. 고쳐주시든지, 아니면 능히 견딜 수 있는 힘을 주시든지 주님은 우리에게 알맞게 해결해 주신다.

5. 하나님께서는 더 나은 응답을 위해 현재의 응답을 미루기도 하신다.

엘리야는 갈멜산에서 바알의 선지자들과 대결에서 승리한 후 기손 시내에서 바알과 아세라 신의 선지자 850명을 죽이고 이스라엘 백성들로 하여금 여호와께 돌아오게 했다. 그리고 기도하여 3년 6개월 동안 멈추었던 비를 내렸다(왕상18:30~46). 그런데 엘리야는 아합 임금과 왕비 이세벨의 핍박을 견디지 못하여 브엘세바로 도망쳤다. 그곳에서 광야로 들어가 하룻길 쯤 행하고 로뎀나무 아래서 여호와께 죽기를 구했으나 하나님은 응답하시지 않으셨다. 오히려 천사들을 보내어 어루만져 몸을 풀어주고, 먹고 마실 것을 주셨다(왕상19:1~21). 그것은 후계자 선정과 왕을 세우는 일 등 그를 통해 이루실 사명이 남아 있었기 때문이다.

예수님께서도 겟세마네 동산에서 이렇게 기도하셨다. "내 아버지여 만일 할만 하시거든 이 잔을 내게서 지나가게 하옵소서 그러나 나의 원대로 마옵시고 아버지의 원대로 하옵소서"(마26:39). 예수님의 이 기도가 응답되지 않은 것은 그때 밖에 없었다. 예수님의 기도가 어떻게 응답되지 않을 수가 있는가? 그러나 그때의 아버지 하나님의 뜻은 예수께서 그 잔을 마시고 십자가에 못 박혀 몸이 찢어지는 비참한 고통을 당하고 돌아가셔야만 삼 일만에 부활하사 만왕의 왕, 만주의 주님이시라는 것을 인정받아 구원을 베푸시는 은총의 길을 열어 놓으시기 위함이셨다. 그러므로 더 좋은 응답이 준비되고 있을 때에는 당장 응답이 없다. 우리가 기도한 후 응답이 없어도 인내하며 기다리면 하나님께서는 분명히 더 나은 응답을 주실 것을 믿어야 한다.

우리 교회가 사람의 생각으로는 성전 건축할 형편도 못되었는데 부근에 좋은 땅이 나타나서 그것을 놓고 믿음으로 24시간 릴레이 기도를 40일간 드렸다. 교인수가 적으니 교대해 줄 사람이 없어 나는 하루에 7시간 이상을 기도드렸다. 그래서 40일간 기도회를 마쳤다. 그런데 그 땅을 옆에 있는 다른 교회에서 사 등기를 했다. 얼마나 안타깝고 분한지 모를 일이었다. 특히 그 땅을 산 그 교회 목사님을 잘 아는데 기도도 별로 안 하는 것 같았다. 그런데 그 교회는 그곳에 성전을 건축하고, 바로 헌당식을 한 후, 그 목사님께서 소천하시고 말았다. 나는 그 목사님보다 할 일이 있었던가보다 생각하며 아쉬워했다.

또 한 번은 우리가 예배드리는 예배실은 37평이었다. 마침 옆에 100평 홀이 나와서 그것을 놓고 여리고성을 돌듯 아침저녁으로 이 건물을 예배당으로 쓰게 해달라고 기도하며 70일을 돌았다. 그런데 그 건물도 또 다른 사람이 다른 용도로 쓴다고 가져갔다. 나는 주님께 야속한 생각이 들었다. 그런데 그 후 한 달이 지나 이제 막 완공된 80평 건물로 주님은 옮겨주셨다. 그래서 나는 정말 주님은 더 좋은 곳을 주셨다고 생각하고 그동안 섭섭해 하며 원망하고 불평한 것을 회개하고 감사했다.
"여호와의 말씀에 내 생각은 너희 생각과 다르며 내 길은 너희 길과 달라서 하늘이 땅보다 높음같이 내 길은 너희 길보다 높으며 내 생각은 너희 생각보다 높으니라"(사55:8~9)는 말씀처럼 주님은 우리 생각보다 더 좋은 것을 주시려고 계획하고 계신다. 불평하지 말고 기다리며 기도하라. 그러면 당신이 드린 기도에 대해 반드시 응답해 주신다.

6. 육신의 정욕을 위해 잘못 구하기 때문이다.

야고보서 4:2~3에 보면 "너희가 욕심을 내어도 얻지 못하고 살인하고 시기하여도 능히 취하지 못하나니 너희가 다투고 싸우는도다 너희가 얻지 못함은 구하지 아니함이요 구하여도 받지 못함은 정욕으로 쓰려고 잘못 구함이니라"하셨다. 하나님의 뜻이 아닌 정욕을 위하여 구하는 기도에는 응답이 없다.
이런 기도의 예는 야고보와 요한의 어머니가 그 아들들을 데리고 예수님께 찾아와 주의 나라에서 자기 아들들을 예수님의 좌우편에 각각 세워달라고 간청한 이야기에서 찾아볼 수 있다. 결과적으로 그 간청은 성취되지 않았다(마20:20~23). 탐욕으로 구하는 자는 주님께서 응답하지 않으시기 때문이다.

　기도의 동기가 바르지 못하면 기도 응답은 없다. 우리의 생각과 주장과 욕심을 버리고 구원의 복음과 진리를 위하여 고난을 자청하는 자세로 주께 나아가야 한다. 그렇게 봉사하는 삶이 하나님의 뜻을 이루는 삶이다. 그러나 많은 사람들이 자신의 뜻을 하나님의 뜻에 복종시켜 하나님의 형상을 닮아가려 하지 않고 하나님으로부터 오는 은총과 복만 추구한다. 많은 사람들이 내가 남보다 더 잘 살아야 하겠다는 욕심과, 내 자식은 남의 자식보다 더 잘 먹이고 잘 입히고 잘 가르쳐야 하겠다는 잘못된 욕망으로 구한다. 하나님의 영광과 그 나라를 구하지 않는 기도는 알맹이가 빠진 기도로 응답을 받지 못한다.

1) 육신의 만족을 위하여 구하지 말라.

　이에 대하여 "너희가 욕심을 내어도 얻지 못하고 살인하며 시기하여도 능히 취하지 못하나니 너희가 다투고 싸우는도다 너희가 얻지 못함은 구하지 아니함이요 구하여도 얻지 못함은 정욕으로 쓰기 위함이다"라고 하셨다(약4:2).

　주님의 영광을 위한 봉사의 삶을 위하여 구하는 것이 아니라 자신의 이기적 향락과 행복을 위해 구하는 것은 정욕으로 구하는 것이다. 싸움과 다툼과 정욕은 마음의 욕심에서 나오는 것들이다. 즉 세상의 어떤 물질을 구하는 것은 정당한 기도의 자세가 아니라는 것이다. 기도는 하나님의 뜻이 무엇인지 알기 위함이지 내 뜻을 일방적으로 통고하는 것이 아니다. 물론 하나님께서 우리에게 물질적 복을 주시는 것도 사실이다.

　창세기 12:2에 보면 "내가 너로 큰 민족을 이루고 네게 복을 주어 네 이름을 창대하게 하리니 너는 복의 근원이 되리라"고 했다. 이 약속은 믿음의 후손들에게 미치는 축복의 선언이다. 여기에는 건강, 자녀의 복, 민족의 복, 재물, 명예, 권세의 복이 다 포함되어 있다. 그러나 이 모든 복은 오직 믿음으로 살고자 하는 자에게 주시는 응답이다. 그렇지 못하고 남보다 더 잘 살겠다는 욕심으로 구하는 기도는 자신을 멸망으로 이끄는 기도이기에 이런 기도에는 응답하시지 않는다. 욕심을 내니 그 욕심이 살인을 저지르고, 마음속에 시기 하기까지 열심을 내어도 실제로는 아무 것도 얻지 못한다.

참된 만족과 참 행복은 많은 소유나 사람의 인정으로 되는 것이 아니고 오직 주께서 내 심령 속에 주셔야 한다. 그런데 내 마음속에 쾌락이 자리잡고 있어 내 만족을 위해 살려는 기본 틀이 짜여있으면 하나님께서 아무것도 주실 수 없다. 그러므로 마음속에 죄악을 품은 악한 기도와 자기 쾌락을 위해 구하는 기도, 이기적인 기쁨과 만족을 위해서 드리는 기도에는 하나님의 은혜가 없다. 하나님은 우리 속사람의 깊은 동기를 아시기 때문에 정욕대로 구하는 기도를 들으시지 않기 때문이다.

2) 원리와 질서에 따라 구하라.

우리가 기도의 응답을 받지 못하면 진정한 행복과 평안과 기쁨은 없다. 기도는 하나님께서 내게 오시는 것이 아니라, 내가 은총의 보좌 앞에 나아가는 것이다. 내 마음의 욕심대로 구하면 하나님이 듣지 않으시기 때문에 기도가 막히는 것으로 끝나는 것이 아니라 마지막에는 하나님을 대적하게 된다. 만일 옳게 구하였다면 세상 물질이나 영광을 위하여 끊임없이 구할 생각은 없어질 것이요, 모든 정당한 요구는 분명 응답이 있다. 기도는 하나님의 뜻을 꺾어 내 뜻을 성취시키는 것이 아니고 내 뜻, 내 계획을 포기하고 하나님의 뜻과 계획을 성취시키는 행위이다. 그러므로 하나님을 변화시키는 것이 아니라, 나의 형편을 변화시키는 것이다.

주님의 겟세마네 기도를 보라. "아버지여 이 잔을 내게서 물러가게 하옵소서"(마26:36~44). 그 잔이 지나가기를 바라는 아들의 소원과 아버지의 뜻이 달랐다. 예수님은 밤새 땀이 피가 되어 흘러내릴 때까지 기도하였으나 결국 순종하여 "아버지여 뜻대로 하옵소서"라고 구했다. 결국 아버지의 뜻을 이루시도록 복종하신 것이다. 그러므로 기도는 나의 뜻이 이루어지는 것이 아니라 하나님의 뜻이 이루어지는 것이다. 원리와 질서에 따라 구하라. 그것이 응답받는 길이다.

7. 믿음 없이 구하면 응답은 없다.

야고보서 1:6~8에 보면 "오직 믿음으로 구하고 조금도 의심하지 말라 의심하는 자는 바람에 밀려 요동하는 물결 같으니 이런 사람은 무엇이든지 주께 얻기를 생각하지 말라 두 마음을 품어 모든 일에 정함이 없는 자로다"라고 말씀하셨다. 우리가 기도하고 응답을 받지 못함은 믿음으로 구하지 않기 때문이다. 우리가 기도는 하지만 주님의 신실하신 약속과 능력은 믿지 않고 우리 앞에 놓여있는 형편과 상황만 보고 두려워하기 때문이다.

아브라함을 보라. 나이 100세가 되고, 아내 사라의 나이가 90세가 되었음에도 불구하고 하나님이 아들을 주시겠다고 약속하시자 사라의 태가 죽은 것 같음을 알고도 믿음이 약해지지 않고 오히려 더욱 강해져 하나님께 영광을 돌렸다(롬4:17~22).

말씀 위에 서는 것이 믿음이요, 하나님의 뜻을 기대하는 것이 믿음이다. 그리고 믿음으로 구할 때는 마음의 확신과 더불어 인내해야 한다. 하나님의 능력이 나타날 때까지 오래 견디는 것이다. 우리가 불순종의 죄를 회개하고 탐욕을 버리고 오직 믿음으로 하나님께 간절히 기도하면 하늘과 땅을 지으신 하나님께서 우리에게 응답해 주시는 것이다. 하나님은 죽은 자의 하나님이 아니라 산 자의 하나님이시기 때문이다. 성경은 "너는 내게 부르짖으라 내가 네게 응답하겠고 네가 알지 못하는 크고 비밀한 일을 네게 보이리라"(렘33:3)고 약속하고 계신다.

2 응답의 종류

하나님은 믿는 자의 기도에 반드시 응답하신다고 약속 하셨다. 그러나 사람들은 자기가 바라는 대로 응답이 오지 않으면 응답이 없다고 한다. 그러나 하나님은 우리가 상황이나 환경에 적응할 수 있게 하시고, 또 환경이나 상황을 바꾸어 우리에게 맞춰주실 수도 있다. 예를 들면 내가 물이 먹고 싶어 목이 타서 물을 달라고 구할 때 갑자기 반석에서 물이 솟아나게 하실 수도 있지만(출17:1~7), 나에게 물을 먹고 싶은 생각이 없어지게 하실 수도 있다. 하나님께서 우리의 기도에 응답하시는 것은 대개 세 가지 유형으로 나타난다.

1. 즉시 하는 응답

예수님의 기도나 사도들의 기도는 시일을 끈 것이 아니고 즉시 응답이 이루어졌다. 사도들이 성령 임하시기를 기도할 때도(행4:29~31), 모세의 기적으로 불리우는 재앙과 홍해사건, 그리고 반석에서 물이 솟게 하신 것(출17:1~6), 여호수아의 태양을 메어다는 기도의 응답도(수

10:12~14, 출33:11), 엘리야의 불과 비를 내리는 기도의 응답도(왕상 18:30), 솔로몬의 지혜를 구함도(왕상9:3), 히스기야의 생명 연장도 즉시 응답되었다(왕상19:19~20).

몇 년 전의 일이다. 우리 교회 김희경 집사의 팔목에 종양이 나서 퉁퉁 부어올랐다. 그런데 부족한 종이 주일 낮 예배를 마치고 그 팔을 꼭 잡고 간절하게 예수님의 이름으로 기도를 드렸다. 그런데 놀랍게도 손을 떼자마자 그 즉시 부었던 팔이 줄어들면서 종처가 치료되는 것을 느낄 수 있었는데 그 다음날 바로 팔은 정상으로 회복되었다.

또 우리 교회 이정남 집사가 있었다. 지금은 그가 어떻게 신앙생활을 하는지 잘 모르지만, 그 당시는 열심히 기도만 했지 십일조도 모르고 헌금이라는 것은 아예 생각을 하지 않는 분이었다. 그런데 그는 기도만은 열심이었다. 나는 잘 몰랐는데 그의 간증에 의하면 유방암을 앓았는데 내 기도를 통하여 완치되었다고 했다. 그래서인지 모르지만 기도에는 열심이었다. 그에게 네 살, 두 살의 아들 둘이 있었는데 하나는 걸음을 걸리고, 하나는 등에 업고 새벽기도와 철야기도에도 빠지지 않았다. 어느 날 그 집 큰아이 불알에 바람이 들어가서 주먹만하게 부어있었다. 그래서 나는 언제나 그렇듯 "믿는 자들에게는 이런 표적이 따르리니 곧 저희가 내 이름으로 귀신을 쫓아내며 …… 병든 사람에게 손을 얹은즉 나으리라 하시더라"(막16:17~18) 하신 말씀과, 또 "너희 중에 병든 자가 있느냐 저는 교회의 장로들을 청할 것이요 그들은 주의 이름으로 기름을 바르며 위하여 기도할지니라. 믿음의 기도는 병든 자를 구원하리니 주께서 저를 일으키시리라 혹시 죄를 범하였을지라도 사하심을 얻으리라. 이러므로 너희 죄를 서로 고하며 병 낫기를 위하여 서로 기도하라. 의인의 간구는 역사하는 힘이 많으니라"(약5:14~16). 또 "내가 진실로,

진실로 너희에게 이르노니 나를 믿는 자는 나의 하는 일을 저도 할 것이요 또한 이보다 큰 것도 하리니 이는 내가 아버지께로 감이니라 너희가 내 이름으로 무엇을 구하든지 내가 시행하리니 이는 아버지로 하여금 아들을 인하여 영광을 얻으시게 하려 함이라 내 이름으로 무엇이든지 내게 구하면 내가 시행하리라"(요14:12~14)는 주님의 약속을 믿고, 아이에게 손을 얹고, 하나님께 깨끗하게 고쳐달라고 간절히 기도하고, "예수님의 이름으로 명하노니 깨끗하게 되어 정상으로 회복될지어다"라고 연이어 세 번을 명했다.

그러자 하나님께서 응답하시어 내 육안으로 볼 수 있게 그 불알이 줄어들어 갔다. 또 그 다음 얼마 후에 그 아이가 탈장으로 아프다 하여 가보았더니 창자가 어른의 큰 손가락만큼 옆구리에 뚝 튀어나왔다. 그래서 같은 식으로 기도하고 집으로 왔는데 내가 그 집을 나온 즉시 창자가 속으로 들어가 깨끗하게 되었다고 했다. 할렐루야!

이렇게 즉시 오는 응답도 있다. 성경에서 예수님이나, 제자들의 기도 응답은 대부분 즉시였다. 믿음으로 기도해 보라. 이런 기쁨이 믿는 여러분들에게도 있을 것이다.

2. 조금 기다리라는 응답

인생길에는 누구에게나 크고 작은 고난과 역경이 있다. 파도가 지나면 다음 파도가 밀려오는 것처럼, 끊임없이 문제가 일어난다. 그러나 낙심 말고 기도하라. 약간의 시간이 걸려도 하나님은 반드시 응답하신다.

아브라함에게 아들을 주신다는 약속과 그의 기도는 25년이 걸렸고, 다니엘의 기도는 20일 후에 응답되었고(단10:10~14), 한나의 기도는 수년이 걸렸고(삼상1:1), 마리아의 기도는 몇 날이 걸렸다(요11:1-). 또 홍

수심판도, 예수 그리스도의 탄생도(갈4:4) 수십 수천 년이 걸렸다. 그러므로 지루해도 하나님의 약속을 믿고 하나님의 때를 기다려야 한다. 우리는 지루하지만 하나님께서는 모든 것을 알맞게 응답하신다.

"여호와의 말씀에 내 생각은 너희 생각과 다르며 내 길은 너희 길과 달라서 하늘이 땅보다 높음같이 내 길은 너희 길보다 높으며 내 생각은 너희 생각보다 높으니라"고 했다(사55:8~9). 그분은 전지전능하시다. 그러므로 우리에게 더 좋은 것을 택하여 응답하신다. 이것을 깨달을 때 우리는 좀 더 진실한 기도를 드릴 수 있고, 응답에 감사할 수 있다. 주께서는 우리의 무지하고 좁은 소견으로 구하는 것보다 더 좋은 것으로 주신다(롬8:28~32).

3. 거절하는 응답

모세의 가나안 입성에 대한 바램이나(신32:48~52), 예수 그리스도의 고난의 잔을 옮겨주시기를 구하는 것이나(마26:39), 다윗의 자식을 살려달라는 기도나(삼하12:15~23), 바울이 몸의 가시를 제거해 달라는 기도(고후12:7~9) 등은 거절의 응답이었다고 할 수 있다.

오래 전의 일이다. 우리 교회 이정봉 장로가 급하게 연락을 해왔다. 쌀장사를 하시는 그의 어머님께서 쌀에 돌을 고르다가 갑자기 넘어졌다고 빨리 와서 예배를 드리고 기도해 달라고 했다. 가서 예배를 드리고 고쳐달라고 기도하려고 했다. 먼저 찬송을 하나 골라서 부르려고 하는데 내 생각과 전혀 다른 가사가 입에서 나왔다. 바로 291장(통합) "날 빛보다 더 밝은 천국 믿는 맘 가지고 가겠네. 믿는 자 위하여 있을 곳 우리 주 예비해 두셨네. 며칠 후 며칠 후 요단강 건너가 만나리. 며칠 후 며칠 후 요단강 건너가 만나리"였다. 나는 아무런 부담 없이 당연한 것처럼 불렀다. 그리고 기도를 하는데, 내 입에서 생각지도 않는 "주여 고통 없이 평안히 불러주십시오"라고 기도했다.

한 번 생각해 보라. 아파서 고치기 위해 예배드리고 기도 부탁을 했는데, 장송곡을 부르고, 빨리 죽으라고 기도하는 내가 정상인가? 그런데 나는 왜 이런 찬송을 부르는지, 왜 이런 기도가 나오는지 한 점 의심도 없었고 함께 예배를 드리는 가족도, 또 내 아내도 한마디 질문도 없었다. 그리고 나서 우리는 집으로 왔다.

그날 밤 부산 남천동에 있는 재해병원으로 옮겼는데 바로 소천하셨다. 장례를 치르고 난 후 그 장로님께서 간증을 했다. "고쳐달라고 부탁했는데 죽으라고 찬송과 기도하는데 이해가 안 갔고 화가 치밀어 죽을 지경인데 말을 못했습니다."

또 우리 집에서 장모님을 모시고 살았다. 장모님은 글을 모르셨지만 성경을 열심히 읽고 밤을 새며 찬송과 기도를 열심히 하셨다. 글을 모르는 분이 어떻게 성경은 읽었느냐가 궁금할 것이다. 설명이 좀 길지만 신앙에 유익이 될까 하여 말씀을 드리겠다.

우리 교회는 학습과 세례를 받으려면 성경을 한번 읽어야 한다. 학습을 받으려면 신약 성경을 한 번 읽어야 하고, 세례를 받으려면 구약을 다 읽어야 한다. 그래서 어떤 청년은 속성으로 세례를 주는 군에 가서 세례를 받아 왔다고 자랑하기도 했다. 이는 나이와 상관없이 지금도 그렇게 한다. 그러니 우리 장모님께서는 "글을 모르는 나는 어떻게 하느냐?"고 항의를 하셨다. 그러고 보니 글을 모르는 분들이 있어 문제가 됐다. 글을 모른다고 해서 그냥 세례를 주면 읽기 싫은 노인네들이 '글을 모른다'고 할 것 같아서 눈을 감고 "주여 이럴 때에는 어떻게 하면 되겠습니까?"라고 여쭈어보니 떠오르는 생각이 '그래도 남들처럼 노력은 해야지.'라고 하는 것이 아닌가.

그래서 "눈으로 성경을 읽을 수 없어도 손가락으로는 읽을 수 있지 않겠는가?" 하고 "한 자씩 손가락으로 짚어서 성경책을 한번 다 넘기면 읽은 것으로 생각 하겠다"고 말씀드렸다. 그랬더니 장모님 이 그렇게 하셨는데 그렇게 몇 번을 하셨는지 모르지만 그 후에 우리 장모님은 성경을 읽게 되었고, 찬송가 가사를 다 보시고 수십 곡을 외우시기도 하셨다. 이게 바로 성령의 역사가 아닐까?

세월이 흐른 후 어느 날 장모님께서 아프시다 하셔서 병원에 가서 확인해보니 진단결과 '위암 말기'라고 했다. 그때까지만 해도 아프시지 않으셨다. 아프셨지만 내색을 하지 않으시니 우리는 모르고 있었다. 위암 말기로 선고를 받았지만 그렇게 심한 통증이 없는 듯했다. 그래서 하나님께 예배를 드리고 기도를 하려고 찬송을 시작하는데, 또 내 입에서 장송곡이 나왔다. 608장 "후일에 생명 그칠 때 여전히 찬송 못하나 성부의 집에 깰 때에 내 기쁨 한량 없겠네. 내 주 예수 뵈올 때에 그 은혜 찬송하겠네. 내 주 예수 뵈올 때에 그 은혜 찬송하겠네" 하고 4절까지 불렀다.

그리고 그 다음 찬송은 저절로 내 입에서 "날 빛보다 더 밝은 천당 믿는 맘 가지고 가겠네" 하고 291장이 흘러나온다. 그리고 기도는 "주여 아프지 않게 평안히 불러 주십시오"하고 기도를 했다. 그랬더니 아내가 화를 벌컥 내면서 "한 다리 건너 천리라고 당신 엄마 아니라고 그렇게 기도하느냐?" 펄쩍 뛴다. 그래서 다시 고쳐 기도를 하니, 또 그 기도가 나왔다. 그러니 아내는 "그러면 6개월만 살려 달라고 기도하시오"라고 말했다. 도대체 내가 무슨 재주로 살릴 수 있겠는가? 그래서 다시 "살려 달라"고 기도를 드리는데 혀가 바뀌어 또 "고통 없이 평안히 불러 주십시오"라고 했다. 사람들의 말에 의하면 위암 말기는 통증이 심하다고 하지만 그 기도 이후 장모님은 11일 동안 평안히 누워계시다가 아주 평안하게 주님 품으로 가셨다. 나는 사람이 하나님의 계획이나 뜻을 꺾을 수 없다는 것을 확실하게 체험했다.

기도는 내 뜻을 이루려고 하는 것이 아니라, 하나님의 뜻이 우리를 통하여 성취되기 위하여 구하는 것이 기도이다. 생각해보라. 하나님이 세우신 계획과 뜻을 우리때문에 꺾으시겠는가? 아니다. 성경은 말한다. "사람의 마음에는 많은 계획이 있어도 오직 여호와의 뜻이 완전히 서리라"(잠19:21).

그러므로 우리는 주님이 우리 생각과 계획에 동의해 주시기를 구하지 말고, 우리 생각과 뜻을 포기하고, 주님의 뜻과 계획에 우리가 전적으로 동의하고 찬성하여 주의 거룩한 뜻이 성취되기를 구해야 한다. 그러면 기도의 응답이 빠르고, 또 그런 기도가 능력 있는 기도이다.

영국의 '에릭 리델'이란 육상선수는 100m 금메달 후보였다. 그런데 경기가 열리는 날이 주일이라서 경기를 하지 않고 메달을 포기했다. 모두가 안타까워했다. 그런데 다음 날인 월요일에 열린 경기에 참가해 자기 전공이 아닌 400m에서 세계신기록과 금메달을 받았다. 믿음을 지키기 위해 자신의 영광을 포기하면 하나님이 하나님의 것으로 주신다.

우리 교회 김용준 집사가 있었다. 그는 농산물시장에서 청과물 도매상을 했다. 보통은 토요일에는 물건을 받지 않는데, 물건이 너무 좋고 값도 좋아 그 토요일에 토마토 250박스를 들여놓았다. 그 다음 날이 주일이어서, 주일 날 토마토를 팔려니 주일을 범하고, 주일을 지키려니 토마토 250박스는 썩겠고 갈등이 많았다. 그러나 그는 "에라 모르겠다. 주님이 책임져 주십시오"라고 기도를 드리고 성전에 가서 예배를 드리며 주일을 성수했다. 그런데 놀랍게도 그 토마토 250박스를 주일 후 월요일과 화요일 양일간에 다 팔아 주셨다고 간증을 했다. 할렐루야!

사무엘상 2:30에 보면 "그러므로 이스라엘의 하나님 나 여호와가 말하노라. 내가 전에 네 집과 네 조상의 집이 내 앞에 영영히 행하리라 하였으나, 이제 나 여호와가 말하노니 결단코 그렇게 아니하리라. 나를 존중히 여기는 자를 내가 존중히 여기고, 나를 멸시하는 자를 내가 경멸히 여기리라 하신 말씀을 기억하라"고 했다. 하나님을 존귀히 여기고 그분의 나라를 구하는 기도를 하나님은 기뻐하신다.

3 응답 받는 기도

성경은 기도하면 반드시 응답 하신다고 약속하셨다. "구하라 그러면 너희에게 주실 것이요, 찾으라 그러면 찾을 것이요 문을 두드리라 그러면 너희에게 열릴 것이니"(마7:7), 또 "내가 진실로 진실로 너희에게 이르노니 나를 믿는 자는 나의 하는 일을 저도 할 것이요, 또한 이보다 큰 것도 하리니 이는 내가 아버지께로 감이니라. 너희가 내 이름으로 무엇을 구하든지 내가 시행하리니 이는 아버지로 하여금 아들을 인하여 영광을 얻으시게 하려 함이라. 내 이름으로 무엇이든지 내게 구하면 내가 시행하리라"(요14:12~14).

성경에 보면 응답된 기도의 예는 너무 많다. 야베스의 기도(대상 4:10), 다니엘의 기도(단9:23). 고넬료의 기도(행10:1~5) 등은 하나님의 응답의 실례를 보여준다. 그런데 우리의 기도는 왜 응답이 없는가? 야고보서 4:2~3에 보면 "너희가 욕심을 내어도 얻지 못하고 살인하고 시기하여도 능히 취하지 못하나니 너희가 다투고 싸우는도다. 너희가 얻지 못함은 구하지 아니함이요, 구하여도 받지 못함은 정욕으로 쓰려고 잘못 구함이니라"고 하셨다.

예배에도 원리가 있는 것처럼, 기도의 응답에는 원리가 있다. 하나님이 받으시는 예배가 있고, 성전 마당만 밟는 예배가 있다. "하나님은 영이시니 예배하는 자가 신령과 진정으로 예배할지니라. 하나님이 이렇게 예배하는 자들을 찾으시느니라"(요4:23~24)고 하셨다. 그렇지 못할 때에는 "여호와께서 말씀하시되 너희의 무수한 제물이 내게 무엇이 유익하뇨, 나는 수양의 번제와 살진 짐승의 기름에 배불렀고 나는 수송아지나 어린 양이나 숫염소의 피를 기뻐하지 아니하노라. 너희가 내 앞에 보이러 오니 그것을 누가 너희에게 요구하였느뇨? 내 마당만 밟을 뿐이니라"고 하셨다(사1:11~12). 하나님이 받으시지 않는 예배는 예배당에 와서 예배당 바닥만 밟을 뿐이다. 그와 같이 기도하는 사람마다 응답받기를 원하지만 모든 기도가 다 이루어지는 것은 아니다. 그렇다면 어떻게 기도해야 응답을 받을 수 있을까?

1. 기도의 자세를 바로 하라.

하나님은 영이시니 영적인 원리를 따라서 기도해야 한다. 그러면 반드시 응답이 있다. 그것은 예수 그리스도가 이 땅에 오셔서 우리들에게 기도에 대하여 가르치고 본을 보여주신 기도의 자세를 따라야 한다. 기도의 내용도 중요하지만 기도의 응답에는 무엇보다도 자세가 중요하다. 주님은 놀랍게도 바리새인과 세리의 기도를 비유하시면서 내용이 아닌 자세가 잘못되었다고 책망하셨다. 바리새인은 시장 어귀에서 많은 사람들이 보는 앞에서 형식적인 기도를 드렸다. 지금도 어떤 종교인들의 가식적인 기도는 바리새인의 기도와 다를 바 없다. 그러나 세리는 무릎을 꿇고 가슴을 치며 기도했다(눅18:9~14).

1) 우리도 무릎을 꿇고 기도하자.

무릎을 꿇고 간절히 기도하자. 기도의 자세가 거룩하고 점잖게 보이는 것도 중요하지만 분명한 것은, 기도는 보이지 않는 하나님을 보는 것처럼 인식하고 내 필요한 모든 것을 구하는 것이다. 마치 중요한 문제를 해결할 수 있는 사람이 있으면 지체고하를 막론하고 그에게 무릎을 꿇지 않는가? 사람에게도 그런데 좋은 냄새를 풍기려고 향수를 뿌리는 식의 소극적인 태도로 무슨 응답을 받겠는가? 피와 땀을 쏟아 붓는 적극적인 태도로 심령을 토로하고 정성을 다해 아버지의 마음을 움직일 수 있는 자세가 필요하다.

어떤 이는 이렇게 말하면 '형식적인 자세보다 마음이 중요하다' 하겠지만, 마음의 자세와 함께 육체의 자세도 중요하다. 왜냐하면 마음에 있는 것이 겉으로 표현되기 때문이다. 사람들도 지체 높은 사람이나 어른 앞에서는 허리를 굽히고 무릎을 꿇는 것은 자연스러운 일이다. 그런데 하물며 절대자이신 하나님 앞에서 경외하는 마음이 있으면 자연스럽게 무릎이 꿇어지지 않겠는가?

성경에 보면 다윗도 무릎을 꿇고 기도했고(시63장), 솔로몬도 무릎을 꿇고 기도했고(왕상8:5~4), 다니엘도 무릎을 꿇고 기도했고(단6:1~10), 스데반도 무릎을 꿇고 기도했고(행7:1~9), 베드로도 무릎을 꿇고 기도했고(행9:40), 바울도 무릎을 꿇고 기도드렸다(행20:36). 그뿐인가? 하나님의 아들이요, 구세주이신 예수님도 무릎을 꿇고 피땀을 흘리며 기도했다(눅22:4). 물론 주께서는 성령의 인도를 따라 자연스럽게 기도하셨다. 때론 서서 기도하셨고(마14:19), 때론 얼굴을 땅에 대고 기도하셨다(마26:39). 그러나 대부분 무릎을 꿇었다. 그분은 아버지 앞에 땀이 피로 변하기까지 간절한 모습으로 밤새도록 진심을 토로했다(눅22:41, 히5:7). 그런데 하찮은 우리야 무릎을 꿇고 기도하는 것이 가장 적합한 기도의 자세가 아니겠는가?

우리는 기도할 때, 내 기도가 응답되지 않으면 안 된다는 자세로 기도해야 한다. 우리가 은혜의 보좌 앞에 나아갈 때 전능하신 하나님의 장엄하심과 거룩하심, 존귀와 영광을 생각하면서 경외심으로 그 앞에 부복해야 한다. 이처럼 마음과 정성을 다하여 무릎을 꿇고 간절하게 기도하면 우리 하나님께서는 반드시 응답해 주신다(요14:12~14).

2) 하나님께 영광과 찬양을 돌리며 기도하라.

우리는 오직 하나님의 영광을 위하여 기도해야 한다. 왜냐하면 우리의 삶의 목적이 하나님의 영광을 위함이기 때문이다(고전10:31). 그러므로 자신의 영광이나 유익보다도 하나님의 영광을 구하는 것이 가장 수준 높은 기도이다. 하나님의 거룩한 성호를 찬양하며 영광을 돌리고, 천지를 지으시고 다스리시는 하나님의 무한하신 능력에 찬양과 영광을 돌려드려야 한다.

이런 기도가 하나님이 기뻐하시고 하나님의 마음을 감동시킬 수 있다. 그러므로 우리는 하나님의 은혜의 보좌 앞에 나아갈 때 전능하신 하나님의 장엄하심과 거룩하심에 말로 다할 수 없는 크고 위대하신 능력과 주권 앞에 영광과 존귀와 찬양을 돌려야 한다. 그러면 아버지 하나님은 자기 영광을 위하여 응답하실 것이다. "너희가 내 이름으로 무엇을 구하든지 내가 시행하리니 이는 아버지로 하여금 아들을 인하여 영광을 얻으시게 하려 함이라 내 이름으로 무엇이든지 내게 구하면 내가 시행하리라"(요14:13~14).

3) 감사하며 기도하라.

기도는 육신의 자세도 중요하지만 마음의 자세는 더 중요하다. "아무 것도 염려하지 말고 오직 모든 일에 기도와 간구로 너희 구할 것을 감사함으로 하나님께 아뢰라 그리하면 모든 지각에 뛰어난 하나님의 평강이 그리스도 예수 안에서 너희 마음과 생각을 지키시리라"고 했다(빌 4:6~7). 또 "기도를 항상 힘쓰고 기도에 감사함으로 깨어 있으라"고 하셨다(골4:2). 그러므로 기도의 내용보다 더 중요한 것은 마음 자세다.

우리가 항상 기도하고 있는 이유 중에 하나는 바로 '감사함'이다. 그리고 '기도로 깨어 있다'는 말의 첫 의미는 '준비되어 있다'는 말이다. 기도의 삶에 가장 첫째 가는 방해 요인은 바로 감사의 부재이다. 그러므로 감사하면서 기도해야 한다.

(1) 왜 감사하지 못하는가?

누가복음 17:11~19에 열 문둥이의 비유가 있다. 열 문둥이가 다 깨끗함을 받았는데, 그 중에 이방인이라고 질시 받는 사마리아인 문둥이 한 사람만 하나님께 감사하고 아홉 사람은 감사가 없었다. 이들은 왜 감사가 없었을까?

첫째, 하나님의 은혜보다 세상의 것이 앞섰기 때문이다.

아홉 문둥이는 예수께로부터 병을 고침 받았지만, 문둥병을 고침 받은 은혜보다도 고향에 처자식과 재산에 대한 생각이 앞섰기 때문에 감사가 없었다고 생각한다. 오늘날 많은 사람들이 이와 같은 삶을 살아가고 있다. 사람들이 하나님께로부터 받은 은혜를 앞세우지 못하고 세상의 것을 앞세우기 때문에 감사는 없고 불평만 앞선다.

둘째, 하나님께 받은 은혜를 헤아리지 못했기 때문이다.

아홉 문둥이가 병을 고침 받고 그 은혜를 곰곰이 생각해 보았다면 틀림없이 감사가 있었을 것이다. 그런데 그들은 은혜를 헤아리지 않고 그냥 병 나은 것에 대해서만 기뻐했기 때문에 하나님께 대한 감사가 없었다. 인생은 모든 일에 작은 은혜나 큰 은혜나 헤아려 감사 할 수 있어야 한다. 우리가 받은 은혜가 얼마나 크고 많은가? 억만 죄악에서 구원받은 것, 하나님의 자녀의 권세를 누리고 사는 것, 하늘나라의 상속자가 된 것 등 얼마나 많은 감사의 조건들이 있는가?

셋째, 불행했던 과거를 잊어버렸기 때문이다.

아홉 문둥이는 그렇게 고통스러운 순간을 잊어 버렸다. 물론 사람이 불행했던 때에 집착하거나 붙잡힐 필요는 없다. 그러나 은혜를 입고 성공하면 교만하지 말고, 불행했던 때를 기억하면서 현재의 성공을 겸손히 하나님께 감사해야 한다.

부족한 종이 개척교회를 할 때 우리 집 아이들을 많이 굶겼다. 식구가 먹는 것을 우선으로 하면 나에게는 국가에서 연금이 나오니까 밥은 굶지 않을 터인데 의식주 때문에 하나님의 영광을 가리지 않으려고 생각했기에 식구가 굶을 수밖에 없었다.

1981년 개척교회를 처음 시작할 때 믿지 않는 누님이 보증을 서 주셔서 600만원을 3부이자로 빌렸다. 그러니 600만원에 대한 이자 18만원, 그리고 달세와 공과금을 합해서 30만원이 넘었다. 그런데 그렇게 준비하고 장소까지 응답 받고 시작한 교회는 1년이 다 가도록 한 사람만 등록을 했다. 그러니 연금은 다 그 비용을 대는데 들어갔다. 나는 남의 도움을 받고 싶은 생각이 없었으며, 형제자매들에게 더더욱 도와달라는 말은 하고 싶지 않았다. 그렇지 않아도 예수 믿어 재산 다 날리고 아이까지 병신 만들었다고 미친놈이라고 하는데 내가 도움을 청하면 하나님의 영광을 가릴 것 같아서 형제 뿐 아니라 친구들의 도움도 받지 않았다. 그러니 우리는 전적으로 주님께 맡겨놓고 살 수밖에 없었다.

어느 날 집에 먹을 밥이 없는데 당시 5살인 막내딸이 그걸 알고 나를 보고 "아빠, 우리 금식해요"라고 말했다. 밥 달라고 울며 앙탈을 부려야 하는데 그 어린 것의 입에서 금식을 하자는 것이다. 주님께서 그 어린 것을 통하여 위로해 주신 줄로 믿고 감사했다. 우리 가족은 기도원에 가서도 먹을 것이 없어서 열 살, 여덟 살, 다섯 살짜리 아이들을 3일씩 금식을 시켰다. 그렇게 굶고 살아도 우리 딸들은 다 키도 크고 건강하게 잘 자라서 공부도 잘 마쳤고, 시집도 잘 가서 잘 살고 있다. 요즘 딸들과 앉아서 옛날 이야기를 하면서 웃는다. 그리고 딸들이 그때 그렇게 살아도 이제 하나님이 복 주셔서 친정이나 시댁, 그리고 자기들도 부족함 없이 남을 도우며 살 수 있으니 참 좋다고 말한다. 우리 모두는 지난 날을 생각하며 하나님의 복주심에 감사했다.

넷째, 감사하면 자신에게 얼마나 유익이 있다는 것을 몰랐기 때문이다.

감사가 있는 사람에게는 은혜와 축복을 더하여, 계속 감사할 수 있는 조건을 더 많이 주신다. 본문에 나온 이방인 한 사람이 고침을 받고 주님께 사례할 때에 영혼을 구원받는 은혜와 복이 주어졌다. 그것은 아홉 문둥이가 전혀 모르는 은혜이다. 이것이 감사한 자에게 주신 하나님의 응답이다.

우리가 어떤 목적을 놓고 기도할 때 목적이 이루어지기 전에는 관심이 집중되고 시간을 투자한다. 그리고 응답되어 다 이루고 나면 좀 쉬고 싶어진다. 우리의 신앙도 그러기 쉽다. 그러나 우리는 주님 나라에 갈 때까지 기도에 쉬지 말고 항상 깨어 있어야 한다. 특히 개인적인 필요에 따라 무엇을 이루기 위해 나왔을지라도 감사함이 동반된 기도의 삶으로 성장해야 한다. 하나님은 결국 그 길로 이끌어 가시기 때문이다. 우리의 기도는 감사함이 동반되어야 한다. 그러므로 문제를 응답 받기 위해 기도할 것이 아니라, 감사로 깨어있기 위해서 기도해야 한다..

그러면 어떤 이들은 "아니 이 문제가 해결되면 어련히 감사하지 않겠습니까?"라고 말하지만, 성경은 분명하고 단호하게 감사함으로 깨어있기 위해서 항상 기도하라고 전하고 있다(골4:2). 이 말씀은 어떤 문제가 생긴다고 해서 그 문제만을 지나치게 중요하게 여겨서 다른 것을 생각할 겨를이 없이 살지 말라는 것이다. 그래서 인간은 기도해야 한다. 그런데 기도하려고 무릎을 꿇고 나면 내가 생각하고 있었던 긴급해 보이는 그 어떤 여러 문제들보다 더 급하고 절실한 신앙생활의 문제가 있다는 사실을 깨닫게 된다. 그런 후에야 '겨우 이런 문제 밖에 없도록 감당치 못할 시험을 허락하지 않으시고 지켜주신 하나님의 은혜'를 떠올리면서 감사하게 된다(고전 10:13).

(2) 왜 감사하며 기도해야 하나?

우리에게는 감사할 것이 너무 많다. 우리 생활 전반에 걸쳐 우리에게 주신 영육간의 은혜와 복은 너무 많다. 그러나 우리는 감사가 없이 계속 달라고만 한다(약4:1).

사람은 생활 속에서 자기만족과 더 나은 내일의 환경을 위하여 노력해야 한다. 그러나 더 나은 내일에 대한 집착이 지나친 나머지 어제보다 나은 오늘을 감사할 줄을 모른다. 그리고 허기진 정욕을 채우기 위해 더 많은 것으로 하나님께 요구한다. 그러다 그 요구가 채워지지 않을 때 감사보다 불평과 불만을 늘어놓는다. 감사로 채워져야 할 신앙고백을 불평과 불만으로 채우는 것이다. 우리가 가진 아무리 작은 것일지라도 그것은 하나님께서 주신 것이다. 따라서 그 작은 것으로 감사할 때 하나님은 더 많은 것으로 채워주신다. 그러나 감사치 못하는 자에게는 그 어떤 눈물의 기도를 한다 하더라도 더 이상의 것을 채우지 못할 것이다. 감사하면서 기도하자.

첫째, 감사는 하나님의 뜻이다.

"범사에 감사하라 이는 그리스도 예수 안에서 너희를 향하신 하나님의 뜻이니라" 하셨다(살전5:18). 감사가 하나님의 뜻이란 말은 하나님은 우리에게 감사의 생활을 요청하신다는 말이요, 하나님은 우리들의 감사생활을 기뻐하신다는 말씀이요, 하나님은 우리의 감사생활을 기쁘게 받으신다는 뜻이다. 그러므로 우리는 하나님의 은총과 기쁘신 뜻을 따라 열납하시는 감사생활을 하는 것이 바른 신앙생활이요, 감사로 기도하는 것이 진실한 기도이다. 만약 감사생활을 거부하는 사람이 있다면 이는 하나님을 거역하고 배은망덕한 사람일 것이다. 그러나 하나님의 뜻을 따라 감사하는 자들이 바로 믿음의 사람이요, 의리의 사람이요, 인생의 본분을 바로 아는 사람일 것이다.

인생의 본분이 무엇인지 아는 사람은 하나님께 감사할 수 있지만 인생의 본분이 무엇인지 모르는 사람은 감사생활이 불가능하다. 하나님은 감사를 원하신다. 그러나 우리는 아홉 명의 문둥이처럼 감사하지 못하고 사는 것이 너무 많다. 모든 복은 감사함으로 열매가 맺힌다는 것을 알고 감사하는 삶을 회복해야 한다. 아무리 큰 은혜를 받아도 감사를 느끼지 못하면 그것은 은혜도 아니고 복도 아니다. 하나님의 명령은 "여호와께 감사하라 그 인자함이 영원함이로다"(시107:1)고 하셨다. 감사는 하나님의 뜻이다. 그러므로 감사하면서 아뢰자. 그러면 평강의 하나님께서 그리스도 예수 안에서 우리의 기도에 응답해 주실 것이다.

둘째, 감사는 하나님을 영화롭게 한다.

시편 50:23에 보면 "감사로 제사를 드리는 자가 나를 영화롭게 하나니 그 행위를 옳게 하는 자에게 내가 하나님의 구원을 보이리라"고 했다. 우리가 감사할 때 하나님께서는 영광을 받으신다. 로마서 1:21에도 "하나님을 알되 영화롭게도 아니하고 감사치도 아니한다"고 불신자들의 죄를 지적한다. 믿는다고 하면서 감사하지 않으면 이는 불신자와 다를 바 없다.

어떤 사람이 하나님을 영화롭게 하는가? 감사로 제사를 드리는 자이다. 사람이 다른 면에서는 다소간 부족함이 있을지라도 하나님께 감사를 드리며 살아갈 때, 하나님은 옳다고 인정하시고, 하나님이 구원하시며, 큰일을 맡겨 주시고, 복을 내려 주신다. 바울은 빌립보에 보낸 편지에서 범사에 감사할 것을 이와 같이 권면하고 있다.

"주안에서 항상 기뻐하라 내가 다시 말하노니 기뻐하라 너희 관용을 모든 사람에게 알게 하라 주께서 가까우시니라. 아무 것도 염려하지 말고 오직 모든 일에 기도와 간구로 너희 구할 것을 감사함으로 하나님께 아뢰라 그리하면 모든 지각에 뛰어난 하나님의 평강이 그리스도 예수 안에서 너희 마음과 생각을 지키시리라. 종말로 형제들아 무엇에든지 참되며 무엇에든지 경건하며 무엇에든지 옳으며 무엇에든지 정결하며 무엇에든지 사랑할만하며 무엇에든지 칭찬할만하며 무슨 덕이 있든지 무슨 기림이 있든지 이것들을 생각하라"(빌4:4~8).

(3) 그럼 무엇을 감사하나?

기도는 하나님을 향한 것이다. 인간은 하나님을 향하여 때와 장소를 가리지 않고 감사의 자세를 잃지 말아야 한다. 하나님으로부터 임하는 각양 은사는 감사의 문을 통하여 들어오고, 나갈 때에는 불평의 마음과 입술 때문에 잃게 된다. 그렇기 때문에 성경은 "범사에 감사하라 이는 그리스도 예수 안에서 너희를 향하신 하나님의 뜻이니라"고 권면한다 (살전5:18).

이스라엘 백성들이 광야에서 죽어간 이유는 감사를 잃고 불평하는 생활에서 시작된 것이다. 특별히 하나님을 향하여 기도할 때에는 불평이나 원망으로가 아닌 감사하는 마음으로 기도해야 한다. 그렇게 기도할 때 모든 지각에 뛰어난 하나님의 평강이 그리스도 예수 안에서 우리 마음과 생각을 지켜주신다(빌4:7). 그러므로 우리가 하나님을 섬김에 있어서 감사의 조건을 늘 발견해야 한다. 감사의 조건을 찾아보면 생활 속에서 모든 것이 감사할 따름이다. 감사는 습관이다. '주께서 주신 복을 세어보라'는 찬송도 있다. 감사의 조건을 세어보면 계속 나타난다. 불평도 손꼽기 시작하면 끝없이 나온다. 그러니 불평 대신 감사를 찾아보는 습관을 가져야 한다.

어떤 것을 감사할 수 있을까? 지금까지 살아 숨 쉬며 예배에 참석할 수 있는 것도 감사하고, 헌금할 수 있는 것도 감사하다. 어떤 교인들은 헌금하는 것이 시험이 된다. 또 헌금한다고 불평을 한다. 그런 사람은 참 불행한 사람이다. 이런 사람은 행복하게 살수 없다. '헌금할 수 있는 기회가 생겨서 낼 수 있구나' 하면 얼마나 좋은가? 재산이 많이 없어서 많이 낼수는 없지만, 내 주머니에 돈이 있다는 사실을 감사해야 한다.

생각해 보라. 만약에 수해로 당신의 집이 무너졌다면, 당신의 자녀들이 흥수에 밀려 죽었다면 어떻게 하겠는가? 그런 상황들이 있지만 우리가 조용히 앉아 하나님께 감사와 찬양을 돌릴 수 있다는 것은 얼마나 감사한가? 그런데 언제까지 우리가 감사할 수 있을지 아무도 알 수 없다. 우리 모두는 오늘까지만 이 세상에 있고 내일은 없을지도 모른다. 그러기에 오늘 우리에게 하나님을 기억하고 예배할 수 있는 좋은 시간을 주신 것을 감사하라. 감사의 조건을 찾을 수 있는 사람이 행복하다.

인생살이에 속상하고 짜증나고 화나는 일이 없을 수는 없다. 인생이 다 그런 거니까. 그러나 똑같은 것을 뒤집어보면 거기에서 감사를 찾을 수 있다. 생각을 바꾸라. 부정적인 생각을 긍정적인 생각으로 바꾸면 감사가 나온다. 자신이 불행하다고 생각하고 사는 사람들, 육체적으로 문제가 있는 사람들, 불평 속에서 괴로워하는 사람들이 감사하는 마음을 가지면 그 사람은 바로 행복해 질 수 있다.

어떤 기록에 보니까 걱정과 근심, 불안 때문에 잠 못 이루는 사람들 가운데 약을 먹고 고친 사람은 15%이고, 생각을 바꾸어 긍정적이며 감사함으로 삶이 변한 사람은 75%나 된다고 한다. 그러므로 기도할 때 특별히 하나님 앞에서 감사할 제목을 찾아서 하나님께 감사하라. 안 믿는 사람들은 감사하고 싶은데 누구에게 감사할지를 모른다. 그러나 예수 믿는 사람들은 하나님께 감사할 수 있다.

찬양하며 감사하는 사람들의 얼굴은 환하다. 찬양하면 가슴이 탁 트이고 시원해진다. 세상이 밝게 보인다. 왜냐하면 하나님의 아름다움을 보고 묘사하기 때문이다. 게다가 모든 일들에 감사가 넘치니 그런 사람은 아름답게 성숙될 수밖에 없다. 우리의 신앙을 성장시키는 방법은 기도하고 찬양하는 것이다. 기도하며 찬양하고, 기도하며 감사하라. 반드시 당신의 삶에 발전이 있을 것이다. 마음이 평안해지든지, 신앙적으로 성숙하든지, 얼굴이 좋아지든지, 하는 일이 잘 되든지 할 것이다. 그러면 구체적으로 감사할 내용은 무엇일까?

첫째, 구원의 은혜에 감사하자.

"주의 사랑하는 형제들아 우리가 항상 너희를 위하여 마땅히 하나님께 감사할 것은 하나님이 처음부터 너희를 택하사 성령의 거룩하게 하심과 진리를 믿음으로 구원을 얻게 하심이니,"라고 하신 말씀처럼 죄값으로 영원히 죽어 지옥의 형벌을 받을 수밖에 없는 우리를 구원하신 은혜에 대한 감사이다(살후2:13).

우리가 하나님을 섬김에 있어서 감사의 조건을 늘 발견해야 한다. 감사의 조건을 찾아보면 생활 속에서 모든 것이 감사할 따름이다. 그 중에서 우리가 하나님 앞에 감사해야할 첫째 조건은 죄와 허물로 죽어 영원히 지옥 형벌을 받을 수밖에 없는 나를 구원하신 은혜를 감사하며 기도하자.

① 구원은 하나님의 크신 사랑과 깊으신 뜻이다.

"곧 창세 전에 그리스도 안에서 우리를 택하사 우리로 사랑 안에서 그앞에 거룩하고 흠이 없게 하시려고 그 기쁘신 뜻대로 우리를 예정하사 예수 그리스도로 말미암아 자기의 아들들이 되게 하셨으니"(엡1:4~5), 이렇게 하나님께서 우리를 사랑하셨기에 우리는 그 은혜를 감사해야 한다. 하나님의 역사에 우연이라는 것은 없다. 죄인 한 사람 구원하는데 우리 인간의 지혜로 측량할 수 없는 하나님의 깊고 선하신 뜻이 있다. 하나님의 깊고 선하신 뜻은 인간이 측량할 수 없는 것이다.

② 우리의 구원은 예수 그리스도의 대속의 죽음으로 이루어졌다.

"그는 근본 하나님의 본체이시나 하나님과 동등 됨을 취할 것으로 여기지 아니하시고 오히려 자기를 비어 종의 형체를 가져 사람들과 같이 되었고 사람의 모양으로 나타나셨으매 자기를 낮추시고 죽기까지 복종하셨으니 곧 십자가에 죽으심이라"(빌2:6~8).

예수님은 하나님이셨지만 인간의 몸을 입으시고, 구유에서 태어나셔서 고난의 길을 가시다가 십자가에서 죄 많은 나를 위해 죽으셨다. 이것을 생각하면 감사하지 않을 수가 없다. 질병이나, 가난, 핍박이나 죽음에서도 하나님을 향한 우리의 감사는 끊이지 않고 계속 되어야 할 것이다(히10:32~34·11:36~38).

셰익스피어는 "감사가 없는 자는 독사의 이빨보다 더 날카롭고 독하다"고 했다. 만일 자녀가 부모에게 배은망덕했다면 부모 마음이 얼마나 아플까? 그와 같이 우리가 베풀어주신 하나님의 은혜에 감사하지 못하고 원망하고 불평한다면 하나님의 마음이 얼마나 아프겠는가?

죄악 가운데서 사단의 종이 되어 심판 받고 저주받아 지옥에 던져져야할 우리들을 자비와 긍휼이 풍성하신 주님은 자신의 살을 찢고 피 흘려 구원해 주셨다. 그러므로 우리는 구원의 은혜를 영원토록 감사하는 기도를 드려야 할 것이다. 감사는 앞으로 주실 것을 위한 감사가 아니고, 이미 주신 것에 대한 고마움의 표시이다. 받은 구원에 대해 감사하자.

둘째, 보호와 인도하심에 대하여 감사하자.

우리는 믿음이 약하고 신앙이 깊지 못하여 범죄하여 넘어지기 쉽다. 그러나 주님께서 지금까지 지켜주셨다. "내 영혼아 여호와를 찬송하며 그 모든 은택을 잊지 말지어다"(시103:2). 하나님께 기도할 때에는 우리를 보호하심과 인도하심을 잊지 말아야 한다. 시편 17:8~9에 보면 "나를 눈동자 같이 지키시고 주의 날개 그늘 아래 감추사, 나를 압제하는 악인과 나를 에워싼 극한 원수에게서 벗어나게 하소서"라고 했다. 하나님이 우리를 눈동자와 같이 지키시고 보호하시며, 목자가 양을 푸른 초장과 쉴만한 물가로 인도하심과 같이 우리를 행복의 항구로 인도하시며, 또한 원수 마귀를 쉴 사이 없이 물리치시며, 승리케 하심에 대해 감사와 영광을 돌려야 한다.

  미국으로 건너간 청교도들은 무엇이든 다 감사했다고 한다. 대서양이란 죽음의 바다를 건너온 감격으로 자기의 집을 세우기 전에 먼저 주님의 몸된 교회부터 세웠고, 교회 안에서 집단으로 살았다. 만일 그들이 신앙의 공동체로 같이 생활하지 않았다면 다 죽었을지도 모른다. 이를 통해 매서운 추위와 인디언들의 습격을 이들은 집단으로 막았던 것이다.
  하루 일을 마치고 부모들은 그의 자녀들을 붙들고 "하나님이 우리를 선택하셨다. 그리고 이곳에 보내 주셨다"고 얘기해 주었고, 아이들은 학교에 가면 먼저 예배를 드린 후에 공부를 시작했다. 1918년까지 이런 교육이 계속되었는데, 어떤 변호사 두 명이 특정 종교만 학교에서 가르칠 수 없다고 고소하여 공립학교에서 기독교가 사라지기 시작했다. 모든 교과서에서 하나님의 역사가 삭제되었다. 그러면서 세속 문명이 미국을 지배해 가게 되었고, 세계 양 대전까지 치르면서 미국의 아이들은 어머니의 품에서 떠나고, 어머니의 기도에서 떠나 형편없는 미국을 만들어 놓았다.
  우리나라도 많은 가정이 파괴되고 청소년들이 방황하고 있는 이때, 구제책은 오직 모든 믿음의 가정들이 강력한 영적 혁명을 일으키면 살길이 있다. 하나님을 진정 사랑하고 사람을 사랑하며, 성령의 능력을 탐내고 죄악을 미워하는 사람들이 된다면, 역사는 변하고 살길이 열릴 것이다. 하나님의 은혜를 잊지 말고 깨달아 감사하자.
  우리 삶은 감사할 때 형통하고(행16:26), 감사할 때 물질도 풍성하고(잠3:3~10), 감사할 때 건강도 주시고(갈6:6), 감사할 때 기도 응답도 있다(빌4:6~7). 우리 모두 감사하면서 기도하자. 속죄 받은 은혜에 감사하고(갈1:4, 신16:12), 우리의 기도에 응답해 주심을 감사하자.

셋째, 일꾼으로 불러주심을 감사하라.

성도는 신앙이 성장하면 할수록 주님을 깊이 알게 되고 삶의 진정한 의미를 발견하게 된다. 그리고 주님이 주신 사명을 깨닫게 되면서 그 사명이 귀하고 값진 것임을 인식함으로 하나님의 거룩한 사업에 부족하고 천한 나를 써 주시는 것이다. 이것은 분명 감사의 조건이다.

디모데전서 1:12에서는 "나를 능하게 하신 그리스도 예수 우리 주께 내가 감사함은 나를 충성되이 여겨 내게 직분을 맡기심이니"라고 하셨다. 하나님의 거룩한 사업에 부족하고 천한 나를 충성되이 여겨 써 주시는 것이다. 이 얼마나 감사한가? 하나님은 어제나 오늘이나 믿는 무리를 통하여 일하신다. 구약과 신약을 통해서 보면 하나님은 그를 믿는 많은 사역자를 들어 쓰셨다. 오늘도 하나님은 미련한 자를 들어서 지혜자를 부끄럽게 하시고, 약한 자를 통하여 강한 자를 부끄럽게 하시며, 천하고 멸시받는 자를 통하여 있는 자들을 폐하기도 하신다(고전1:26~28). 하나님은 귀하신 뜻이 있어서 우리를 부르셨고, 각양 은사를 주시어 직분을 맡게 하신 것이다. 그 직분이 그래서 귀중한 것임을 알고 감사를 드려야 한다. 기도하는 자에게 필요한 요소는 감사이다. 하나님 앞에 감사하는 자가 응답을 받을 수 있다. 아무 것도 염려하지 말고 감사하며 기도하자.

넷째, 하나님께 받은 은혜를 생각하며 감사하자.

기독교는 생명의 종교요, 은혜와 복의 종교요, 감사의 종교라 할 수 있다. 그 이유는 하나님으로부터 너무나 많은 은혜와 복을 받았기 때문이다. 오늘날 우리는 하나님께 복을 구하는 것은 많지만 이미 받은 은혜를 기억하여 감사하는 일은 매우 적다. 지난 날 하나님께 받은 은혜를 잊어버렸을 때 불평과 원망이 나온다. 이스라엘 백성이 광야에서 원망과 불평의 죄를 지을 때가 애굽 땅에서 구원해 주신 하나님의 은혜를 잊었을 때였다. 사람이 가장 천하게 보일 때가 불평과 원망할 때인데 이때는 영적으로 가장 고갈된 상태일 때이다.

시편 103:2에 보면 "내 영혼아 여호와를 찬송하며 그 모든 은택을 잊지말지어다"라고 했다. 하나님의 은혜를 깨닫고 감사하는 자가 되어야 한다. 우리가 하나님께 받은 것이 얼마나 많은가? 모든 것이 주께 받은 것이 아닌가? "누가 너를 구별하였느뇨? 네게 있는 것 중에 받지 아니한 것이 무엇이뇨? 네가 받았은즉 어찌하여 받지 아니한 것 같이 자랑하느뇨?"라고 말했다(고전4:7).

그러므로 우리는 "우리가 살아도 주를 위하여 살고 죽어도 주를 위하여 죽나니 그러므로 사나 죽으나 우리는 주의 것이다"(롬14:8). 우리는 환경과 조건에 구애됨이 없이 ① 욥처럼 감사하고(욥1:20~22), ② 다니엘처럼 감사하고(단6:10), ③ 바울과 실라처럼 감사하며 기도하자. 그리하면 반드시 응답이 있다.

다섯째, 기도를 들어주시며 응답하심에 감사하자.

열왕기하 20:5~6에 보면 "너는 돌아가서 내 백성의 주권자 히스기야에게 이르기를 왕의 조상 다윗의 하나님 여호와의 말씀이 내가 네 기도를 들었고 네 눈물을 보았노라 내가 너를 낫게 하리니 네가 삼일 만에 여호와의 전에 올라가겠고 내가 네 날을 십 오년을 더할 것이며 내가 너와 이 성을 앗수르 왕의 손에서 구원하고 내가 나를 위하고 또 내 종 다윗을 위하므로 이 성을 보호하리라 하셨다 하라 하셨더라"라고 했으며, 역대하 7:12~15에 보면 "밤에 여호와께서 솔로몬에게 나타나사 이르시되 내가 이미 네 기도를 듣고 이곳을 택하여 내게 제사하는 전을 삼았으니 혹 내가 하늘을 닫고 비를 내리지 아니하거나 혹 메뚜기로 토산을 먹게 하거나 혹 염병으로 내 백성 가운데 유행하게 할 때에 내 이름으로 일컫는 내 백성이 그 악한 길에서 떠나 스스로 겸비하고 기도하여 내 얼굴을 구하면 내가 하늘에서 듣고 그 죄를 사하고 그 땅을 고칠지라 이곳에서 하는 기도에 내가 눈을 들고 귀를 기울이리니"라고 했다.

이렇듯 하나님은 분명히 우리의 기도를 들으시며 응답하시겠다고 약속하셨다. 그러나 앞서 말했듯 기도의 응답에는 즉각적인 응답이 있는가 하면, 기다리라는 응답도 있고, 또한 안 된다는 응답도 있다는 것을 잊지 말라. 하나님은 어떠한 형태이든지 응답하시되, 기도하는 자에게 유익이 되고 조화롭게 응답하신다. 기도할 때마다 응답하시는 하나님께 감사하자.

2. 통회자복하면서 기도하자.

우리가 하나님의 거룩하심에 영광을 돌리고 베풀어주신 은혜에 감사하면 자신이 죄인임을 깨닫게 된다. 다윗은 나단 선지자의 책망을 듣고 자신이 죄인임을 깨닫고 "내가 죄 중에 출생하였음이여"하며 통회했고(시51:1~5), "내가 내 마음에 죄악을 품으면 주께서 듣지 아니하시리라"고 했으며(시66:18), "허물의 사함을 얻고 그 죄의 가리움을 받은 자는 복이 있도다. 마음에 간사가 없고 여호와께 정죄를 당치 않은 자는 복이 있도다"(시32:1~2)라고 하셨다.

욥은 환난 속에서 죄인임을 깨닫고 "내가 스스로 한하고 티끌과 재 가운데서 회개하나이다"라 했고(욥42:6), 이사야는 하나님의 보좌와 영광을 볼 때 자기가 죄인임을 깨닫고 회개했으며(사6:5), 사도 바울은 부활하신 주님을 만나고 "내가 죄인 중에 괴수로다"라고 고백했다(딤전1:12~15).

그러므로 우리는 기도할 때 먼저 죄인임을 깨닫고 죄를 자백하고 회개하여 복이 오는 통로와 형통의 길을 열어야 한다. 그러면 우리 삶에 기적이 일어난다. 하나님께서는 죄인의 기도만 받지 않으시는 것이 아니라 죄인의 예물도 받지 않으신다. "그러므로 예물을 제단에 드리다가 거기서 네 형제에게 원망 들을 만한 일이 있는 줄 생각나거든 예물을 제단 앞에 두고 먼저 가서 형제와 화목하고 그 후에 와서 예물을 드리라"라고 지적하면서 회개할 것을 촉구했다(마5:23~24).

1) 왜 회개해야 하는가?

(1) 하나님은 죄인의 기도를 듣지 않으시기 때문이다.

요한복음 9:31에 보면 "하나님이 죄인을 듣지 아니하시고 경건하여 그의 뜻대로 행하는 자는 들으시는 줄을 우리가 아나이다"라고 했다. 우리의 죄가 기도의 응답을 막는다. "너희가 손을 펼 때 내가 손을 가리우고, 너희가 많이 기도할지라도 내가 듣지 아니하리니 이는 너희 손에 피가 가득함이라"고 지적한다(사1:15). 온갖 나쁜 짓을 다 해놓고 복 달라고 하면 주시겠는가? 하나님은 듣지 않으신다. 죄를 회개하고 죄에서 떠날 때 응답하신다.

잠언 1:23~30의 기록을 보라. "나의 책망을 듣고 돌이키라. 보라 내가 나의 신을 너희에게 부어주며, 나의 말을 너희에게 보이리라. 내가 부를지라도 너희가 듣기 싫어하였고, 내가 손을 펼지라도 돌아보는 자가 없었고, 도리어 나의 모든 교훈을 멸시하며 나의 책망을 받지 아니하였은즉 너희가 재앙을 만날 때에 내가 웃을 것이며, 너희에게 두려움이 임할 때에 내가 비웃으리라. 너희의 두려움이 광풍같이 임하겠고 너희의 재앙이 폭풍같이 임하리니, 그 때에 너희가 나를 부르리라. 그래도 내가 대답지 아니하겠고 부지런히 나를 찾으리라 그래도 나를 만나지 못하리니 대저 너희가 지식을 미워하며 여호와 경외하기를 즐거워하지 아니하며, 나의 교훈을 받지 아니하고 나의 모든 책망을 업신여겼음이라." 이 얼마나 무서운 말씀인가? 하나님의 말씀을 듣지 아니 하고 비웃고 오히려 멸시하는 자는 결국 재앙을 만날 것이요, 그때 아무리 부르짖고 하나님을 찾아도 하나님은 듣지 아니 하신다.

축복의 문, 기도응답의 문을 열고 닫는 권세가 하나님께 있다. 하나님이 열어주시면 불가능이 없다. 절대주권은 하나님께 있지만 단지 하나님과 나 사이에 죄악이 가로막혀 있으면 기도의 응답은 없다. 그러므로 죄가 얼마나 우리를 불행하게 만드는지 깨닫고 회개하자.

하나님이 제일 싫어하시는 것이 죄이다. 기도가 상달되려면 하나님과 우리의 사이를 막는 죄를 철저히 회개해야 한다. 우리가 남을 괴롭히고 해를 끼치는 것도 죄악이지만 주리고 벗은 자들을 돌보지 않는 것도 죄악이다. 금식기도가 중요하지만 먼저 회개해야 한다. 그래서 하나님과 나 사이에 막힌 담을 헐어야 한다.

이사야 58:6~11에 보면 "나의 기뻐하는 금식은 흉악의 결박을 풀어주며 멍에의 줄을 끌러 주며 압제 당하는 자를 자유케 하며 모든 멍에를 꺾는 것이 아니겠느냐? 또 주린 자에게 네 식물을 나눠주며 유리하는 빈민을 네 집에 들이며, 벗은 자를 보면 입히며, 또 네 골육을 피하여 스스로 숨지 아니하는 것이 아니겠느냐. 그리하면 네 빛이 아침같이 비칠 것이며 네 치료가 급속할 것이며, 네 의가 네 앞에 행하고 여호와의 영광이 네 뒤에 호위하리니, 네가 부를 때에는 나 여호와가 응답하겠고, 네가 부르짖을 때에는 말하기를 내가 여기 있다 하리라. 만일 네가 너희 중에서 멍에와 손가락질과 허망한 말을 제하여 버리고, …… 나 여호와가 너를 항상 인도하여 마른 곳에서도 네 영혼을 만족케 하며, 네 **뼈**를 견고케 하리니 너는 물댄 동산 같겠고 물이 끊어지지 아니하는 샘 같을 것이라"고 했다.

(2) 죄악이 기도의 응답을 가로막는 장벽이다.

죄는 주님과 우리 사이에 벽을 두어 복과 응답을 가로막는다. 맑은 하늘에 구름한 점 때문에 태양이 가려지는 것처럼 우리와 하나님의 사이도 죄가 가리어 교통이 두절된다. 그러므로 우리가 죄악을 품고는 아무리 기도해도 응답은 없다. 다윗은 무엇이 하나님과의 사이를 막고 있는지 잘 알았다. 그래서 "내가 내 마음에 죄악을 품으면 주께서 듣지 아니하시리라"고 하였고(시66:18), 이사야도 그것을 알고 "여호와의 손이 짧아 구원치 못하심도 아니요 귀가 둔하여 듣지 못하심도 아니라, 오직 너희 죄악이 너희와 너희 하나님 사이를 내었고 너희 죄가 그 얼굴을 가리워서 너희를 듣지 않으시게 함이니"라고 한 것이다(사59:1~2).

(3) 죄는 기도의 응답만 아니라 온갖 좋은 것을 가로막는다.

죄를 숨기고 마치 죄가 없는 것처럼 뻔뻔스럽게 속이면 형통치 못한다. 예레미야 5:25에 보면 "너희 허물이 이러한 일들을 물리쳤고 너희 죄가 너희에게 오는 좋은 것을 막았느니라"고 했다. 그러므로 남의 죄를 용서하라. 남의 죄를 용서하지 못하면 어찌 내 죄를 용서받을 수 있겠는가? 그러기에 주님은 "예물을 제단에 드리다가 거기서 네 형제에게 원망 들을 만한 일이 있는 줄 생각나거든 예물을 제단 앞에 두고 먼저 가서 형제와 화목하고 그 후에 와서 예물을 드리라"고 하셨고(마5:23~24), 또 "서서 기도할 때에 아무에게나 혐의가 있거든 용서하라 그리하여야 하늘에 계신 너희 아버지도 너희 허물을 사하여 주시리라"고 하셨고(막11:25), "자기 죄를 숨기면 형통치 못하다"고 하셨다(잠28:13).

그러므로 죄를 숨기지 말고 토설하라. 그것이 응답받는 기도를 드릴 수 있는 사람의 자세다. 죄를 숨기고 마치 죄가 없는 것처럼 뻔뻔스럽게 속이면 형통할 수 없다(욥1:4~14). 죄인이 사는 길은 통회자복하며 금식해야 한다(욜2:25). 세상에 의인이 없다(롬3:10). 주님은 죄인을 부르러 오셨고(마9:12), 죄인 하나가 회개하면 의인 아흔아홉명보다 기뻐하신다(눅15:27).

죄는 암과 같고 독소와 같다. 모든 고통과 불행의 원인이 죄이다. 회개하고 용서받은 자가 복을 받는다. 죄인이 사는 길은 통회자복하는 길밖에 없다(욜2:25). 죄가 많아 망하는 것이 아니고 회개치 않아 망한다(눅 131~6). 죄는 우리에게 오는 좋은 것을 가로막는다. 우리의 심령에 죄가 들어오면 우리의 기도는 허공을 칠 수밖에 없다. 그러나 그 죄를 회개하면 우리의 기도는 하늘의 보좌에 상달되고 하나님의 마음을 움직여 응답해 주시겠다고 하나님께서 약속해 주셨다.

(4) 하나님께서는 회개하면 과거를 묻지 않고 용서하신다.

이사야 1:18에 보면 "여호와께서 말씀하시되 오라 우리가 서로 변론하자 너희 죄가 주홍 같을지라도 눈과 같이 희어질 것이요, 진홍같이 붉을지라도 양털같이 되리라"고 하셨다. 그뿐 아니라, 동에서 서가 먼 것처럼 우리의 죄과를 멀리 옮기시고(시103:12), 모든 죄를 생각나지 않게 하실 것이며(요일1:8~9), 주의 등 뒤에 멀리 던져(사38:17), 구름 사라지듯 멀리 보내시어(사44:22), 다시 기억나지 않게 하시겠다고 약속하셨다(사43:25).

그러므로 신앙생활에 가장 중요한 것이 기도요, 기도 중에서 중요한 것은 회개의 기도이다. 회개 없이 용서 없고, 회개 없이 구원 없고, 회개 없이는 성령 충만도 있을 수 없다(행2:38). 회개할 때 그리스도의 보혈이 나를 깨끗케 한다.

2) 어떻게 회개하는가?

회개는 그냥 입으로만 아니라 송아지의 각을 뜨는 것처럼, 마음을 찢으며 회개해야 한다. 구약의 요엘 선지자는 다음과 같이 말했다. "여호와의 말씀에 너희는 이제라도 금식하며 울며 애통하고 마음을 다하여 내게로 돌아오라 하셨나니 너희는 옷을 찢지 말고 마음을 찢고 너희 여호와께로 돌아오라 하셨나니 그는 은혜로우시며 자비로우시며 인애가 크사 그의 뜻을 돌이켜 재앙을 내리지 아니하시리라"(욜2:12~13).

구약시대 이스라엘 백성들이 제사를 드리는 방식을 보면, 제물인 짐승을 잡아 일일이 각을 떴다. 이것은 제물을 바치는 인간의 죄를 송아지 각을 뜨듯이 회개한다는 상징적 의미를 담고 있다. 이러한 제사에 대해 레위기 1:10~14에 보면 "만일 그 예물이 떼의 양이나 염소의 번제이면 흠없는 수컷으로 드릴지니, 그가 단 북편에서 여호와 앞에서 잡을 것이요. 아론의 자손 제사장들은 그 피를 단 사면에 뿌릴 것이며, 그는 그것의 각을 뜨고 그 머리와 그 기름을 베어 낼 것이요. 제사장은 그것을 다 단 윗불 위에 있는 나무에 벌여 놓을 것이며, 그 내장과 정갱이를 물로 씻을 것이요, 제사장은 그 전부를 가져다가 단 위에 불살라 번제를 삼을지니 이는 화제라 여호와께 향기로운 냄새니라"라고 했다.

엘리야도 갈멜산에서 기도할 때 기도하기 전에 먼저 "그가 여호와의 이름을 의지하여 그 돌로 단을 쌓고 단으로 돌아가며 곡식 종자 두 세아를 용납할 만한 도랑을 만들고, 또 나무를 벌이고 송아지의 각을 떠서 나무 위에 놓고 이르되 통 넷에 물을 채워다가 번제물과 나무 위에 붓고"(왕상18:32~33) 기도를 드렸다. 주님은 회개하지 않고 마음에 죄악을 품은 채 하는 기도는 가증하여 울리는 꽹과리 소리 같아서 듣지 아니하시겠다 하셨다(시66:18). 그러나 하나님은 회개할 때 귀를 기울이시고 응답하시겠다고 약속하셨다(대하7:14). 우리도 갈멜산에서 기도하는 엘리야가 송아지 각을 뜨듯 우리의 오장육부를 쪼개고, 또 엘리야가 물도랑을 파듯 말씀의 검으로 심령골수를 쪼개며 회개해야 한다(히4:12). 쪼개지 않으면 응답이 없다(창15:9~15). 그러나 눈물로 회개한 히스기야는 생명을 15년이나 연장 받는 응답을 받았다(왕하20:11).

3) 회개의 종류

성도의 신앙생활에 가장 중요한 것이 기도요, 기도 중에 가장 중요한 것이 회개 기도이다. 회개할수록 성령 충만한 삶을 살 수 있다. 회개할 때 예수 그리스도의 보혈이 나를 깨끗하게 한다. 회개해야 할 죄의 종류를 세 가지로 구분할 수 있다.

(1) 육적인 죄에 대한 회개

우리는 먼저 육신이 저지르는 죄를 회개해야 한다. 그 육신적인 죄를 구체적으로 들어보면 다음과 같다.

첫째, 음란과 호색이다. 갈라디아서 5:17에 보면 "육체의 일은 현저하니 곧 음행과 더러운 것과 호색"을 지칭한다. 음란한 책과, 광고, 생각을 통해서도 음란과 호색의 죄를 지을 수 있다.

둘째, 방탕과 술 취함이다. 로마서 13:13~14에 보면 "낮에와 같이 단정히 행하고 방탕과 술 취하지 말며 음란과 호색하지 말며 쟁투와 시기하지 말고, 오직 주 예수 그리스도로 옷 입고 정욕을 위하여 육신의 일을 도모하지 말라"고 했다.

셋째, 혈기로서 신경질 및 분내는 것이다. 에베소서 4:26에 보면 "분을 내어도 죄를 짓지 말며 해가 지도록 분을 품지 말고"라고 하셨다.

넷째, 탐욕으로 물욕, 음욕, 명예욕이다. 야고보서 1:14~15에 보면 "오직 각 사람이 시험을 받는 것은 자기 욕심에 끌려 미혹됨이니, 욕심이 잉태한즉 죄를 낳고 죄가 장성한즉 사망을 낳느니라"(갈5:6·5:24, 엡 4:22~24).

다섯째, 시기, 질투, 비방, 미움, 수군수군하는 것을 회개하라. 갈라디아서 5:20~21에 보면 "우상숭배와 술수와 원수를 맺는 것과 분쟁과 시기와 분냄과 당 짓는 것과 분리함과 이단과, 투기와 술 취함과 방탕함과 또 그와 같은 것들이라. 전에 너희에게 경계한 것같이 경계하노니 이런 일을 하는 자들은 하나님의 나라를 유업으로 받지 못할 것이요"라고 했다(고전3:3, 고후12:20, 잠14:30). 야고보서 3:14에서도 "그러나 너희 마음 속에 독한 시기와 다툼이 있으면 자랑하지 말라 진리를 거스려 거짓하지 말라"고 했다. 야곱의 아들들은 시기와 질투로 요셉을 팔았다(창 37:18~36).

여섯째, 게으름과 나태함을 회개하라. 게으름이란 쉬려고 하는 것, 즉 일을 미루는 것이다. 우리가 쉴 곳은 천국 밖에 없다는 말을 기억하라. 잠언 18:9에 보면, "자기의 일을 게을리 하는 자는 패가(敗家)하는 자의 형제니라"고 했고, 데살로니가후서 3:10에 보면 "일하기 싫으면 먹지도 말라"고 했으며, 로마서 1:12에는 "부지런하여 게으르지 말고 열심을 품고 주를 섬기라"고 했으며, 예레미야 48:10에는 "여호와의 일을 태만히 하는 자는 저주를 받을 것이요 자기 칼을 금하여 피를 흘리지 아니하는 자도 저주를 당할 것이로다"라고 했다.

　일곱째, 사치와 허영 즉 분수에 넘치는 생활을 회개하라. 야고보서 5:5에 보면 "너희가 땅에서 사치하고 연락하여 도살의 날에 너희 마음을 살찌게 하였도다"라고 책망했다.

　우리 교회 초장기에 얼굴이 예쁜 노처녀가 등록을 했다. 지금은 권사가 되었지만 그녀가 나를 만나기 전까지 어떻게 살았는지 모른다. 그런데 기도를 하며 심령기도를 시켰는데 성령이 역사하시니까 지하실 시멘트바닥을 거의 3~40분 동안 머리로 밀고 다니면서 통곡하며 회개를 했다. 손톱과 발톱에 바른 매니큐어를 칼로 잘라내는 것처럼 하면서 성령님의 책망을 받아 회개했다. 나는 그것을 보면서 '아, 사람에게 잘 보이려고 지나치게 꾸미는 것도 죄이구나' 생각했다. 사람에게 잘 보이려고 지나치게 꾸미지 말라. 왜 꾸미는가? 남을 속이려고 하기 때문이다. 사람은 속여도 하나님은 속지 않으신다. 사치의 어머니가 허영이란다. 사람에게 잘 보이려고 하지 말고 생사화복의 주관자이신 하나님 앞에 잘 보이려고 노력하라.

　여덟째, 더러운 식물을 좋아하는 것을 회개하라. 사도행전 15:20에 보면 "다만 우상의 더러운 것과 음행과 목매어 죽인 것과 피를 멀리하라"고 했다. 성도의 몸은 하나님의 성령이 계시는 곳이니 거룩하고 깨끗해야 한다. 그래서 주님은 "너희 몸은 너희가 하나님께로부터 받은 바 너희 가운데 계신 성령의 전인 줄을 알지 못하느냐 너희는 너희의 것이 아니라 값으로 산 것이 되었으니 그런즉 너희 몸으로 하나님께 영광을 돌리라"고 했다(고전6:19~20·10:31). 그리고 고린도전서 3:16~17에 보면 "너희가 하나님의 성전인 것과 하나님의 성령이 너희 안에 거하시는 것을 알지 못하느뇨, 누구든지 하나님의 성전을 더럽히면 하나님이 그 사람을 멸하시리라 하나님의 성전은 거룩하니 너희도 그러하니라"라고 하셨다. 마약, 술, 담배, 우상제물, 피, 목매어 죽인 것을 먹고 마시는 것은 그리스도인으로서 덕을 세우는데 아무런 도움이 되지 않는다. 이러한 것들을 즐겨 취함을 회개하라.

아홉째, 불평, 불만, 원망하는 것을 회개하라. 특히 주의 종들에게 불평, 불만, 원망하지 말라. 이것이 다툼을 일으킨다. 성경에 보면 불평, 불만을 하는 자들은 모두 망했다. 미리암이나(민12:1), 이스라엘 백성들의 원망이 그랬고(민14:1~12), 고라 자손도 그랬다(민16:1). 이러한 생각과 행위에 대하여 철저히 회개하라. 성도는 매사가 분명해야 한다. 그리하여 하나님의 관심과 칭찬을 받아야 한다.

부족한 종이 개척한지 얼마 되지 않았을 때 우리 교회에서 청지기 훈련으로 제직 세미나를 직접 했다. 평소 예배에서 설교할 때와 달리 좀 구체적으로 교회를 섬기는 자세, 목회자를 돕는 일, 그리고 헌금에 대하여 등 약 4시간에 걸쳐 말씀을 전했다. 약 두 시간 정도가 지나 헌금에 대하여 가르치면서 헌금의 종류와 드리는 자세에 대하여 말씀을 전하면서 보니, 우리 교회 장로 부인인 방 집사의 태도가 영 말이 아니었다. 나는 속으로 '응, 네가 병드는구나!' 생각하면서 모르는 체 계속 말씀을 전했다. 집회를 마치고 밥을 먹고 다 집으로 갔는데 우리 막내딸이 화장실에서 누가 나를 부른다 하여 누구냐고 보라 했더니 방 집사란다. 별로 기분이 좋지 않아 "왜 부르는데?" 하고 화장실로 가보니 주저 앉아서 펑펑 하혈을 했다. 그래서 "회개 하시오"라고 말하니까, "목사님, 회개가 안 돼요"라고 말한다. 그래서 "그러면 주님께서 지시하신 것이 있을 것 아니요?"라고 했더니, "예, 목사님의 발을 잡고 용서를 빌래요"라고 말했다. 그래서 "그러면 사무실로 가자"고 하여 사무실에 업어다 놓으니 울면서 내 발목을 잡고 "목사님, 용서해주세요"라고 하며, 통곡을 했다. 그래서 나는 집히는 데가 있어 "집사님, 무슨 생각을 했습니까?"라고 물어보니 그 집사는 이렇게 설명해 나갔다. "목사님이 헌금 이야기를 하실 때 내 마음에서 '아, 이제 우리 목사님이 돈맛을 알았는가 보다'라고 생각이 들면서 말씀이 안들어오며 고통이 시작되었습니다. 그래서 마치자마자 화장실에 가서 앉으니, 하혈을 하기 시작하면서 음성이 들리기를 '내 종이 내 뜻을 가르치는데 네가 왜 불평이냐?'고 하시면서 주님이 죽일 것 같이 야단을 치셨습니다. 그래서 '주여! 잘못했으니 용서해 주십시오.'라고 했으나, 주님은 '안 된다. 내 종 앞에 무릎을 꿇고 용서를 빌어라.' 고 했습니다."

그 당시 나는 개척교회를 하면서 헌금에 대하여 잘 말하지 않았다. 그리고 돈에 대하여 무관심하였다. 그래서 우리 식구들은 많이도 굶었다. 그런 것을 알고 계신 주님께서 그 방 집사를 책망하신 것이다. 그런 내용을 말하면서 방 집사는 용서해 달라고 울었다. 그래서 나는 "용서하니까, 주님께 낱낱이 회개하세요"라고 했더니 방 집사는 다음과 같이 회개했다. "주님, 용서해 주소서. 목사님의 김치는 하얗고, 우리 김치는 빨갛게 담아 먹은 것을 용서하옵소서!"라고 기도했다. 그 내용인즉 방 집사는 쌀과 고춧가루, 기름 등을 파는 장사를 했는데, 그때 우리는 김치 담아 먹을 돈도 없었거니와 혹 배추를 사오면 고춧가루가 없으니 그냥 담아 먹었다. 물론 매운 것을 좋아하지도 않았지만. 그런데 그 집에 심방을 가서 식사를 할 때가 있으면 너무 김치가 빨개 내 마음 속에 '무슨 고춧가루와 원수졌나. 이렇게 빨갛게 해먹나?'라고 불평을 했다. 그런데 주님이 이 종의 마음을 아시고, 그 방 집사를 그렇게 회개 시키셨던 것이다. 재물이 좀 있다고 흥청망청 쓰는 것도 죄인 줄로 알아야 한다.

모든 일을 수습하고 그 집사가 정신을 차린 후에 "집사님, 내일 주일 예배를 마치고 간증을 하시겠어요?"라고 물으니, "예, 목사님, 하지요"라고 대답해서 주일 낮 예배 때 설교를 마치고 간증을 시켰더니, 장로 권사 집사 할 것 없이 울음바다가 되었다. 알고 보니 그때 그 강의를 할 때 모두가 다 그런 생각을 하고 시험이 들었던 것이다. 나는 그 때 생각했다. '참 우리 주님께 얼마나 감사한지. 못난 종을 얼마나 사랑하시면 이런 깨달음을 우리 교인들에게 주시는가?' 만약 그 집사를 깨닫게 해주시지 않았다면 교회가 쑥대밭이 될 뻔했지 않은가? 지금도 주님은 늘 함께 계시면서 위급한 상황에서 깨닫게 해 주신다. 우리는 큰 죄보다도 죄 같지 않는 아주 작은 죄를 찾아 회개하자. 큰 죄를 짓지 않았다고 교만하여 하나님을 떠나는 죄를 짓지 말자.

(2) 정신적인 죄에 대한 회개

첫째, 교만한 마음을 회개하라.

교만은 자기 자랑과 남을 업신여기는 것이다. 주님은 "남을 자기보다 더 낫게 여기라"고 하셨다(빌2:3). 교만은 패망의 선봉이요, 거만은 넘어짐의 앞잡이요(잠16:18), 하나님은 교만한 자를 물리치고(약4:6), 교만한 자를 제거하며 겸손한 자에게 은혜를 주신다(벧전5:5). 그런데 어찌 교만한 마음을 가지고 기도하는데 응답이 있겠는가? 교만한 마음을 회개해야 한다.

둘째, 이중인격을 회개하라.

이중인격이란 외식과 형식에 치중하면서 남을 속이는 행위이다. 디모데전서 4:2에 보면 외식하는 자들에 대해 "자기 양심이 화인 맞아서 외식함으로 거짓말하는 자들이라"고 했다. 이런 자들은 행함은 없고 말만

하며 잔치의 상석과 사람에게 인사 받기를 좋아하는 자들로 주님은 이들을 회칠한 무덤 같은 자들이라고 하시며 이들은 화를 면치 못하리라고 엄히 책망하셨다(마23:1~36).

이 세상에서 위선자보다 더 어리석은 자는 없다. 위선자는 외적으로는 그리스도인이기에 세인의 눈에 요시찰 인물이요, 또 존재가치가 없으니 하나님께서도 그에게 관심이 없다. 그러다보니 자신이 자신을 증오하게 되고 사단도 그를 멸시한다. 위선자야말로 사단의 충실한 추종자일뿐 아니라 가장 어리석은 자이다.

이런 자의 기도를 어찌 하나님이 응답하시겠는가? 그리고 흥미로운 것은 아주 신실한 성도는 믿음으로 천국에 가지만, 위선자는 훨씬 더 고행을 하면서도 지옥으로 내려간다는 사실이다. 진실한 성도는 신실하기를 원하지만 위선자는 선하게 보이려고 애를 쓴다. 우리에게 있는 위선의 죄를 회개해야 한다.

셋째, 무지하여 깨닫지 못하는 죄도 회개하라.

호세야 4:6에 보면 "내 백성이 지식이 없으므로 망하는도다. 네가 지식을 버렸으니 나도 너를 버려 내 제사장이 되지 못하게 할 것이요, 네가 네 하나님의 율법을 잊었으니 나도 네 자녀들을 잊어버리리라"고 했다. 하나님의 말씀은 몰라서 망하는데, 이렇게 하나님을 모르고, 말씀을 모르는 것도 죄다. 왜 모르는 것이 죄인가? 모르면 못한다. 주님의 뜻을 알지 못하여 내 마음대로 행하는 것이 죄가 아닌가. 쥐약인줄 모르고 먹어도 죽는 것처럼, 알지 못하여 행치 못함도 죄이니 나의 무식함을 회개해야 한다.

넷째, 남을 속이는 것도 죄이지만 남에게 속는 것도 죄다.

마귀와 거짓 선지자에게 속는 것도 죄이다. 에스겔 14:9~10에 보면 "만일 선지자가 유혹을 받고 말을 하면 나 여호와가 그 선지자로 유혹을 받게 하였음이어니와, 내가 손을 펴서 내 백성 이스라엘 가운데서 그를 멸할 것이라. 선지자의 죄악과 그에게 묻는 자의 죄악이 같은즉 각각 자기의 죄악을 담당하리니"라고 했다(겔14:9~10). 남에게 속는 것도 억울한데 속는 것이 죄라면 더없이 억울하다. 그러나 속아서 상대에게 죄를 짓게 하였으니 그것이 죄라는 것이다. 남을 속인 것도 회개하고 남에게 속은 것도 회개하자.

(3) 영적인 죄에 대한 회개

첫째, 믿음이 없음을 회개하라.

히브리서 11:6에 보면 "믿음이 없으면 하나님을 기쁘시게 할 수 없다"고 했다. 또 로마서 14:23에 보면, "의심하고 먹는 자는 정죄 되었나니 이는 믿음으로 좇아 하지 아니한 연고라. 믿음으로 좇아 하지 아니하는 모든 것이 죄니라"고 했다. 믿음이 없으면 감사가 없고, 원망과 불평뿐이다. 그러므로 이것을 회개하라. 야고보서 1:5~6에 보면 "너희 중에 누구든지 지혜가 부족하거든 모든 사람에게 후히 주시고 꾸짖지 아니하시는 하나님께 구하라. 그리하면 주시리라. 오직 믿음으로 구하고 조금도 의심하지 말라. 의심하는 자는 마치 바람에 밀려 요동하는 바다 물결 같으니"라고 하셨다.

둘째, 소망이 없는 것을 회개하라.

구원의 확신이 없고, 부활과 휴거와 하나님 나라에서의 보상에 대한 소망도 없이 무슨 기도를 하는가? 하늘에 소망이 없는 기도는 모두 육신의 정욕과 이생의 자랑을 위함이다. 이런 기도는 응답이 없다. 하늘의 소망을 갖고 하나님의 나라와 하나님의 뜻이 이루어지기를 위하여 기도하라(마6:31~34).

셋째, 사랑이 없는 것을 회개하라.

마태복음 22:37~40에 보면 "예수께서 가라사대 네 마음을 다하고 목숨을 다하고 뜻을 다하여 주 너의 하나님을 사랑하라 하셨으니, 이것이 크고 첫째 되는 계명이요, 둘째는 그와 같으니 네 이웃을 네 몸과 같이 사랑하라 하셨으니, 이 두 계명이 온 율법과 선지자의 강령(綱領)이니라"라고 했다. 우리는 이 말씀대로 하나님을 사랑하고 사람도 사랑해야 한다. 그렇지 못하면 기도의 응답은 없다. 왜냐하면 사랑하지 않는 것은 죄가 되기 때문이다. 하나님은 죄인의 기도를 듣지 않으신다.

사람들이 '사랑'을 은사라 한다. 그러나 사랑은 은사가 아니다. 은사 같으면 우리가 사랑하지 않아도 죄가 아니다. 왜냐하면 은사란 누구에게나 주지 않기 때문이다(고전12:29~30). 그러나 사랑하지 않으면 죄가 된다. 왜냐하면 "사랑은 율법의 완성이요"(롬13:10), "사랑은 율법과 선지자의 강령이요"(마22:40), "새 계명이요"(요13:34-35), 그보다 "사랑은 가장 크고 첫째 되는 계명"이기 때문이다(마22:36~38). 그래서 "사랑이 없으면 아무 것도 아니요"라고 하셨다(고전13:1).

고린도전서 12:31에 보면 "너희는 더욱 큰 은사를 사모하라. 내가 또한 제일 좋은 길을 보이리라"고 하셨다. 이는 다른 큰 은사가 따로 있는 것이 아니고, 고린도전서 12:7~8의 은사들을 크게 사용하라는 말씀이다.

예를 들어 설명하면 아들을 낳고서 '큰놈 되어라'하면 덩치 큰 씨름장사가 아니라 큰 인물이 되라는 뜻이 아닌가? 그와 같이 "더욱 큰 은사를 사모하라"는 구절에서 '더욱 큰'이라는 단어가 형용사가 아니라 부사로서 '더욱 크게 활용하라'는 뜻이기 때문이다.

사랑이 없으면 용서가 없다. 그러므로 사랑이 없음을 회개하라. 주님은 에베소교회에 대하여 책망하기를 "그러나 너를 책망할 것이 있나니 너의 처음 사랑을 버렸느니라. 그러므로 어디서 떨어진 것을 생각하고 회개하여 처음 행위를 가지라. 만일 그리하지 아니하고 회개치 아니하면 내가 네게 임하여 네 촛대를 그 자리에서 옮기리라"고 하셨다(계2:4~5).

넷째, 우상숭배의 죄를 회개하라.

우상숭배란 하나님보다 더 좋아하고, 더 사랑하는 모든 것이 우상이다. 물질과 명예, 문화에 대해 집착하며, 정욕에 이끌려 신념에 사로잡혀 사는 것도 우상숭배요, 아까워서 버리지 못하는 고집과 교만도 우상이 될 수 있다(삼상15:23).

"하나님은 질투하시는 분"(출20:5)이시기에 우상숭배를 용납하지 않으신다. 그러므로 우상숭배자는 망하게 한다. 물질을 사랑한 자는 망했다. 하와도 망했고, 롯의 처도 망했고, 아간도 망했고, 게하시도 망했고, 부자청년도 망했고, 아나니아와 삽비라도 망했다. 하나님을 섬기는 우리들에게 하나님을 바로 섬기지 못하게 하는 최대의 적은 물질이다. 물질이 있으면 무엇이든지 할 수 있다는 생각을 갖게 되니 물질이 우상이다. 그러므로 주님은 "물질과 하나님을 겸하여 섬길 수 없다"고 하셨다(눅16:13).

세상을 지나치게 사랑해도 망한다. "간음하는 여자들이여, 세상과 벗된 것이 하나님의 원수임을 알지 못하느뇨? 그런즉 누구든지 세상과 벗이 되고자 하는 자는 스스로 하나님과 원수되게 하는 것이니라"고 하셨다(약4:4). 또 "그러므로 형제들아 내가 하나님의 모든 자비하심으로 너희를 권하노니 너희 몸을 하나님이 기뻐하시는 거룩한 산제사로 드리라. 이는 너희의 드릴 영적 예배니라. 너희는 이 세대를 본받지 말고 오직 마음을 새롭게 함으로 변화를 받아 하나님의 선하시고 기뻐하시고 온전하신 뜻이 무엇인지 분별하도록 하라"고 하셨다(롬12:1~2). 왜냐하면, "이 세상이나 세상에 있는 것들을 사랑하면 아버지의 사랑이 그 속에 있지 아니하니, 이는 세상에 있는 모든 것이 육신의 정욕과 안목의 정욕과 이생의 자랑이니 다 아버지께로부터 온 것이 아니요, 세상으로부터 온 것이라. 이 세상도, 그 정욕도 지나가되 오직 하나님의 뜻을 행하는 자는 영원히 거하느니라"고 하셨다(요일2:15~17). 무엇이든 하나님보다 더 사랑하는 것이 있으면 그것이 우상이요, 우상 숭배자는 하나님의 질투에 걸려 결국 망하고 만다. 우상숭배를 회개하자.

다섯째, 신앙생활을 바로 하지 못한 것을 회개하라.

교회 와서는 교인 같고, 한 발자국만 밖으로 나가면 세상 사람들보다 더 더럽고 악하게 사는 것을 회개해야 한다. 즉 자리를 구별 못하고 아무데나 앉고 서는 것, 구별하지 않고 아무 것이나 먹고 마신 것, 또 물건을 사면서 지나치게 깎는다든가 시장에서 콩나물 사면서 좀 더 달라 하여 안주면 훔쳐 달아난 것 등 어떻게 보면 사소하지만 믿는 자로서 본이 되지 못한 행동들에 대해 회개해야 한다.

① 주일성수 못하는 것도 회개하자.

출애굽기 20:8~11에 보면 "안식일을 기억하여 거룩히 지키라. 엿새 동안은 힘써 네 모든 일을 행할 것이나 제 칠일은 너의 하나님 여호와의 안식일인즉 너나 네 아들이나 네 딸이나 네 남종이나 네 여종이나 네 육축이나 네 문안에 유하는 객이라도 아무 일도 하지 말라 이는 엿새 동안에 나 여호와가 하늘과 땅과 바다와 그 가운데 모든 것을 만들고 제 칠일에 쉬었음이라 그러므로 나 여호와가 안식일을 복되게 하여 그 날을 거룩하게 하였느니라"고 하셨다(사58:13~14). 그러나 오늘날 우리는 그 주의 마지막 날인 토요일이 안식일이 아니고, 그 주의 첫날인 일요일을 주님의 날로 정하여 거룩하게 예배드리는 날로 지킨다. 이날은 주님의 부활을 기념하여 모인 것이나, 우리는 주의 날을 안식일 개념으로 지켜야 한다.

주의 날은 우리의 날이 아니고 글자 그대로 주님의 날이다. 하나님께서는 물질과 함께 시간을 사용하라고 우리에게 선물로 주셨다. 그러므로 물질이 본래 내 것이 아닌 것처럼, 날도 시간도 내 것이 아니며, 하나님께서 우리에게 임시로 맡기신 선물이다. 그 목적은 이 시간을 잘 사용해서 하나님 것은 하나님께 바치고, 질서 있게 시간을 잘 사용하여 하나님께 영광 돌리라는 것이다. 시간이라고 다 같은 시간이 아니다. 시간은 사용에 따라 금이 될 수도 있고 은도, 동도 될 수 있다.

두 사람이 같은 시간을 받았다. 하나는 죽음을 그리고, 하나는 생명을 그릴 수 있다. 하나는 석양을 향하여 걸어가는 황혼을 그릴 수 있고, 하나는 태양을 향하여 걸어가는 생명을 그릴 수도 있다. 그러나 하나는 지옥 인생이요, 하나는 천국인생이다. 그러니 어찌 시간이 다 같다 할 수 있겠는가? 그래서 성경은 "세월을 아껴라. 때가 악하니라"라고 말씀하신 것이다(엡5:16~17).

시간의 참 의미를 아는 자가 참 인생의 의미를 아는 자이다. "인생은 초로와 같고 시간은 베틀의 북보다 빠르다"고 욥이 말했다(욥7:6). 시편에서는 "인생의 연수가 칠십이요 강건하면 팔십"이라고 말했다(시90:10). 시간은 계속 흘러간다. 그러나 반드시 멎을 때가 있다. 그러나 인간은 누구도 멈출 수 있는 능력이 없다. 다만 시간을 만드신 하나님께서 예고없이 멈출 것이다. 그러므로 시간이야말로 인간의 소중한 자산이다.

시간의 중요한 의미는 양이 아니라 질에 있다. 예수 그리스도의 33년을 허송세월하며 장수한 사람의 생애와 어찌 비할 바가 있겠는가? 모든 사람이 주의 날을 쉬면서 보내는데 이들 가운데 하나님께 예배하며 보내는 시간과, TV를 보면서 보내는 시간과 어찌 같다고 할 것인가? 그 중에 하나는 물리적 시간이요, 그 중에 하나는 생명을 창조하는 시간이다. 창조하는 시간과 잠식하는 시간이 어찌 같다고 하겠는가! 그러므로 우리의 신앙생활과 예배생활을 방해하는 요소들을 다 제거하고 주의 날을 예배드리는 날로 성수해야 한다. 그렇지 못한 것을 회개하자.

② 기도하지 못한 것을 철저하게 회개하라.

빌립보서 4:6~8에 보면 "아무 것도 염려하지 말고 오직 모든 일에 기도와 간구로 너희 구할 것을 감사함으로 하나님께 아뢰라 그리하면 모든 지각에 뛰어난 하나님의 평강이 그리스도 예수 안에서 너희 마음과 생각을 지키시리라"고 했다.

기도하지 않는 것은 죄이다. 왜냐하면 기도는 하나님의 명령이다. 명령을 어기는 것은 하나님의 원수가 아닌가? 하나님을 사랑한다면 왜 명령에 순종하지 않겠는가? 주님은 "순종이 제사보다 낫고, 목소리 청종하는 것이 수양의 기름보다 낫다"하셨다(삼상15:22~23). 그러기에 사무엘은 "나는 너희를 위하여 기도하기를 쉬는 죄를 여호와 앞에 결단코 범치 아니하겠다"고 했다(삼상12:23). 기도는 명령이요, 기도하지 않는 것이 죄이니 이것을 회개하자.

③ 잘못된 신앙의 습관을 회개하라.

하나님의 말씀인 성경을 읽지 못하는 것이나, 전도하지 못한 것(마 28:19~20, 딤전2:4, 딤후4:2, 겔3:17~21), 십일조 도적질하는 것(말 3:2), 각종 모임에 참석하지 못하는 것(히10:25), 그리고 예수 그리스도를 부끄러워 한 것(막8:38) 등을 회개하라.

오래 전 부족한 종이 양산 감림산기도원에서 금식기도를 할 때 포항 종고 교감 장로님을 만났다. 사연인즉 갑자기 허리를 쓸 수 없게 되어 병원에 가도 병명이 나오지 않자 기도하러 오셨다고 했다. 기도원에 올라온지 3일인데 응답을 받았다고 했다. 그분의 말인즉, 올라와서 무릎을 꿇으니까 죄가 떠오르기 시작했다고 한다. 그분은 고등학교 교감이시니 사회적인 지위도 있어 친구들과 아침 테니스를 했는데, 아침에 운동을 하고 목이 말라 친구들은 맥주를 마시고 자기는 콜라를 마셨단다. 그런데 어느 날 갑자기 친구들의 권유로 맥주를 입에 대기 시작하면서 새벽기도보다 테니스를 더 좋아하게 되었단다. 그 분은 그게 죄인 줄 몰랐는데 기도원에 와서 주님께 무릎을 꿇으니, 자기 입으로 책망이 나오므로 한없이 울며 회개하고 일어나니 허리 아픈 것이 다 사라졌다고 했다.

죄는 기도를 막는다. 기도가 막히면 복이 오는 통로가 막힌다(렘 5:24~25). 죄는 사명 완수의 길을 막는다(삼상15:22~23). 그러므로 숨은 죄가 있으면 아무리 구해도 응답이 없다(사1:18·59:1~3). 그러나 회개하면 좋으신 하나님께서 용서하시고 치료해 주신다(요1:7~9, 약5:13~18).

믿음이 없는 것, 구원의 확신과 소망이 없는 것, 사랑이 없는 것, 우상 숭배의 죄를 회개하라(출20:5). 거룩하지 못한 삶과 그리고 신앙생활 잘

못한 것과 믿는 자로서 본이 되지 못하고 세상과 짝하여 살았던 것을 회개하라. 그러면 진실하신 하나님께서 반드시 약속하신 응답을 주신다.

3. 뚜렷한 목적을 놓고 기도하라.

하나님은 응답을 약속하셨다(마7:7~11). 그런데 우리의 기도는 왜 응답이 없는가? 그것은 우리의 기도가 믿음도 없고, 목적이 뚜렷하지 못하고, 중언부언하기 때문이다. 뚜렷한 목적을 놓고 진실한 마음으로 기도할 때 응답이 온다.

기도할 때 먼저 기도 제목을 정하라. 여러 가지 기도할 제목 중에 제일 급하고 중요한 제목부터 주님처럼 기도하라. "그는 육체에 계실 때에 자기를 죽음에서 능히 구원하실 이에게 심한 통곡과 눈물로 간구와 소원을 올렸고 그의 경외하심을 인하여 들으심을 얻었느니라"(히5:7)고 하셨다. 심한 통곡과 눈물은 하나님의 마음을 움직인다. 여러 말로 꾸미면 사람이 듣기는 좋을지 모르지만 하나님이 들으시는 순수한 기도는 못된다. 확실한 목적을 정해 놓고 기도하라. 솔로몬도 백성을 잘 다스릴 수 있는 지혜를 구하여 지혜를 얻었다(왕상3:4). 갈멜산의 엘리야는 "여호와께서 하나님이시며, 내가 하나님의 종인 것과 내가 하나님의 뜻대로 이 일을 하며, 하나님께서 이 백성을 회개하고 돌아오기를 기다리시는 줄 알게 하소서. 그리고 그 증거로 불로 응답하소서"라고 기도하여 불로 응답 받았다(왕상18:36~40). 또 "비를 내려 주소서"라고 하는 간단한 몇 마디로 비를 내렸다(왕상18:41~46). 소경은 다른 것은 구하지 않고 오직 "보게 해 달라"고 기도하여 눈을 떴다(막 10:46). 우리도 뚜렷한 목적을 놓고 기도하자.

1) 응답하실 하나님을 향해서 기도하자.

　기도는 방향이 있어야 하고, 듣고 응답할 자가 있어야 한다(고전 9:24~29). 우리가 아무리 밤을 새며 기도해도 듣는 자가 없으면 소용이 없고, 듣는 자가 있다 할지라도 우상처럼 응답할 능력이 없으면 아무 소용이 없다(시115:4~8). 그러므로 기도는 들어줄 대상에게 해야 하고, 응답할 능력이 있는 분에게 해야 한다. 우리는 말 못하는 우상이 아닌 전능하신 하나님께 기도한다(창18:14).

　하나님께서는 우리 기도를 들으시고 응답하시겠다고 말씀했다. "내 이름으로 일컫는 내 백성이 그들의 악한 길에서 떠나 스스로 낮추고 기도하여 내 얼굴을 찾으면 내가 하늘에서 듣고 그들의 죄를 사하고 그들의 땅을 고칠지라. 이제 이곳에서 하는 기도에 내가 눈을 들고 귀를 기울이리니 이는 내가 이미 이 성전을 택하고 거룩하게 하여 내 이름을 여기에 영원히 있게 하였음이라 내 눈과 내 마음이 항상 여기 있으리라"(대하7:14~16).

　우리의 기도가 어디로 누구에게 무엇 때문에 하는지 모르면 그냥 소리로 끝난다. 한마디를 해도 구할 것을 정리해서 하나님께 올려 드려야 한다. 만약 우리의 기도가 하나님께서 들으시든 말든 상관없이 한다면 스님이 염불하는 것과 같고 무당이 굿하는 것과 다를 바가 없다. 이런 기도를 하나님이 들으실 리 없다. 우리는 분명 하나님이 들으실 줄 믿고 나에게 필요한 것을 꼭 주셔야 한다는 절박한 마음으로 하나님을 향하여 구해야 한다.

　우리가 예수님을 믿는 것은 타인보다 인격적으로 더 나은 사람이 되기위하여 믿는 것이 아니라, 죄와 허물 때문에 망할 수밖에 없지만 구원받고 하나님께 필요한 사람이 되기 위하여 예수를 믿는다. 그래서 우리는 내게 필요한 하나님을 찾고 구하는 것이다. 그렇다고 하나님이 내 필요에 의해서 움직이시는 분이라는 것이 아니고 약속하셨기 때문에 이행하시는 분임을 알아야 한다.

 부족한 종은 교회 개척 장소를 응답 받기 위해 추운 겨울 해운대 장산, 김해 무척산, 광주 무등산 등지로 다니면서 기도를 드렸다. 그래도 응답을 받지 못해 경상남도 양산군 호렵산기도원 엘리야 굴에서 저녁 다섯 시부터 밤을 새며 "십자가를 세울 장소가 어디냐?"고 그 말만 계속하여 다음날 네 시 경에 응답을 받았다. 우리 마음에 떠오르는 수만 가지 생각이 있지만 그 가운데서 필요하고 꼭 하나님이 응답해 주셔야 될 내용만 간단하게 요약하여 구하는 것이 좋다. 이것이 기도이다.

 성경은 우리의 기도를 "금 향로에 담아 천사가 하나님께 가지고 간다"고 하셨다. 계시록 8:3~4에 보면 "또 다른 천사가 와서 제단 곁에 서서 금 향로를 가지고 많은 향을 받았으니 이는 모든 성도의 기도들과 합하여 보좌 앞 금단에 드리고자 함이라. 향연이 성도의 기도와 함께 천사의 손으로부터 하나님 앞으로 올라가는지라"고 했다. 그런데 쓰레기 같은 잡념을 담는다면 올라가겠는가? 그런 것을 하나님이 받으시겠는가? 그러므로 뚜렷한 목적을 가지고 단순하게 기도하라.

2) 모든 잡념을 몰아내고 내용 있는 기도를 드리자.

 우리의 기도는 하나님이 들으셔야 한다. 우리가 밤새도록 기도해도 하나님이 듣지 않으신다면 그 기도는 소용이 없다. 한마디를 해도 하나님이 들으시는 기도를 해야 한다. 구할 것을 정리해서 입으로 하나님께 상달시켜야 한다.

 어떤 사람들은 기도할 때 묵상기도 한다고 가만히 앉아 있다. 자기 생각에는 기도가 깊이 들어가는 것 같겠지만, 모르긴 해도 결국 잡념과 망상으로 선열들에게 묵념하는 것과 다를 바 없다. 묵상기도는 정말로 차원 높은 기도라 생각된다. 영적인 깊이가 없는 자가 묵상기도를 하면 그것은 기도라기 보다 졸고 있는 것이다. 부족한 종의 경우 찬송과 더불어 발성기도는 아홉 시간을 해보았지만 올바른 묵상기도는 20분도 채 못한다. 의자에 머리를 기대고 앉아서 피곤에 지쳐 졸다보면 오늘 일과 내일 되어질 일에 대해 걱정근심이 생기고, 지나간 사건들이 그림을 그린다. 그러다가 놀라 "주여!" 하고 졸음을 쫓고 또 엎드린다. 그러다가 떠오른 잡념을 계시인줄 알고 떠들어대는 자들도 있다. 이것은 기도가 아니다. 기도하다 졸게 되면 벌써 기도 줄을 놓친 것이다. 이렇게 되면 벌써 잡념이 그를 사로잡아 기도할 필요성을 느끼지 못함과 동시에 그 마음 속에 수 백가지의 공상이 떠오른다. 이것은 기도가 아니다. 그래서 묵상기도를 잘못하면 오히려 잡념을 모아서 하나님께 드리는 격이 된다. 누가 말하기를 이런 기도를 '백화점 기도'라 한단다. 엘리베이터처럼 곧장 올라가는 기도를 드리자.

　기도는 분명히 하나님 들으시라고 하는 것이다. 그러니 그분이 듣고 응답해 주셔야 될 것만 모아서 응답해 주시지 않으면 안 된다는 절대절명의 상황 속에서 무릎을 꿇고, 모든 잡념과 졸음을 몰아내고 두 시간이든, 세 시간이든 내 마음에 확신이 설 때까지 진실하게 기도하라.

　성경은 하나님께서 우리의 기도를 응답하신다고 약속하셨다(요14:12~14, 마7:7). 그러나 그것은 잡념이 아니고 하나님께서 응답할 가치가 있는 목적이 뚜렷하고 진실한 내용을 말한다. 내 마음에 떠오르는 수만 가지 생각이 있지만, "중언부언하지 말고" 뚜렷한 목적으로 꼭 하나님께 상달되어 응답 받아야 할 내용만 간추려 주의 약속을 믿고 구하자. 이것이 기도이다.

3) 큰 소리로 통성기도를 하라.

잡념을 물리치는 최고의 방법은 통성기도다. 잡념이 왜 들어오는가? 두 가지 이유가 있다. 먼저, 사람을 의식하고 위장하기 위해 꾸밀 때 잡념이 들어오고, 다음은 묵상기도를 한다고 기도 줄을 놓칠 때 잡념이 들어온다. 그러므로 잡념을 이기려면 통성기도가 좋다. 그래서 '산 기도' 할 때 응답이 빠르다. 왜냐하면 산 기도는 자기 혼자 하니까, 사람을 의식하지 않고 하나님께 큰소리로 혼자 하므로 그 기도에 꾸밈이 없다. 꾸밈이 없으므로 잡념도 없다. 그러나 교회에서 기도할 때는 대부분 하나님보다는 사람을 의식하기 때문에 꾸미는 경향이 있다. 꾸미지 말고 큰 소리로 기도하라. 하나님께서 기도를 받으신다고 확신한다면 꾸밈없이 기도하라.

어떤 사람은 통성기도를 하면 "왜 그리 시끄럽게 떠들고 야단이냐? 하나님이 귀가 어두우냐? 조용히 골방에서 해도 하나님은 다 아신다고 하지 않았느냐?"고 말하는 분들도 있다. 나는 그 분들에게 묻고 싶다. "하나님께서 귀가 어두워 못 들으시므로 엘리야는 큰 소리로 기도했고, 예수님은 하나님이 못 들어서 제자들이 들을 수 있을 만큼 큰 소리를 치며, 땀이 피처럼 흐르도록 몸부림치며 소리쳐 울었겠는가?" 기도하는 사람의 마음 속에 갈급하고 답답한 문제가 있어 주님이 도와 주시지 않으면 안 된다고 생각해서 간청하는데 어찌 소리가 없으며 눈물이 없겠는가? 필요한만큼 목 놓아 울고 소리치게 된다. 속상한 정도에 따라 감정도 다르게 분출되는 것처럼, 우리의 기도가 하나님 앞에 진실하고 간절하면 무릎을 꿇고 필요한 만큼 부르짖어 구할 것이다.

통성기도는 잡념의 방해를 받아 기도가 올라가지 못할 때, 잡념을 이기고 나의 사정을 소리쳐 분수대처럼 적극적으로 하나님께 상달시키는 방법이다. 그래서 잡념이 방해하지 못하게 하는 최고의 기도가 통성기도이다.

우리가 기도를 할 때 "주여! 주여!" 두어 마디 하다 갑자기 기도 소리가 작아지면 벌써 졸음에 사로잡힌 증거다. 이렇게 되면 무슨 기도를 했는지, 또 무슨 기도를 해야 할 것인지, 기도의 내용 조차도 잊어버리게 된다. 이렇게 되면 하나님과 나와 중요한 관계를 맺는 시간을 잡념에 빼앗긴 것이고, 하나님을 향한 그 중대한 기도의 응답을 받을 수 있는 권리를 빼앗긴 것이다. 이 얼마나 억울한가? 꼭 이뤄야 한다는 집념과 간절한 마음으로 큰 소리로 외칠 때 잡념이 떠나간다. 옆 사람의 기도가 내 귀에 들리지 않도록 내 마음에 의식되지 않도록 부르짖는 통성기도를 드리자.

통성기도는 손해가 없다. 부르짖는 기도는 육신의 피곤을 뽑아간다. 그래서 소리 질러 기도하면 지칠 것 같지만 몸이 오히려 가벼워진다. 그러나 조용한 기도는 자꾸 고개가 숙여지고, 결국 몸이 꾸부러지고, 결국 졸다보면 아침에 몸은 천근같다. 반면 소리치며 기도하면 밤새도록 해도 하루 종일 피곤을 못 느낀다. 부족한 종은 저녁 11시에 강단 앞에 앉아 아침 5시까지 기도하다 새벽기도회를 끝내고 그 길로 운동하러 가도 피곤을 잘 모른다. 이것은 크게 소리치며 기도할 때 영력이 임함과 동시에 피곤이 육체에서 빠져 나갔기 때문이라고 생각한다. 그래서 우리 교인들에게 그렇게 가르친다. 그러기에 통성기도가 필요하다. 우리 주님은 하나님의 아들임에도 불구하고 이마에 땀방울이 핏방울처럼 될 때까지 자신의 육신을 파괴시키는 기도를 드렸다. 우리도 진액을 빼는 부르짖는 기도를 드리자.

4) 형식이 아닌 순수하고 진실하게 기도하라.

기도는 진실해야 한다. 진실이란 과장이나 꾸미거나 거짓이 없음을 뜻한다. 우리의 기도도 순수하고 진실해야 한다. 그런데 이 시대 사람들은 포장을 좋아 한다. 시원찮은 상품도 고급포장으로 감싸 놓으면 고급처럼 보이고, 사람들도 겉치장이 화려하면 진면목은 어떻든 높이 평가하는 세상이 돼 버렸다. 그러나 하나님 앞에 드리는 기도는 포장이 필요 없다. 우리가 하나님 앞에 설 때에는 정직과 진실한 마음과 솔직한 모습이어야 한다. 내가 하나님 앞에 가까이 서지 못하는 것은 진실하지 못하기 때문이다.

부부 사이를 가리켜 '무촌지간'이라고 한다. 그것은 모든 인간관계에서 가장 가까운 관계라는 뜻이다. 부부 관계가 가깝다는 것은 서로 숨김이 없다는 뜻일 것이다. 부부간에 숨기는 것이 많을수록 사랑은 반비례한다. 아무 것도 가리지 않고 만날 수 있는 유일한 관계가 부부관계이다. 그러나 그보다 더 적나라하게 만날 수 있는 관계가 하나님과의 관계이다.

하나님은 내가 가까이에서 부르는 것을 원하신다. 하나님께서 하늘에서 우리를 부르실 수 있었지만, 하나님은 더 가까이에서 부르시기 위해 친히 이 땅으로 우리 곁에 오셨고, 그리고 우리들에게도 가까이 나와서 부르라고 말씀하신다.

기도는 하나님께 드리는 것이다.

우리 기도의 대상은 사람이 아니고 살아계신 우리 아버지 하나님이시다. 하나님 아버지께 드리는 기도이기에 진실해야 한다. 헛기침을 할 필요도 없고, 비단옷으로 자신을 감출 필요도 없이 내 모습 이대로 나아가야 한다. 그런데 어떤 교인들은 바리새인들처럼 사람에게 들으라고 하는 것처럼 기도한다(눅18:9~14). 사람에게 들으라고 기도하니 연습하고 꾸민다. 사람을 의식한 기도는 하나님과 상관이 없고 사람들에게 칭찬 듣는 것으로 끝나게 된다. 하나님께 드리는 기도는 꾸밈없이 진실해야 한다. 진실한 기도를 하나님이 들으시고 하나님이 감동하신다. 하나님이 감동하시면 응답하신다.

아버지 앞에 드리는 기도라면 서론이 필요 없다. 아무리 생각이 풍부할지라도 하나님 앞에 그 풍부한 생각을 다 표현할 필요가 없다. 아무리 좋은 내용이라도 진실하지 않고 형식적이라면 하나님은 그 기도를 받지 않으신다. 예를 들면 목말라 물이 필요하면 "물 한 컵 주세요" 하면 됐지, "칼슘과 철분이 얼마나 들어 있는 것으로 주세요"라고 하지 않는다. 그와 같이 만약 성령의 은사를 원한다면, 그냥 "성령의 은사를 주옵소서"라고 기도하라. 여러 말을 하다보면 횡설수설하게 된다. 내가 지금 기도할 내용만 정리해서 기도하는 것이 좋다.

주님의 기도는 전혀 꾸미지 앖 않았다. "아버지여 이 잔을 내게서 물러가게 하옵소서. 그러나 나의 원대로 마옵시고 아버지의 원대로 하옵소서!"라고 밤을 새워 자신의 육신을 깨뜨리는 기도를 드렸다(마 26:39~45). 또 나사로를 살릴 때도 그냥 무덤 앞에서 서론 없이 "나사로야 나오너라"라고 하셨다(요11:42~44). 그 말씀을 듣고 나사로가 묶인 채로 걸어 나왔다(요11:42~44). 할렐루야!

그런데 우리의 기도는 가식이 너무 많다. 특별히 예배에서 대표기도를 할 때 보면, 가식적이며 형식적인 것 같다. 기도는 순수하고 진실한 마음으로 하나님께 "우리 사정이 이래요. 우리 사정을 아시지요. 허락해 주세요"라고 해야 할 것이다. 그런데 믿지도 않으면서 '전지전능' '무소부재' 등등의 말이 필요하겠는가? 정말 하나님의 전지전능하시고, 무소부재하심을 믿는가? 그렇게 믿는다면 왜 내 삶이 이 모양인지 물어보라.

왜 사람의 말은 그렇게 잘 들으면서, 전능하시고 무소부재하신 그분의 명령에 대해서는 눈도 깜짝하지 하는가? 마음에도 없는 말로 꾸미지 말고 순수하고 진실하게 사실대로 기도하라.

마태복음 6:5~8에 보면 기도에 대해 다음과 같이 가르친다. "또 너희가 기도할 때에 외식하는 자와 같이 되지 말라. 저희는 사람에게 보이려고 회당과 큰 거리 어귀에 서서 기도하기를 좋아하느니라. 내가 진실로 너희에게 이르노니 저희는 자기 상을 이미 받았느니라. 너는 기도할 때에 네 골방에 들어가 문을 닫고 은밀한 중에 계신 네 아버지께 기도하라. 은밀한 중에 보시는 네 아버지께서 갚으시리라. 또 기도할 때에 이방인과 같이 중언부언(重言復言)하지 말라. 저희는 말을 많이 하여야 들으실 줄 생각하느니라. 그러므로 저희를 본받지 말라. 구하기 전에 너희에게 있어야 할 것을 하나님 너희 아버지께서 아시느니라."

여기에 '골방에서'라는 말은 '굴 속에 파 묻혀 기도하라'는 것이 아니라 '사람을 의식하지 말고 은밀하게 하나님께만 기도하라'는 뜻이다. '중언부언'이란 말은 '같은 말을 되풀이하지 말라'는 뜻이 아니고 '내용도 모르고 믿음도 없이 횡설수설하지 말고 확실한 목적으로 내용을 정확히 정리하여 요점만 아뢰라'는 말씀이다. 왜냐하면 예수님은 "이 잔을 내게서 지나가게 하옵소서"라고 같은 말로 밤을 새우셨기 때문이다(마 26:39~46). 허공을 치는 중언부언하는 외식적인 기도는 응답이 없다. 그러나 확실한 목적을 가지고 하는 진실한 기도는 반드시 응답이 있다.

4. 원리와 윤리에 맞게 기도하라.

하나님을 대상으로 드리는 기도에는 분명한 원리와 윤리가 있다. 이것은 꼭 지켜져야 된다. 특별히 공식적인 대표 기도자는 주의해야 한다.

잘못된 기도로 질서 없이 무례한 기도를 하는데도 회중은 '아멘.' '아멘.' 한다. 사람이 '아멘.' 한다고 하나님도 기뻐 받으실까? 나는 그렇게 생각하지 않는다.

공중예배 기도 때 대표기도 하는 사람이 가장 쉽게 하는 실수는 '어떻게 하면 하나님이 들으실까?'를 생각하지 않고, '어떻게 하면 사람들이 듣고 감동 받을까? 어떻게 하면 기도에 은혜 받았다고 할까?' 생각하면서 사람의 귀를 의식하는 것이다. 그래서 기도하다 더듬으면 창피하게 생각한다. 정말 하나님께 기도 드렸으면 창피할 리 없다. 잘못하였으면 하나님 앞에 죄스럽게 생각해야지 사람들이 듣는다고 생각하고 꾸미려니까 준비와 연습이 필요하다고 생각한다. 하나님께 진실하게 기도하는 사람은 말하는 연습이 필요한 것이 아니라 아뢸 내용을 두고 마음에 생각을 정리하는 일이 더 필요할 일이다. 기도하는 것은 듣는 사람의 감동은 필요치 않다. 하나님이 들으시고 감동하셔야 한다. 그래야 응답이 있다.

1) 원리에 맞게 기도하라.

기도의 기본이 되는 원칙으로는 첫째, 살아계신 하나님께 영광과 찬송을 돌리는 것이다. 즉 그 분의 높으신 이름과 거룩하신 성품과 무한하신 능력과 권세에 영광과 찬양을 돌리고(대상16:25~36) 둘째, 영육간에 베푸신 은혜와 사랑에 감사드리며 셋째, 지은 죄를 자백하여 회개하고 넷째, 다른 사람을 위한 기도를 하고 다섯째, 필요한 것을 구하고 주실 줄을 믿어 감사하며 예수 이름으로 마치는 순서로 드려야 한다.

2) 윤리에 맞게 기도하라.

기도의 윤리란 기도의 지켜야할 도리와 질서로서, 이것 역시 공중기도때 지켜져야 할 것이다. 예배를 들여다보면, 예배 사회자의 기도와 대표기도와 복을 비는 축복기도가 있는데 이것들은 확연히 다르다.

(1) 예배 인도자의 시작 기도

예배 인도자의 기도는 그 예배의 목적을 하나님께 아뢰는 보고와 같이 간단 명료해야 한다. 그래서 "무슨 예배를 드립니다"라는 형식의 기도를 드려야 한다. 말 그대로 예배는 하나님께 드리는 것이고, 시작 기도는 말 그대로 예배의 개회를 하나님께 보고 드리는 것이므로 예배의 성격을 말씀드리는 것이다.

(2) 예배를 위한(대표) 기도(기도인도)

예배 기도를 흔히 대표기도라 하는데, 대표기도란 말 자체가 맞지 않는다고 생각한다. 왜냐하면, 대표로 기도하면 회중(교인)은 기도하지 않고 다른 생각을 할 수 있을 것이다.

왜? 대표만 기도하면 되니까. 그러나 대표가 아니고 인도한다면 모두가 인도자에 따라 같이 기도할 것이 아닌가? 그러므로 '○○께서 예배를 위하여 기도 인도 하시겠습니다'라는 표현이 맞다고 생각한다.

그러므로 예배기도는 "예배하는 온 회중이 영이신 하나님께서 기쁘게 받으시는 예배가 되게 은혜를 베풀어 주옵소서(요4:24)"라고 기도하는 것이다.

첫째는 하나님께 찬양과 영광과 감사를 드려라. 영광은 감사와 다르다. 감사는 나에게 베푸신 은혜에 대한 보답이라 할 수 있는데, 영광은 나와는 전혀 상관없을 수도 있다. 영광과 찬양은 ① 하나님의 실존에 대하여, ② 하나님의 거룩하신 성호에 대하여, ③ 무한하신 능력에 대하여, ④ 만물을 다스리시는 오묘하고 섬세하신 섭리 등에 대해 찬양과 영광을 돌려라. 그리고 베푸신 은혜를 생각하면서 감사를 드려라. 또 찬양도 형식이나 가식이 아닌 영혼 깊은 곳에서 울려 퍼지는 잘 익은 찬송이 되어 하나님이 받으실 수 있는 찬송을 드리게 해 달라고 기도하라(시22:3).

찬송은 입술의 열매라 했는데 누가 설익은 풋과일을 좋아하겠나? 그와같이 하나님께서도 설익은 찬송을 기뻐하시지 않으실 것이다. 그리고 그분의 크고 두려운 이름을(시99:3), 그분의 인자와 공의를(시101:1), 무한하신 능력을 찬송하면서 어찌 형식적으로 찬송할 수 있겠나? 그러나 예배자들 중에는 남은 다 찬송하는데 다른 생각 다른 행동하는 자가 많고, 또 남은 기도하는데 옆 사람과 농담하는 자도 있다. 이런 예배를 어찌 살아 계신 하나님께서 받으시겠나?

그러므로 우리가 진심과 "전심을 다하여 찬양을 드려서"(시86:12) 하나님께서 받으시는 기도와 찬양이 되게 해 달라고 기도하라.

둘째로는 우리의 죄를 고백하고 회개하는 기도를 드려야 한다. 하나님은 회개 없는 예배를 받지 않으신다. "여호와의 손이 짧아 구원치 못하심도 아니요 귀가 둔하여 듣지 못하심도 아니라 (1)오직 너희 죄악이 너희와 너희 하나님 사이를 내었고 너희 죄가 그 얼굴을 가리워서 너희를 듣지 않으시게 함이니"(사59:1~2), 또 "그러므로 예물을 제단에 드리다가 거기서 네 형제에게 원망 들을만한 일이 있는줄 생각나거든 예물을 제단 앞에 두고 먼저 가서 형제와 화목하고 그 후에 와서 예물을 드리라(마5:23~24)."

회개하지 않으면 우리도 용서 받지 못한다. "너희가 사람의 과실을 용서하면 너희 천부께서도 너희 과실을 용서하시려니와 너희가 사람의 과실을 용서하지 아니하면 너희 아버지께서도 너희 과실을 용서하지 아니하시리라(마6:14~15)." 그리고 죄가 많아 망하는 것이 아니고 회개하지 않아 망한다(눅13:1~5). 그러나 회개의 내용(죄)들은 사람마다 다를 수 있다. 그러니 내 생각(죄)대로 회개하면 안되고 누구나 공통된 것을 회개하라. 누구나 계명을 다 지키지 못하고(요14:15·21~23) 누구나 말씀대로 못 산다(요12:50). 이런 죄를 예배 기도자가 회개하면 교인들도 회개할 것이다. 그리고 예배기도가 너무 길면 말씀 시간이 짧아지니 이것을 유념(留念)해야 한다.

셋째, 우리가 드리는 기도가 믿음으로 드리게 하고 또 찬양도 형식이나 가식이 아닌 영혼 깊은 곳에서 울러 퍼지는 잘 익은 찬송이 되어 하나님이 받으실 수 있는 찬송을 드리게 해 달라고 기도하라(시22:3). 찬송은 입술의 열매라 했는데, 누가 설익은 풋열매를 좋아하겠는가? 그와 같이 하나님께서도 설익은 찬송을 기뻐하시지 않으실 것이다. 그분의 크고 두려운 이름을(시99:3), 그분의 인자와 공의를(시101:1), 무한하신 능력을 찬송하면서 어찌 형식적으로 찬송할 수 있겠는가? 그러나 예배자들 중에는 남은 다 찬송하는데 다른 생각, 다른 행동하는 자가 많고, 또 남은 기도하는데 옆 사람과 농담하는 자도 있는 경우를 본다. 이런 예배를 어찌 살아 계신 하나님께서 받으시겠는가? 그러니 기도자가 전심으로 찬양하며 하나님께서 받으시라고 기도해야 한다(시86:12).

넷째, 예배자들이 드리는 예물이 하나님이 기뻐 받으실 수 있는 믿음과 정성이 담긴 예물이 되게 해 달라고 기도해야 한다. 왜냐하면 성경에 보면 수많은 예물을 가지고 하나님 앞에 나오지만 하나님께서 안 받으시면 마당만 밟고 가는 자들도 많기 때문이다. 이사야 1:11~12에 보면

"여호와께서 말씀하시되 너희의 무수한 제물이 내게 무엇이 유익하뇨. 나는 수양의 번제와 살진 짐승의 기름에 배불렀고 나는 수송아지나 어린양이나 숫염소의 피를 기뻐하지 아니하노라. 너희가 내 앞에 보이러 오니 그것을 누가 너희에게 요구하였느냐. 내 마당만 밟을 뿐이니라"고 하셨다. 그러므로 예배자들이 드리는 예물이 하나님이 기쁘게 받으시는 예물이 되게 해달라고 기도해야 한다. 예물은 "각각 그 마음에 정한대로 할 것이요 인색함으로나 억지로 하지 말지니 하나님은 즐겨 내는 자를 사랑하시느니라"고 하셨기 때문이다(고후9:7).

다섯째, 말씀을 선포하는 주의 사자가 능치 못함이 없는 권세 있는 새 교훈을 제대로 증거하여 온 회중이 말씀에 사로잡혀 은혜를 체험하고 또 예배를 통하여 예수 그리스도 안에서 살아계신 우리 아버지 하나님께 영광을 돌려 드리는 시간이 될 수 있게 성령님의 도움을 구하는 내용이어야 한다. 예배기도는 오직 예배를 위해 하는 기도이다. 그러므로 예배를 벗어나지 않아야 한다.

나라와 민족을 위한 기도나, 굶주린 북한을 위하여 드리는 기도는 개인기도 때나, 특별히 그런 기도 시간을 가질 때 하는 것이 좋다고 생각한다. 그런데 그런 내용을 장황하게 늘어놓으니 말씀을 받을 시간이 짧아진다. 이런 일화가 있다. 오래전 전라남도 광주시 광주중앙교회에서 수요일 예배를 드리는데 예배기도의 담당자(어떤 권사)가 기도를 마치고 아멘 하고 난 뒤에 바로 사회를 보시던 목사님(고 변한규)께서 "3장 찬송 부르고 축도하겠습니다. 설교는 권사님의 기도로 다하셨습니다." 하고 예배를 마쳤단다. 성도들이 예배를 통하여 하나님을 만나고, 하나님의 음성을 듣는 설교에 집중해야 하는데 신경이 분산된다. 그리고 마지막으로 축복은 설교자가 빌어야 한다. 이게 바로 기도의 윤리이다.

또한 사회자가 예배기도까지 장황(張皇)하게 늘어놓으면, 다음에 예배 기도하는 사람은 앞에서 사회자가 예배를 위한 기도를 다 해 버렸으니 할 말이 없어, 예배기도 내용과 전혀 다른 내용을 말하거나, 처음부터 "축복 하시옵소서"라고 복을 빈다. 그러면 교인들은 그 기도를 듣고 "아멘, 아멘" 한다. 그러면 목사는 설교 후 무슨 기도를 할 것인가? 오직 축복권은 말씀 선포자에게 있다. 내가 이런 말씀을 드리면 개중에 '설교자도 같은 복을 빌면 될 것이 아닌가? 두 번 빌면 더 큰 복을 받고 좋지 뭐.' 그렇게 생각할지 모른다.

기도의 윤리에 대해 생각하면서 이삭은 왜 사랑하는 장자 에서에게 복이 아닌 저주의 기도를 드렸을까 생각해 본 적이 있다. 창세기 27장에 이삭이 야곱의 별미를 먹고 "그가 가까이 가서 그에게 입 맞추니 아비가 그 옷의 향취를 맡고 그에게 축복하여 가로되 내 아들의 향취는 여호와의 복주신 밭의 향취로다. 하나님은 하늘의 이슬과 땅의 기름짐이며 풍성한 곡식과 포도주로 네게 주시기를 원하노라. 만민이 너를 섬기고 열국이 네게 굴복하리니 네가 형제들의 주가 되고 네 어미의 아들들이 네게 굴복하며 너를 저주하는 자는 저주를 받고 네게 축복하는 자는 복을 받기를 원하노라"라고 했다(창27:27~29). 그 후에 뒤늦게 찾아온 사랑하는 맏아들 에서가 "나에게도 축복하소서" 하고 울고 간청할 때 이삭은 에서에게 축복이 아닌 저주를 퍼부었다. "그 아비 이삭이 그에게 대답하여 가로되 너의 주소는 땅의 기름짐에서 뜨고 내리는 하늘 이슬에서 뜰 것이며 너는 칼을 믿고 생활하겠고 네 아우를 섬길 것이며 네가 매임을 벗을 때에는 그 멍에를 네 목에서 떨쳐버리리라 하였더라"라고 했다(창27:39~40). 왜 이렇게 하셨을까 생각해 보라.

그래서 부족한 종은 기도에는 원리와 윤리가 있다고 생각하고 그 원리와 윤리를 지켜야 한다고 생각한다. 예를 들면 총회나 노회 때 회의에 앞서 먼저 예배를 드린다. 그때 기도담당자가 예배에 대한 기도는 하지 않고 회무 처리에 대한 기도를 하는 분들도 있다. 회장이 회의 진행을 잘하게 해 달라는 기도는 나중 회의 시작할 때 또 하는데도 개회예배 기도 담당자가 이 내용을 다 구하면 나중에 개회 기도자는 할 기도가 없다. 이것이 윤리에 어긋나는 월권 기도라고 할 수 있다.

그런데도 회중은 예배 인도자나 예배 기도자가 질서도 없이 그냥 처음부터 "축복해 주옵소서" 하는 원리도 윤리에도 어긋난 기도를 듣고 "아멘, 아멘." 하므로 기도하는 자는 '아, 내 기도로 은혜 받는가보다.' 하고 신이 나서 창세기부터 계시록까지 읊어나간다. 그게 바로 중언부언하는 기도요, 외식적인 바리새인의 기도이다. 기도를 받으시는 분은 사람이 아니라 하나님이시다. 하나님은 질서의 하나님이시니 질서 없는 외식적인 기도를 받으시지 않는다. 기도 순서자들은 월권하지 말고 기도의 원리와 윤리를 지켜 질서 있는 기도를 드려야 한다.

5. 진실하게 기도하라.

1) 진실한 기도는 단순하다.

단순한 기도는 이기적이지 않고 순수한 동기로 드리는 기도를 말한다. 기도는 어린아이들이 부모님께 요구하는 것과 같다. 그러므로 기도할 때는 어린아이와 같은 마음으로 숨김없이 슬픔과 기쁨을 나누며, 하나님 아버지와 대화해야 한다.

우리는 바른기도를 하려고 애써야 한다. 유창하게 기도해야만 하나님께서 들어주시는 것은 아니다. 비록 우리의 기도가 어눌해도 진실되고 정직한 마음으로 아무런 욕심 없이 간청하면 하나님께서는 사랑과 긍휼로 우리의 기도를 들어주시는 것이다.

2) 진실된 기도는 목숨을 건다.

진실된 기도는 가만히 앉아서는 안 된다. 애끓는 주님의 기도는 땀이 핏방울처럼 떨어졌고 돌 던질 만큼 떨어져 기도하는 주님의 곡성이 제자들에게 들렸다(눅22:41). 그 기도를 히브리서 기자는 "예수께서 육체로 계실 때에 자신을 죽음에서 능히 구원하실 이에게 심한 통곡과 눈물로 간구의 소원을 올렸다"고 기록했다(히5:7). 하나님의 아들도 그렇게 열정을 다해 통곡과 눈물로 기도했는데, 우리의 기도가 눈물과 통곡과 땀 없이 되겠는가? 땀은 그냥 나오지 않는다. 애쓰고 힘쓸 때 나온다.

살아계신 하나님이 내 기도를 들으신다는 것을 확실히 믿고, 기도를 듣고 응답해주실 하나님을 향해 생명을 걸고 창자가 끊어지도록 모든 노력을 다할 때 간절하고 진실한 기도가 나오는 것이다. 하나님께서는 꾸밈없이 하는 진실하고 간절하고 애끓는 기도를 받으시고 응답하신다. 그러므로 진실된 기도는 내 생애 최고의 기도가 되고, 이 기도로 내 삶을 마감한다고 생각할 때 진실된 기도가 나온다.

그러므로 기도할 때는 우리의 기도를 듣고 응답하실 하나님을 향하여 "꼭 응답해 주셔야 합니다"하는 심정으로 간절하게 하라. 믿음을 갖고 구할 때 간절해지고, 간절해 질 때 진실이 나온다. 모든 노력을 다 기울여 진실하게 하자. 아무리 좋은 내용이라도 하나님 보시기에 불순한 것과 정욕이 들어있으면 하나님이 받지 않으신다. 성경 속의 기도는 외식이 없다. 기도는 영력을 가지고 하늘을 향해 우리 소원을 올리는 것이다.

3) 진실한 기도만이 하나님의 마음을 움직일 수 있다.

기도는 사람이 들으라고 하는 것이 아니고, 내 딱한 사정을 아버지 하나님께 아뢰어 "내 사정과 내 형편이 이렇습니다." 내 사정을 아시고 이 문제를 해결해 달라고 간절히 부르짖는 것이다. 그러니 눈 감고 몇 시간 앉았다고, 또 입만 벌려 소리 지른다고 해서 그것이 기도는 아니다. 그런 것이 기도라면 얼마나 쉽겠는가! 기도는 간절하고 진실하게 해야 한다. 진실만이 속으로 소리치게 하고, 속으로 소리칠 때 가슴이 뜨거워지고, 뜨거워 질 때 눈물이 난다. 이런 진실한 기도에 응답이 온다.

다른 여러 말이 필요 없다. '중언부언하지 말고' 꼭 응답받아야 할 내용만 가지고 하나님이 살아계심을 믿고, 확신을 갖고, 주님처럼 심한 통곡과 눈물로 하나님의 마음을 움직이자. 하나님은 티 없고, 깨끗하고, 맑고 신선한 기도를 원하신다.

엘리야는 "불과 비를 내려달라"하여 응답을 받았다(왕상18:41~46). 한나는 "아들 하나를 주시면 젖 떼고 하나님께 바치겠다"하여 아들을 얻었다(삼상1:9). 이들의 기도는 모두 간단했다.

기도할 때 응답하실 때까지 마음이 평안해지고 응답이 왔다고 믿어지면 하나님께 감사와 영광을 돌리고 다음 기도를 시작하라. 기도 제목을 정하고, 큰 소리로 구하라. 큰 소리로 기도하는 것은 하나님이 못 들어서가 아니라 내 정신이 내 기도에 몰입하기 위해서이다. 그래서 기도를 방해하는 다른 소리보다 더 크게 하라는 것이다.

우리 모두 진실한 기도를 하자. 꾸미지 말고 정말 믿음을 갖고 기도하자. 누가 들을까 봐 사람을 의식하면서 했던 외식적이고 형식적인 기도에 대해 회개하라. 기도의 응답이 없다면 내가 주님 앞에 외식적이고, 중언부언했기 때문이라고 생각하고 다시 기도하라. 여러 말을 하지 말고 구해야할 내용만 가지고 응답될 때까지 기도하라. 그러면 반드시 응답이 있을 것이다.

6. 겸손한 자세로 쉬운 말로 기도하라.

우리가 주님을 향하여 기도할 때, 특히 공중기도에서 기도자가 어려운 단어를 써서 꾸미려 하는 이들이 있다. 꾸미지 말고, 겸손한 자세로 쉬운 말을 사용해 사실 그대로 믿고 구할 때 그 기도가 좋은 기도이다. 기도자는 자신이 무식하고 말이 좀 부족하다고 해서 근심하지 말라. 누가 말을 지었는가? 하나님이 말을 만드신 분이 아니신가? 세상에서 주님보다 더 높은 지식을 가진 분이 없다. 그러나 그 분은 어부도 세리도 어른도 아이도 누구나 들을 수 있는 쉬운 단어를 쓰셨다.

지식이 무엇인가? 남을 잘 이해시키는 것이 지식이다. 그리고 상대를 감동시켜 그 사람을 움직이는 것이 지식이다. 그러나 하나님을 움직일 수 있다면 그것이 최고의 지식이 아닐까? 누군가와 대화 할 때, 내가 많이 배웠다고 어려운 말을 사용했는데 상대가 그 말을 알아듣지 못했다면 무슨 소용이 있겠는가? 물론 언어를 창조하신 하나님께서 알아듣지 못할리가 없겠지만 회중 가운데는 알아듣지 못하는 이도 있다. 회중 기도를 할 때 어렵고 고상한 용어를 쓰려니까 말문이 막히는 것은 아닐까?

예수님 당시 예수님의 말씀을 듣는 사람들 가운데는 자신의 믿음을 대단하다고 생각해 과신하는 사람들이 있었다. 그들은 자신이 의롭다고 굳게 믿고 다른 사람들을 멸시했다. 예수께서는 그러한 사람들을 향해 바리새인과 세리의 기도를 예를 들어 설명했다. "바리새인은 서서 따로 기도하여 가로되 하나님이여 나는 다른 사람들 곧 토색, 불의, 간음을 하는 자들과 같지 아니하고 이 세리와도 같지 아니함을 감사하나이다. 나는 이레에 두 번씩 금식하고 또 소득의 십일조를 드리나이다"(눅 18:9~14)라고 기도했다. 바리새인들은 다른 사람들에게 좋은 인상을 주기 위하여 의를 공개적으로 과시하는 것으로 유명하다. 그런 반면 만인이 죄인이라고 멸시하는 세리는 "멀리 서서 감히 눈을 들어 하늘을 우러러보지도 못하고 다만 가슴을 치며 가로되 하나님이여 불쌍히 여기옵소서 나는 죄인이로소이다"라고 하였다. 그런데 주님은 자신의 결점을 겸손하게 인정하고 회개한 세리의 기도를 받으셨다고 하시고, 무릇 자기를 높이는 자는 낮아지고 자기를 낮추는 자는 높아질 것이라고 하셨다.

고상한 말로 꾸미려 하지 말라.

말이란 무엇인가? 말이란 바로 사람과 사람 사이에 공감대를 이루는 소통의 수단이다. 그와 같이 기도도 나와 하나님 사이에 공감대를 이루기 위해 말씀드리는 것이므로 하나님이 나의 생각에 동의하시면 응답이 있다. 여기에 무슨 고상한 말이나 꾸밈이 필요하겠는가? 하나님 앞에서 고상한 말이란 전혀 필요 없는 일이다.

예수 믿는데 세상 지식이 필요치 않다. 기도하는 데도 세상 지식은 필요없다. 하나님이 고상한 말로 기도하는 자만 응답하신다면 지식인들이 신앙생활을 더 잘할 것이다. 그러나 공부 많이 한 것 가지고는 주님을 만나지 못한다. 오히려 공부 많이 한 것이 주님을 만나는데 장애가 될 수도 있다.

그래서 바울은 세상적인 명예와 학문을 '배설물처럼' 버렸다고 했다(빌3:1~11). 대학 나오고 유학 갔다 올지라도 예수 없으면 망한다. 예수 안에서 빈부귀천이나 유무식이 차별 없이 구원을 받는다. 상대가 말이 좀 부족해도 무시하지 말라. 예수님께서도 무식한 어부와 농부와 양치기들을 선지자와 제자들로 삼으셨다. 그러니 기도할 때 고상한 단어만을 쓰려고 하지 말라. 기도에는 전문적인 용어가 필요 없다. 전문적인 용어가 필요하다면 주님은 지식 있는 사람만 상대하고 무식한 자를 상대해 주지 않을 것이다. 주님은 우리를 언제나 평범하게 상대해 주신다. 그러니까 고상한 용어를 쓰려고 하지 말고, 있는 그대로 솔직하라. 우리가 아무리 고상하고 훌륭한 언어를 구사하여 좋은 문장을 올린다 하더라도, 그 내용 속에 정욕적인 것이 들어있던지 목적이 없고 외식적이라면 하나님은 그 기도를 받지 아니하신다. 오직 그 내용 속에 하나님의 계획과 약속이 들어 있어야 하고, 그것을 믿음으로 구해야 한다.

물론 기도할 때 미사여구의 문장력과 언어를 구사하여 기도를 할 수 있겠지만 기도는 꼭 내가 구할 내용만 정리해서 올려드려야 한다.

주님은 지식보다 믿음을 원하신다(요6:5~13). 그러므로 교회는 유무식과 빈부도 상관없이 모두가 주님이 흘려주신 피의 공로로 구원받는다. 주님은 모든 죄인을 위해 보혈을 흘리셨다. 그러므로 유무식을 막론하고 누구나 주님의 말씀을 들어야 한다. 우리가 세상 지식이 좀 부족하면 세상 사는데 좀 불편하지만, 예수 믿고 기도하는 데는 전혀 문제될 게 없다. 하나님은 우리의 필요를 다 아신다. 하나님은 꾸밈없이 진실한 마음으로 확신을 갖고 믿음으로 드리는 기도를 받으신다.

오래 전 성결교단의 김종효 목사님에게서 들은 이야기이다. 대전에 성령의 은사가 강하게 나타나는 '나사로'라는 집사님이 계셨단다. 그분은 성도들 집을 돌아다니면서 기도를 해주시는 분이다. 하루는 어느 집사님 집에 가서 기도를 하는데, 영안으로 그 집에 딸들이 기도하는 것이 보였다. 하나는 대학생이고 하나는 초등학교 5학년이었다. 주님이 그 딸들의 기도를 듣고 수첩에 기록을 하시는데, 큰 딸의 기도는 별로 기록을 하지않는데, 작은딸의 기도는 정신없이 주님이 수첩에다 기록을 하시더란다. 우리 상식으로는 큰딸이 대학생이니 얼마나 좋은 문장력을 구사하여 유창하게 기도했겠는가? 그런데 주님은 5학년짜리 철없는 아이의 순수한 기도를 정신없이 메모했다. 이것이 무엇을 말하는가? 기도에는 좋은 문장이나 전문적인 용어가 필요 없다는 말이다.

전문적인 용어가 필요하다면 주님은 지식 있는 큰 딸의 기도를 열심히 메모 하셨을 것이다. 주님은 우리의 관계를 언제나 평범하게 상대해 주신다고 생각한다. 그러므로 고상한 용어를 쓰려고 하지 말고 쉬운 말로 기도하라. 고상한 용어를 쓰면 오히려 주님 앞에서 나를 자랑하고 나타내려는 것밖에 더 되겠는가? 주님은 지식 있는 자를 불러 제자 삼은 것이 아니고 순수하게 자기를 표현하는 믿음 있는 사람을 불러서 제자를 삼으셨다. 꾸미지 말라. 하나님 앞에서 꾸밈이란 전혀 필요 없다. 만약 병 고치기를 원하면 그냥 겸손하고 진솔하게 "내 병을 고쳐 주옵소서"라고 기도하라. 그리고 무슨 문제가 있으면 쉬운 말로 간절하게 기도하라.

하나님은 티 없이 깨끗하고 맑고 신선한 기도를 들으신다. 소경 바디메오는 "다윗의 자손 예수여 나를 불쌍히 여기소서. 주여 보기를 원합니다"라고 간단하게 기도했다. 그 기도를 들으신 예수께서 "가라 네 믿음이 너를 구원하였느니라"라고 하셨다(막10:46~52). 기도 제목을 정하면 겸손한 자세와 쉬운 말로 큰 소리로 기도하라. 우리에게 기도할 의무와 권리는 있어도 기도를 쉬는 권리와 자유는 없다. "기도를 쉬는 것은 죄이기 때문이다"(삼상12:23).

7. 사력을 다하여 간절하게 기도하라.

기도는 단순히 입술로만 하는 것이 아니고 땀과 눈물을 쏟는 온 몸을 던지는 자세로 해야 한다. 하나님은 다 알고 계시면서도 절규하고 울부짖는 기도를 원하신다. "나 주 여호와가 말하노라 그래도 이스라엘 족속이 이와 같이 자기들에게 이루어 주기를 내게 구하여야 할지라"(겔 36:37). 그리고 하나님의 뜻에 합당해야 응답을 주신다. 하나님의 아들이신 예수님께서도 고요하고 황량한 밤 십자가의 고난의 잔을 앞에 두고 겟세마네 동산에서 무릎을 꿇고 하나님께 기도할 때 힘쓰고 애써 더욱 간절히 기도했다(눅22:42~44).

유혹에 대한 필사적인 싸움에서 일어나는 마음의 갈등은 우리 주님을 극도로 긴장하게 하여, 핏방울이 방울방울 땀구멍을 통하여 쏟아져 나올 때까지 "아버지여 만일 할만 하시거든 이 잔을 내게서 지나가게 하소서 그러나 나의 원대로 마시고 아버지의 원대로 하옵소서"라고 사력을 다했다(마26:29). 육신을 가졌던 그에게 얼마나 큰 고통이었을까? 이것은 인간의 죄짐이 얼마나 무서운가를 반증해 주는 것이기도 하다.

영적인 눈을 떠라. 그리고 나를 위하여 고통 받는 예수님을 보라. 우리들도 그때 주께서 체험하신 그와 같은 경험이 있어야 할 것이다. 그리고 사명을 위하여, 죄악 중에 헤매는 가족을 위하여, 이웃을 위하여, 동족을 위하여 간절하고도 사력을 다하는 희생적인 기도를 드려야 한다.

1) 기도는 다투는 경기와 같다.

성경은 성도들을 운동장에서 이기기를 다투는 경기자에 비유했다. 그러면서 "운동장에서 달음질하는 자들이 다 달아날지라도 오직 상 얻는 자는 하나인 줄을 너희가 알지 못하느냐. 너희도 얻도록 이와 같이 달음질하라. 이기기를 다투는 자마다 모든 일에 절제하나니 저희는 썩을 면류관을 얻고자 하되 우리는 썩지 아니할 것을 얻고자 하노라. 그러므로 내가 달음질하기를 향방 없는 것같이 아니하고 싸우기를 허공을 치는 것같이 아니하여, 내가 내 몸을 쳐 복종하게 함은 내가 남에게 전파한 후에 자기가 도리어 버림이 될까 두려워 함이로라"고 했다(고전 9:24~27). 성도는 이 말씀처럼 기도할 때 다른 경주자를 물리치고 상을 받기 위하여 힘쓰고 애쓰는 것처럼 해야 한다.

2) 기도는 일종의 신성한 노동이다.

기도는 땀과 눈물을 쏟아내는 중노동이다. 그러나 신학교에서는 기도가 노동이라고 가르치지 않는다. 그러기에 기도가 노동인줄 모른다. 기도는 감상도 아니고 명상도 아니며 묵상도 아니다. 그리고 관념도 아니고 오직 체력을 소모하고 눈물과 땀을 쏟아 붇는 중노동이다. 이것은 썩어질 육체를 위한 노동이 아니라 영혼을 위한 거룩한 노동이요, 이 기도의 노동은 하늘의 영원한 생명을 이끌어내는 신비한 노동이다.

우리는 어떤 육체적 노동으로 생명을 얻을 수 없다. 그러나 오직 기도라는 신성한 노동을 통해서는 하늘의 생명을 얻고, 하늘의 삶을 산다. 기도는 구원의 기쁨을 부여하는 생명의 축제라고도 할 수 있다. 그러나 기억하라. 기도란 이론이 아니므로 실제로 기도할 때 응답을 받을 수 있다.

3) 기도는 영적인 전쟁이기 때문에 사력을 다해야 한다.

디모데전서 6:12에는 "믿음의 선한 싸움을 싸우라. 영생을 취하라. 이를 위하여 네가 부르심을 입었고, 많은 증인 앞에서 선한 증거를 증거하였도다"라고 했다. 성도는 영생을 위해 목숨을 걸고 싸우는 영적 전투병이요, 기도는 초자연적인 힘을 가진 보이지 않는 적과 싸우는 영적 전쟁이요, 믿음의 전쟁이다. 그러므로 이 싸움에서 승리하여 살아남으려면 목숨을 걸고 사력을 다해야 한다.

야곱은 환도뼈가 탈골되도록 힘쓰고 애써 기도했다(창32:24~29). 그리고 엘리야는 목숨을 걸었고(왕상18:30-46), 에스더도 "금식하며 죽으면 죽으리란 각오로 목숨을 걸고" (엣4:13-17)기도를 드렸다. 그러나 우리 힘으로는 불가능하다. 인간 육신의 힘을 초월한 하나님의 능력을 받아야 사단의 억압을 물리칠 수 있다. 믿음이 없는 사람은 기도할 수 없다. 우리는 그리스도에게서 위임받은 믿음이 필요하다. 그러므로 믿고 간구한 것을 조금도 의심해서는 안된다. 영적인 자유를 얻기까지 결사적인 강렬한 영적 투쟁을 해야 한다.

마태복음 12:29에 보면 "사람이 먼저 강한 자를 결박하지 않고야 어떻게 그 강한 자의 집에 들어가 그 세간을 늑탈하겠느냐 결박한 후에야 그집을 늑탈하리라"고 했다. 기도는 바로 적군을 무력케 하고 적을 물리칠 수 있는 강력한 비밀무기이다.

4) 기도는 체력이 소모되고 땀과 눈물을 쏟아 붓는 행동이다.

기도는 가장 진실된 봉사요, 땀을 짜며, 체력을 소모하는 진정한 노동이다. 그러므로 응답을 받기 위한 간절한 기도는 소극적인 태도여서는 안 된다. 눈물과 땀을 쏟아 온 몸을 내던지는 적극적인 태도여야 한다. 그러므로 절망 속에 기적의 역사를 일으키려면 생명력 있는 기도를 해야 한다. 그리고 그 생명력 있는 기도는 자신의 체력을 소모한다. 체력이 소모되는 노력이 없으면 그 기도는 응답이 없다. 생명력 있는 기도, 체력을 소모하는 능력 있는 기도를 드려라. 체력을 소모하는 수고와 고통과 눈물의 기도 없이는 하나님의 능력을 붙잡을 수 없고, 하나님의 능력을 나타낼 수 없다. 반면 힘이 있는 기도, 열정적인 기도, 땀과 눈물을 흘리는 희생적인 기도는 영적 생활의 활력소가 된다. 그러기에 힘이 있는 기도를 위해 성령께서 도우신다. "이와 같이 성령도 우리 연약함을 도우시나니 우리가 마땅히 빌 바를 알지 못하나 오직 성령이 말할 수 없는 탄식으로 우리를 위하여 친히 간구하시느니라"(롬8:26).

모든 신실한 기도는 내 영혼에 내주하시는 성령님의 활동으로부터 시작된다. 그래서 바울은 "그러면 어떻게 할꼬. 내가 영으로 기도하고 또 마음으로 기도하며 내가 영으로 찬미하고 또 마음으로 찬미하리라"고 하셨다(고전14:15).

5) 사력을 다하는 기도는 자기를 포기해야 한다.

자기를 포기하는 기도를 하라. 자기를 포기하는 기도는 십자가를 지는 기도요, 십자가를 지는 기도는 진액을 짜내는 기도이다. 그것은 마치 육신의 정욕과 안목의 정욕과 이생의 모든 자랑을 잘라버리기 위하여 땀방울이 피로 변하여 쏟아지기까지 진액을 짜내며, 심한 통곡과 눈물로 간구의 소원을 올린 겟세마네 동산의 기도처럼 구하는 것이다(마 26:37~39).

땀은 거짓이 없다. 땀이 성공의 씨앗이다. 몸에 땀이 나도록 기도하자. 신앙생활이 성숙할수록 땀 흘리는 기도가 있어야 한다. 기도는 노동이다. 성공하려면 땀 흘려 기도하라. 무기력은 죄다. 특히 전문화시대에는 더 그렇다. 돈이 없어 무력해 지는 것이 아니라, 소망이 없고 믿음이 없기 때문이다. 무기력한데 힘을 얻을 수 있는 비결은 기도뿐이다. 우리도 육신의 정욕, 안목의 정욕, 이생의 자랑을 잘라버리는 기도를 해야 된다. 목사에게도 자기를 부인하는 체력을 소모하는 사력을 다하는 기도가 있어야 한다. 성도에게도 자기를 부정하는 땀의 기도가 있어야 한다. 기도 없이 영적성장이 없다. 자기 부정의 기도는 자기 영적성장 뿐 아니라 주위사람의 영성도 살린다. 성도는 직장과 직업 등의 사업을 위한 기도뿐 아니라 자기의 영성과 인격을 위한 자기 부정의 기도를 드려야 한다.

자기 부정의 기도로 사력을 다하라. 기도가 문제 해결의 열쇠다. 기도는 단순히 입술로만 하는 것이 아니고 눈물과 땀을 쏟으며 온몸을 던지는 자세로 사력을 다하여 해야 한다.

6) 기도는 피 흘리는 헌신이다.

기도는 땀과 피를 지어내는 진실한 봉사요, 헌신이다. 그러므로 응답을 받기 위한 간절한 기도는 좋은 냄새를 풍기려고 향수를 뿌리는 식의 겉치장으로 해서는 안 된다.

부족한 종은 교회 개척 장소를 위해 6개월 동안 부산 시내를 돌아다녔다. 돈이 없어 밥도 굶었다. 하도 많이 걸어서 발이 불어터져 걸을 수 없을 정도까지 되었다. 비슷비슷한 곳 여섯 군데를 둘러보고 기도해 봐도 하나님의 뜻이 어느 곳인 줄 몰라 결정내릴 수 없었다. 그래서 죽을 각오로 단식기도를 드리기로 했다. 그 전에 40일 금식기도를 두 번하고, 1주일, 10일 금식은 많이 했으나 정작 교회를 개척하려고 하니 장소 선택이 잘 안 되고 있는 것이다. 그래서 1981년 2월 초순 눈이 하얗게 쌓인 높은 산에서 기도하기로 마음먹고 후배 문동현 목사에게 텐트를 쳐 달라고 하여 그곳에서 단식을 시작했다. 2월 초순이라도 높은 산이고 아직 눈이 쌓여 있는 곳이라 너무 추웠다. 3일 만에 몸에 감각이 없어졌다. 목구멍은 물기가 없고 찬 바람에 상처를 입어 피가 터져 고여 막으니 호흡에 장애가 왔다. 그리고 몸은 굳어 움직일 수가 없었다. 그 상태로 응답이 없으면 죽을 각오로 죽을 힘을 다하여 열흘 밤을 넘겼다. 11일째 새벽 3시 정도가 되었는데, 누가 큰소리로 "네 죽는다. 빨리 내려가라"고 했다. 나는 그 음성에 놀라서 내려가겠다는 생각이 들어 움직이지 못하는 몸을 굴려 내려오는데, 산 중턱에서 '산불방지' 홍보와 감시를 하는 분을 만나 도움을 받아 8시간만인 오전 11시경에 산기슭 암자에 도착했다. 그분의 도움으로 택시에 실려 집에 도착하니 느낌도 없이 배설물이 나와 있었다. 흔히 말하는 '생 똥'을 배설하고 만 것이다.

그때 내 아내는 경상남도 양산에 있는 감림산에서 기도를 드렸는데, 그 시간에 같은 음성을 듣고 겁에 질려 허겁지겁 집으로 돌아왔다. 나는 그때 집에 와서 온 몸에 동상이 걸려. 몸을 움직이지 못하고 40여 일 동안이나 누워 있었다. 그러나 몸이 회복되자 다시 "높은 산이 어디냐?"고 물어보니 누가 말하기를 "김해 무척산이 높다"고 했다. 나는 또 그곳을 찾아갔다. 그곳은 기도원이라 1주일 동안을 금식했다. 그래도 응답이 없어 "또 높은산이 어디냐?"고 물어보니 "광주무등산"이란다. 그래서 그곳을 물어물어 찾아갔다. 1981년 당시는 초행길이라 무등산기도원에 도착하니 밥 한 끼에 500원이요, 하루 밤 자는데 500원이란다. 내 생각에는 무슨 여관 같은 기분이 들어서 주머니에 있는 돈을 다 털어 단에 올려놓고, 산속에서 판초우의를 둘러쓰고 비를 맞으며 3일간을 기도하다 지쳐서 "에라 모르겠다. 아무 곳이나 교회를 세우자"는 생각으로 집으로 돌아왔다.

아내에게 "여보, 그냥 아무 곳이나 자리잡아 했으면 좋겠소"라고 했더니, 아내가 그냥 내어뱉는 말이 "기도도 안 해보고 그러느냐?"고 판잔을 주는 게 아닌가? 얼마나 야속하고 기가 막히던지. 남들이 안 하는 40일 금식을 두 번이나 했고, 죽음 직전까지 11일의 단식기도 드렸고, 1주, 10일은 열 손가락을 꼽아도 그보다 넘도록 했는데 기도를 안 했다니 이해가 안 되었다. '그러면 도대체 어떻게 기도를 해야 하나?' 하고 낙심이 되어 앉지도 못하고 집을 떠나 다시 양산의 감림산기도원 가는 버스를 탔다. 그런데 감림산으로는 도저히 못 가겠다는 생각이 들었다. 이옥란 원장과 최정희 전도사님을 볼 면목이 없었다. 하도 그곳에 많이 가서 기도를 했기 때문에 그분들이 나를 보면 안타까워하기 때문이다. 내 생각에, '그분들이 무슨 죄가 그렇게 많아서 저 모양인가?' 할 것 같아서 그 밑에 있는 호렵산기도원으로 갔다. 당시 호렵산은 축산농장 옆에 있어서 쇠똥냄새를 풍겼다. 나는 그곳 '엘리야 굴'이라는 바위 밑에서 뜬눈으로 밤을 새워 기도했다. 내용은 간단했다. 그 동안 발이 불어 터지도록 돌아다니면서 보아 놓은 장소가 여섯 곳인데 그 장소를 대면서 "그 중에 어디가 주님의 십자가를 세우기를 원하십니까?"라고. 저녁 다섯 시부터 엎드렸다 일어났다를 되풀이하면서 안타깝게 울었는데 새벽 세시쯤 하나님께서 "망미동"이라고 하셨다. 우리 교회의 처음 개척 장소는 그렇게 정해졌다. 할렐루야! 나는 하나님께 "감사합니다"하고 울면서 산을 내려왔다.

지금도 부족한 종은 기도의 수고 없이 하나님의 능력을 붙잡을 수 없고, 체력의 소모 없이 하나님의 능력을 나타낼 수 없다고 깨달았기 때문에 하나님의 능력에 붙들리기 위해 사력을 다해 기도한다. 고통과 눈물의 기도 없이는 하나님의 능력도 없다. 창백한 기도, 무기력한 기도는 영적 생활의 암일 뿐이다. 힘이 있는 기도, 정열적인 기도, 희생적인 기도는 영적생활의 열쇠가 된다. 그러기에 힘이 있는 기도를 하라고 성령께서 도우신다.

모든 신실한 기도는 우리 안에 내주하시는 그 분의 활동으로부터 생겨난다. 그래서 바울은 "그러면 어떻게 할꼬? 내가 영으로 기도하고 또 마음으로 기도하며 내가 영으로 찬미하고 또 마음으로 찬미하리라"고 하셨다(고전14:15). 초대교회의 성도들은 술 취한 것처럼 기도했다. 생명력 있는 기도를 드리자. 체력을 소모하며 피 흘리는 능력 있는 기도를 드리자. 그리하여 응답을 받아 누리자.

  마지막 구원 열차가 종착역에 닿은듯 말세지말을 살고 있는 우리 모두 믿음을 갖고 야곱처럼 한나처럼 엘리야처럼 사력을 다하여 땀과 눈물로 기도하자. 그리하여 마치 시들어버린 향기 없는 꽃잎처럼 시들어가는 우리 영혼의 원기를 회복하고 기근에 굶주린 땅과 같은 우리를 하나님의 복 주시는 땅으로 회복하자.

4 믿음의 기도

　기도할 때는 응답 주실 줄 믿고 기도해야 한다. 주님의 구원은 영혼뿐만 아니라 우리의 육신도 포함된다. 요한 사도는 다음과 같이 말했다. "사랑하는 자여 네 영혼이 잘됨 같이 네가 범사에 잘되고 강건하기를 내가 간구하노라"(요삼1:2). 바울도 데살로니가에 보낸 편지에서 "평강의 하나님이 친히 너희로 온전히 거룩하게 하시고 또 너희 온 영과 혼과 몸이 우리 주 예수 그리스도 강림하실 때에 흠 없게 보전되기를 원하노라"고 했다(살전5:23).

　그러므로 하나님의 신실하심을 믿고 기도하라. 그분은 "능치 못하심이 없으시고"(창18:14), 그 분은 "인생이 아니시니 식언치 않으시고 인자가 아니시니 후회가 없으시도다. 어찌 그 말씀하신 바를 행치 않으시며 하신 말씀을 실행치 않으시랴"고 하셨고(민23:19), 또 "가라사대 일을 행하는 여호와, 그것을 지어 성취하는 여호와, 그 이름을 여호와라 하는 자가 이같이 이르노라. 너는 내게 부르짖으라. 내가 네게 응답하겠고 네가 알지 못하는 크고 비밀한 일을 네게 보이리라"고 약속하셨다(렘33:1~3). 그러나 우리 주님은 "말세에 믿고 기도하는 자를 보겠느냐"(눅

18:1~8)라고 하심으로 기도하지 않을 말세를 한탄하셨다. 결국 믿음 없는 기도는 하나님이 들으시지 않는다. 믿음만이 하나님과 통할 수 있는 기도의 열쇠가 된다.

1. 믿음이 기도의 열쇠다.

1) 모든 문제의 해답은 믿음의 기도에 있다.

우리가 찬양할 때 그냥 입술에 스쳐가는 찬양은 아무 소용이 없다. 내가 부르는 찬양에 붙잡혀야 한다. 그와 같이 기도할 때도 그냥 입술에 스쳐가는 기도는 응답이 없다. 기도하는 사람은 그 기도에 사로잡혀야 한다. 지금 이 시간에 주님이 한 사람씩 상담을 하신다면 무슨 말씀을 하실까? 아마도 주님은 "너는 더 큰 믿음을 가져라. 믿음의 기도는 모든 문제를 해결하느니라"라고 하실 것이다(약5:15).

야고보서 1:6~8에 보면, "오직 믿음으로 구하고 조금도 의심하지 말라. 의심하는 자는 마치 바람에 밀려 요동하는 바다 물결 같으니 이런 사람은 무엇이든지 주께 얻기를 생각하지 말라. 두 마음을 품어 모든 일에 정함이 없는 자로다"라고 하시며, 야고보서 5:15에서는 "믿음의 기도는 병든 자를 구원하리니 주께서 저를 일으키시리라. 혹시 죄를 범하였을지라도 사하심을 얻으리라"고 했다. 그런데 마귀는 우리에게 의심을 심어준다. "기도한다고 되나?"라고 속삭인다. 그러기에 의심을 일단 물리쳐야 한다. 의심을 물리치는 기도를 하라. 의심을 버리면 그 기도는 반드시 응답을 받을 것이고 하나님께 영광을 돌릴 것이다.

어느 날 참 믿음이 좋다고 생각하는 후배 목사가 딸의 대학진학 문제 때문에 염려를 했다. 그래서 "무엇 때문에 염려하느냐? 기도나 하지"라고 말했더니, 그 목사 말이 "기도한다고 됩니까?"라고 말하지 않겠는가? 나는 놀라 "뭐?"하고 소리쳤다.

목사가 기도의 응답을 못 믿는다면 평신도들은 어떻게 믿겠는가? 그러니 기도를 안 하지 않는가? 기도하면 응답이 있다고 믿는다면 왜 기도하지 않겠는가? 믿고 기도하라. 주님은 확실히 살아 계시며 우리의 모든 일을 알고 계시며, 주장하고 계시니 그 약속을 믿고 응답하신다는 말씀을 믿고 기도하라.

요한복음 14:12~14에 보면 "내가 진실로 진실로 너희에게 이르노니 나를 믿는 자는 나의 하는 일을 그도 할 것이요, 또한 그보다 큰 일도 하리니 이는 내가 아버지께로 감이라. 너희가 내 이름으로 무엇을 구하든지 내가 행하리니 이는 아버지로 하여금 아들로 말미암아 영광을 받으시게 하려 함이라. 내 이름으로 무엇이든지 내게 구하면 내가 행하리라"(마7:7~11).

2) 성도와 믿음은 밀접한 관계가 있다.

성도는 믿음으로 구원받고(요3:16~18), 믿음으로 하나님의 자녀가 되고(요1:12), 믿음으로 세상을 이기고(요일5:4), 믿음으로 하나님을 기쁘게 해 드리고(히11:6), 믿음으로 병을 고치고(마8:13), 믿음으로 은사도 받고(롬12:3~6), 믿음으로 능력 있는 삶을 살고(히1:38), 믿음으로 기도 응답도 받는다(눅18:7~8). 그러므로 믿음을 가져야 한다. 그리하면 "믿는 자는 능치 못함이 없고"(막9:23), "믿음의 기도는 병든 자를 구원하고"(약5:15), "믿는 자의 기도는 역사 하는 힘이 많으며"(약5:16), "겨자씨 한 알만한 믿음이 있어도 산을 옮긴다"고 하셨다(마17:6).

3) 주님은 지식보다 믿음을 원하신다.

요한복음 6:1~9에 보면 광야에서 식사 문제로 주께서 빌립을 시험했을 때, 빌립은 재빠른 계산으로 "200 데나리온이 있어도 모자라겠다"고 지식으로 대처했고, 안드레는 소량의 '떡 다섯 개와 물고기 두 마리'를 믿음으로 주님께 드렸다. 빌립은 많은 이적과 표적을 보았지만 믿음이 없었다. 그러므로 보았다고, 또 알고 있다고 다 믿음은 아니다. 빌립이 인간의 이성적인 경험과 지식으로 계산했지만, 거기에는 주님의 관심이 없고, 안드레의 희생과 봉사가 깃든 믿음으로 찾아낸 5병 2어가 기적을 일으켰다.

어느 것이 위대한가? 지식인가, 믿음인가? 물론 세상의 일 중에는 지식으로 판단할 일과 믿음으로 판단할 일이 다르다. 그러므로 지식과 신앙을 구별할 줄 알아야 한다. 여러분은 어떠한가? 빌립이 가진 지식을 따르는가? 아니면 안드레의 신앙을 따르는가? 믿음을 선택하라. 그리고 어떤 문제든 지식으로 판단하여 실망하지 말라. 마귀는 이런 것들을 이용하여 자기의 뜻을 이루려고 호시탐탐 기회를 노리고 있다. 속지 말라. 우리의 현실을 타개하는 것도, 우리의 장래 문제도 모두 하나님 안에 감추어져 있다.

이사야 52:12에 보면, "여호와께서 너희 앞에 행하시며 이스라엘의 하나님이 너희 뒤에서 호위하시리니 너희가 황급히 나오지 아니하며 도망하듯 다니지 아니하리라" 하셨다. 하나님께서는 자기의 순서대로 착착 진행하고 계신다. 그 순서는 하늘이 무너지고 땅이 꺼져도 변하지 않는다.

이사야 55:11~12에 보면 "내 입에서 나가는 말도 헛되이 내게로 돌아오지 아니하고 나의 뜻을 이루며 나의 명하여 보낸 일에 형통하리라.

너희는 기쁨으로 나아가며 평안히 인도함을 받을 것이요"라고 하셨으니 비관도 절망도 하지 말고 하나님이 살아계시니 믿음으로 기도하자.

우리 교회에 이을자 집사가 있다. 남편인 한용안 씨가 중환으로 사형선고를 받았다가 기도로 다시 살아났다. 이 집사는 남편이 고침을 받았으니 이제 아이를 가져야겠다고 생각했다. 그런데 의사와 상의해보니 남편의 정자가 죽어서 자녀 생산이 전혀 불가능하다는 대답을 들었다. 이 집사는 사형선고를 받은 남편을 살리신 하나님의 응답을 받은 체험이 있기에, '의사는 못해도 하나님은 능치 못함이 없음'을 믿었는지 부족한 종에게 '아이를 낳게 하나님께 기도를 드려 달라'고 부탁을 해왔다. 그 부탁을 받고 나는 창세기 27:25~29에 기록된 야곱을 생각하면서 "그냥 되겠느냐, 별미를 준비해야지"라고 말했다. 나는 '죽은 지 4일 만에 이미 썩어 물이 흐르는 시체가 된 나사로를 살리신 하나님께서 죽은 정자인들 못살리실까?' 생각했다. 또 나는 나팔관을 돌려 아이를 낳지 못하는 여인에게 기도로 아들을 낳게 한 체험이 있었으므로 확신을 갖고 기도에 들어갔다. 그래서 그 길로 1주간 금식기도를 드리고, 아브라함의 아내 사라에게 "나 여호와가 능치 못함이 있겠느냐?"(창18:14)하신 말씀과, "내게 능력주시는 자 안에서 내가 모든 것을 할 수 있느니라"(빌4:13)하신 말씀과, "내 이름으로 무엇을 구하든지 내가 시행하리니 이는 아버지로 하여금 아들을 인하여 영광을 얻으시게 하려 함이라 내 이름으로 무엇이든지 내게 구하면 내가 시행하리라"(요14:13~14)고 하신 약속의 말씀을 믿고 안수기도를 했다. 그런데 그 기도를 들으신 주님께서 1년 만에 아들을 주셨다. 그렇게 얻은 아들 이름이 한 소망인데 고등학교에 다니고 있다. 그 아이는 너무너무 건강하다. 할렐루야!

성경에서 하나님의 손에 붙들린 사람들의 공통점은 '하나님 앞에 다시 설 수 없는 어떤 실패나 실수가 있음에도 불구하고 큰 믿음을 붙들고 있다'는 점이다. 왜냐하면 하나님은 과거를 묻지 아니하시고 믿음 있는 자를 만나면 "이만한 믿음을 만나본 적이 없다"거나(마8:10), "네 믿음이 크도다 네 소원대로 되리라"(마15:28) 말씀하신다.

그러시기에 하나님께서는 나 같이 부족한 것도 전혀 과거를 묻지 않으시고 주의 종의 반열에 세우시고 성령으로 믿음과 능력의 은사를 주시고, 그 믿음으로 기도할 때 "종아, 네 믿음이 크다 네 믿음대로 되라" 하시고 응답하시니 그저 황송하고 감사할 뿐이다.

어설프고 부끄러운 믿음, 실개천 같은 가냘픈 믿음, 게으르고 잠자는 믿음이 어느 날 갑자기 하나님의 능하신 손길에 붙잡히면 하나님의 살아계심을 증거하는 믿음으로 변하여 일마다 때마다 사람 앞에 설 때마다, 문제 앞에 이를 때마다 하나님의 영광된 역사가 나타나서, 능력의 주님이 함께하심을 만인이 볼 수 있게 표적이 일어나게 된다.

주님은 그 어떤 선행도 보지 않으시고 오직 믿음을 보신다. 그러기에 혈루증 환자에게 "예수께서 돌이켜 그를 보시며 가라사대 딸아 안심하라 네 믿음이 너를 구원하였다 하시니 여자가 그 시로 구원을 받으니라"라고 했고(마9:22, 막5:34), 또 수로보니게 여인에게는 "여자야 네 믿음이 크도다 네 소원대로 되리라 하시니 그 시로부터 그의 딸이 나으니라"고 하니 그대로 되었다(마15:28). 할렐루야!

우리는 세상 사람보다 나은 것이 없지만 하나님과 대화할 수 있는 기도의 특권을 갖고 있다. 그러기에 우리가 가질 수 있는 최상의 무기가 바로 기도이다. 그러나 기도는 그냥 되는 것이 아니라 시간과 정성과 몸부림치는 노력, 그리고 하나님을 경외하는 마음이 따라야 한다. 그렇지 않으면 그 기도는 승려의 염불처럼 가장 비천한 넋두리로 전락해 버리고 말 것이다. 기도는 모든 문제를 해결하는 열쇠이다. 그러므로 믿음으로 기도하라. 기도와 믿음은 상호 밀접한 관계를 갖는다. 믿음이 있어야 기도하고, 믿음으로 기도해야 응답을 받지만, 기도해야 또 믿음이 생긴다. 기도에 불이 붙어 믿음이 생기면 오랫동안 잠자던 수많은 영혼들을 깨울 수 있고, 우리 운명도 바뀔 수 있다. 믿음이 풀려야 소망도 풀리고 사랑도 풀린다. 믿음을 잘 활용하자. 그러면 믿음이 무엇일까?

2. 믿음이란 무엇인가?

언제 믿음에 대하여 구체적으로 쓸 수 있는 기회를 하나님께서 허락하실지 모르지만, 여기서는 믿음에 대하여 간단하게 적어보려고 한다. 그 이유는 믿음이 무엇인지를 모르면 믿음의 기도를 할 수 없기 때문이다. 그러나 구원 얻는 보편적인 믿음에 대해서가 아니라, '기적을 체험하는 겨자씨 같은 믿음'과(마17:20), '은사적인 믿음'에 대해 살펴보겠다(고전12:9). 이 문제는 신학적인 접근이 아니라 본인의 체험을 토대로 하여 기록된 것이므로 오해가 없기를 바란다.

1) 믿음이란 인생을 끝없이 받쳐주는 근원적인 힘이다.

히브리서 11:1~2에 보면, "믿음은 바라는 것들의 실상이요 보지 못하는 것들의 증거니, 선진들이 이로써 증거를 얻었느니라"라고 했다. 여기 '실상'이란, '기초' 혹은 '밑 받침'이란 뜻이다. 그러므로 믿음이 있으면 언제나 아래서부터 받쳐주는 힘이 된다는 말이다. 우리 인생길에서 때로는 지식이 힘이 될 수 있고, 재물도 혹은 사람도 힘이 될 수 있다. 그러나 지식도 재물도 내게 있는 모든 것은 떠날 수 있다. 하지만 믿음만 있으면 내가 좌절해도 절대 넘어지지 않을 것이다. 왜냐하면 밑에서 받쳐주기 때문이다.

 욥은 시험을 받아 그 많은 재산이 한 순간에 날아가고, 열 명의 자녀가 죽어가는 엄청난 타격을 입고도 오직 믿음으로 넘어지지 않았다. 그가 고백하기를 "내가 모태에서 알몸으로 나왔사온즉 또한 알몸이 그리로 돌아가올찌라, 주신 이도 여호와시요 거두신 이도 여호와시오니, 여호와의 이름이 찬송을 받으실지니이다 하고, 이 모든 일에 욥이 범죄하지 아니하고 하나님을 향하여 원망하지 아니하니라"라고 하는 신앙을 고백했다(욥1:21~22).

 오늘 우리에게 믿음만 있으면 그 믿음이 우리의 일생을 받쳐줄 힘이 된다. 아브라함이 목적지도 방향도 모르고 하란을 떠난 것도(창12:1), 독자 이삭을 번제로 드리려던 모험적인 행동도 믿음의 힘이었다(창22:1~13). 아브라함은 하나님께서 내게 힘을 주시고 내 길을 인도하시리란 믿음을 가지고 출발하여 가나안의 주인공이 되었고 믿음의 조상이 되었다.

 우리 인생길에서 지식보다 더 귀하고 중요하며, 재능보다 배경보다 환경보다 더 중요하고 귀한 것은 믿음이다. 하나님께서는 기대가 없고, 소망이 없는 자에게 절대로 역사하지 않는다. 교회 부흥도, 사업의 성공도, 복받는 것도 야곱처럼 매달리는 자에게 온다. 성령의 은사도 받고 싶어 사모하는 자에게 주시고(고전13:31), 면류관도 주님 재림을 사모하는 자에게 주신다고 하셨다(딤후4:8). 하나님께서 나의 일생을 떠받쳐 주시며 책임져 주시리란 확신, 이것이 믿음이요, 이것이 우리의 특권이며 힘이다.

2) 믿음은 통찰력이다.

히브리서 11:1에 "믿음은 …… 보지 못하는 것들의 증거"라고 하셨다. 성경은 하나님의 일을 하는 사람을 가리켜 '선견자'라고 했다(삼상9:9). 이 말은 앞을 볼 줄 아는 사람이란 뜻이다. 앞을 볼 줄 아는 자가 바로 믿음의 사람이다. 그러므로 믿음이란 앞을 보는 인생의 작업이다. 그런 고로 모든 믿음에는 언제나 환상이 포함된다. 믿음을 잃어버리면 깜깜하다. 그러나 믿음은 앞날이 보이지 않지만 보는 것처럼 믿고 나가는 것이다. 아브라함, 요셉, 모세, 엘리야 같은 이들은 보이지 않지만 보는 것처럼 참고 견디어 왔다.

(1) 믿음은 속사람을 보는 눈이다.

믿음이란 '통찰력으로 속사람을 보는 눈'이라고 말하고 싶다. 우리 육신의 눈으로는 한계가 있다. 그러나 믿음의 눈이 뜨이면 사람의 깊은 내면을 볼 수 있다. 그러나 우리가 믿음을 잘못 가지면 부정적인 눈만 떠져 남의 잘못만 보인다. 그러므로 믿음의 눈을 떠야 한다.

모세는 세상적인 눈으로 보면 살인자요, 실패자요, 전혀 쓸모없는 인생이 끝난 자이다. 그러나 믿음의 눈으로 볼 때 재기할 자요, 선민을 이끌고 홍해를 건널 위대한 지도자였다. 베드로 무식하고 배신자이며 세상적인 눈으로 볼 때 전혀 쓸모없지만 주님의 눈에는 확실히 유대를 뒤엎을 위대한 복음사역자였다. 그러므로 속을 들여다 볼 수 있는 통찰력이 있어야 한다. 우리 모두 믿음의 눈으로 깊은 곳을 헤아려 보고 인생에 실수를 하지말자.

부족한 종이 지하실에서 예배실을 꾸며 섬길 때의 일이다. 가을 어느 날 어떤 청년이 말쑥하게 차려입고 가죽 가방을 들고 우리 교회 주보를 들고 나를 찾아와서 인사를 했다. 그래서 "어디서 오며, 어떻게 나를 알았느냐?"고 물었더니, 그 청년은 "나는 진주경상대학교 재학중인 학생인데, 절간에서 며칠 있다가 오는 길에 버스에서 어떤 목사님을 만났는데 그 목사님께서 소개해 주셔서 찾아뵙고 싶어 왔습니다"라고 말했다. 같이 앉아 몇 마디 대화 중에 내 마음 속에서 '이놈은 남자가 아니라 여자인데.'라는 생각이 들었다. 그래서, "네 여자지?"라고 했더니 "아니에요"라며 펄쩍 뛰었다. 그런데 내 손이 사정없이 나가서 그 청년의 가슴을 만졌다. 그는 남자가 아닌 여자였다. 그래서 자초지종을 얘기하는 중에 그는 동성연애자로서 남자 역할을 하는 처녀였다. 만약 내가 그를 미리 알아보지 못했다면 무슨 일이 일어났을지 모를 일이다. 우리 모두 믿음의 눈을 떠서 깊은 곳을 살펴보고 실수 없는 인생을 살아야 한다.

(2) 믿음은 미래를 볼 수 있는 눈이다.

히브리서 11:1에서 "믿음은 보지 못하는 것들의 증거"라고 했다. 이 말씀처럼 우리가 믿음의 눈을 뜨고 사물을 보면 깊이 보고, 멀리 보기 때문에 남이 보지 못하는 것들도 볼 수 있다. 같은 시간에 같은 사건을 봐도 믿음에 따라 달라진다. 12명의 가나안 정탐꾼들의 보고를 생각해 보라(민13:25·14:10). 보는 이의 믿음에 따라서 보고 내용이 달랐다. 누구든지 보는 것이 다르면 생각이 달라지고, 결과 역시 달라질 수밖에 없다.

미국의 알레스카 주는 미국 본토의 5분의 1에 해당되는 넓은 땅이다. 이 땅은 1867년도에 소련으로부터 1에이크(약 4,047m 1,224평)에 2센트씩 계산하여, 720만 불(한화 약 50억 원)의 적은 돈을 주고 샀다고 한다. 그런데 그 땅이 오늘날 미국의 군사요충지요, 지하자원과 광물이 풍부하여 미국 51개 주에서 개인소득이 제일 높은 곳이라고 한다. 그러니 지금은 소련이 얼마나 배가 아프겠는가? 소련은 미래를 내다보는 눈(眼)이 없었기에 1년 내내 눈(雪)에 덮여 볼품없는 땅이라고 생각한 것이다. 그들은 그 땅을 관리하려니 경비와 군사력이 많이 소비되어 귀찮게 생각하였고, 미국이 "팔라"고 하니, "좋다"하고 팔아버렸는데 오늘날 얼마나 후회가 많겠는가?

소련은 땅속 깊숙이 매장되어 있는 보화를 보지 못하고, 만년설로 뒤덮인 모양만 보고 실수한 것이다. 우리 인생에 본다는 것이 얼마나 중요한가를 알 수 있는 이야기다. 믿음은 깊이와 길이를 재볼 수 있는 눈이다. 그러므로 우리 모두 믿음의 눈을 뜨자.

1986년도의 일이다. 앞에서 이미 예를 들었지만 이번에는 다른 측면에서 이해를 돕고자 다시 언급하는 것이니 이해를 바란다. 우리 교회에는 김씨 형제가 있었다. 형은 나와 함께 해병대 생활을 한 전우였다. 부족한 종을 만나 예수님을 영접하고 같이 신앙생활을 했다. 그 동생도 이것저것을 하다 다 실패하고 교회에 나왔다. 예수님을 영접하고 은혜를 받고 날마다 교회에 나와서 열심히 봉사하며 기도하며 신앙생활을 했다.

그러던 어느 날, 그를 위해 기도하는 중에 돈을 빌려주어 장사를 하게 하면 성공하겠다는 생각이 들었다. 그래서 우리 교회 돈이 좀 있는 집사를 만나 "내가 보증을 설 터이니 그 동생에게 700만 원만 빌려주라"고 했다. 그리고 나는 또 그 동생분에게 "내가 돈 빌려 줄 테니, 장사하여 돈 벌어서 이 빚을 먼저 갚고 그 후에 주님이 돈을 더 주시면 교회용 버스를 사서 바쳐라"고 했다. 당시 그 차량 가격은 2,000만 원 정도였다. 그랬더니 그 사람은 "아멘"으로 화답했다. 동생이 돈을 빌려 장사한다는 소문을 듣고 그의 형도 돈 빌려 사업을 하겠다고 돈 있는 집사를 만나 돈을 빌렸다. 나는 그 말을 듣고 돈 있는 집사를 만나 "형에게는 돈을 빌려주지 마셔요"라고 했다. 그랬더니 자기네들끼리 만나서 돈 빌려 줄 집사가 "목사님이 동생은 보증까지 서면서 돈을 빌려주라 하고, 당신에게는 빌려주지 말라고 한다"라고 전했다. 그러자 그들이 모여 "왜 동생은 빌려주고 나는 빌려주지 말라고 하느냐, 목사님이 인간 차별하느냐?"고 하면서 성토했다는 말을 들었다.

나는 그 말을 듣고 그 동생과 형, 또 돈을 빌려줄 집사의 부부까지 모두 6명을 불러놓고 그들에게 말했다.

"동생에게는 돈을 빌려주면 성공할 것이지만, 형은 빌려주면 실패하여 두 분이 원수가 될 것입니다. 그러니 빌려주지 마십시오. 만약 돈을 빌려주면 사람 잃고 돈 잃을 것입니다."

쉬운 말이 아니었지만 실패하여 원수 되는 것이 내 눈에 훤히 보이니까 그렇게 말할 수밖에 없었다. 그랬더니 자비가 풍성한 돈 많은 집사가 말했다.

"목사님, 나는 돈은 잃어도 사람은 잃지 않습니다."

"그러면 한번 해 보소"라고 나는 응수했다.

결국 동생은 700만 원을 빌려 개소주 장사를 하였고, 형은 2억 원을 빌려 나이키 상표를 도용하여 신발을 만들었다. 형은 큰 희망을 품고 컨테이너 두 개에 실어 미국으로 배를 띄웠다. 아마 신앙 없는 그들은 축배의 잔을 들면서 목사의 기도가 잘못되었다고 비웃었을 것이다.

사실 당시에 나도 영감을 의심했다. 그런데 그 신발을 실은 컨테이너는 무사히 부산항을 떠났지만 2개월 후에 반품되어 돌아왔다. 그러니 신발 만든다고 2억, 운임에다 2개월의 보관료, 돌아오는 운송료 등 손해가 이만저만이 아니게 되었다. 그리고 그 친구는 돈 빌려준 집사님의 큰 집도 차지하고 비켜주지 않는 상황이 벌어졌다.

그 일이 있고 난 후 '나는 돈은 잃어도 사람은 잃지 않습니다.'라고 하던 그 집사가 나를 찾아와 하는 말이 돈 빌려간 그 형을 빗대 "그 새끼 피가 나쁜 놈입니다"라고 했다. 그리고 그들은 원수같이 되어버리고 말았다. 참으로 안타까운 일이 아닐 수 없었다.

사무엘의 어머니 한나는 한이 맺혀 기도하는 자신을 술주정꾼으로 생각한 엘리 제사장의 말이었지만 하나님의 말씀으로 믿고 순종하였다(삼상1:12~20). 또 나만 장군은 문둥병을 고치려면 요단 강물에 일곱 번 들어가라는 엘리사 선지자의 말에 순종했다(왕하5장). 요단강물에 일곱 번 들어갔다 나와서 문둥병이 깨끗해 질 수 있다면 요단강물보다 더 맑고 깨끗한 다메섹 강물에 들어가는 것이 낫지 않겠느냐는 나만의 말이 맞다(왕하5:11). 그러므로 나만이 문둥병을 고친 것은 요단강물에 들어가서 나은 것이 아니고 하나님의 사람이 하는 말을 하나님의 말씀으로 받아 순종했기 때문이다. 그러므로 아무리 상식이나 이론적으로 어긋난다 하더라도 기도하는 주의 종의 말에 순종하라. 그러면 실수하지 않을 것이다.

3) 믿음은 기적을 보는 눈이다.

종교는 가지기 쉽다. 그러나 믿음을 가지기는 쉽지 않다. 종교란 눈으로 사람이나 사물을 보면 흠과 결점뿐이지만 믿음의 눈으로 보면 모든 것이 기적이다. 모세의 홍해 탈출 사건이나(출14:13), 엘리야의 불과 소나기 사건(왕상18:41~46), 사르밧 과부의 순종이나(왕상17:8~14), 미문의 앉은뱅이를 일으키는 일(행3:1~10) 등은 믿음이 아니면 받아들이기 힘든 일이다. 그러므로 무엇을 어떻게, 어떤 눈으로 보느냐에 따라서 판단이 다르고, 판단에 따라서 행동이 다르고, 행동에 따라서 운명이 바뀔 수 있는 것이다. 그러기에 보는 것이 중요하다.

우리는 오관의 활동을 모두 '본다'고 표현한다. '가본다, 걸어본다, 먹어본다, 해본다.'는 말 등 많은 말들이 있다. 우리말에서 '본다'는 말이 빠지면 말이 잘 안 된다. 그러기에 어떤 문제든 어떻게 보느냐에 따라서 인생관이 달라질 수 있다. 우리 육신의 눈으로 볼 때는 언제나 흔하고 평범한 것만 보이지만 믿음의 눈을 가지고 믿음의 눈으로 보는 자는 언제나 기적을 본다.

(1) 긍정적인 눈으로 보라.

긍정적인 눈과 부정적인 눈은 확실히 다르다. 민수기 13장과 14장에는 가나안 정탐꾼들의 이야기가 나온다. 똑같은 상황을 목도했으면서도 부정적인 눈을 가진 10명의 정탐꾼은 '가나안 땅이 사람이 살 수 없는 거민을 삼키는 땅이요, 그곳 주민들은 장대하고 자신들은 메뚜기처럼 보이고, 성은 커서 도저히 이길 수 없다'고 보고했다.

그러나 긍정적인 눈을 가진 두 사람의 눈에 '가나안 땅은 하나님이 주신 젖과 꿀이 흐르는 땅이요, 그곳 거민들은 자기들의 밥'으로 보였고, '자기들을 인도하시는 하나님이 함께 하시면 분명히 승리할 수 있다'고 보았다. 똑같은 상황에서도 보는 눈에 따라서 생각이 달라지고 생각에 따라서 말이 달라진다. 그래서 무엇을 어떻게 보느냐에 따라서 운명이 바뀐다.

그러므로 믿음의 눈으로, 만사를 긍정적으로 볼 수 있는 눈을 가져야 한다.

(2) 현실 상황만 보지 말고 하나님의 능력을 보라.

환경이나 자신만 보면 인간적 염려가 쌓여 불신앙적인 판단을 가질 수밖에 없다. 열 두 정탐꾼 가운데 여호수아와 갈렙은 하나님의 약속의 말씀과 능력을 보았기 때문에 긍정적인 보고를 드릴 수 있었다. 그들은 지난 세월동안 하나님의 베푸신 능력을 보았고, 약속된 미래를 바라보면서 오늘과 내일을 보고 낙관적인 결론을 내릴 수 있었다.

여기서 우리는 보는 눈의 차이가 얼마나 중요한가를 발견해야 한다. 아인슈타인의 고교 성적은 낙제생이었다고 한다. 그의 학적부에 '이 학생은 무슨 공부를 해도 성공할 수 없음'이라 기록되어 있다고 한다. 그 때 그 어머니는 그 학적부를 보고 아들을 향해 위로하기를 "얘야! 너는 다른 아이들과 같으려면 열등생이다. 그러나 다른 아이들과 다르게 하면 우등생이 될 수 있다. 너는 다른 친구들과 다르다"라고 격려하셨다. 어머니는 그의 아들에게 어떤 특수성을 보았던 것이다. 결국 아인슈타인은 자기 어머니의 격려로 천재 박사가 되었다. 학창시절 아무리 성적이 좋아도 별 볼일 없는 자가 많다. 주님은 성적을 보시지 않고 믿음을 보시며 그 사람의 길을 인도해 가신다.

(3) 문제만 보지 말고 하나님의 능력을 보라.

사람마다 문제에 부딪힌다. 그때마다 지성적으로만 판단할 것이 아니라 믿음으로 판단하라. 인간은 종합적으로 보는 눈이 없기 때문에 언제나 부분적으로 보고 편견에 빠지기 쉽다. 그리고 한번 편견을 갖게 되면 스스로 자기 주장에 빠져 헤어나지 못한다. 오직 우리는 하나님의 말씀과 성령님의 조명으로 편견에서 벗어나 바른 사관을 가지도록 노력해야 한다. 더군다나 신앙 없는 자들이 떠들어 댄다고 일이 이루어지는 것이 아니므로 신령한 안목을 가지고 한 차원 높은 시각으로 문제를 보아야 한다. 미래지향적이며, 소망적인 안목을 가지고 사물을 보고 사람을 볼 수 있어야 하며, 하나님의 크신 능력을 바라볼 수 있어야 한다.

사람들이 흔히 "이 세상이 어찌되려고 이 모양이냐?"고 말하곤 한다.

그러나 지금까지 우리는 그렇게 살아왔다. 언제 우리가 사람을 보고 살았는가? 쓸데 없는 생각으로 요동하지 말라. 처음부터 믿을 분은 오직 전능하신 하나님뿐이시다.

시편 118:8~9에는 "여호와께 피함이 사람을 신뢰함보다 나으며 여호와께 피함이 방백들을 신뢰함보다 낫도다"라고 했으며, 또 "방백들을 의지하지 말며 도울 힘이 없는 인생도 의지하지 말지니 그 호흡이 끊어지면 흙으로 돌아가서 당일에 그 도모가 소멸하리로다"라고 했다(시 146:3~4). "활과 칼도 구원치 못하고"(시44:6~7), "자기의 재물을 의지하는 자는 패망하고"(잠11:28), "자기 명철을 의지하는 자도 망하고"(잠3:5), 오직 "만군의 여호와여 주께 의지하는 자는 복이 있나이다"라고 하셨다(시84:12). 그러니 하나님의 능력을 믿고 살아가자. 여호수아와 갈렙이 가졌던 신앙의 안목으로 오늘도 보고 내일도 보고 살아가자(민 13~14장). 또 숫자의 크고 많음에 메이지 말고 민주주의가 아닌 신본주의로 살자. 그리고 우리 모두 사람에게 아첨하지 말고 오늘 당장 몇 사람의 지지를 받으려고 눈치보지 말자.

올바른 길은 고독하고, 진리의 길은 고통이 따른다. 중요한 결정은 하나님과 나 사이에 고독하게 결정하고 밀어 붙여야 한다. 혹 잘못 될지도 모르지만 때가 되면 하나님과 역사가 판단할 것이다.

여호수아와 갈렙의 고독한 주장은 크게 반대를 받는 인민재판 같았다(민14:1~10). 이 주장은 백성들이 돌을 들어 던지게 하는 소리였다. 여호수아와 갈렙은 숫자적으로 작으니 백성의 지지를 받지 못했다. 성난 백성은 돌을 던지며 규탄했을 것이다. 그러나 그들은 올바른 눈으로 보고 올바른 판단을 내렸다. 결국 하나님께서 그들의 편이 되어 주셨다. 불신앙한 백성들은 모두 광야에서 죽었고 여호수아와 갈렙만 요단을 건너 가나안 땅에 들어갔다. 그들은 인간적으로 고독했지만 하나님이 함께 하셨다.

우리는 줄도 잘 서야 하고, 편도 잘 짜야 한다. 운동회나 야유회에 가서 줄을 잘못 서면 비누 하나도 못 받아온다. 그와 같이 매사에 어느 편에 서느냐 그리고 누구와 편이 되느냐가 중요하다. 그러나 그 무엇보다 하나님 편에 서서 신앙의 눈으로 당당하게 바라보고 진리의 편에 서야 한다. 신앙의 눈으로 바라보라. 10명의 정탐꾼들은 자신은 메뚜기로 보고 상대는 대장부로 보았다. 이런 자들을 가지고는 아무 것도 할 수 없다. 그러나 신앙의 사람은 하나님께서 함께 하심을 보았다. 이런 믿음은 낙심이 없다. 우리 모두 믿음의 눈을 가져야 한다. 믿음은 통찰력이다.

4) 믿음은 꿈이요 환상이다.

꿈이란 새의 날개와 같고, 범선의 돛과 같다. 그러므로 꿈이 없으면 게으름과 나태로 망한다고 하셨다(잠29:18). 게으름은 곰팡이 같고 녹과 같다. 그러므로 곰팡이와 녹이 쓸게 되면 침체될 수밖에 없다. 성도는 티끌 속에 묻혀 있으면서도 진주처럼 빛나야 하며, 질병과 죽음에 시달리면서도 영광의 몸을 더듬는 환상에 사는 사람이다. 왜일까? 우리는 새 하늘과 새 땅을 바라보는 사람들이기에 헐벗고 굶주리며 피곤한 삶을 살면서도 마른 땅에 샘이 솟고 황무지에 꽃이 피는 것처럼 꿈을 갖고 사는 사람들이다(벧후3:8~13).

성령께서는 꿈이 있는 자에게 위험을 무릎 쓰고 밀고 나갈 능력을 주신다. 그런고로 믿음의 사람은 결코 안일하게 행동하지 않는다. 안일한 생각에 빠진다면 벌써 믿음이 끝났다는 신호이다.

성령 하나님의 역사는 자꾸 전진하는 것이다. 새 세계를 향하여 새 땅을 향하여 나가는 것이다. 성경 어디에도 믿음의 사람이 안일한 행동을 한 예는 없다. 그래서 성경은 "여호와의 일을 태만히 하는 자는 저주를 받을 것이요 자기 칼을 금하여 피를 흘리지 아니하는 자도 저주를 당할 것이로다"라 하셨다(렘48:10).

발전이 없는 사람이 저지르는 잘못은 일이 되어 가는대로 내어 버려두는 것이다. 모든 인간의 위대한 힘은 믿음을 붙들고 고의적으로 도전하는 것이다. 아무리 지난 과거가 가치 있고 귀한 것일지라도 과거의 중요성 때문에 현실이나 미래가 희생되어서는 안 된다. 그러므로 꿈이 중요하다. 그러나 사명이 없는 꿈은 공상이요, 꿈이 없는 사명은 고된 노동일뿐이다.

꿈은 그 어떤 것보다 우월하고 아름답다.

꿈은 지성보다 우월하고 재능보다 우월하다. 그리고 꿈은 그 어떤 것보다 아름답다. 왜냐하면 꿈은 환상이고 믿음이기 때문이다. 그러므로 우리는 "주여! 나에게 주의 꿈을 주시고 주의 영광을 내게 보이소서"라고 기도해야 한다.

요셉은 꿈을 가진 사람이었다. 창세기 37:6~11에 보면 "요셉이 그들에게 이르되 청컨대 나의 꾼 꿈을 들으시오. 우리가 밭에서 곡식을 묶더니 내 단은 일어서고 당신들의 단은 내 단을 둘러서서 절하더이다. 그 형들이 그에게 이르되 네가 참으로 우리의 왕이 되겠느냐 참으로 우리를 다스리게 되겠느냐 하고 그 꿈과 그 말을 인하여 그를 더욱 미워하더니, 또 요셉이 다시 꿈을 꾸고 그 형들에게 고하여 가로되 내가 또 꿈을 꾼즉 해와 달과 열 한 별이 내게 절하더이다 하니라 그가 그 꿈으로 부형에게 고하매 아비가 그를 꾸짖고 그에게 이르되 너의 꾼 꿈이 무엇이냐 나와 네 모와 네 형제들이 참으로 가서 땅에 엎드려 네게 절하겠느냐 그 형들은 시기하되 그 아비는 그 말을 마음에 두었더라"라고 했다.

요셉은 이런 꿈 때문에 형들에게 미움을 받고 노예로 팔려가 종살이로, 감옥생활로 온갖 시련을 겪으면서 그 꿈을 포기하지 않고 그날이 올 줄 믿었다. "때에 요셉이 나라의 총리로서 그 땅 모든 백성에게 팔더니 요셉의 형들이 와서 그 앞에서 땅에 엎드려 절하매 요셉이 보고 형들인 줄 아나 모르는 체하고 엄한 소리로 그들에게 말하여 가로되 너희가 어디서 왔느냐 그들이 가로되 곡물을 사려고 가나안에서 왔나이다 요셉은 그 형들을 아나 그들은 요셉을 알지 못하더라 요셉이 그들에게 대하여 꾼 꿈을 생각하고 그들에게 이르되 너희는 정탐들이라 이 나라의 틈을 엿보려고 왔느니라"고 했다(창42:6~9). 결국 요셉은 자신이 꾼 꿈을 이루었다.

오순절 날 마가의 다락방에 모인 120명도 우리와 별다른 사람이 아니다. 다만 그들 속에는 꿈이 있었다. 그들은 생각했다. ① 우리는 예수 그리스도와 하나이다. ② 우리는 성령의 인침을 받았다. ③ 우리는 하늘의 (영적)유산을 받을 상속자이다. 그리고 그들에게는 사나 죽으나 예수 그리스도와 함께 한다는 각오와 성령을 받았다는 자신감에 차 있었다. 그들은 자신들이 가는 곳마다 사회가 변하고, 사람들이 회개하고 주님께로 돌아오는 능력이 나타날 줄 믿는 믿음의 꿈을 가졌을 뿐이다. 여러분들에게 꿈이 있는가? 꿈이 있다면 그 꿈을 마음속에 실상으로 그려라. 그리고 그 꿈이 이루어진 것 같이 믿고 살아가라.

성경은 꿈을 가진 사람들의 이야기들이 많다. 예수님만 만나면 우리 병을 고쳐 사람답게 살 수 있다는 문둥병자들의 꿈이나(마8:1~4), 예수님만 만나면 내 하인이 살 것이라는 백부장의 꿈이나(마8:5~13), 어떻게든 예수, 그분만 만나면 내 병을 고쳐서 활동할 수 있을 것이라는 중풍병자의 꿈이나(마9:1~8), 예수 그분만 만나면 내 딸이 살아날 것이라는 회당장 야이로의 꿈이나(마9:18), 혈루증을 앓고 있는 여인이나(마

9:20~22), 수로보니게 여인(마15:22~28), 소경(막10:46~52) 등 많은 사람들은 세상에 살면서 다른 사람에게서는 찾지 못했던 꿈을 예수 그리스도 안에서 확인하고 기적을 체험했다.

교회가 무엇인가? 교회는 새로운 체험과 새로운 세계를 보여 주는 곳이 아니겠는가? "주여! 제자들에게 새로운 세계를 보여주신 것처럼 우리에게도 신령한 세계를 볼 수 있는 눈을 열어 주옵소서!"라고 기도하자.

5) 믿음은 불가능한 것을 가능케 한다.

믿음이란 없는 것을 있게 하고 불가능한 것을 가능케 한다. 히브리서 11:2에 보면 "선진들은 믿음으로 증거를 얻었다"고 했는데, 여기 '증거'는 '좋은 결과를 위해서 법적으로 채택된 것'이란 뜻이다. 그러므로 믿음이란, "우리가 알거니와 하나님을 사랑하는 자 곧 그 뜻대로 부르심을 입은 자들에게는 모든 것이 합력하여 선을 이루느니라"(롬8:28)고 하신 말씀처럼 믿음은 '좋은 결과를 가져오는 것'이다. 그러므로 믿음은 사람의 생각으로 전혀 불가능한 것을 가능케 할 수 있는 마지막 비법이다.

부자도 위대한 삶을 살고, 지식 가진 자도 위대한 삶을 살고, 명예 가진자도 위대한 삶을 살 수 있다. 그러나 사실은 그보다 믿음을 가진 사람이 제일 위대한 삶을 살 수 있다. 믿음만 있으면 언제나 결과가 더 좋아진다. 우리에게 믿음만 있으면 우리의 삶 속에 반드시 위대한 결과가 나타난다. 오늘도 홍해가 갈라지고, 여리고가 무너지고, 옥 문이 활짝 열릴 것이다. 하나님의 능력이 함께 하시기 때문이다.

할 수 없는 것을 믿음으로 할 수 있다고 믿는 사람들에게는 언제나 하나님이 함께 하신다. 다니엘의 세 친구를 비롯해서(단3:16~30), 다니엘(단6:10~28), 여호수아(수10:12~14), 기드온(사7:7~23), 다윗(삼상 17:31~51), 엘리야(왕상18:30~46), 엘리사(왕하2:12~14)와 함께 하신 하나님은 믿음으로 살고자 하는 이들과 지금도 함께 하신다. 과거나 지금이나 사람 사는 세상은 모양이나 형태가 다를 뿐 항상 고난이 따른다. 그러므로 성도는 풀무 속에서도 하나님이 함께 하신다는 믿음이 있어야 한다. 풀무 속에서도 타지 않는다는 믿음은 주관적인 믿음이다. 그러나 이 믿음이 이들을 구원했다.

내 아내나 교인들이 한가지로 믿는 것은 객관적인 믿음이다. 그러나 개인적으로 찬송을 하다가, 기도를 하다가, 말씀을 듣다가 하나님의 능력을 믿게 되는 것은 주관적인 믿음이다. "우리 하나님이 우리를 능히 구원 하시리라"(단3:17)고 믿은 이것은 주관적이다. 그래서 다니엘의 세 친구는 말한다. "왕이여 우리의 믿음에 대해선 대답할 필요가 없습니다. 우리가 믿는 하나님이 능히 우리의 믿음을 증명해 주실 것입니다. 그리 아니하실지라도 우리는 우상에 절하지 아니할 것입니다." 이것이 정말 믿음의 대답이다.

엘리야를 보라. "하나님이여 내 믿음을 통하여 여호와가 온 인류의 하나님 되심과 제가 하나님의 종이 된 것과 하나님의 뜻대로 이 모든 일을 행한다는 것을 증명해 주옵소서"라고 기도한다. 이것이 주관적인 믿음이다. 사람이 못한다고 하나님도 못하시지 않는다. 우리는 모든 염려를 주께 맡기고 주님의 이름으로 하나님께 기도하라. 믿음이 있다면 우리의 고통을 하나님의 기회로 삼아야 할 것이다. 우리가 살면서 불가능한 문제가 없으면 기도할 필요도 없고, 기도하지 않으면 하나님의 능력의 기적이 나타날 기회도 없다. 그러므로 내 좁은 생각으로 하나님의 능력이 나타날 기회를 막지 말고 위기와 고난을 만났다고 생각하거든 기도하라.

긍정적인 믿음을 가져라.

이 글을 읽으면서 자신을 시험해 보라. 그리고 신앙을 점검해 보라.

여러분은 부정적인가 긍정적인가?

다음은 부정적인 이들의 특징이다. ① 무슨 일이든지 언제나 어렵게만 본다. ② 성공하고 앞선 자를 판단하고 비판한다. ③ 믿고 추진하고 전진하는 자를 억지로 붙들고 늘어진다.

그러나 이러한 태도에도 신중성이 있으니 장점이 될 수도 있다. 그럼에도 불구하고 신중을 기하다보면 과거 경험에 얽매여서 복 받을 기회를 놓칠 수 있다. 스스로 신중을 기하다가 자신의 날개를 다 자르는 사람도 있다. 무엇보다 안타까운 것은 부정적인 사람은 절대로 타인에게 감화를 주지 못한다는 점이다. 그러므로 긍정적인 믿음을 가지라. 긍정적인 믿음을 가진 사람은 사람을 움직일 수 있는 힘이 있다.

긍정적인 사람은 물론 하늘도 움직일 수 있다. 여호수아나 엘리야도 성정은 우리와 똑같은 사람이었다고 분명히 성경은 말하고 있다. 그러나 그들은 하늘을 움직였다. 이것을 기억하라. 성경에 나타난 믿음의 영원한 법칙이 있다. 그것은 하나님께서는 위험을 무릅쓰고 나가는 믿음의 사람 편에 서신다(민13~14장, 단3장·6장). 시대와 역사와 장소는 바뀌고 사람은 변해도 하나님은 변하지 않는다. "하나님은 인생이 아니시니 식언치 않으시고 인자가 아니시니 후회가 없으시도다 어찌 그 말씀하신 바를 행치 않으시며 하신 말씀을 실행치 않으시랴"고 했다(민23:19). "예수 그리스도는 어제나 오늘이나 영원토록 동일하시니라"는 말씀을 믿으라(히13:8). 그 믿음으로 앞으로 전진하라.

6) 믿음은 용기와 배짱이다.

많은 사람들이 능력 갖기를 원한다. 그리고 이 시대 역사 속에서 영향력을 끼치기를 원한다. 그러나 믿음이 없이는 불가능하다.

누구에게나 젖과 꿀이 흐르는 가나안 땅의 행복은 온다. 그러나 누구나 차지하는 것은 아니다. 강하고 담대한 믿음의 용기와 배짱이 있는 사람만 가나안의 행복을 차지할 수 있다.

가나안 땅을 정탐하러 갔던 12명이 그 땅이 너무 좋아 젖과 꿀이 흐르는 땅인 줄 알았다. 그러나 전쟁을 치를 생각을 하니 겁이 났다. 그래서 그들은 모세 앞에서 부정적인 보고를 한다(민13:31~33). 그러나 여호수아와 갈렙은 긍정적인 보고를 했다(민14:6~9). 그때 하나님이 나타나셔서 긍정적인 두 사람의 손을 들어주시면서 말씀하시기를 "내가 그 조상들에게 맹세한 땅을 결단코 보지 못할 것이요 또 나를 멸시하는 사람들은 하나라도 그것을 보지 못하리라 오직 내 종 갈렙은 그 마음이 그들과 달라서 나를 온전히 쫓았은즉 그의 갔던 땅으로 내가 그를 인도하여 들이리니 그 자손이 그 땅을 차지하리라"고 하셨다(민14:23~24). 그래서 애굽에서 나온 60만 중에 모두 사막에서 죽고 용기와 배짱 있는 여호수아와 갈렙만 가나안 땅에 들어갔다.

(1) 강하고 담대한 용기와 배짱을 가져라(삼상17:28~51).

다윗이 골리앗을 쳐 죽일 수 있었던 믿음도 바로 용기와 배짱이라고 생각한다(삼상17:30~49). 믿음의 사람은 절망과 불신이 없다. 믿음이 있기 때문이다. 믿음의 사람은 포기하지 않는다. 성경은 삶의 실제성을 위한 것이지 종교적인 지식을 위한 것이 아니다. 그래서 성경을 읽을 때 실제적인 영향과 갈등과 변화를 받고 전에 가져보지 못한 거룩한 꿈과 소망을 이룰 수가 있다. 세상 사람들은 약해도 믿음의 사람은 강하다. 성공은 강한 용기와 담대한 믿음을 가진 사람의 것이다.

믿음은 용기와 배짱이다. 우리가 실패하는 원인은 믿음이 없어서가 아니라 강하고 담대한 용기가 없기 때문이다. 그러므로 강한 담력과 배짱이 필요하다. 용기와 담력은 수많은 실패를 통해서 얻게 된다. 그 실수와 실패 속에서 하나님께 부르짖어 응답을 받는 경험을 통하여 담력을 얻는다. 그러므로 실패했다고 낙심하지 말고 오직 주님을 붙들고 다시 한 번 도전하는 용기 있는 믿음을 가지라. 주님은 그런 자를 붙들어 쓰신다.

1982년의 일이다. 부족한 종이 처음 상가 3층 37평에 교회를 개척했다. 1년이 지나자 주인이 "전세를 올려 달라"고 했다. "교인도 없고 사정이 어려워 못 올려 주겠다"고 했더니, "그러면 자기들이 쓰겠다"고 비워달란다. 그래서 알아보니 바로 옆에 있는 지하 50평에 있는 동문교회가 이사를 한다고 했다. 그래서 그 교회 목사님하고 구두계약을 하고, 우리 건물주에게는 건물을 비워주겠으니 언제까지 전세금을 가지고 오라고 했다.

그런데 이사할 날짜를 3일 남겨 놓고 있는데, 그 교회 목사님에게서 연락이 왔다. "건물 주인이 교회에는 못 주겠다"고 한다는 것이다. 이유인즉 원래 친척이 사찰을 세우고 부처를 숭배하는 승려라 교회에 세를 주는 것이 못마땅했는데 건물이 커서 잘 안 나가니까 어쩔 수 없이 교회에 빌려주었는데, 이제 술장사하는 어떤 여자가 와서 자기에게 건물을 주면 집세도 100만 원을 올려줄 것이고, 또 술집 간판을 달면 네온사인이 뻔쩍거려서 사람들이 많이 왕래하게 되니 건물이 살 것이라고 하면서 자기에게 달라고 한다는 것이다. 그러니 건물주로서는 '얼싸 좋다' 하고 우리에게 교회 건물로 줄 수 없다고 한 것이다.

그래서 나는 우리 건물주에게 사정이 이렇게 되어 나갈 수가 없다고 했다. 그랬더니 건물주의 두 형제는 화를 벌컥 내면서 "목사님이 두 말 하십니까?"라고 공격했다. 그래서 나는 "당신들은 거짓말도 하는데, 나는 진실을 말하는데 무엇이 잘못 되었느냐?"고 했더니 또 "목사가 두 말을 하느냐?"고 하면서 당장 비우라고 협박을 했다.

나는 '목사가 집(교회)이 없어 남의 건물을 빌려 사는 신세니 진실도 통하지 않는가?'라고 생각하니 화가 났다. 그래서 나는 "그래 이놈들아, 내가 믿는 하나님이 살아계신 것을 똑똑히 보여 줄 테니 토요일까지 돈을 가져오라"고 버럭 소리를 질렀다. 날짜는 3일 밖에 남지 않았다.

나는 다음날 울면서 예배당 장소를 구하기 위해 이리저리 다녀봤지만 이틀 만에 교회를 구하는 것은 어려운 일이었다. 이미 두 달을 구해도 옮길 곳이 없었던 터였다. 마지막 하루를 남겨놓고 저녁에 그 교회 목사님에게 전화를 걸어 부탁했다. "목사님 건물 주인에게 이 한마디만 전해주세요." 그랬더니 "예, 뭐라고 할까요?"라고 물었다. 나는 말했다. "술집을 차려 네온사인이 번쩍거리고 술집에 사람이 많이 왕래하면 건물이 산다고 하는데, '술집에서 불이 나도 건물이 살겠는가?'라고 전해주세요." 그리고 그 밤에 우리 부부는 어린 딸 셋과 함께 밤을 새며 기도를 드렸다. 당시는 교회를 위해 함께 기도할 교인도 없었기 때문이다. 그런데 당시 5살인 막내딸이 울면서 이렇게 기도했다. "하나님 아버지, 우리 교회를 동문교회 자리로 보내주세요." 우리는 "하나님이 살아계시는 것을 저들에게 확실히 보여 주세요"라고 기도했다. 그러다가 우리는 잠이 들었다. 그런데 새벽 5시경 전화벨이 울려서 받아보니 동문교회 목사님이었다. 나는 별로 기분이 좋지 않았다. 왜냐하면 구두계약이라도 자기와 했으니 무언가 책임을 져 주어야 하는데, 그분은 내 모르겠다고 하는 것 같아 내 감정이 별로 반갑지 않았던 것이다. 그런데다 이제 막 든 잠을 깨웠으니 반갑지 않았던 것이다. 나는 "웬 일이냐?"고 쏘아 붙였다. 그런데 그 목사님은 "주인이 계약하려 오시랍니다"라고 말했다. 아멘, 할렐루야!

그래서 나는 목사님께 "그분이 왜 마음이 바뀌었느냐?"고 물으니 자기는 모른다고 했다. 나는 속으로 말했다. '그렇지, 당신은 모르실거야.

그러나 나는 그 이유를 안다. 좋으신 내 아버지 하나님께서 내가 믿는 하나님이 살아계심을 똑똑히 보여주겠다고 큰소리 쳐놓고 통곡하는 우리의 기도를 들으시고 응답하신 것이다.' 할렐루야!

응답을 아니 하셔서 우리가 갈 곳이 없어 쫓겨난다면 그 망신 주님도 같이 당하는 것이 아닌가? 그러니 성령께서 주인의 가슴에 못질을 하면서 '네가 술집을 하다 불이 나도 건물이 살겠느냐, 불이 나도 살겠느냐, 불이 나도 살겠느냐?'고 마음을 흔들어 주신 것이다. 하나님은 그 주인의 마음에 못을 박아 두려움을 주셔서 '네 집을 내 사랑하는 종에게 주어 내 몸된 교회를 세우고, 피 묻은 내 십자가를 옥상에다 세우게 하라.' 강력하게 명령하셨다는 것을 나는 안다. 그래서 나는 욕심 많은 우리 건물 주인에게 내가 믿는 하나님이 살아 계심을 똑똑히 보여주었다.

내가 만약 비굴하게 한번만 봐 달라고 싹싹 빌었다면 우리 주님 체면이 얼마나 망가졌겠으며, 자존심은 얼마나 상하셨을까? 그러나 내가 무모하리만큼 용기와 배짱으로 대했더니 우리 주님은 확실하게 내편에 서셔서 역사 하셨다. 이것이 바로 진짜 믿음이다.

(2) 나의 연약한 믿음으로 하나님의 능력을 제한하지 말라.

인간은 유한하고 하나님은 영원하시고 전지전능하시며 무소부재 하시다. 이 말씀을 믿는가? 그런데 대부분의 신자들은 다른 사람들에게는 이렇게 말은 잘 하면서 자신은 못 믿는다. 이것이 위선이다. 하나님께서 무소부재하시고 전지전능하시다고 믿는다면 사람의 눈치는 보지 말고 하나님을 믿어라. 내가 못한다고 하나님도 못하시겠는가? 겨자씨 한 알 만큼도 나타나는 능력이 없으면서, 말만 그럴듯하게 "말씀이 최고"라고 하면 곤란하다. 하나님의 교회에서와 우리의 신앙에서 말씀이 최고이지만, 그러나 그 최고인 말씀이 무엇이라 하시는가? 누가복음 1:37에서는

"대저 하나님의 모든 말씀은 능치 못하심이 없느니라"고 했고, 또 고린도전서 4:19~20에서는 "그러나 주께서 허락하시면 내가 너희에게 속히 나아가서 교만한 자의 말을 알아볼 것이 아니라 오직 그 능력을 알아보겠노니 하나님의 나라는 말에 있지 아니하고 오직 능력에 있음이라"고 했다.

마가복음 9:23에서는 "예수께서 이르시되 할 수 있거든이 무슨 말이냐 믿는 자에게는 능치 못할 일이 없느니라"고 했고, 또 마가복음 16:15~18에서는 "또 가라사대 너희는 온 천하에 다니며 만민에게 복음을 전파하라. 믿고 세례를 받는 사람은 구원을 얻을 것이요, 믿지 않는 사람은 정죄를 받으리라. 믿는 자들에게는 이런 표적이 따르리니 곧 저희가 내 이름으로 귀신을 쫓아내며 새 방언을 말하며 뱀을 집으며 무슨 독을 마실지라도 해를 받지 아니하며 병든 사람에게 손을 얹은즉 나으리라 하시더라."

이 말씀들을 믿으라. 나는 너무 부족해서 이 말씀들을 너무 좋아하고 실행하려고 노력한다.

인간은 무능하지만 하나님은 능치 못함이 없다. 그래서 하나님은 "피곤한 자에게는 능력을 주시며 무능한 자에게는 힘을 더 하시나니 소년이라도 피곤하며 곤비하며 장정이라도 넘어지며 자빠지되 오직 여호와를 앙망하는 자는 새 힘을 얻으리니 독수리의 날개 치며 올라감 같을 것이요 달음박질하여도 곤비치 아니하겠으며 걸어가도 피곤치 아니하리로다"라고 했다(사40:29~31).

사람마다 미워하는 것이 있고 적도 있다. 그러나 대적 중에서 제일 무서운 대적은 내 속에 있는 자기파멸이다. 나라가 무너지고 사회와 가정이 무너지는 것도 나 때문이다. 믿음이 없는 자를 부정주의자나 비관주의자라 한다. 이런 부정주의자들은 복 받을 기회가 오면 어렵게만 바라본다. '아, 이것을 할 수 있을까? 지금 시기가 아닌데.' 이런 식으로 자꾸 그 기회를 넘겨 버린다. 그러다 어떤 순간에 믿음이 생기면 그 때는 후회한다. '아, 그때 내가 저지르는 것인데 내가 잘못했어.'라고 후회한다. 내가 못한다고 하나님도 못하시는가? 나의 나약한 믿음을 내어 던지고 "내게 능력 주시는 자 안에서 모든 것을 할 수 있다"(빌4:13) 하심을 믿고 긍정적인 믿음을 가지자.

(3) 실수와 실패는 죄가 아니라고 생각한다.

실수와 실패는 결코 죄가 아니다. 세상 정치는 이기면 충신이요, 지면 역적이 된다. 그러나 믿음의 세계는 실패와 패배는 죄가 아니라 포기하는 것이 죄악이다(마25:14~30). 실수와 실패가 오히려 유익이 될 수 있다(요21:15). 성경은 "우리가 알거니와 하나님을 사랑하는 자 곧 그 뜻대로 부르심을 입은 자들에게는 모든 것이 합력하여 선을 이루느니라"고 하신다(롬8:28). 모세나 요셉이나 베드로는 인생이 끝난 자들이었지만 주님은 그들을 크게 쓰셨다. 그러므로 믿음은 나를 끊임없이 받혀주는 힘이요, 용기이다. 엎드려서 믿음을 갖고 기도하라. 기도하는 자는 반드시 승리한다.

7) 믿음은 자기 확신이다.

신앙은 견해가 아니다. 지적 동의도 아니고, 관념이나 명상도 아니며 오직 확신이다. 그러므로 실력이 있고 재능이 있어도, 건강해도 확신이 없으면 아무 소용이 없다. 믿음은 우리의 삶에 확신을 준다. 믿음은 우리의 기회에 확신을 준다. 아무리 기회가 바람같이 일어나도 확신이 없는 사람에게는 아무 소용이 없다. 어떤 생명도 예수 그리스도의 이름을 힘입으면 기적이 일어난다. 확신을 가져라.

지금은 권사가 된 우리 교회 이금자 집사님께서 어느 날 "고향 사람이 있는데 그 집을 심방을 좀 해 주었으면 좋겠습니다"라고 했다. 나는 "그 분들의 집안 사정이 어떻습니까?" 물었더니, "7살짜리 아이가 심장병과 여러 가지 합병증으로 죽어가고 있습니다. 그런데 아이 엄마는 유명한 사찰은 다 찾아다니며 불공을 드려도 못 고치고, 또 메리놀병원과 세브란스병원에서도 못 고친다고 해서 죽을 날만 기다리고 있는 모양입니다"라고 울먹였다. 그래서 나는 이 집사님을 앞세워 함께 집으로 갔다. 아이 엄마를 만나보니 세브란스병원에서 3개월분의 약을 받아다 놓았다. 매일 같이 병원에 다니면서 증상을 확인해야 하는데 부산에서 서울까지 가기도 힘들지만 또 초등학생 아이가 있어 병원에 올 형편이 못 된다고 사정사정하여 3개월 치 약을 받았다고 했다.

그 말을 듣는 순간 "믿음의 기도는 병든 자를 구원하리니 주께서 저를 일키리라 혹시 죄를 범하였을지라도 사하심을 얻으리라 이러므로 너희 죄를 서로 고하며 병 낫기를 위하여 서로 기도하라 의인의 간구는 역사하는 힘이 많으니라"(약5:14~18)는 말씀이 떠오르면서 내게 확신이 왔다. 그래서 나는 "그 3개월 분 먹을 약을 내게 주겠느냐?"고 물었더니, 그 어머니는 "예"라고 시원스럽게 대답했다. 약을 내게 준다는 것은 어려운 일이다. 그 약이 아이를 살리는 생명줄인데 어떻게 쉽게 버리겠는가? 나는 그 어머니에게 말했다. "병원에서 못 고친다고 선고했으면 그 약 먹어야 소용없으니 이제 하나님만 붙잡으십시오"라고 말했다. 그리고 나서 주님의 약속의 말씀을 붙들고 담대하게 기도했다. "나사렛 예수 그리스도 이름으로 내가 명하노니 더러운 병마야 물러가라, 나사렛 예수 그리스도 이름으로 내가 네게 명하노니 모든 사망의 권세는 물러가고 질병에서 고침을 받을지어다." 나는 세 번을 명령하고 말했다. "이제 고쳐주신 줄 믿고 내일 당장 그 병원에 가서 진찰을 받아

보고 내게 연락해 주십시오."

그 아이 어머니는 그 길로 부산에 있는 메리놀병원으로 아이를 데려갔다. 그러자 그 아이를 진단했던 병원 의사는 그 어머니에게 "미쳤느냐?"고 핀잔을 주면서 야단을 쳤다. 그러나 그 어머니는 그 의사에게 "우리 아이를 다시 진단해 주십시오. 사진을 찍어 검사를 해봐 주십시오" 간청했더니 의사는 검사에 들어갔다. 다음날 병원에 갔더니 의사가 놀라서 말했다. "어떻게 된 일입니까? 이 아이에게는 죽음의 그늘이 하나도 없이 다 사라져 버렸습니다. 이건 기적입니다." 할렐루야!

주님은 종의 기도를 받으시고 완치시켜 주신 것이다. 그 아이 이름은 김상현 군으로 지금 대학에 다니고 있다.

또 하나의 간증을 기록한다. 우리 교회 고양순 집사가 있는데 그 남편인 김영룡 선생은 B형 간염에 걸렸다. 수치가 1,200까지 올라 가족들과 격리 수용되어야 할 상태였다. 부족한 종은 성경의 "믿는 자들에게는 이런 표적이 따르리니 곧 저희가 내 이름으로 귀신을 쫓아내며 새 방언을 말하며, 뱀을 집으며 무슨 독을 마실지라도 해를 받지 아니하며 병든 사람에게 손을 얹은즉 나으리라 하시더라"(막16:17~18) 하신 약속을 믿고, 예수 이름으로 손을 얹어 간절히 기도했다. 그러고 나서 "병원에 가 검사를 해 확인하고 내게 알려 달라"고 하고 집으로 왔다. 3일 후 김 선생으로부터 전화가 왔는데 울면서 하는 말이 "태어나서 이렇게 감격하고 기뻐서 우는 것은 처음입니다"라며 하는 그의 말인즉 병원에 들어가니까 간호사가 "축하합니다"라고 인사를 하더란다. 그래서 검사 결과를 확인해보니 1,200이나 올랐던 치수가 다 떨어져 정상이 되었다. 그는 지금 무역선 기관장으로 일하고 있다. 할렐루야!

우리의 믿음은 어떤 환경에도 흔들리지 않아야 한다. 금보다 더 귀한 것이 믿음이다. 다니엘처럼 어떤 환경에도 흔들리지 말자(단3:17). 이런 믿음이 하나님께 영광을 돌리는 믿음이다. 세상 사람들은 환경의 지배를 받지만 믿음의 사람들은 믿음의 지배를 받는다. 아무리 환경이 험해도 그 환경이 사람을 소유할 수 없다. 우리 생명의 소유주는 하나님이시다. 환경을 보지 말고 산을 옮기는 하나님의 능력을 보는 믿음을 가져야 한다(마17:20).

결코 망설이지 말자.

성공을 향해 걸어가는 믿음의 길에는 무서운 적이 많다. 그 중에서 제일 무서운 적은 망설임이다. 이 망설임을 정복해야 한다. 주님을 믿고 시작했으면 주께서 책임져 주실 줄을 믿고 밀고 나가자. 실패에 대한 두려움은 누구에게나 있다. 그러나 두려움 때문에 망설이며 포기하지 말라. 두려움이 생길 때마다 말씀을 붙들고(딤후1:7) 기도와 찬송으로 망설임을 정복하자. 하나님은 결코 우유부단한 자를 쓰지 않는다.

8) 믿음은 모든 문제의 해답이다.

우리가 찬송할 때 그냥 입술에 스쳐가는 찬양은 아무런 유익이 없다. 내가 찬송을 부를 때 내가 부르는 찬송에 붙잡히고, 내가 기도할 때 그 기도에 붙잡혀야 한다. 지금 이 시간에 주님이 한 사람씩 상담을 하신다면 무슨 말씀을 하실까? 아마 주님은 우리에게 "더 큰 믿음을 가지라. 믿음은 모든 문제를 해결하는 것이니라"라고 하실 것이다(막5:36).

왜 우리가 기도하는가? 더 큰 믿음을 갖기 위함이다. 큰 믿음을 가지면 큰일을 하게 된다. 그러나 시시한 믿음을 가지면 시시한 일밖에 할 수 없고, 너절한 믿음을 가지면 너절한 일밖에 못한다. 그러므로 내가 시시한 믿음에서 빠져 나오려고 몸부림쳐야 한다. "나는 여기서 끝날 사람이 아니다. 이것으로 만족할 사람이 아니다"라고 소리치면서 믿음의 욕심을 가져라.

(1) 모든 응답은 믿음에서 온다.

변하지 않는 믿음, 하나님의 영광을 드러내는 믿음을 붙들면 역사가 일어난다. 신앙은 부업이 아니다. 부업으로 뜨개질을 하기도 하고, 화초를 기르기도 하고, 다른 어떤 것을 하기도 하지만, 믿음은 절대로 부업이 아니라 본업이다. 먹고 사는 것도 부업이다. 그러므로 하나님을 섬기는 신앙은 절대적이어야 한다.

우리가 하나님을 절대적으로 대하면 하나님께서 우리를 절대적으로 대해 주시고, 우리가 상대적으로 하나님을 대하면 하나님께서도 우리를 상대적으로 대해주신다. 믿음은 상대적인 것이 아니라 절대적인 것이다.

히브리서 11:1~3에 보면 "믿음은 바라는 것들의 실상이요 보지 못하는 것들의 증거니, 선진들이 이로써 증거를 얻었으니라. 믿음으로 모든 세계가 하나님의 말씀으로 지어진 줄을 우리가 아나니 보이는 것은 나타난 것으로 말미암아 된 것이 아니니라."

우리가 실패하는 것은 보이는 것만 믿고 행하기 때문이다. 그래서 주님은 "도마에게 이르시되 네 손가락을 이리 내밀어 내 손을 보고, 네 손을 내밀어 내 옆구리에 넣어보라. 그리하고 믿음 없는 자가 되지 말고 믿는 자가 되라. 도마가 대답하여 가로되 나의 주시며 나의 하나님이시니이다. 예수께서 가라사대 너는 나를 본 고로 믿느냐 보지 못하고 믿는 자들은 복 되도다 하시니라"고 하셨다(요20:27~29). 그리고 또 예수님께서는 "가라사대 너희 믿음이 적은 연고니라. 진실로 너희에게 이르노니 너희가 만일 믿음이 한 겨자씨 만큼만 있으면 이 산을 명하여 여기서 저기로 옮기라 하여도 옮길 것이요 또 너희가 못할 것이 없으리라"고 하셨다(마17:20).

보이지도 않고, 들리지도 않고, 만져지지 않아도 주님의 살아계심을 믿는다면, 그분의 능력과 약속의 말씀에 따라 기도하자. 반드시 응답이 있다.

(2) 믿음의 욕심을 가져라.

어정쩡하고 어설프고 나약한 믿음은 부끄러운 믿음이다. 실개천 같은 믿음을 갖고 만족해하는 사람처럼 안타까운 사람이 없다. 이런 믿음을 가진 사람들에게는 그 믿음에 개혁이 일어나고, 믿음에 혁명이 일어나야 한다. 왜냐하면 믿음이 모든 문제를 해결하기 때문이다.

초대교회는 믿음과 능력을 구분하지 않았다. 믿음이 곧 능력이다. 그래서 믿음이 있으면 능력이 있는 것이고, 믿음이 없으면 능력이 없는 것이다. 믿음이 강하면 그때부터 능력이 강하게 나타나고, 믿음이 떨어지면 그때부터 능력도 떨어진다. 그러므로 믿음의 욕심을 가져라.

9) 믿음이 선택이다.

인생은 끝없는 선택의 연속이다. 한 번의 그릇된 선택 때문에 고통당하는 자들이 많다. 영적인 사람도 내면적인 영적 선택을 어떻게 하는가에 따라서 영적 승패가 좌우된다.

하나님은 언제나 믿음 있는 사람 편에 서시고 믿음의 사람을 쓰신다. 우리는 매사에 선택을 잘해야 한다. 사소하게 발길을 옮기는 것 같지만 그 발길을 어떻게 옮기느냐에 따라 운명이 바뀐다.

전 미국 대통령 클리브랜드의 청년 때 일이다. 그는 청년시절 밤거리를 가다가 교회에 붙어있는 부흥성회 현수막을 보았다. 마침 같이 있는 친구에게 클리브랜드는 "부흥회 참석하자"고 하고, 그의 친구는 "서커스 구경을 가자"고 했다. 이들은 이 일로 심한 말다툼을 했다. 결국 클리브랜드는 교회로 가고, 친구는 서커스 장으로 갔다. 그런데 수십 년 후에 교도소에서 어떤 사형수가 가슴을 치며 통곡하는 것을 간수가 발견하고 사연을 물어보았더니 그 죄수는 신문 한 장을 보여주었다. 그것은 클리브랜드 대통령 취임식 장면이었다. 간수가 사연을 물어보니 대통령이 자기 친구였는데 과거 밤거리에서 있었던 사연을 이야기했다. 그날 밤 클리브랜드는 주님 품으로, 자신은 세상 죄악의 품으로 안겨 살다가 결국 자신은 이런 운명이 되었다며 통곡하고 후회했다.

이 이야기는 과연 처음 발길이 얼마나 중요한지를 말해준다. 젊은이들이 잘못된 가치관에 빠져 하나님을 외면하고 향락에 치우쳐 살다보면 인명을 경시하여 다른 사람의 목숨을 귀하게 여기지 않는다. 결국 그 앞에는 죄가 기다리고 있다. 오늘과 같은 불안한 시대에 온 인류가 다 하나님을 찾아야 한다. 우리의 앞길에서 작은 실수가 큰 복을 막을 수 있다.

창세기 26:27~34에 나오는 에서는 안일한 생각과 육신의 만족 때문에 하나님이 주신 장자권을 팥죽 한 그릇에 팔고 회개할 기회조차 잃어버렸으며, 히브리서 12:16~17에서는 그 일을 두고 "한 그릇 식물을 위하여 장자의 명분을 판 에서와 같이 망령된 자가 있을까 두려워하라 너희의 아는 바와 같이 저가 그 후에 축복을 기업으로 받으려고 눈물을 흘리며 구하되 버린 바가 되어 회개할 기회를 얻지 못하였느니라"라고 하셨다.

2000년도의 일이다. 우리 교회 수요일 예배를 마친 후에 30대 초반의 새댁이 나를 찾아왔다. 그들이 오기 전에 우리 교회 어떤 집사가 나에게 부탁을 했다. "우리 사촌언니가 이혼 직전에 있는데, 그 언니에게 '언니야, 법원에 가기 전에 우리 목사님 한번 만나 뵙고 말씀 한 번 들어보고 이혼을 하든지 하라'고 했다며 찾아오면 만나 주겠느냐?"고 했다. 그래서 "오라고 해라" 했더니, 온다는 날이 수요일이요 그것도 예배를 마친 후에 들이닥쳤다. 불신자이므로 수요일이나 예배는 몰랐을 것이다. 그러나 나는 누구든지 예배 후에 오는 자는 상담을 아니 하고, 또 죽을 병이 든자가 아니면 쉽게 기도를 안 하는 목회방침을 갖고 있었다. 그런데 그날은 그 새댁이 들어오는데 상담을 하고, 기도를 해주라는 영감을 성령께서 주셨다. 그래서 앉혀놓고 상담할 겨를도 없이 손을 잡고 성령님의 도우심을 청하며 심령기도를 했더니, 금방 울음이 터지면서 줄줄 죄를 토해내며 회개를 했다. 한 30분 정도 지났을까? 기도를 마치고 예수님에 대하여 말씀을 전하고, "내가 월요일부터 부산금식기도원에서 집회를 인도하니 거기 가서 기도하고 은혜를 받으라"고 하여 데리고 가서 집회에 참석시켰다. 그 후 지금은 그들이 이혼도 안 하고 직분도 받고, 남편과 딸 둘과 열심히 충성하며 잘살고 있다.

그런데 그때 그 부인 한 사람만 나를 찾은 것이 아니라 둘이 왔다고 했다. 내가 처음 보는 그 새댁에게 딸 같은 생각이 들었는지 반말을 한 모양이다. 그런데 같이 온 다른 부인은 내가 반말하는 것을 듣고 '처음 보는데 왜 반말이냐?'고 '기분 나쁘다.'며 돌아가 버렸단다. 그런데 돌아간 그 새댁도 5년 정도 후에 나를 만났는데, 남편이 죽고 난 뒤였다. 어쩌면 그때 자존심을 버리고 나를 만나서 예수님을 영접했다면 그도 지금 남편과 함께 행복하게 살 수 있었을지 모른다. 자존심을 버려라. 자존심 때문에 주님의 은혜를 받지 못하면 손해가 너무 크다.

백두산의 천지에는 분수령이 있단다. 천지는 3세기 말 화산 활동으로 이루어진 호수로 남북 5Km, 동서 3.5Km, 최고 수심 384m로, 호반에는 항상 10도 안팎의 검푸른 물에 구름이 아롱거려 신비한 경치를 이룬다.

이 천지엔 분수령이 있는데, 서편으로 물이 흐르면 압록강 물이 되어 황해 바다로 들어가고, 물이 동으로 흐르면 두만강을 거쳐 동해 바다에 이르게 된다. 왜 한 곳에서 흐르던 물이 황해나 동해에 이르게 되는가? 흐르는 물의 방향이 다르기 때문이다.

이 천지의 분수령처럼 인생에서 분수령을 이루는 시점이 중요하다. 어떤 생각으로 어떤 길을 택하느냐에 따라서 운명이 좌우된다. 올바른 목표를 정하고 따르면 일생을 옳게 살 것이요, 그렇지 못하면 일생을 후회하며 살 것이다. 왜냐하면 인생은 목표 설정에 있기 때문이다.

오늘도 기적은 있다. 기적은 우리가 생각지도 않는 작은 사건이 우리 믿음을 통해서 일어날 수 있다. 오직 하나님의 뜻에 맞기만 한다면 땅이 꺼지고 하늘이 무너지는 비참한 상황 속에서도 솟아나는 구멍이 있다. 물이 도랑 파놓은 대로 흘러가듯이, 처음 발을 잘못 디뎌주면 방향을 바꾸기가 힘들다. 그러니 늦었다고 생각지 말고 잘못을 깨달았다면 지금 발길을 돌려라. 깨달은 그 때가 빠른 기회이다(롬6:23).

하나님의 위대하신 능력을 믿지 못하는 자는 하나님의 위대한 체험을 할 수 없다. 하늘이 무너지고 땅이 꺼져도 하나님의 능력은 모든 문제를 해결할 수 있다. 그러므로 내 마음을 정복하고, 두려움과 분노를 몰아내고, 강하고 담대한 용기와 배짱을 갖고 말씀에 따라 믿음으로 인생길을 걸어가라.

10) 믿음이란 나를 버리고 주님을 얻는 것이다.

믿음이란 나를 버리고 예수님을 주인으로 모시는 것이다. 이제까지 내 뜻대로 살고 내 좋을 대로 살았고 '내 마음만 기쁘고 편하면 그만이지.' 하며 내가 나의 주인으로 살았다. 그러므로 내가 왕이었다. 그러나 믿음은 그런 것이 아니다. 오직 예수 그리스도를 나의 주인으로 섬기며 예수님의 뜻을 따라 자기를 버리는 것이다. 진리를 위해 거짓을 떠나고, 예수의 말씀을 따르기 위해 자신을 부인하고, 내 것을 포기하고 내 것을 주는 것이다(마16:16).

이렇게 먼저 버리고 나중 받는 것이 믿음이다. 세상적이고 물질적인 것으로부터 깨끗하게 된 다음에 영원한 하늘을 받고, 십자가를 진 다음에야 새 생명을 얻는 것이 믿음이다. 우리가 학자가 되려면 육신의 정욕과 쾌락을 버리고 열심히 공부해야만 한다. 금메달을 원하면 엄한 훈련의 과정을 다 이겨야 가능하다. 그것을 위해 결단해야 한다.

신앙생활도 사실적 토대 위에 자기의 입장을 정리해야 후회가 없고 목적한 바를 이룰 수 있다. 현실에 직면하지 않는 열심만 갖고 있는 믿음은 불꽃으로 계속 타지 못한다. 우리가 믿음을 갖고 예수의 제자가 되려면 한 순간의 감격과 감정만 가지고는 될 수 없다. 좀 더 깊이, 좀 더 절실하게 생각하고 결단해야 한다. 믿음이란 나를 버리고 예수를 가지는 것이요, 제자가 된다는 것도 나를 버리는 엄청난 값을 지불한 후 받는 영예다.

샘물은 계속 퍼 써야 새로운 물이 나온다. 그냥 두면 썩는다. 기도를 열심히 하고, 성경을 열심히 읽어도 일하지 않으면 병든 자와 같고, 썩은 물과 같다. 이런 자는 쓴 뿌리 같아서 교회에서 암적 존재가 될 수 있다. 교회는 계속 일해야 하고, 성도는 계속 봉사해야 한다. 그래서 샘물처럼 퍼주는 역사가 일어나야 한다. 이것이 믿음의 역사이다. 믿음을 갖고 기도하여 하나님의 기적의 응답을 체험하자.

3. 무엇을 믿는가?

1) 하나님의 신분을 믿고 기도하라.

(1) 하나님은 상천하지에 유일하신 신이시다.

신명기 4:39에 보면 "그런즉 너는 오늘날 상천하지에 오직 여호와는 하나님이시요 다른 신이 없는 줄을 알아 명심하고"라고 했다.

(2) 만물의 조성자요 주인이시다.

창세기 1:1~2에 보면 "태초에 하나님이 천지를 창조하시니라"고 했다. 주님은 만물의 소유주요, 계획자요, 섭리자시요(요1:1~3), 만왕의 왕이심을 믿으라(딤전6:15). 온 천하도 주의 것이요(욥41:11), 세상의 보화도 주의 것이니(학2:8), 그러므로 하나님은 없어서 못 주시는 분이 아니다. 무엇이든지 원하기만 하시면 인색하지 아니하시고 넘치도록 풍성히 주신다(눅6:38, 약1:5).

(3) 하나님이 우리 아버지이심을 믿고 기도하라.

부모는 자식에게 가장 좋은 것을 주고 싶어 한다. 하나님도 우리에게 가장 좋은 것을 주시길 원하신다. 그런데 어떤 분은 하나님을 심판하고 벌을 내리시는 무서운 분으로만 알고 있다. 그러니까 조그만 일에도 하나님이 벌을 내리시면 어떻게 하나 하면서 늘 불안하게 살아간다. 그러나 하나님은 우리의 추악한 죄까지도 독생자 예수님께 담당시키시고 용서하시며 사랑을 베푸시는 참 좋으신 하나님이시다(롬5:8).

오늘도 여전히 험한 인생길에서 고아와 같이 외롭고 상처받아 고통 중에 살아갈까봐 성령을 보내셔서 슬픔을 위로하시며, 상처를 치료하시며 능하신 손길로 우리를 인도해 주시는 좋으신 아버지이시다. 그러므로 우리는 구원받은 하나님의 자녀임을 믿고 떳떳하게 기도할 수 있다.

우리는 하나님의 자녀이다. 그러므로 구걸하려고 온 걸인처럼 하지 말고 자녀가 부모에게 구하는 것처럼 떳떳하게 구하라. 기도는 복권처럼 요행이 아니다. "오직 믿음으로 구하고 조금도 의심하지 말라. 의심하는 자는 마치 바람에 밀려 요동하는 바다물결 같으니 이런 사람은 무엇이든지 주께 얻기를 생각하지 말라. 두 마음을 품어 모든 일에 정함이 없는 자로다"(약1:6~8).

두 마음을 품어 의심하지 말고 일편단심, 받은 줄로 믿고 구하라. 그러면 "여인이 어찌 그 젖 먹는 자식을 잊겠으며 자기 태에서 난 아들을 긍휼히 여기지 않겠느냐 그들은 혹시 잊을지라도 나는 너를 잊지 아니할 것이라"(사49:15)고 하신 하나님의 말씀대로 응답하여 주신다.

2) 하나님의 신실하신 약속을 믿고 기도하라.

마태복음 7:7에 보면 "구하라 그러면 너희에게 주실 것이요 찾으라 그러면 찾을 것이요 문을 두드리라 그러면 너희에게 열릴 것이니"라고 했고, 요한복음 15:7에서는 "너희가 내 안에 거하고 내 말이 너희 안에 거하면 무엇이든지 원하는 대로 구하라 그리하면 이루리라"고 했다.

주님은 기록된 말씀을 통하여 믿음의 사람들과 기도응답을 약속하셨다. 신비한 체험을 원하는 이들에게는 "너는 내게 부르짖으라 내가 네게 응답하겠고 네가 알지 못하는 크고 비밀한 일을 네게 보이리라"(렘33:3)고 했고, 지혜를 구하는 자에게는 "너희 중에 누구든지 지혜가 부족하거든 모든 사람에게 후히 주시고 꾸짖지 아니하시는 하나님께 구하라 그리하면 주시리라"(약1:5)고 하셨으며, 병든 자에게는 "치료하는 하나님으로"(출15:26), 기도하면 고쳐 주시겠다고 말씀하셨다(막16:17~18, 약5:15, 렘30:17). 또 환난 당하는 자들에게도 "환난 날에 나를 부르라 내가 너를 건지리니 네가 나를 영화롭게 하리로다"(시50:15)라고 약속하셨다.

그러므로 일단 기도를 시작했으면 성경을 읽고 그 말씀 안에서 내게 약속된 필요한 하나님의 말씀을 붙들어야 한다. 하나님은 불변하시고(히13:8, 삼상15:29), 신실하시어 식언치도 아니하시며, 한번 하신 약속 때문에 후회함도 없으시고(민23:19, 약1:17), 또 하나님은 "내 입에서 나가는 말도 헛되이 내게로 돌아오지 아니하고 나의 뜻을 이루며 나의 명하여 보낸 일에 형통하리라"고 하셨다(사65:11, 시89:34, 사45:23). 그리고 "너희가 무엇이든지 아버지께 구하는 것을 내 이름으로 주시리라 지금까지 너희가 내 이름으로 아무 것도 구하지 아니하였으니 구하라 그리하면 받으리니 너희 기쁨이 충만하리라"고 하셨다(요16:23~24). 이 약속의 말씀이 이루어질 줄 믿고 말씀에 굳게 서서 기도하라. 우리 주님은 이 세상의 과학 문명이나 사람을 의지하지 말고 주님의 신실한 약속을 믿고 구하라 하셨다. 주님은 부르짖는 자에게 반드시 응답하신다.

3) 하나님의 전지전능하심을 믿고 구하라.

우리가 하나님께 엎드릴 때마다 하나님께 기준을 맞추어야 한다. 나는 아무 것도 못하지만, 하나님은 전지전능하신 분이시니 못하실 일이 없으시다. 우리는 오늘 무슨 일이 일어날지, 내일 어떤 일을 당할지 아무 것도 모른다. 오직 하나님만이 아신다. 염려, 걱정 말고 망할 때 망하더라도 하나님의 능력을 믿어야 한다.

인간은 유한하여 힘의 한계가 있지만 하나님은 영원하시고 능치 못함이 없으신 분이시다(창18:14). 하나님은 구하는 이에게 능히 주실 수 있는 분이시다. 그러므로 "두려워 말고 믿기만 하라"(눅8:50), "믿음이 한 겨자씨 만큼만 있어도 산을 옮길 수 있다" 하셨다(마17:20). 그 믿음으로 질병도 고치고(막16:15~18, 약5:13~18), 귀신도 추방하고(마8:28~34), 죽은 자도 살릴 수 있고(요11:38~44), 그 어떤 것도 해결할 수 있는 능력을 우리에게 주셨다(빌4:13).

자신을 믿지 말고 주의 능력을 믿으라.

기도는 자기를 부정하고 하나님을 긍정하고 믿는 행위 그 자체이다. 내 능력, 내 지식, 내 지혜, 내 경험 등 내게 관한 모든 것을 부인하는 행위가 바로 기도이다. 내 것을 조금이라도 인정하고 신뢰하면 하나님을 향한 신실한 기도는 드릴 수 없다. 나는 할 수 없지만, 하나님은 할 수 있다고 믿고(창18:14) "전능하신 하나님께서 내 모든 문제를 해결해 주옵소서"라고 하는 행위가 기도이다. 그러므로 기도하는 순간은 자기를 부정하는 순간이고, 반면 하나님을 전적으로 긍정하는 순간이다. 왜냐하면 나는 못해도 "내게 능력 주시는 자 안에서 내가 모든 것을 할 수 있기 때문이다"(빌4:13).

부족한 종은 내 힘으로 아무 것도 할 수 없다고 생각하기에 성령님의 인도와 도움을 구하기 위해 강단에서 밤을 지새울 때가 많다. 나는 너무 부족해서 남이 기도할 때도 기도하고, 남이 잠잘 때도 기도하고, 남이 놀 때도 기도하려고 애쓴다. 아마 34년을 목회 하면서 방에서 편히 잠을 잔 것은 1년도 안될 것이다.

우리는 모든 것을 믿음으로 해결 받는다. ① 믿음으로 마귀와 싸워 이기고, ② 믿음으로 환난과 시험을 이기며, ③ 믿음으로 하나님을 기쁘게 하고(히11:6), ④ 믿음으로 복을 받고 믿음으로 하나님께 영광을 돌린다(요11:40). 그러나 이 모든 것은 오직 기도로 믿음의 열매를 거두게 된다. 그러니 기도생활이 끊어지면 믿음 자체가 죽게 된다. 우리가 하나님을 기쁘시게 해드리고(히11:6), 하나님께 의롭다고 인정받고(롬 4:18~25), 산을 옮길 수 있는 위대한 믿음을(마17:20) 유지하려면 밤낮 깨어 하나님께 기도해야 한다.

다윗은 골리앗과 싸우러 가면서 "여호와의 구원이 칼과 창에 있지 아니 함을 이 무리로 알게 하고 전쟁은 여호와께 속한 것인즉 너희를 우리 손에 붙이리라"(삼상17:45~47)고 했다. ① 엘리야의 믿음의 기도는 하늘에서 불과 비를 내렸고(왕상18:27~50), ② 여호수아는 기도로 태양을 하늘에 매달았다(수10:12~14). 그런데 하물며 성령을 모시고 사는 우리의 기도야 확실히 응답하시지 않겠는가? 그러나 주님은 "마지막 때에 믿는 자를 볼수 있을까?"고 걱정하셨다(눅18:8). 그러므로 믿고 기도하자.

우리 교회에 김정림이란 교인이 있었다. 아이가 둘인데 큰딸이 그때 다섯 살쯤 되었는가 싶다. 그 아이는 온 머리에 부스럼이 나서 빵모자를 둘러씌워 놓은 것 같았다. 그 어머니는 항상 화장은 했지만 행색이 남루했다. 그런데 어느 금요일 밤 철야기도 시간에 내 마음속에 그 아이 엄마가 '귀신이 든 것 같다.'는 생각이 들었다. 그래서 그 자리에 세워놓고 "예수 그리스도 이름으로 내가 명하노니 더러운 귀신아 거기서 나오라"고 하였더니 울면서 발악을 했다.

그 분을 계속 세워놓고 모두 함께 찬송을 힘 있게 부르고, 힘을 모아 "나사렛 예수 이름으로 명하노니 귀신아 나가라"고 명하고 내가 그의 머리에 손을 얹으니 벌떡 넘어졌다. 그리고 죽은 것처럼 되었다. 그래서 나는 귀신이 나간 줄 알았다. 그런데 한 5~6분 정도 있더니 일어나서 "화장실이나 가야지" 하고 걸어갔다. 그런데 화장실에 가는 그의 뒷모습을 보니 귀신이 떠난 것이 아니라 그냥 있는 것 같은 느낌이 들었다. 그래서 큰소리로 "이 더러운 것 이리 와!" 하고 명령했더니, 휙 돌아보면서 하는 말이 "하하, 안속네"라고 하지 않는가. 그래서 나는 "더러운 것아. 내가 네게 속을 것 같으냐?" 하고 큰소리로 다시 불러, "너, 왜 넘어졌느냐?"고 했더니, 이 귀신 하는 소리 들어보라. "넘어지니 나간 줄 알던데"라고 말했다.

그래서 "누가 그러더냐?"고 물었더니 "기도원에서는 넘어지면 나간 줄 알데." 그렇게 대답한다. 그래서 다시 교인들과 함께 피의 찬송을 힘 있게 부르고 다시 "더러운 귀신아 나사렛 예수 이름으로 내가 네게 명하노니 거기서 떠나라"고 했더니 이 귀신은 "나갈 곳이 없다"고 넋두리를 한참 하고나서 떠나갔다. 그런데 놀라운 일은 그 다음 날 큰딸의 머리에 그 심하던 부스럼이 씻은 듯이 사라져 버렸다. 할렐루야! 그래서 나는 어린 아이의 질병은 엄마가 문제라는 것을 깨닫게 되었다.

잘 믿기지 않는 이야기처럼 들릴 것이다. 그러나 이런 것은 내 주관적 체험이라서 어떻게 객관적으로 설명하기 어려운 면이 있다. 안타까운 마음이지만 어쩔 수 없다. 다만 독자들 모두가 기록된 성경 말씀을 믿고 직접적인 체험을 해볼 수 있기를 바란다.

마가복음 16:16~18에 보면 "믿고 세례를 받는 사람은 구원을 얻을 것이요 믿지 않는 사람은 정죄를 받으리라. 믿는 자들에게는 이런 표적이 따르리니 곧 저희가 내 이름으로 귀신을 쫓아내며 새 방언을 말하며 뱀을 집으며 무슨 독을 마실지라도 해를 받지 아니하며 병든 사람에게 손을 얹은즉 나으리라 하시더라"고 한 말씀과 빌립보서 4:13의 "내게 능력 주시는 자 안에서 내가 모든 것을 할 수 있느니라"는 말씀을 믿으라.

4) 응답 받을 줄 믿고 기도하라.

마가복음 11:23~24에 보면 "내가 진실로 너희에게 이르노니 누구든지 이 산더러 들리어 바다에 던지우라 하며 그 말하는 것이 이룰 줄 믿고 마음에 의심(疑心)치 아니하면 그대로 되리라. 그러므로 내가 너희에게 말하노니 무엇이든지 기도(祈禱)하고 구(求)하는 것은 받은 줄로 믿으라 그리하면 너희에게 그대로 되리라"라고 했다. 이 말씀을 믿고 자신감을 가져야 한다.

어떤 일이 있어도 기도는 응답된다는 이런 영적 자부심과 영적 자신감을 가져야 한다. 그래야 사단이 틈을 타지 못한다. 회개하고 깨끗한 마음으로 말씀에 순종하며 하나님의 뜻에 합당한 기도를 드렸다면 반드시 응답 받을 줄을 믿어야 한다(약1:6~7).

보이지 않는 하나님과의 교통은 오직 믿음으로 되는 것이다. 기도응답의 확신도 없이 그저 막연하게 형식적으로 습관적으로 하는 기도는 하나님의 마음을 움직일 수 없다. 구원도 응답도 모두 믿음으로 되는 것이다.

5) 하나님은 듣고 응답하시는 분이심을 믿고 기도하라.

우리가 아무리 기도해도 듣는 자가 없으면 소용이 없다. 그런데 우리 하나님은 우리의 기도를 들으시겠다고 약속하셨다.

역대하 7:12~14에 보면 "밤에 여호와께서 솔로몬에게 나타나사 이르시되 내가 이미 네 기도를 듣고 이곳을 택하여 내게 제사하는 전을 삼았으니 혹 내가 하늘을 닫고 비를 내리지 아니하거나 혹 메뚜기로 토산을 먹게 하거나 혹 염병으로 내 백성 가운데 유행하게 할 때에 내 이름으로 일컫는 내 백성이 그 악한 길에서 떠나 스스로 겸비하고 기도하여 내 얼굴을 구하면 내가 하늘에서 듣고 그 죄를 사하고 그 땅을 고칠지라"고 했다.

시편 94:9에서는 "귀를 지으신 자가 듣지 아니하시랴 눈을 만드신 자가 보지 아니하시랴"고 했다. 또 시편 115:4~8에서도 "저희 우상은 은과 금이요 사람의 수공물이라. 입이 있어도 말하지 못하며 눈이 있어도 보지 못하며, 귀가 있어도 듣지 못하며 코가 있어도 맡지 못하며, 손이 있어도 만지지 못하며 발이 있어도 걷지 못하며 목구멍으로 소리도 못 하느니라. 우상을 만드는 자와 그것을 의지하는 자가 다 그와 같으리로다"고 했다. 그러므로 기도는 들려져야 하고 응답할 힘이 있는 분에게 해야 한다. 우리 하나님은 우리의 기도를 들으시며 능치 못하심도 없으시다(창18:14). 그러니 믿고 기도하자.

5 장애물을 제거하라

　기도는 인간 육신의 힘을 초월하게 하고 약한 것을 강하게 하는 하나님의 능력을 체험케 한다. 그러므로 무엇보다 사단의 방해를 물리쳐야 기도가 된다. 기도는 초자연적인 힘을 가진 보이지 않는 적과의 영적 싸움이다(딤전6:12).

　고린도전서 9:25에 보면 "이기기를 다투는 자마다 모든 일에 절제하나니 저희는 썩을 면류관을 얻고자 하되 우리는 썩지 아니할 것을 얻고자 하노라"고 했다. 기도는 하나님과 사단 사이에서 내가 싸우는 것이 기도다. 기도는 처음에는 싸움으로 시작하지만 그 다음은 그리스도에게 위임받은 믿음이 필요하다. 그러므로 믿고 간구한 것을 조금도 의심해서는 안 된다. 그러므로 기도는 믿음의 싸움이다. 믿음이 없는 사람은 기도할 수 없다. 그러므로 영적인 자유를 얻기까지 결사적인 강렬한 영적 투쟁을 해야 한다. 그런데 영적 투쟁에 장애물이 있다. 그럼 제거해야 할 방해꾼이자 장애물은 무엇인가?

1. 마음의 죄악을 버리고 기도하라.

이사야 59:1~3에 보면 "여호와의 손이 짧아 구원치 못하심도 아니요 귀가 둔하여 듣지 못하심도 아니라. 오직 너희 죄악이 너희와 너희 하나님 사이를 내었고 너희 죄가 그 얼굴을 가리워서 너희를 듣지 않으시게 함이니 이는 너희 손이 피에, 너희 손가락이 죄악에 더러웠으며 너희 입술은 거짓을 말하며 너희 혀는 악독을 발함이라"고 했다. 결국 죄를 해결하지 않고는 기도가 안 된다. 성령을 따라 기도하는 성도는 죄의 문제를 먼저 해결해야 한다. 죄가 기도의 응답을 가로막기 때문이다.

2. 불신앙을 버리고 기도하라.

우리는 하나님의 능력의 위대성을 알아야 함과 동시에 인간의 유한함을 잘 알아야 한다. 그렇지 못한 미성숙한 사람들은 하나님의 전능하심을 자기 수준에 다 맞추려한다. 그래서 자기가 못하면 하나님도 못하는 것으로 여긴다. 하나님은 능치 못하심이 없으시다(창18:14). 사람이 할 수 있는 것만 하시는 하나님으로 믿는 것은 믿음이 아니다. 그것이 바로 불신앙이다. 그러므로 내 능력과 경험을 버리고 하나님의 전능하심을 믿어라. 그러나 예수님은 "말세에 믿고 기도하는 자를 볼 수 있겠느냐"고 걱정하셨다(눅18:8). 믿어라. 믿고 기도하라. 의심하는 기도로는 하나님의 놀라운 기적을 맛볼 수 없다.

3. 잡념과 졸음을 몰아내고 기도하라.

　기도의 방해꾼 중의 하나는 잡념과 졸음이다. 이것을 몰아내야 한다. 우리의 기도는 분명 하나님께서 들으시라고 하는 것이다. 그러므로 분명 하나님이 들으셔야 한다. 우리가 밤새도록 기도해도 하나님이 듣지 않는다면 아무런 가치가 없다. 듣지 않으셨다 함은 응답이 없다는 말이기 때문이다.

　성경은 하나님께서 우리의 기도를 응답하신다고 분명히 약속하셨다(요 14:12~14, 마7:7). 그러나 그것은 잡념이나 망상이 아닌 하나님께서 응답할 가치가 있는 목적과 내용을 갖고 있어야 한다. 그러므로 응답해 주시지 않으면 안 된다는 절대 절명의 상황 속에서 내 마음에 떠오르는 수만가지 생각이 있지만, 모든 잡념과 졸음을 몰아내고 한마디를 해도 하나님이 듣고 응답하실 내용만 간추려서 두 시간이든 세 시간이든 내 마음에 확신이 설 때까지 진실하게 기도하라. 그러면 반드시 응답하신다.

　이렇게 기도할 때 곧장 올라가는 엘리베이터(elevator) 기도를 드려야 한다. 어떤 사람들은 기도할 때 묵상기도로 기도한다고 가만히 앉아 있다. 자기 생각에는 기도가 깊이 들어가는 것 같지만 모르긴 해도 결국 잡념과 망상으로 묵념하는 것과 다를 바 없다. 그러다 보면 졸음이 공격해온다. 영적인 깊이가 없는 자가 묵상기도를 하면 그것은 기도라기보다 잡념에 사로잡혀 졸게 되고 졸다보면 꿈속을 헤매게 된다.

　부족한 종은 찬송과 더불어 발성기도는 아홉 시간을 해보았지만 올바른 묵상 기도는 20분도 채 못한다. 처음에는 무릎을 꿇고 중얼거리지만 마귀가 공격을 하면 자연적으로 무릎은 아프고 두 발은 저려오고, 이리 비틀 저리 비틀하다가 꿇었던 무릎은 평좌로 돌아간다. 거기다가 피곤과 졸음이 공격을 하면 오늘 일과 내일 되어 질 일에 대한 걱정근심과 지나간 사건들이 그림을 그린다. 그러다가 몸이 흔들 하면 놀라 "주여!" 하고 눈을 한번 질끈 감고 머리를 흔들어서 졸음을 쫓아보지만 금새 머리가 천근같이 무거워지면서 이마는 자연히 양손이나 의자에 기대게 된다.

이 정도의 상태가 되면 벌써 기도의 줄을 놓친 것이다. 기도하는 사람이 기도 줄을 놓치게 되면 잡념이 그를 사로잡아 기도할 힘을 잃어버림과 동시에 그 마음속에 수백 가지의 잡념이 떠오른다. 그러다 떠오른 잡념을 계시인줄 알고 떠들어대는 자들도 있지만 이것은 기도가 아니다. 그래서 묵상 기도를 잘못하면 오히려 잡념을 모아서 하나님께 드리는 격이 된다.

이런 기도를 백화점 기도라 한단다. 여인들이 백화점에 가면 수많은 물건들을 눈으로 구경한다. 그러나 나올 때는 어떤 이는 물건은 하나도 사지 않고 그냥 빈손으로 나온다. 그와 같이 기도도 뚜렷한 목적 없이 중언부언하다 보면 잡념과 망상(妄想)을 졸음이라는 보자기에 싸서 하나님 앞에 드리는 결과가 된다. 하나님이 이런 것을 받으시겠는가? 이것은 허공을 치는 메아리와 같다. 그러므로 졸음과 잡념을 물리치고 곧장 올라가는 엘리베이터와 같은 기도를 드리자.

4. 자기 생각과 욕심을 버리고 기도하라.

기도할 때는 자기 생각과 욕심을 버리고 하나님의 선하시고 기뻐하시고 온전하신 뜻이 무엇인지 분별하여 구해야 한다(롬12:2). 물론 성경은 "구하기 전에 너희에게 있어야 할 것을 너희 하나님 아버지께서 아시느니라"고 하셨다(마6:8). 이 말씀 때문에 어떤 사람은 '하나님이 아시는데 꼭 구해야 하나?'라고 한다.

이것이 짧은 지식인들의 올무요, 신앙생활의 실패 원인이며, 기도에 있어서 앞을 못 보게 하는 안개와 같다. 하나님은 분명히 다 알고 계신다. 하나님께서 우리 소원이 무엇인지 다 알고 계시기 때문에 절규하고 울부짖는 기도를 원하신다. "너희 사면에 남은 이방 사람이 나 여호와가 무너진 곳을 건축하며 황무한 자리에 심은 줄 알리라. 나 여호와가 말하였으니 이루리라. 나 주 여호와가 말하노라. 그래도 이스라엘 족속이 이와 같이 자기들에게 이루어 주기를 내게 구하여야 할지라"고 했다(겔 36:36~37). 또 마태복음 7:7~8에서는 "구하라 그러면 너희에게 주실 것이요 찾으라 그러면 찾을 것이요 문을 두드리라 그러면 너희에게 열릴 것이니, 구하는 이마다 얻을 것이요 찾는 이가 찾을 것이요 두드리는 이에게 열릴 것이니라"고 하셨다. 하나님은 다 알고 계시지만 그것이 하나님께로부터 오는 것임을 알게 하시고자 우리에게 구하라고 하셨다.

　욕심에 끌려 기도하면 응답이 없다. "너희가 욕심을 내어도 얻지 못하고 살인하고 시기하여도 능히 취하지 못하나니 너희가 다투고 싸우는도다 너희가 얻지 못함은 구하지 아니함이요, 구하여도 받지 못함은 정욕으로 쓰려고 잘못 구함이니라"고 했다(약4:2~3).

　우리는 받을 자격이 없지만 "우리가 아직 죄인 되었을 때에 우리를 사랑하심으로 자기 아들을 죽이신 하나님께서"(롬5:8), "어찌 그 아들과 함께 모든 것을 우리에게 선물로 주지 아니하시겠느뇨?"(롬8:32)라고 말씀하시지 않았는가? 민수기 23:19에서는 "하나님은 인생이 아니시니 식언치 않으시고 인자가 아니시니 후회가 없으시도다. 어찌 그 말씀하신 바를 행치 않으시며 하신 말씀을 실행치 않으시랴"고 했다. 그분의 성품이 거짓말을 하실 수 없으니 변개치 아니하신다. "이스라엘의 지존자는 거짓이나 변개함이 없으시니 그는 사람이 아니시므로 결코 변개치 않으심이니이다"라고 했다(삼상15:29).

　왜 많은 신자들의 신앙생활에 기쁨이 없고 감동이 없을까? 그것은 성도들의 신앙이 영적이지도 않고 오로지 집요하도록 물질적이기 때문이다. 그러므로 자기 지식과 욕심을 버리고 기도하라.

5. 성령의 도우심을 받아 기도하라.

장애물을 제거했다고 다 되는 것은 아니다. 거기다 초자연적인 성령의 도우심이 있어야 한다. 마태복음 12:29에 보면 "사람이 먼저 강한 자를 결박하지 않고야 어떻게 그 강한 자의 집에 들어가 그 세간을 늑탈하겠느냐 결박한 후에야 그 집을 늑탈하리라"고 했다. 기도가 바로 강한 자를 결박하는 비밀 무기요, 기도는 적군을 무력케 하는 놀라운 무기이다. 우리는 바로 그 비밀 무기를 위임받았다. "내가 너희에게 뱀과 전갈을 밟으며 원수의 모든 능력을 제어할 권세를 주었으니 너희를 해할 자가 결단코 없으리라"(눅10:19).

기도는 만사를 변화시키고 회복시키는 능력이다. 그러므로 기도는 결국 인간 능력 이상의 것을 요구하는 것이고, 이 능력은 성령에 의하여 공급받는 것이다. 기도가 영적 싸움이기 때문에 우리의 힘만으로 되는 것이 아니고 성령께서 도와주셔야 한다. 성령의 중요한 역할 중 하나가 바로 성도의 기도를 돕는 것이다. 로마서 8:26~27에 말했다. "이와 같이 성령도 우리 연약함을 도우시나니 우리가 마땅히 빌 바를 알지 못하나 오직 성령이 말할 수 없는 탄식으로 우리를 위하여 친히 간구하시느니라. 마음을 감찰하시는 이가 성령의 생각을 아시나니 이는 성령이 하나님의 뜻대로 성도를 위하여 간구하심이니라."

본래 탄식이란, 절망적인 상황에서 생리적으로 터져 나오는 것이다. 더이상 육신의 힘과 지혜로는 감당할 수 없어서 어찌할 바를 몰라서 그저 꽉 막혀있는 가슴을 터질 것 같은 심장을 달래느라고 한꺼번에 쏟아내는 소리가 바로 탄식이다. 이 말씀은 성령께서 어떻게 할 바를 몰라서가 아니라 우리가 연약하고 무지해서 하나님의 뜻이 무엇인지 알지 못하여 마땅히 빌 바를 알지 못할 때 혹은 심한 죄책과 낙심된 마음으로 마땅히 기도할 용기를 잃었을 때 이것을 안타까워 측은하게 여기시며 탄식하시며 우리의 기도를 도우신다는 말씀이다.

성령은 우리의 연약함을 도우신다. 우리의 기도의 중요한 열쇠는 성령께서 가지고 계신다. 그런데 많은 성도들이 이 비밀을 모른다. 이것을 알지 못하면 아직도 기도의 중요한 열쇠를 모르는 것이다. 그래서 기도에 실패하니 신앙에 실패하고 신앙에 실패하니 삶에 실패하는 것이다.

그럼 성령이 도우시는 기도를 어떻게 알 수 있을까? 우리 힘으로 기도할 때는 무릎을 꿇으면 금방 무릎이 아프고 할 말도 없고 시간도 지루하고, 기도가 되지 않는다. 그러나 성령께서 우리 기도를 도우시면 몇 시간 동안이나 무릎을 꿇어도 아픈 줄 모르고 기도가 잘 되므로 시간 가는 줄도 모른다. 이것이 성령께서 우리 기도를 도우시는 것이다.

인생의 모든 진실한 기도는 영혼에 내주하시는 성령님의 활동으로부터 생긴다. 그러므로 성경은 "성령으로 기도하라"고 하셨다(엡6:18). 이것은 지적인 기도와 감정적인 기도나 관념적인 기도를 지양(止揚)하고 성령이 이끄시는 영적인 기도를 하라는 말씀이다. 기도가 영적 싸움이기 때문에 성령님의 도우심 없이는 실패할 수밖에 없다. 그러므로 기도할 때 먼저 성령님의 도우심을 구하라. 성령께서 도우실 때 기적의 응답이 이루어진다.

6. 하나님의 뜻대로 구하며 기도하라.

성경은 우리에게 구하면 주신다고 하셨다. 그러면 하나님께서 우리의 모든 기도를 모두 다 응답해 주실까? 그렇지 않다. 오직 아버지의 뜻대로 구해야 응답하신다. 예수께서도 "아버지의 뜻대로 하옵소서"라고 하셨다(마26:39~46).

요한일서 5:14~15에 보면 "그를 향하여 우리의 가진 바 담대함이 이것이니 그의 뜻대로 무엇을 구하면 들으심이라 우리가 무엇이든지 구한 바를 들으시는 줄을 안즉 우리가 그에게 구한 그것을 얻은 줄을 또한 아느니라"고 했다. 그렇게 기도하면 하나님께서 우리의 필요한 모든 것을 더 해 주신다(마6:33). 그러므로 기도는 하나님의 뜻을 알고 그 뜻을 관철시키는 행위이다.

사무엘상 1:9~20에 보면 한나는 오랜 세월동안 아들을 얻기 위해 기도하다가 하나님께서 자기를 통하여 이스라엘의 지도자를 세우려하심을 깨닫고 서원하여 아이가 젖을 떼자마자 하나님께 바치겠다고 서원하고 그대로 지켰다. 예수님도 하나님의 뜻대로 기도하여 아버지의 뜻이 이루어지도록 내어드렸다(마6:9~16·26:39~42).

만약 예수님께서 자기 뜻대로 기도하셨다면 십자가 죽음은 없었을 것이다. 십자가의 죽음이 없다면 인류의 구속은 없고, 부활도 승천도 없었고, 승천이 없으면 성령강림과 앞으로 재림도 없을 것이고 성도들의 부활과 휴거도 없을 것이다. 그러므로 기도는 하나님의 뜻을 구하는 것이다.

'하나님의 뜻대로'라는 말을 얼핏 들으면 '하나님께서 제한하신다.'고 생각될지 모르나 그렇지 않다. 만약 하나님의 뜻대로가 아니고 우리의 뜻대로 하는 기도를 다 들어 응답하신다면 어떻게 될까? 세상은 걷잡을 수 없는 혼란에 빠질 것이며, 이 땅에 살아남을 것이 하나도 없을 것이다.

그러므로 우리 계획이 아무리 좋아도 하나님의 계획만 이루시고(잠 19:21), 만약에 억지로 떼를 써서 기도하면 응답해 주시지만, 영혼을 쇠약하게 하신다(시106:13~18). 그것 때문에 많은 이스라엘 사람들은 약속의 땅에 들어가지 못하고 죽었다.

그런데 교인들은 얍복강 가에서 혼자 앉아 결사적으로 축복해 달라고 구해 이스라엘이 되는 복을 받은 야곱의 기도처럼, 대부분의 기도가 '이렇게 해 주소서.'라고 하는 자신의 욕망에 따라 요구하는 기도이다. 그래서 결사적으로 매달려 금식하고 철야도 한다. 그러나 이런 기도는 수준 낮은 기도이다. 우리는 오직 아버지 하나님의 뜻대로 기도해야 한다. 그러면 하나님의 뜻을 구하는 기도를 드려야 하는 이유가 무엇인가?

1) 하나님의 생각과 내 생각이 서로 다르기 때문이다.

하나님의 생각은 우리 생각과 다르다. "여호와의 말씀에 내 생각은 너희 생각과 다르며, 내 길은 너희 길과 달라서 하늘이 땅보다 높음같이 내 길은 너희 길보다 높으며 내 생각은 너희 생각보다 높으니라"고 했다(사55:8~9). 그러므로 아무리 내 생각이 옳다 하여도 하나님의 생각에 미치지 못한다. 그러니 내 생각대로 기도하다가 하나님께서 그게 아니라면 빨리 하나님의 생각대로 바꾸어야한다.

교회 개척 초기에 우리 교회 이 모 집사가 있었다. 이 집사는 나는 몰랐는데 자기가 유방암에 걸려 고통 중이었는데 부족한 종의 안수기도로 나았다고 간증을 했다. 그 당시 이 집사는 십일조도 할 줄 모르고 감사헌금도 할 줄 몰랐다. 그에게는 아들이 둘 있었다. 하나는 걷게 하고 하나는 업고 열심히 새벽 기도와 금요 철야 기도에 참석하기도 했다. 그러던 어느날 큰아이가 고환(睾丸)에 바람이 들어가 어른 주먹만

하게 커졌는데 기도하였더니 그 즉시 정상으로 회복되었다. 그리고 또 몇 달 후에 또 그 아이가 탈장이 되어 옆구리를 뚫고 손가락 한마디 정도가 튀어 나왔다. 나는 또 그 부위에 손을 얹고 주님의 이름으로 명하였더니 그 즉시 제자리를 찾아 창자가 들어갔다. 할렐루야!

그렇지만 이렇게 해도 감사할 줄도 모르는 분이 있었다. 그때는 부족한 종 역시 교회를 처음 개척하여 섬기는 목회 초년생이니 잘 가르치지도 못하여 "왜 감사를 안 하느냐?"고도 하지 않았다. 그런데 몇 달이 지난 후에 이제 작은아이가 설사병에 걸려 몹시 아팠다. 그런데 미안해서인지 나를 찾지 않고 침례병원에 가서 치료를 받으러 간 것이다. 효과가 없이 두 주일간이나 아무 것도 먹지 못하고 설사를 하며 죽어가는 형국이 되었다. 그 말을 듣고 심방을 가서 보니 아이가 기진맥진하여 말이 아니었다. 그런데 이 못된 목사의 마음에 그 동안에 일어났던 역사를 보고도 감사헌금 한 번 하지 않은 것이 섭섭한 생각이 들었다. 예수의 고난과 성령님의 능력으로 병을 고치면서 마치 내가 고치는 것처럼 기도해 주기가 싫었다. 그러나 기도를 안 해주면 '목사님이 왔다가 아이가 죽어 가는데도 기도도 안 해 주더라'고 이 사람 저 사람에게 입방아를 찧을 것 같았다. 그래서 손을 얹고 입으로는 "나사렛 예수 그리스도의 이름으로 내가 네게 명하노니 깨끗함을 받을지어다"하고 소리쳤지만, 속으로는 "주여 별 볼 일 없습니다. 고쳐 주시지 않아도 됩니다"하고 기도를 마치고 집으로 왔다.

그런데 하나님의 생각은 내 생각과 어찌 그리 다른지 그렇게 물만 줄줄 흘리던 아이가 그 즉시 변이 멈추고 약 열 두 시간 만에 변이 나왔는데 염소 똥처럼 굳은 똥이 나왔다. 할렐루야!

그래서 나는 하나님 앞에 회개하고 과연 기록된 말씀대로 "여호와의 말씀에 내 생각은 너희 생각과 다르며 내 길은 너희 길과 달라서"라고 하신 말씀대로 하나님의 생각과 나의 생각은 다르다는 것을 실감하게 되었다(사55:8).

(1) 하나님의 생각은 생명과 평화지만 사람의 생각의 결과는 재앙이다.

사람의 생각은 제아무리 기발해도 그 결과는 재앙이다. "땅이여 들으라 내가 백성에게 재앙을 내리리니 이것이 그들의 생각의 결과다. 그들이 내 말을 듣지 아니하여 내 법을 버렸음이라"고 했다(렘6:19). 그러나 하나님의 생각은 "나 여호와가 말하노라 너희를 향한 나의 생각을 내가 아나니 평안이요 재앙이 아니니라. 너희에게 미래와 희망을 주는 것이니라 너희가 내게 부르짖으며 내게 와서 기도하면 내가 너희들의 기도를 들을 것이요 너희가 온 마음으로 나를 구하면 나를 찾을 것이요 나를 만나리라"고 하셨다(렘29:11~13).

그러므로 사람의 생각은 자유지만 그 생각의 결과는 재앙이 될 수 있다. 그것은 하나님의 생각은 언제나 선하지만 사람 생각은 언제나 악하고(창6:5~6), 하나님의 생각은 언제나 긍정적이지만 사람 생각은 언제나 부정적이며, 하나님은 언제나 믿음을 원하시지만 사람은 언제나 주님을 전적으로 믿지 못하기 때문이다.

신앙과 불신앙의 차이는 천국과 지옥이다. 불신은 두려움을 가져오고 두려움은 치명적인 상처를 가져온다. 두려움 그 자체가 바로 불신앙이다. 불신은 마음의 평화를 깨뜨린다. 그리고 하나님의 약속을 믿지 못하게 만든다. 그러므로 내 생각이 아무리 좋은 것 같아도 내 고집을 꺾고 하나님의 뜻에 순종해야 한다.

(2) 하나님의 생각에 동의하면 기적이 일어난다.

우리가 아무리 좋은 생각을 가졌더라도 하나님이 동의하지 않으시면 아무 소용이 없다. 그러므로 하나님의 생각에 전적으로 동의하라. 아담은 제 생각을 고집했기 때문에 인류를 죄 가운데 빠뜨렸고, 예수 그리스도는 자기 고집을 꺾고 하나님의 생각에 동의했기에 인류를 구원할 수 있었다(마26:37~40).

하나님의 생각에 동의하면 기적이 일어난다. 하나님의 생각에 동의한다 함은 말씀에 순종하는 것이다. 말씀에 순종하면 반드시 기적이 일어난다. 하나님의 모든 말씀은 능치 못함이 없기 때문이다(눅1:37). 홍해의 기적도 하나님의 생각에 동의할 때 일어났고(출14:13~14), 아브라함이 의롭다고 인정받은 것도 말씀에 순종하였기 때문이고(창22:1~12), 나사로의 생명도 순종할 때 연장되었다(요11:38~44).

하나님의 생각(말씀)은 모순처럼 들린다. 그러나 그 모순을 진리로 믿을 때 기적이 일어난다. 내가 못한다고 하나님도 못하시겠는가? 나의 상식과 지식보다는 하나님의 생각으로 바꾸어라. 하나님은 인간의 상식과 지식을 초월하신다. 내 생각은 육신의 생각이고 하나님의 생각은 영의 생각으로 육신과 영의 생각이 다르다(롬8:6). 내 생각과 계획을 버리고 하나님의 생각에 전적으로 동의하라.

2) 하나님의 뜻에 합당하면 반드시 응답하신다.

만일 우리가 하나님의 뜻에 부합하는 기도를 드린다면, 그 기도를 통해서 하나님께서 주시는 복을 받을 수 있다는 사실을 주님께서 가르치신다.

요한복음 15:7에 보면 "너희가 내 안에 거하고 내 말이 너희 안에 거하면 무엇이든지 원하는 대로 구하라 그리하면 이루리라"고 했고, 요한

일서 3:22에 보면 "무엇이든지 구하는 바를 그에게 받나니 이는 우리가 그의 계명들을 지키고 그 앞에서 기뻐하시는 것을 행함이라"고 했으며, 요한일서 5:14~15에서는 "그를 향하여 우리의 가진 바 담대함이 이것이니 그의 뜻대로 무엇을 구하면 들으심이라 우리가 무엇이든지 구하는 바를 들으시는 줄을 안즉 우리가 그에게 구한 그것을 얻은 줄을 또한 아느니라"고 했다.

기도는 사람들이 이기적인 탐욕으로 바라는 것들을 얻을 수 있는 수단이 아니고, 기도는 하나님의 뜻을 행하기 위해 필요한 신적인 수단을 간구하는 방편이다.

하나님의 뜻은 우리가 원하는 일이 아니고, 하나님이 우리를 통해서 하시고자 하는 일이다. 그러므로 하나님의 뜻을 찾는 사람은 누구든지 자기 자신을 포기하고 하나님이 하시고자 하는 일을 받아들일 준비를 갖추어야 하는 것이다. 자기 포기가 없는 가운데 하나님의 뜻을 논한다는 것은 자신을 속이는 일일뿐만 아니라 하나님을 조롱하는 일이 될 수 있다.

자기의 한계를 인정하고 자기 뜻을 빨리 포기하라.

산은 옮길 수는 없는 것이다. 세상에 산을 들어 옮길 수 있는 사람은 아무도 없다. 할 수 없는 한계 앞에서는 솔직하게 모든 것을 인정해야 한다. 하나님의 역사는 나를 포기할 때 나타난다. 믿음의 사람들은 포기해야할 것은 빨리 포기할 줄 알아야 한다. 인간적인 포기가 아니라 신앙적인 포기를 말하는 것이다. 나를 포기하기 전까지는 하나님은 나를 사용하실 수 없다. 신앙은 나를 포기하는 것이다. 그리고 내가 가장 자신 있는 것까지도 나는 할 수 없다고 고백하는 것이다.

베드로는 바닷가에서 고기 잡는 어부로서 잔뼈가 굵은 사람이다. 가장 자신 있는 일이 고기 잡는 일이다. 그러나 그는 그 일에 실패했다.

그물을 밤새도록 내렸는데 한 마리의 고기도 잡히지 않았다. 그때에 낯선 사람이 다가와 "깊은 곳에 가서 그물을 내리라"고 말했다. 인간적인 입장에서 보면 화가 날 상황이다. 고기 잡는 일에 일인자인 그가 실패했는데 전혀 문외한인 사람이 나타나 알지도 못하면서 그물을 깊은 곳에 내리라고 한 것이다. 버럭 소리라도 질러야 할 판이다. 그런데 베드로는 "내가 밤새 한 마리도 잡지 못하였지만 말씀에 의지하여 그물을 내리리이다." 그가 자신을 포기하고 그물을 내릴 때 그물이 찢어질 정도로 많은 고기가 잡혔다(눅5:4~7).

신앙인의 포기는 인간적인 포기가 아니다. 하나님 앞에서 내 능력의 포기이다. 이것은 하나님께 대한 인정이다. 내 힘으로 성공해 보겠다는 생각을 버려야 한다. 내 문제를 해결해 보겠다는 생각을 포기해야 한다.

아브라함은 인간적인 방법으로 부자 되기를 포기했다. 조카 롯과 재산을 가지고 싸우지 않았다. 소돔 왕이 주는 모든 물질을 포기했다. 오직 하나님이 주시는 축복으로 부자되기를 원했다.

야곱은 외삼촌과 재산 때문에 싸우지 않았다. 열 번이나 변역하고 품삯을 주지 않았을지라도 그에게 따지지 않고 하나님께 구했다. 염소와 양 중에 아롱진 것과, 점 있는 것과, 검은 것만 자신의 것으로 달라고 했다. 유전학적으로 보면 양과 염소가 이런 모습이 되기란 어려운 것이다. 그런데도 야곱은 거부가 되었다.

그러므로 "하나님 나는 부자가 될 수 없습니다. 하나님으로 부요하기를 원합니다"라고 기도하기 바란다. 내 방법과 내 힘으로는 행복할 수 없다. 하나님으로 행복해 질 수 있다. "하나님, 나는 해결할 수 없습니다. 손을 높이 듭니다. 나를 도와 주소서"라고 자신을 포기하고 하나님의 도움을 청해야 한다.

7. 하나님의 명령에 순종하며 기도하라.

　마태복음 7:7~8에 보면 "구하라 그리하면 너희에게 주실 것이요 찾으라 그러면 찾을 것이요, 문을 두드리라 그리하면 너희에게 열릴 것이니 구하는 이마다 얻을 것이요 찾는 이가 찾을 것이요 두드리는 이에게 열릴 것이니라"고 했다. 또 요한일서 5:14~15에 보면 "무엇이든지 구하는 바를 그에게 받나니"라고 하여 주님은 반드시 응답해 주시겠다고 약속하셨다. 그러나 우리가 이 약속의 말씀을 우리의 것으로 받으려면 주의 말씀에 순종해야 한다. 우리 육신의 아버지도 불순종하는 자녀의 간청을 들어주시지 않는다. 하늘 아버지도 마찬가지다. 만일 하나님께서 어떤 일을 시키려고 우리를 부르셨는데 불순종했다면 우리의 기도에 응답이 있을 수 없다. 우리가 주 안에 거하고 하나님의 말씀이 우리 안에 거할 때 우리의 뜻대로 구하면 반드시 응답이 있다(요14:12~14·15:7).
　믿음이 있는 사람은 기도하고 행하는 사람이다(요14:12~14, 막16:16~19). 도무지 순종 못할 상황이라도 순종하라. 하나님은 그것을 원하신다. 계산하지 말고 순종하는 습관을 갖는 것이 좋다. 하나님의 생각은 우리 인간들의 생각과 다르므로 인간의 계산이 하나님의 기적을 방해한다(사55:7~9).
　성경에는 두 가지 종류의 사람이 있는데, 가능한 것도 불순종하여 망한 자와 불가능한 것을 순종하여 복 받은 자이다. 첫째, 가능한 것도 불순종하여 저주받은 자를 보면 아담과 하와(창3:1~7), 아간(수7:20~26), 사울 임금(삼상13:8~14·15:22~23)이 있다. 둘째, 불가능한 것도 순종하여 복을 받은 자를 보면 노아(창6:1), 아브라함(창12:1), 이삭(26:12), 사르밧 과부(왕상17:8), 마리아(눅1:37~38)가 있다. 순종하는 자가 복 받고 불순종한 자가 망한다는 것은 만고불변의 진리이다(신11:26~27·28:1~14).

1) 기도응답은 명령으로 오기에 순종해야 한다.

기록된 하나님의 말씀을 보면 하나님의 명령은 모순투성이로 보일 수 있다. 홍해 앞에서 진퇴양난에 놓여 부르짖는 모세에게 하나님은 백성을 앞으로 나가게 하고 지팡이를 들고 손을 바다 위로 내밀라고 명령하신다(출14:15~16). 그와 같은 명령은 상식에 어긋난다. 그러나 순종하니 기적이 일어났다. 노아에게 내린산에서 배를 만들라고 하는 명령도 모순이다(창6:9~14). 그러나 순종하니 천하를 휩쓴 심판의 홍수에서 생명을 건져 인간의 조상이 되었다.

문둥병자를 강물에 일곱 번 씻으면 나을 거라는 응답도 형편없는 엉터리고 모순투성이다. 그러나 순종하니 깨끗하게 나왔다(왕하5:10~14). 밤새도록 그물을 던져 한 마리도 잡지 못했는데, 그물을 우편으로 던지면 잡힌다고 한 것도 모순이다. 그러나 순종하니 두 배에 가득 실을 정도로 많이 잡혔다(요21:6).

포도주가 떨어졌다 하니 항아리에 물을 채워 연회장에게 갖다 주라는 것도 완전히 사기(詐欺)처럼 보인다. 그러나 순종하니 물이 변하여 포도주가 되었다(요2:7~10). 물고기 두 마리와 보리떡 다섯 개를 가지고 수천명의 군중을 무리를 지어 앉혀놓고 나누어 주라는 것도 정신없는 소리다. 그러나 그대로 말씀에 순종하니 모두 먹고 열두 광주리나 남았다(요6:10~13).

죽어 이미 육신이 썩어서 물이 줄줄 흐르는 시체를 살린다고 돌문을 옮겨 놓으라는 명령도 말이 안 되는 터무니 없는 일이다. 그러나 순종하니 베를 동인 채 시체가 살아나 걸어 나왔다(요11:38~44). 할렐루야! 이게 기도응답이다. 기도의 응답은 명령으로 온다. 그러므로 하나님의 명령이라고 생각하면 순종하라.

2) 하나님의 명령은 상식이나 이론을 초월하기도 한다.

하나님의 명령은 상식으로는 이해하고 수긍할 수 없는 없는 모순투성이다. 그래도 순종해야 한다. 모세가 하나님의 명령을 상식이나 지식으로 받아들였다면 순종하지 못했을 것이다. 모세는 애굽의 왕자로서 최고의 학문을 닦았다. 그가 무식해서 실행한 것이 아니다. 하나님의 방법은 상식을 초월하여 초자연적인 역사를 일으킨다는 것을 알고 믿었기에 그는 명령에 따라 실행했다.

하나님의 명령을 이성이나 상식으로 판단하고 생각지 말라. 하나님의 말씀은 상식으로 생각하면 순종할 수 없고 이적이 있을 수도 없다. 그러나 상식에 어긋나고 이성적으로 맞지 않아도 하나님의 명령은 진리이다. 예수를 믿고 구세주로 영접하면 구원받아 하나님의 자녀가 되고 죽어 천국 간다는 것은 이성적으로 믿어지지 않는 내용이다. 이는 초자연적이요 기적적인 이야기이다. 그러므로 성경은 모순이요 비이성적이다. 그러나 이것을 믿고 순종할 때 구원을 얻으며, 기적이요 복이라 할 수 있다.

1987년도의 일이다. 부산에 한참 아파트 경기가 있을 때였다. 하루는 이복선 집사의 집에 심방을 갔다. 그런데 그 집사의 인상이 영 죽을 상이었다. 그래서 물어 보았더니 아파트를 임시 계약하여 타인에게 양도하여 차액을 챙기는 일을 했는데, 아파트 전세가 나가지 않아 계약금 300만 원을 날리게 되었다는 것이다. 그 말을 들으니 너무 마음이 아파서 돌아와 단에서 엎드려 주님께 간절히 기도했다. 아파트가 팔려 이 집사가 손해보지 않게 해 주시기를 기도한 것이다. 그랬더니 주님께서는 "네가 사라"고 하신다. 주님의 명령이시니 "예"하고 대답은 했지만, 교회가 아파트 살만한 돈이 없었다. 아니 계약금 800만 원도 없는 실정이었다.

그래도 주의 명령이니 이 집사에게 가서 "교회서 살까?" 했더니 믿음이 있는 집사 같으면 "교회에 무슨 돈이 있습니까? 목사님 걱정 마십시오, 제가 알아서 해결 하겠습니다"라고 할 텐데 자기 이익을 생각한 이분은 "그렇게 해주면 좋겠습니다"라고 했다. 주님도 "네가 사라", 이 집사도 "그렇게 해 달라" 하니 걱정이지만 '주님이 책임지시겠지.' 하여 몇몇 교인들에게 연락했더니 800만 원이 만들어 졌다.

그 당시 아파트 가격은 3,500만 원이고 전세금은 2,700만 원이므로 800만 원만 있으면 내 앞으로 등기가 되고 전세만 나가면 해결될 수 있었다. 그래서 복덕방에 가서 내 이름으로 계약을 하고 복덕방 문을 나오는데, 젊은 부부가 들어오면서 "전세 아파트 있느냐?"고 물었다. 그래서 즉시 계약을 했다. 그래서 주일 날 그 얘기를 교회서 했더니 어떤 권사가 하는 말이 "그렇게 하여 손해 보면 목사님이 책임지겠느냐?"고 추궁을 하지 않는가? 얼마나 얄미운가. 그래서 "아파트 팔아서 남는 돈은 내 가져도 되겠느냐?"고 했다. 그런데 그 때 3,500만 원짜리 아파트가 3년 후에 1억 원이 나갔다.

순수하고 간절한 기도를 하나님이 들으신다. 기도를 어렵게 하려하지 말고, 영감을 통하여 주시는 명령이 인간상식으로 이해할 수 없는 모순투성이라도 주님의 신실하심과 능력을 믿고 순종하면 어려운 문제도 해결되고, 필요한 것으로 하나님은 채워주신다.

3) 불가능해 보이지만 순종할 때 응답이 있다.

불가능해 보여도 믿고 순종할 때 기적이 일어난다. 이성적으로 불가능하지만 믿고 담대히 행하면 기적이 일어난다. 신앙은 지식도 아니고 이성도 아니며 철학도 아니고 오직 믿음이다. 문제는 자신의 믿음이다(막9:23).

믿음은 은행에 돈을 맡겨두고 필요할 때면 언제든지 찾을 수 있는 일을 믿는 것이 아니고, 아침에 해가 떠서 저녁에 지는 만고불변의 자연의 원리를 믿는 것도 아니고, 사람의 인격을 믿는 것만도 아니다. 오직 불가능하고 모순투성이라 할지라도 "내게 능력 주시는 자 안에서 내가 모든 것을 할 수 있느니라"(빌4:13)고 하신 말씀처럼 능치 못하심이 없으신 하나님이 함께 하시면 불가능이 없다는 것을 믿고 그대로 순종하는 것이다. 홍해 같은 큰 문제가 있는가? 염려 말고 주님을 믿고 순종하라. 그러면 기적이 일어난다(요14:12~14, 빌4:6~7·13).

사무엘상 15:22~23을 보라. "사무엘이 가로되 여호와께서 번제와 다른 제사를 그 목소리 순종하는 것을 좋아하심 같이 좋아하시겠나이까 순종이 제사보다 낫고 듣는 것이 수양의 기름보다 나으니 이는 거역하는 것은 사술의 죄와 같고 완고한 것은 사신 우상에게 절하는 죄와 같음이라 왕이 여호와의 말씀을 버렸으므로 여호와께서도 왕을 버려 왕이 되지 못하게 하셨나이다." 그러므로 순종하는 자는 복을 받고 불순종하는 자는 저주를 받는다. 순종하는 믿음을 가져라.

4) 명령하신 결과는 하나님께서 책임지심을 믿으라.

모세는 순종했고 하나님은 동풍을 불게 하여 홍해를 갈라놓았다(출14:21). 이것은 명령에 순종하기만 하면 그 결과는 하나님이 책임지신다는 것을 가르쳐 준다. 그래서 믿고 순종하는 자의 삶에는 기적이 일어난다. 성도들의 문제 해결 방법은 무조건 하나님의 말씀에 순종하는 것이다. 성경을 통해서 명령하시는 말씀은 신앙의 기초요, 중요한 사항이니 무조건 순종하자(요12:49~50).

성경에 나타난 의인들의 삶은 정말 이성으로 이해할 수 없는 명령인데도 순종하므로 성공적인 삶을 살았다. 누구든지 이해되고, 쉽고 유리하고 편리할 때는 순종하기 쉽다. 그러나 믿음으로 살아간 사람들은 한결같이 모든 여건이 불리하고 이성적으로 판단되지 않을 때도 믿음으로 순종했다. 그때 기적이 일어났다는 점을 생각하라(골3:2).

5) 불합리하고 모순되어도 순종하면 기적이 일어난다.

생각의 결과는 모든 것의 갈림길이다. 생각 한번 잘못하므로 생사의 판가름이 나고, 승패와 희비와 행불행이 좌우된다. 성경은 사람의 상식으로는 모순투성이지만, 그 모순이 하나님의 뜻임을 깨닫고 순종할 때 사는 길이 생기고 기적이 일어난다. 흥해도(출12:13~14), 요단강 물도(수3:13), 아브라함도(창22:1~12), 나사로도 사는 기적이 일어났다(요11:38~44).

생각을 바꿔야 한다. 내 생각이 아무리 좋은 것 같아도 하나님의 생각에 미치지 못함을 깨달아야 한다. "어떤 길은 사람의 보기에는 바르나 필경은 사망이라"(잠16:25). 오직 주의 생각에 순종하는 것이 성공이요, 행복이요, 영생이다.

성경은 말씀하신다. "나 여호와가 말하노라 너희를 향한 나의 생각은 내가 아나니 재앙이 아니라 곧 평안이요 너희 장래에 소망을 주려하는 생각이라. 너희는 내게 부르짖으며 와서 내게 기도하면 내가 너희를 들을 것이요. 너희가 전심으로 나를 찾고 찾으면 나를 만나리라"(렘29:11~13). 또 "땅이여 들으라 내가 이 백성에게 재앙을 내리리니 이것이 그들의 생각의 결과라 그들이 내 말을 듣지 아니하며 내 법을 버렸음이니라"고 하셨다(렘6:19).

이는 인간의 생각이 아무리 좋아도 결과는 재앙을 가져온다는 말씀이다. 그러므로 우리는 "아무 것도 염려하지 말고 오직 모든 일에 기도와 간구로 너희 구할 것을 감사함으로 하나님께 아뢰라"(빌4:6)고 하신 말쓸대로 기도하며 살아야 한다. 하나님의 자녀들에게는 하늘과 땅의 창조자요 주관자이신 하나님께서 "너희가 악할지라도 좋은 것을 자식에게 줄줄 알거든 하물며 너희 천부께서 구하는 자에게 성령을 주시지 않겠느냐 하시니라"(눅11:13)고 분명히 말씀하신다.

조급하게 서둘러 하나님의 뜻을 그르치지 말고 "너희는 두려워 말고 가만히 서서 여호와께서 오늘날 너희를 위하여 행하시는 구원을 보라(출14:13~14)"는 말씀대로 주님의 뜻을 기다려 순종하자. 대개의 경우 이런 훈련이 되지 못한 자들이 사단의 시험에 빠진다.

6) 하나님의 능력을 믿고 순종하라.

마태복음 21:18 이하에 보면 예수님이 제자들과 함께 이른 아침 베다니에서 출발하여 예루살렘으로 들어오시는 길에 열매 없는 무화과나무를 저주하신 일이 기록되어 있다. 그 후 얼마 지나지 않아 무화과나무가 말라 버렸다. 제자들은 그 모습을 보고 이상하다는 듯 물었다. 그러나 이것은 이상한 것이 아니라 당연한 것이다. 왜냐하면 예수님이 "마르라"고 명령하셨기 때문이다. 능치 못함이 없으신 말씀대로 이루어진 것이다.

우리는 세상 사람들과는 철저하게 다른 시각을 가져야 한다. 하나님은 창조주요 섭리자이시며, 능치 못함이 없으시고(창18:14), 또 하나님의 모든 말씀도 능치 못하심이 없으시기 때문이다(눅1:37).

세상 사람들은 자신들의 시각에다 하나님을 짜 맞추려 하고, 그것이 불가능할 때 그런 일이 있을 수 없다고 말한다. 사실 인간의 사고와 능력 안에 제한되어 버리는 하나님이라면 그는 하나님이 아니다. 하나님은 인간들과 다르고 인간을 초월해 있기에 하나님이시다. 그래서 세상 사람들이 어떻게 주님을 평가하고 판단할지라도 우리는 철저하게 하나님의 시각에 맞추어야 한다. 하나님의 계획, 하나님의 의도, 하나님의 능력 등에 초점을 맞추어야 한다.

사람이 할 수 없는 일은 세상에 많다. 그러나 하나님이 함께 하시면 평범한 사람도 기적을 일으킬 수 있음을 믿어야 한다(빌4:13). 하나님은 문둥병자 네 명으로 수십만의 아람 군사를 도망가게 하셨고(왕하7:3~7), 여자를 통해 적장을 물리치고 승리케도 하셨으며(삿4:17~22), 지팡이를 가지고도 바다를 가르셨고(출14:15), 나이 어린 소년으로 하여금 물맷돌로 적장 골리앗을 물리치게도 하셨다(삼상17:31).

하나님이면 능히 할 수 있다는 생각, 이것이 믿음이요, 이런 믿음이 절대적으로 필요하다. 빨리 내 힘으로는 불가능하다는 것을 인정하고 "내게 능력 주시는 자 안에서 내가 모든 것을 할 수 있느니라"(빌4:13)는 고백으로 하나님의 영광을 위하여, 하나님이 역사하시도록 기회를 드려야 한다.

사방이 막혔어도 하늘로는 뚫려 있다. 하늘의 하나님께 기도하면 포위망을 뚫어주실 것이다. "우리가 이 보배를 질그릇에 가졌으니 이는 능력의 심히 큰 것이 하나님께 있고 우리에게 있지 아니함을 알게 하려 함이라. 우리가 사방으로 우겨쌈을 당하여도 싸이지 아니하며 답답한 일을 당하여도 낙심하지 아니하며 핍박을 받아도 버린 바 되지 아니하며 거꾸러뜨림을 당하여도 망하지 아니하고 우리가 항상 예수 죽인 것을 몸에 짊어짐은 예수의 생명이 또한 우리 몸에 나타나게 하려 함이라"(고후4:7~10).

우리의 모든 문제를 하나님은 해결하실 수 있다. 하나님을 믿어야 한다. 하나님이 가장 기뻐하시는 것은 하나님을 믿는 것이다. 아브라함은 "네게 자식이 있을 것이다"라고 하시는 하나님이 말씀을 믿었다. 하나님은 아브라함의 믿음을 의로 여기셨다. 태산 같은 장벽 앞에서, 불같은 시험 앞에서도 우리는 하나님의 능력을 믿어야 한다. 그 하나님이 만물을 창조하신 능력의 하나님이시요, 구원의 하나님이심을 믿어야 한다.

　초대 교회 성도들은 자신들을 통해서 귀신이 쫓겨나고 병든 자가 고쳐지는 것을 이상하게 여기지 않고 오히려 당연한 것으로 생각했다. 인간의 눈으로 보면 특별한 것이겠지만 하나님으로 보면 당연한 일이다. 우리는 철저하게 하나님이 원하시는 믿음을 가져야 한다.

8. 오래 참고 기다리며 기도하라.

　응답 받는 기도에는 낙심하지 말고 인내하며 포기하지 말고 끈질기게 기도해야 한다. 기도가 응답될 때까지는 장애물이 많다. 그 중에서 인내하지 못하여 낙심하고 자포자기하는 것이 장애물이다. 어떠한 환경에 처할지라도 좌절하거나 낙심하지 않고 기도하는 자가 큰 믿음의 소유자요, 이런 사람이 기도 응답을 받게 된다.

　누가복음 18:1~8에는 과부와 불의한 재판장의 이야기가 나온다. 과부에게는 자신의 어려운 환경과 연약함, 그리고 하나님을 두려워하지 않고 사람을 무시하는 불의한 재판관이 큰 장애물이었다. 그는 과부의 간청에도 불구하고 과부를 무시하여 처음에는 들어주지 아니했으나, 과부가 낙심하지 않고 계속하여 끈질기게 찾아가서 간청하니 불의한 재판관도 결국은 귀찮게 여겨 그 원한을 들어주었다는 비유이다. 이것은 간청하는 성도의 기도를 하나님은 반드시 응답하신다는 말씀이다. 이것은 하나님께서 어느 모로든 불의한 재판관과 비슷한 데가 있다는 것을 암시하려는 것이 아니다. 불의한 재판관일지라도 꾸준한 탄원에 반응을 나타낸다면, 하물며 전적으로 의로우시고 선하시며 사랑이신 하나님께서 자신의 자녀들이 포기하지 않고 기도할 때 응답하시지 않을 수 없다는 말씀이다. 그러므로 예수께서는 계속하여 "내가 너희에게 이르노니 속히 하나님께서 그 원한을 풀어 주시리라"고 하신다. 불의한 재판관은 귀찮아서 들어 주었지만(눅18:1~8), 하나님은 우리를 사랑하시기 때문에 들어주신다(롬8:32).

끈기 있는 기도는 농부가 이른 비와 늦은 비를 기다리며 인내하여 열매를 얻듯이(약5:7), 무엇이든지 인내하면서 끈기있게 부르짖는 기도는 응답을 받는다(약1:4). 비천하거나 가난한 자들이 공정한 대우를 받지 못하는 일이 자주 있는 반면에, 유력한 자와 부유한 자들은 호의적인 대우를 받는 일이 흔하다. 그러나 하나님께서는 악한 사람들이 공정하게 벌을 받도록 조처하실 뿐 아니라 자신의 종들에게는 영원한 생명을 주심으로써 그들을 반드시 공정하게 대우할 것을 보증하신다. 그러나 하나님께서 속히 원한을 풀어 주실 것을 굳게 믿는 사람들이 얼마나 될까? 그러기에 예수께서는 "인자가 올 때에 세상에서 믿음을 보겠느냐?"고 하셨다(눅18:8).

기도의 응답이 빨리 오지 않는다고 해서 실망하거나 좌절해서는 안된다. 하나님이 응답을 지연시키는 것은 우리의 믿음을 성장시키기 위함이다. 그러므로 의심하지 말고 믿고 인내함으로 구하라. 그러면 믿음은 성장하고 하나님의 응답이 구하는 사람의 생활 속에 나타났음을 발견하게 될 것이다. 무슨 문제든지 인내하며 기도하라. 그러면 결국 하나님의 놀라운 응답의 역사를 일으킨다(약5:17~18).

1) 모든 것은 하나님의 정한 때가 있다.

하나님은 모든 것을 아시는 분이시다. 그리고 이 세상은 사람이 다스리는 것이 아니고 하나님이 다스리신다. 아무렇게나 되는대로가 아니라 때와 기한을 정해놓고 그 때에 꼭 맞게 행하신다. 아브라함에게 아들을 주는 것도, 독생자를 이 땅에 보내는 것도(갈6:9, 벧전5:6) 모든 것이

때가 있다. 개인에 대해서도, 교회에 대해서도 하나님은 이미 때를 정해 놓고 계신다(전3:1). 그러므로 우리는 항상 하나님 앞에 겸손하게 하나님만 의지하고 인내하며 하나님의 때를 기다려야 한다.

창세기 12:2~3에 보면 하나님은 아직 자식도 없는 아브라함에게 "내가 너로 큰 민족을 이루고 네게 복을 주어 네 이름을 창대하게 하리니 너는 복의 근원이 될지라 너를 축복하는 자에게는 내가 복을 내리고 너를 저주하는 자에게는 내가 저주하리니 땅의 모든 족속이 너를 인하여 복을 얻을 것이니라"고 했다. 그때 아브라함의 나이 75세였다. 자녀를 약속하신 하나님은 창세기 15:1~5에서는 "네 자손이 밤하늘의 별처럼 셀 수 없을 것이라"고 또 한 번 약속을 확인하셨다. 그러나 아브라함에게 약속한 아들은 25년의 기다림이 필요했고, 하늘의 뭇 별과 바다의 모래와 같은 자손 번성의 약속은 400년 후에 이루어졌다.

1975년 부족한 종이 주님께 붙들려서 회개하고 신학교에 다닐 때였다. 초등학교 1년생인 큰딸이 갑자가 한쪽 눈이 튀어나오면서 보지 못하며, 머리가 심하게 아프기 시작했다. 세브란스병원과 경희대부속병원 진단결과 뇌종양으로 판정내리면서 병원에서 수술을 해보자고 했다. 소생 확률은 20~30% 정도라고 했다. 그래서 수술을 포기하고 하나님께 기도를 드렸다.

돈이 없어서가 아니었다. 부족한 종은 국가유공 중상이자로서 국가에서 나오는 황색 진료카드를 갖고 있어서 병원비 일체를 국가에서 지불해주었기 때문에 어느 병원에서라도 수술을 받을 수 있었다. 그러나 월남전에 참전하여 전상으로 병원생활을 하면서 보았지만, 그 당시 뇌를 뜯어 완치된 사람을 보지 못했으므로 기도하는 길밖에 없다는 생각을 했기 때문이다.

그때 주님께서 내게 주신 응답은 "믿기만 하면 하나님의 영광을 보리라"는 말씀이었다(요11:40). 나는 그 말씀을 받고 하나님의 영광을 보는 그 때를 기다리며 12월 추운 겨울 날 '나만 장군'을 생각하며 신학교 기숙사 우물가에서 옷을 벗고 찬물을 끼얹으며 기도했다. 그리고 아내는 그 당시 신유은사로 유명한 현신애 권사님께 부탁드려 기도를 드렸다. 그러나 차도는 없었다. 그래서 나는 더 열심히 매달려 내가 믿는 하나님 아버지께서는 능치 못함이 없으시며, 식언치 않으시고 약속하신 말씀 때문에 후회하지 않으시고 실행하시는 신실하시며, 거짓말을 못하시며, 약속을 지키시는 분임을 믿고 가나안 여인처럼(마15:21~28), 히스기야왕처럼(왕하20:5~11) 간절하게 기도했다. 거기다 딸을 위해 40일 금식기도를 드렸다.

그럼에도 불구하고 딸의 증세에는 차도가 없었다. 눈은 보기 흉할 정도로 튀어나왔고, 한쪽 눈 시력을 완전히 잃었다. 나머지 한쪽 눈도 0.2 정도로 차도가 없었다. 그러니 아이들이라서 학교에서 '눈 병신'이라고 놀려대니 학교까지 가기 싫어했다. 그렇게 5년이 지난 후, 초등학교 6학년 때 부산 동래구 망미동이 1동과 2동으로 나누어지면서, 우리 지역에 배산초등학교가 생겨 우리 아이는 그 학교에 가게 되었다. 그런데 놀랍게도 그때 튀어나온 눈이 제자리를 찾아 들어갔다. 그냥 보기에는 눈동자가 제대로 움직이니 겉으로 보기에는 표시가 없어 다른 아이들이 알아보지 못했다. 그러나 시력은 여전히 없고, 머리는 여전히 아파서 공부를 따라가기 힘들어 했다.

중학교를 마치고 고등학교 2학년 때인 1987년, 부산대학부속병원에서 진찰해 보니 여전히 뇌종양은 그대로 있었다. 그러나 나는 흔들리지 않고 하나님의 약속을 믿고 인내하며 기도했다. 왜냐하면 나는 내가 과거를 청산하고 주님 앞으로 돌아와서 주님 가신 길을 걸어가려고 신학

공부를 하고 있을 때였으므로 '주님께 무슨 뜻이 계신가보다.'라고 생각했고, 주님을 만나 많은 대화를 나누며 주님의 상세한 인도를 받고 있었기 때문이다. 그렇지만 아이는 여전히 고통 속에서 공부도 제대로 못하고, 그냥 학교에만 다니는 형편이었다.

그런데 고등학교를 갈 때 문제가 생겼다. 나는 내 딸이 인문계 고등학교로 가기 원했는데, 중학교 3학년 담임선생님이 인문계 입학원서를 못 써주겠다고 했다. 노골적으로 말하기를 "가야 떨어질 것이기 때문에 학교 체면과 선생 체면에 손상이 오게 되니 실업계인 여상고로 가라"고 했다. 그래서 나는 그 선생님께 "당신은 추천서를 써주기만 하시오. 학교에 들어가고 못 들어가는 것은 내가 해결할 것이다"라고 언성을 높였다. 결국 딸아이는 해운대여고에 시험을 쳤는데 하나님께서 합격시켜 주셨다. 그러나 막상 고등학교를 들어갔지만 머리가 아프니 공부는 여전히 못했다.

고등학교를 졸업한 후 신학교를 졸업하고, 본 교회 교육전도사로서 한 눈으로 할 수 있는 한계 내에서 최선을 다하여 열심히 사명을 감당해 왔다.

그런데 놀랍게도 실제 시력을 측정하면 한쪽은 완전실명이요, 한쪽만 0.2 정도인데도 작은 글씨까지 다 보고, 컴퓨터도 잘했다. 그래서 딸을 위로하는 말로 "평생을 하나님께 몸 바쳐 주의 일을 하면서 살아라"고 하면, 딸은 "나는 꼭 결혼해서 살 거예요"라고 했다. 그러니 부모된 심정으로 마음이 너무 아팠다. 그런데 1999년 7월에 다시 진찰을 받아보니 뇌종양은 없어졌고, 통증도 사라져 버렸다. 처음 아프기 시작해 기도한 지 22년만의 일이다. 할렐루야!

기나긴 세월을 인내하고 기다렸더니 "믿기만 하면 하나님의 영광을 보리라"(요11:40) 하신 약속을 주님께서 지켜 주신 것이다. 그리고

2000년 7월 부산대학교를 졸업하고 세무공무원으로 있는 멋진 청년과 결혼하였고, 지금은 하나님께서 태의 문도 열어주시어 예쁜 딸 서혜빈과 쌍둥이 아들인 소명과 사명이를 기르고 있다. 모든 것이 살아계신 하나님의 은혜이다. 하나님께 감사와 영광과 찬송을 드린다. "하나님을 사랑하는 자 그 뜻대로 부르심을 입은 자에게는 모든 것이 합력하여 선을 이루느니라"고 하신(롬8:28) 하나님의 말씀을 또 한 번 체험하며 살고 있다.

문제 속에 있는가? 기도하면서 인내하고 하나님의 때를 기다려라. 하나님이 주신 기적을 체험할 것이다. 하나님의 생각과 인간의 생각은 다르므로 시간적으로 차이가 있다. 내 생각으로는 늦은 것 같지만 하나님께서는 자기 때에 꼭 맞게 해결해 주신다. 끝까지 믿음을 갖고 포기하지 말고, 인내하면서 기도하면 결국은 응답을 받게 될 것이다(갈6:9, 마15:24).

사과나무를 심으면 7년 후에 열매를 거둘 줄 믿고, 감자를 심으면 가을에 거둘 줄 믿고 기다린다. 그와 같이 믿고 구한 것을 받은 줄로 믿고(막11:23~24), 내일 일을 미리 염려하지 않고 인내하며 부르짖으면 하나님께서 그 기도에 응답해 주심을 믿으라(약1:4). 농부가 이른 비와 늦은 비를 기다리듯, 파종한 후 기다렸다가 열매를 얻듯이(약5:7), 응답하실 때까지 기다리며 기도해야 한다. 기도하다가 마음에 확신이 생기고 응답이 왔다고 믿어지면 하나님께 감사와 영광을 돌리고 다음 기도를 시작하라. 좋은 환경일 때는 감사하는 마음으로 기도하고, 과부처럼 염려나 어려운 환경에 처할 때에는 인내하며 기도하라. 하나님께서는 우리들이 끈기 있게 기도할 때에 응답해 주신다.

2) 하나님은 모든 것이 합력하여 선을 이루게 하신다.

인생길은 누구에게나 크고 작은 고난과 역경이 있다. 처음 파도가 지나면 다음 파도가 밀려오는 것처럼 인생사도 언제나 역경의 연속이다. 그래서 하나님은 "너희가 참음은 징계를 받기 위함이라. 하나님이 아들과 같이 너희를 대우하시나니 어찌 아비가 징계하지 않는 아들이 있으리요. 징계는 다 받는 것이거늘 너희에게 없으면 사생자요 참 아들이 아니니라. 또 우리 육체의 아버지가 우리를 징계하여도 공경하였거늘 하물며 모든 영의 아버지께 더욱 복종하여 살려 하지 않겠느냐"(히 12:7~9), 그리고 "사람이 감당할 시험 밖에는 너희에게 당한 것이 없나니 오직 하나님은 미쁘사 너희가 감당치 못할 시험 당함을 허락지 아니하시고 시험 당할 즈음에 또한 피할 길을 내사 너희로 능히 감당하게 하시느니라"(고전10:13)고 했다. 그러므로 참고 기다리며 기도하라.

어떤 사장이 삶에 문제가 너무 많아 세계적으로 유명한 로버트 슐러 목사님을 찾아와서 상담을 요청했다. 그 젊은 사장이 입을 열어 "목사님, 저에겐 일생동안 문제가 떠나지 않습니다. 어린 시절엔 부모님의 잦은 불화가 문제였고, 사춘기에 이성에 눈을 떠서 만난 지금의 아내가 나를 전혀 이해하지 못하여 문제였고, 아기를 낳으니 밤낮 울어서 문제였고, 지금은 사업문제로 평생에 문제가 떠날 날이 없습니다." 그때 목사님이 말했다. "형제여, 인생살이가 참으로 고달프겠군요. 그런데 문제 없는 마을이 한 곳 있습니다." 그러자 젊은 사장은 벌떡 일어나 말했다. "문제가 없는 마을이 있으면 오늘이라도 이사 가겠습니다. 그 곳이 어디입니까?" 그때 목사님은 창문을 열고 멀리 있는 공동묘지를 가리키며 대답했다. "저 마을엔 문제가 없습니다."

우리에게 문제가 있다는 말은 내가 살아있다는 증거이다. 산 사람에게는 언제나 문제가 있다. 사람마다 문제가 있는데, 자기 스스로 문제를 안고 살아 갈 때는 문제이지만 "아무것도 염려하지 말고 오직 모든 일에 기도와 간구로 너희 구할 것을 감사함으로 하나님께 아뢰라 그리하면 모든 지각에 뛰어난 하나님의 평강이 그리스도 예수 안에서 너희 마음과 생각을 지키시리라"(빌4:6~8)는 말씀을 믿고 해결자 되시는 주님을 찾으면 그 문제는 복으로 바뀔 것이다.

우리가 개척 교회를 하면서 우리 식구들은 많이도 굶었다. 내가 주님 앞으로 돌아오니 주님은 내게 있던 재물을 하나하나 거두어 가셨다. 개척 교회를 하는데 풍금을 사주랴, 또 어디에 헌금하랴, 내가 헌금을 하고 싶다 생각이 들면 내 아내는 어느 부흥회 가서 작정을 하고 오곤 하여 서로 죽이 맞았다. 그렇게 해서 순식간에 내 재산을 다 가져가셨다. 그런데다 내가 신학교를 다니는데 직장도 주님이 그만두라 하셔서 그만두었고, 아내도 아무런 일도 못하게 하시니 정말 우리 집안 형편이 말이 아니었다. 그러나 신학교 학비는 국가에서 해결해 주었고, 생활은 연금 몇 푼으로 해결해 갔다.

그런데 개척 교회를 하니 더 어려워졌다. 몇 푼 안 되는 연금은 집세와 이자로 다 나가고, 교인이 없으니 성미도 없어 거의 굶어야 했다. 그렇다고 형제들을 찾아가고 싶지는 않았다. 예수 믿고 재산 다 날렸다고 욕하는 그들에게 신세지고 싶은 생각이 없었기 때문이다. 그리고 누구의 도움도 원치 않았다. 그러나 나는 그냥 금식하면 되었지만 열 살, 일곱 살, 다섯 살짜리 어린 것들이 문제였다.

우리의 생활을 다 말할 수 없지만 정말 힘들었다. 모든 것을 주님께 맡기고 주님의 처분만 기다렸다. 그런데도 용케 어린 것들은 원망이나 불평없이 잘 따라 주었고 아내도 원망과 불평이 없었다. 참 감사하다. 모두가 하나님의 은혜이다. 내가 하나님만 바라보고 있으니 하나님이 모든 것을 적당하게 책임져 주셨다. 그때도 감사하고 지금도 감사하게 생각한다.

우리 아이들이 먹을 것이 없어서 쓰레기통을 뒤졌다는 말을 후일에 듣고 가슴 아팠지만, 주님께서 아이들을 잘 붙들어 주셔서 잘 자라게 해주셨다. 지금은 그들이 예쁘게 자라서 공부도 다 마치고 좋은 사람을 만나 결혼도 하고 자녀들도 낳았다.

며칠 전 가족들이 모여 앉았는데 둘째인 윤희가 말했다. "아빠, 우리 참 감사해요. 그때에는 우리가 참 어려웠지만 지금 이 정도로 사니 오히려 좋아요. 만약 그때 우리가 잘 먹고 잘 살다가 지금 어려웠으면 어떻게 하겠어요? 그때 우리가 사람 의지하지 아니하고 주님만 믿고 기도하며 잘 참았으니, 지금 하나님께서 복을 주셔서 시가에도 걱정 없고, 아빠 엄마도 걱정 없으니 참 좋아요." 나도 그렇게 생각한다.

신앙생활은 다른 사람보다 인격적으로 더 나은 사람이 되기 위함이 아니다. 죄와 허물 때문에 망할 수밖에 없는 것을 깨닫고 구원받기 위함이요, 내가 하나님께 필요한 사람이 되기 위함이다. 그래서 우리는 나에게 필요한 하나님을 믿고 찾는 것이다. 그렇다고 해서 하나님이 우리의 필요에 의해서 계시는 분이라는 게 아니다. 구원과 축복을 약속하시고 이행하시는 분임을 알아야 한다. 그분은 무엇이든 구하면 이행하시고(요 14:12~14), 찾으면 만나 주신대(잠8:17, 사55:6, 렘29:13~14). 그러니 이 말씀을 믿고 몇 시간이든 내 마음에 확신이 올 때까지 기도해 보라.

3) 믿음의 눈으로 결과를 기다리며 기도하자.

마가복음 9:14~29에 보면 귀신들려 미친 아들을 고쳐달라는 어떤 아버지와 예수님의 대화가 나온다. "당신의 제자들은 능히 내 아들을 고치지 못하더이다. 만일 할 수 있으시거든 내 아들을 고쳐주옵소서!" 이 간청에 예수님의 대답은 "할 수 있거든이 무슨 말이냐 믿는 자에게는 능치 못할 일이 없느니라"고 하셨다.

여기에서 우리에게는 두 가지 믿음이 필요하다. 첫째는 예수님에게는 불가능이 없다는 사실과, 둘째는 믿는 자에게도 역시 불가능이 없다는 사실이다. 세상 사람들의 어리석음은 자신이 모든 것을 다할 수 있는 것처럼 만용을 부리며, 또 하나님은 아무 것도 할 수 없는 분으로 생각하는 것이다.

새 시대 운동(a new age movement)의 핵심은 '내가 모든 것을 할 수 있다'는 주장이다. 철저하게 사탄적이다. 왜냐하면 루시엘은 자기도 하나님처럼 될 수 있다고 믿다가 타락하여 사단이 되었고(사14:12~15, 겔28:13~18), 아담과 하와는 뱀의 말을 듣고 자기들도 하나님처럼 될 수 있다고 믿다가 타락했다(창3:4~19).

우리는 어떠한가? 예수님을 떠나서 아무 것도 할 수 없다(요15:5). 그러나 주님 안에서 우리는 모든 것을 할 수 있다(빌4:13).

물은 막힘이 없다. 둑을 막으면 돌아서 간다. 그래서 아래로 아래로 끝없이 흐르는 것이다. 우리의 신앙이 이러해야 한다. 주님은 우리에게 그렇게 살 수 있게 해 주셨다. "사람이 감당할 시험 밖에는 너희에게 당한 것이 없나니 오직 하나님은 미쁘사 너희가 감당치 못할 시험 당함을 허락지 아니하시고 시험 당할 즈음에 또한 피할 길을 내사 너희로 능히 감당하게 하시느니라"(고전10:13). 그러므로 우리는 막힘없이 주님 안에서는 모든 것이 가능하다고 믿고 선포해야 한다.

산은 사람의 힘으로는 옮길 수 없다. 그러나 믿음의 기도로 가능하다고 주님이 약속하셨다(마17:20). 하나님의 힘으로는 가능하다는 것이다. 이 것을 믿는 것이 믿음이다. 그러나 인간의 힘으로 할 수 있다는 것은 만용이요, 교만이요, 하나님도 할 수 없다고 말하는 것은 불신앙이다. 이 두가지가 하나님 앞에 얼마나 큰 죄악인지 모른다. 그런데 현대인들에게는 이 교만과 불신앙이 가득하다.

성경이 무엇이라 말히는가? "교만은 패망의 선봉이요 거만은 넘어짐의 앞잡이니라"하셨고(잠16:18), 예수님은 "교만한 자를 꺾으시고, 겸손한 자를 들어 쓰신다"고 하셨다(약4:6). 그런데 주님의 탄식은 "내가 너희에게 이르노니 속히 그 원한을 풀어 주시리라 그러나 인자가 올 때에 세상에서 믿음을 보겠느냐 하시니라"(눅18:8). 그렇게 겸손하고 그렇게 믿음이 뛰어난 자들이 없다는 것이다.

제자들도 자주 책망을 들었다. "내가 너희를 향하여 얼마나 오래 참으리요, 믿음이 없는 자들아, 믿음이 적은 자들아." 여러 번 말씀하셨다. 하나님이 붙잡아주지 않으면 아무 것도 할수 없는 사람, 그러나 주님이 계시기에 모든 것이 다 가능한 사람이 바로 믿음의 사람이다. 자신의 힘으로는 평생을 바쳐 온갖 방법을 다 동원해도 할 수 없는 일을 하나님은 일순간에도 행하실 수 있다고 믿는 것 이것이 신앙이다.

우리는 혹시 인간의 기준에 맞춘 어리석은 생각과 생활 속에서 살아가지는 않는가? 자신의 자유의지를 꺾어 하나님의 의지 앞에 순종하고 하나님을 인정하라. 그게 바로 행복의 지름길이다. 지금의 삶이 행복한가? 그 행복은 언제까지 지속될 수 있는 것일까? 불행하다면 저주스러운 불행을 어떻게 해결하시겠는가? 박정희 대통령은 그가 갖고 있는 권력으로도 행복을 보장할 수 없었다. 정주영 씨는 돈으로 불행을 막을 수 없었다. 우리는 무엇으로 행복하려 하는가? 우리 앞에 닥친 불행을 무엇으로 막으시겠는가? 그 모든 것들의 해결 방법이 바로 기도이다.

　기도는 사방이 막혔을 때 아버지 하나님께 부르짖을 수 있는 유일하게 뚫린 통로이다. 기도는 인간이 할 수 없는 태산 같은 고난과 시련의 길을 헤쳐 나갈 수 있는 유일한 힘이다. 앞을 가로막는 태산보다 강한 믿음으로 기도하여 산을 옮기고 평탄하고 형통한 인생길을 살아가라. 아멘.